CB122131

TEMAS CONTROVERTIDOS NA ARBITRAGEM À LUZ DO CÓDIGO DE PROCESSO CIVIL DE 2015

VOLUME I

Organizadores
Paulo Cezar Pinheiro Carneiro
Leonardo Greco
Humberto Dalla

TEMAS CONTROVERTIDOS NA ARBITRAGEM À LUZ DO CÓDIGO DE PROCESSO CIVIL DE 2015

Volume I

Autores
Paulo Cezar Pinheiro Carneiro
Leonardo Greco
Humberto Dalla
Daniel de Oliveira Pontes
Daniel Vianna Vargas
Erika Napoleão do Rêgo
Fabio Farias Campista
Francesco Conte
Humberto Santarosa de Oliveira
Leonardo Faria Schenk
Marcelo Barbi
Marcelo Mazzola
Paula Menna Barreto Marques
Paulo Cezar Pinheiro Carneiro Filho
Rafael Estrela Nóbrega
Rodrigo Cunha Mello Salomão
Sofia Temer
Yuri Maciel Araujo

GZ
EDITORA
Rio de Janeiro
2018

1ª edição – 2018

© *Copyright*
Paulo Cezar Pinheiro Carneiro / Leonardo Greco / Humberto Dalla

Presidente do Conselho Editorial
Nelson Nery Costa

Diagramação
Olga Martins

CIP – Brasil. Catalogação-na-fonte.
Sindicato Nacional dos Editores de Livros, RJ.

T278

Temas controvertidos na arbitragem à luz do código de processo civil de 2015 / Paulo Cezar Pinheiro Carneiro ... [et al.] ; organização Paulo Cezar Pinheiro Carneiro, Leonardo Greco, Humberto Dalla. - 1. ed. - Rio de Janeiro : LMJ Mundo Jurídico, 2018.
330 p. ; 24 cm.

Inclui bibliografia e índice
ISBN 978-85-9524-050-6

1. Processo civil. 2. Arbitragem e sentença. 3. Arbitragem e sentença - Brasil. 4. Processo judicial. I. Carneiro, Paulo Cezar Pinheiro. II. Greco, Leonardo. III. Dalla, Humberto.

18-52589

CDU: 347.918

O titular cuja obra seja fraudulentamente reproduzida, divulgada ou de qualquer forma utilizada poderá requerer a apreensão dos exemplares reproduzidos ou a suspensão da divulgação, sem prejuízo da indenização cabível (art. 102 da Lei nº 9.610, de 19.02.1998).

Quem vender, expuser à venda, ocultar, adquirir, distribuir, tiver em depósito ou utilizar obra ou fonograma reproduzidos com fraude, com a finalidade de vender, obter ganho, vantagem, proveito, lucro direto ou indireto, para si ou para outrem, será solidariamente responsável com o contrafator, nos termos dos artigos precedentes, respondendo como contrafatores o importador e o distribuidor em caso de reprodução no exterior (art. 104 da Lei nº 9.610/98).

As reclamações devem ser feitas até noventa dias a partir da compra e venda com nota fiscal (interpretação do art. 26 da Lei nº 8.078, de 11.09.1990).

Reservados os direitos de propriedade desta edição pela
EDITORA GZ

Av. Erasmo Braga, 299 – sala 202
CEP: 20020-000 – Rio de Janeiro – RJ
Tels.: (0XX21) 2240-1406 / 2240-1416 – Fax: (0XX21) 2240-1511
contato@editoragz.com.br
www.editoragz.com.br

Impresso no Brasil
Printed in Brazil

Sumário

Sobre os coordenadores

Paulo Cezar Pinheiro Carneiro
Professor Titular de Teoria Geral do Processo da UERJ.

Leonardo Greco
Professor Titular aposentado de Direito Processual Civil na Faculdade Nacional de Direito da Universidade Federal do Rio de Janeiro.

Humberto Dalla Bernardina de Pinho
Professor Titular de Direito Processual Civil na UERJ, IBMEC e Estácio. Martin-Flynn Global Law Professor at University of Connecticut School of Law. Diretor Acadêmico da Fundação Escola do MPRJ. Membro do Ministério Público do Estado do Rio de Janeiro.

Sobre os autores

Leonardo Faria Schenk
Professor Adjunto de Direito Processual Civil da UERJ. Advogado

Marcelo Mazzola
Mestre em Direito Processual pela Universidade Estadual do Rio de Janeiro. Vice-Presidente de Propriedade Intelectual do Centro Brasileiro de Mediação e Arbitragem (CBMA). Membro do Instituto Carioca de Processo Civil (ICPC) e da Associação Brasileira de Direito Processual (ABDPro). Advogado.

Daniel de Oliveira Pontes
Mestrando em Direito Processual pela Universidade do Estado do Rio de Janeiro – UERJ. Advogado.

Daniel Vianna Vargas
Mestre em Direito (mestrado próprio)/Universidade de Barcelona y Universidade Pompeu Fabra (Espanha). Mestre em Direito Processual/UERJ. Juiz de Direito TJRJ

Érika Napoleão do Rêgo
Mestre em Direito Processual pela Universidade do Rio de Janeiro (UERJ). Pós-graduada em Direito Processual Civil (PUC-RJ). Advogada.

Fabio Farias Campista
Mestre em Direito Processual pela Universidade do Estado do Rio de Janeiro (UERJ). Advogado.

Francesco Conte
Mestre e Doutorando em Direito Processual pela Universidade do Estado do Rio de Janeiro (UERJ). Procurador do Estado do Rio de Janeiro.

Humberto Santarosa de Oliveira
Mestre e Doutorando em Direito Processual pela Universidade do Estado do Rio de Janeiro. Advogado.

Marcelo Barbi
Doutorando em Direito Processual pela UERJ. Juiz Federal.

Paula Menna Barreto Marques
Mestre em Direito Processual pela Universidade do Estado do Rio de Janeiro (UERJ). Advogada.

Paulo Cezar Pinheiro Carneiro Filho
Doutorando e Mestre em Direito Processual pela Universidade do Estado do Rio de Janeiro (UERJ). Advogado.

Rafael Estrela Nóbrega
Mestre e Doutorando em Direito Processual pela Universidade do Estado do Rio de Janeiro (UERJ). Juiz de Direito do Tribunal de Justiça do Rio de Janeiro.

Rodrigo Cunha Mello Salomão
Mestrando em Direito Processual pela Universidade do Estado do Rio de Janeiro (UERJ). Advogado.

Sofia Temer
Doutoranda e Mestre em Direito Processual pela Universidade do Estado do Rio de Janeiro. Advogada.

Yuri Maciel Araujo
Mestre em Direito Processual (UERJ). Advogado.

Temas controvertidos na arbitragem

Paulo Cezar Pinheiro Carneiro
Leonardo Faria Schenk

Este livro é o resultado dos estudos realizados em uma disciplina – Grupo de Pesquisa – ministrada nos cursos de mestrado e doutorado em Direito Processual da Universidade do Estado do Rio de Janeiro, com o objetivo de identificar e de debater temas controvertidos na arbitragem.

A cada semestre, após a identificação das questões relevantes, os alunos são instados a pesquisar e a discutir os temas sob os mais diversos ângulos, cabendo a cada um deles a redação de um artigo que, reunidos ao final, dão corpo à presente obra.

Neste primeiro volume há estudos sobre a cooperação entre o poder judiciário e o juízo arbitral; a nomeação do chamado árbitro de emergência; os limites da arbitrabilidade cautelar frente ao monopólio estatal de coerção; os limites do conflito de competência entre os juízos estatal e arbitral; as cláusulas arbitrais escalonadas; os limites da renúncia pelas partes à ação anulatória na convenção de arbitragem; a preclusão no processo arbitral; a aplicação da motivação analítica prevista no CPC à arbitragem; o princípio da eficiência e a arbitragem na administração pública; a impugnação judicial das sentenças parciais e das decisões interlocutórias; o controle judicial da apreciação das provas pela sentença arbitral e a sua anulação por violação à ordem pública.

A renovação dos debates é constante, seguindo de perto a evolução e o fortalecimento da arbitragem entre nós. Já há, inclusive, um segundo volume, com novos e relevantes estudos, sendo finalizado.

Para os próximos semestres, a pesquisa envolverá algumas questões ainda controvertidas na arbitragem. Os temas listados a seguir, de modo breve e provocativo, têm o objetivo de animar o debate com a comunidade acadêmica.

a) É preciso assegurar a satisfação futura do crédito reconhecido na arbitragem

Um problema grave no cumprimento das sentenças arbitrais, ainda sem solução, diz respeito à necessidade de se compatibilizar o sigilo que timbra a maior parte dos atos praticados no procedimento arbitral e a publicidade capaz de impedir que as alienações possam se dar em fraude à execução.

A inexistência de uma base nacional de registro dos processos arbitrais em curso, com dados mínimos sobre a pendência da controvérsia, impede que do adquirente se possa cobrar a adoção das cautelas necessárias para provar a sua boa-fé, como ocorre, em relação aos processos judiciais, com a necessária apresentação das certidões obtidas no domicilio do vendedor e do local onde se encontra o bem.

Não se conhece, hoje, um mecanismo de controle seguro, no âmbito do processo arbitral, capaz de demonstrar que, ao tempo da alienação ou da oneração, tramitava contra o devedor demanda capaz de reduzi-lo à insolvência.

A parte que se sagrar vencedora na arbitragem não pode ficar desprotegida. Não soa adequado exigir que ela espere até o encerramento do procedimento arbitral para, só então, de posse da sentença condenatória, ou da respectiva carta arbitral, registrar a hipoteca judiciária, nos termos do artigo 495 do CPC/2015. Tampouco que espere o ajuizamento do processo de execução da sentença arbitral para promover a averbação da sua pendência no registro de imóveis, de veículos ou de outros bens sujeitos a penhora, arresto ou indisponibilidade, na forma do artigo 828 do CPC/2015.

É urgente a busca por alternativas. Uma delas parece estar no poder geral de cautela reconhecido também aos árbitros. Nada impede que, diante da demonstração do risco de dilapidação do patrimônio pelo adversário, a parte requeira ao tribunal arbitral uma decisão cautelar, com a expedição de certidão ou de carta arbitral, autorizando a averbação da pendência do processo arbitral à margem do registro dos bens, com referência aos dados mínimos capazes de satisfazer as exigências da publicidade para fins do reconhecimento futuro da fraude à execução, sem violar, com isso, a cláusula de sigilo, se existente.

É possível pensar, ainda, que o interessado na aquisição do bem possa, tendo tomado conhecimento da arbitragem com a averbação, firmar junto à Câmara Arbitral termo de confidencialidade específico que lhe dará acesso a mais informações sobre a disputa, naquilo que possa dizer respeito ao risco de futura ineficácia da aquisição.

Outra alternativa, que passa pelo necessário estudo das compatibilidades dos novos institutos do Código de Processo Civil de 2015 com a arbitragem, está no protesto da sentença arbitral.

O artigo 517 do CPC estabelece que a decisão judicial transitada em julgado poderá ser levada a protesto depois de transcorrido o prazo para pagamento voluntário previsto no início da etapa de cumprimento. Na arbitragem, tendo havido a fixação de prazo para o cumprimento voluntário na própria sentença arbitral, não parece fazer sentido exigir que o vencedor tenha que aguardar o início da execução para só então dar publicidade à condenação e, com isso, impedir que a alegação de boa-fé pelo adquirente venha a inibir o reconhecimento da fraude à execução.

b) O alcance do poder decisório do Judiciário no acolhimento da ação anulatória

Não há dúvida de que o acolhimento dos pedidos nas ações anulatórias das sentenças arbitrais deve ficar reservado, pelo Judiciário, para as hipóteses de evidente violação da ordem pública, enumeradas no artigo 32 da Lei de Arbitragem.

O que se coloca como objeto da pesquisa, aqui, é o alcance do julgamento pelo Judiciário, em especial quando a anulação se der em virtude da não observância, pelo tribunal arbitral, do entendimento firmado em recurso repetitivo ou em súmula vinculante. Poderá o Judiciário, nesses casos, julgar desde logo o tema de fundo, sem a devolução da matéria para novo julgamento pelo tribunal arbitral?

A questão não é simples. Como visto, as novidades trazidas, no ponto, pelo Código de Processo Civil de 2015 têm fomentado os debates relacionados à compatibilidade ou não de alguns dos seus novos institutos com a arbitragem, a exemplo da vinculação dos árbitros, nas arbitragens de direito, aos precedentes firmados pelo Judiciário.

Não é razoável que o Judiciário possa obrigar o árbitro a decidir de uma determinada maneira, dada a autonomia a ele assegurada. Por outro lado, a se admitir a vinculação dos árbitros aos precedentes, não poderá o Judiciário, ao acolher o pedido anulatório com esse fundamento, deixar que o conflito possa, uma vez mais, ter solução diversa, cabendo-lhe julgar desde logo a matéria de fundo.

c) A interferência dos fatos supervenientes na eficácia da convenção de arbitragem

A livre manifestação de vontade das partes está na base na eficácia vinculatória da convenção de arbitragem. É dela que decorre a constitucionalidade da renúncia à jurisdição estatal, nos termos da Lei de Arbitragem, como teve oportunidade de decidir o Supremo Tribunal Federal.

Não há dúvida de que o respeito, pelas partes, do quanto estabelecido nos contratos, está na base do ordenamento jurídico como pilar fundamental. Por outro lado, sempre que, nos contratos de execução continuada ou diferida, em virtude de acontecimentos extraordinários e imprevisíveis, o cumprimento da prestação se tornar excessivamente onerosa para uma das partes, com a atribuição de vantagem excessiva para a outra, o contrato poderá ser resolvido.

A pergunta que fica é se a cláusula *rebus sic standibus* também pode ser aplicada à convenção de arbitragem, nos casos extremos em que, de modo inequívoco, por força de fatos posteriores à assinatura do instrumento, uma das partes não mais puder se sujeitar à arbitragem, dada a excessiva onerosidade atrelada à renúncia à jurisdição estatal.

No ponto, a se entender, como aliás consta de disposição expressa da Lei de Arbitragem, que o próprio tribunal arbitral deva decidir sobre a eficácia da convenção de arbitragem e do contrato que contenha a cláusula compromissória, inclusive na hipótese de excessiva onerosidade, como resolver, por exemplo, a questão ligada ao custeio das despesas necessárias à instauração do tribunal arbitral.

Assim – e reafirma-se o convite para o debate –, se no momento da instauração da arbitragem uma das partes não mais puder, comprovadamente, arcar com as taxas e com os honorários dos árbitros, na forma prevista na convenção de arbitragem ou no regulamento, e se a outra não se disponibilizar a adiantar integralmente o seu pagamento, como fazer para compatibilizar a renúncia manifestada à jurisdição estatal, em outro momento e sob outras circunstancias, com a necessária resolução do conflito, em especial diante da promessa constitucional de que não haverá lesão ou ameaça a direito sem tutela jurisdicional?

d) Ainda a necessária imparcialidade dos árbitros

A confiança das partes, que legitima os poderes decisórios na arbitragem, não tolera a simples dúvida de que a decisão tenha sido proferida em um ambiente contaminado pela predileção do árbitro por uma delas. A imparcialidade do árbitro condiciona a validade da sentença arbitral.

Nesse contexto, merece atenção o problema relacionado ao julgamento das impugnações por alegada falta de imparcialidade do árbitro.

Há regulamentos que disciplinam o assunto, com a previsão de um procedimento específico para o julgamento da impugnação pela própria Corte Arbitral, a exemplo da Corte Internacional de Arbitragem (CCI), ou por um Comitê Especial constituído por três membros do corpo de árbitros nomeados pelo Presidente, como é o caso do Centro de Arbitragem e Mediação da Câmara de Comércio Brasil-Canadá (CAM-CCBC).

A falta de disciplina específica no regulamento da Câmara escolhida pelas partes, nas arbitragens *ad hoc*, e também nas convenções e termos de arbitragem, tem levado a doutrina a sustentar, com amparo nos artigos 15 a 20 da Lei de Arbitragem, que o julgamento da impugnação do árbitro por alegada falta de imparcialidade deve se dar pelo próprio tribunal arbitral, inclusive com a presença e voto do árbitro impugnado.

As consequências desse critério merecem reflexão. O árbitro impugnado, por alegada falta de imparcialidade, deve obviamente ser ouvido, para que ele possa esclarecer os fatos e, sobretudo, para que possa se afastar ao reconhecer a existência de dúvida razoável sobre a sua imparcialidade. Todavia, daí não parece decorrer que o árbitro impugnado deva participar do julgamento da arguição de falta de imparcialidade. E, havendo empate entre os dois árbitros remanescentes, se outro não tiver sido o critério previsto pelas partes ou no regulamento, a confirmação da existência de dúvida razoável sobre a imparcialidade do árbitro impugnado parece militar a favor do seu afastamento.

e) A conveniência da criação de comitês de validação das sentenças arbitrais pelas Câmaras Arbitrais brasileiras

A existência de um filtro interno, previsto pelas Câmaras Arbitrais, com os quais as partes concordarão ao aderir ao regulamento, possibilita a correção de problemas formais e de desvios grosseiros na solução de questões relacionadas ao mérito, assegurando a higidez e a qualidade da sentença arbitral, que, com isso, ao menos por esses motivos, dificilmente virá a ser anulada pelo Judiciário.

No plano internacional, para ficar em um exemplo, o regulamento da Corte Internacional de Arbitragem (CCI) determina que, antes de assinar qualquer sentença arbitral, o tribunal arbitral apresente uma minuta à Corte, que poderá prescrever modificações quanto aos aspectos formais e também destacar pontos relacionados ao mérito do litígio, chamando para eles a atenção dos árbitros, sem que o expediente afete a liberdade de decisão.

É importante que se identifiquem as vantagens e as desvantagens dos mecanismos internos de controle das decisões arbitrais, para que, com os dados apurados, se possa subsidiar iniciativas das Câmaras Arbitrais brasileiras nesse sentido. As dificuldades estão em estabelecer uma fronteira segura entre a higidez formal e a qualidade das sentenças arbitrais, de um lado, e a liberdade de decisão dos árbitros, de outro.

f) A busca de solução para as divergências qualitativas e quantitativas entre os árbitros

Por fim, é sabido que na maior parte dos casos as regras para a solução das divergências qualitativas e quantitativas entre os árbitros, no momento da decisão, estão dispostas no regulamento da Câmara de Arbitragem escolhida pelas partes. A Corte Internacional de Arbitragem (CCI), por exemplo, confere ao presidente do tribunal o poder de decidir se não houver maioria.

Os problemas ocorrem no silêncio dos regulamentos e nas arbitragens *ad hoc*. Como resolver a divergência entre os árbitros? Há alguns critérios conhecidos e dispostos nos regimentos internos dos tribunais, a exemplo do Tribunal de Justiça do Rio de Janeiro, que autorizam a disposição dos votos em ordem decrescente de grandeza para se apurar a quantidade que alcançar a maioria e, ainda, na divergência qualitativa, que haja a votação com a participação de todos os julgadores, na primeira rodada, para a escolha de uma entre duas opções aleatoriamente selecionadas, repetindo-se depois a votação, com a vencedora e a remanescente, para o conhecimento da solução que prevalecerá.

A questão está em saber se os árbitros podem aplicar uma dessas técnicas sem o prévio conhecimento das partes. O poder de decidir conferido aos árbitros decorre da estrita confiança neles depositada pelas partes, a recomendar, até mesmo para evitar a futura arguição de nulidade, que haja a consulta e a aquiescência das partes quanto ao critério de solução da divergência que será aplicado, sempre que não for possível alcançar a maioria, sendo ainda de todo aconselhável que, no silêncio dos regulamentos das Câmaras de Arbitragem, a matéria tenha merecido atenção e disciplina expressa no termo de arbitragem.

Controle jurisdicional da arbitragem

Leonardo Greco

Em setembro de 2017, participei de um debate na OAB-RJ, a convite da Associação Brasileira dos Estudantes de Arbitragem (ABEARB), com os Profs. Carlos Alberto Carmona, Joaquim Muniz, Fabiane Verçosa e Matheus S. Ramalho, a respeito da influência dos precedentes judiciais na arbitragem.

Para a discussão do tema, a Associação submeteu aos participantes um questionário, que versa sobre aspectos relevantes para a análise do tema mais amplo, que é o do controle jurisdicional da arbitragem, do qual extrai os pontos que me pareceram mais interessantes para a nossa reflexão.

1. Jurisprudência e precedentes no sistema das fontes de direito

De início, e após alguma reflexão conceitual sobre jurisprudência e sobre precedentes, observei que a cristalização de precedentes em enunciados sintéticos como as súmulas brasileiras, os assentos portugueses e os maximários italianos, origem remota das ementas dos nossos acórdãos, foi uma criação latina tipicamente autoritária, porque redutora de toda a complexidade fática, jurídica e argumentativa das decisões que os originaram, que visa a facilitar o trabalho dos tribunais sem nenhuma preocupação com os direitos das partes envolvidos em cada litígio. Esse confronto analítico dos precedentes com o caso *sub judice* se fez presente no Brasil, mais como um filtro recursal do que um mecanismo de legitimação da sua invocação no recurso extraordinário e posteriormente no recurso especial por dissídio jurisprudencial, assim como nos embargos de divergência.

A declaração em abstrato da inconstitucionalidade da lei, exercida pelas cortes constitucionais, constitui excepcionalmente um único precedente que todos (tribunais ou não) têm de respeitar, porque, como dizia Kelsen, nesse caso, a Corte atua como legislador negativo, retirando a norma do ordenamento jurídico.

Sua fonte é a Constituição, hoje por disposição expressa. Também constitucional é a obrigatoriedade da observância por juízes e tribunais inferiores dessa aberração, que não me cabe tratar aqui, que é a declaração em abstrato da constitucionalidade de lei ou ato normativo pelo STF, bem como das súmulas vinculantes, introduzidas na Lei Maior pela Emenda Constitucional nº 45/2004.

Na nossa história constitucional, desde o *leading case* que apreciou a obrigatoriedade dos prejulgados trabalhistas, tornou-se inquestionável entre nós que essa obrigatoriedade viola a separação de poderes. No anteprojeto que antecedeu o Código de Processo Civil de 1973, Alfredo Buzaid propôs a sua adoção, seguindo o modelo português dos assentos, que o Tribunal Constitucional lusitano declarou inconstitucional mais tarde, em 1993.

Sem entrar em maiores explicações, que aqui não cabem, interpreto a ênfase do Código de 2015 à observância dos precedentes e da jurisprudência, das decisões dos tribunais superiores em incidentes de recursos repetitivos e de demandas repetitivas, em caráter exclusivamente persuasivo, que impõe, conforme certa linguagem, especial "ônus argumentativo" ao juiz ou tribunal que vá decidir contra o precedente, a jurisprudência ou a decisão piloto no incidente de casos repetitivos, o que, aliás, está expresso no artigo 489, ao disciplinar a fundamentação das decisões judiciais.

Aliás, essa mudança de paradigma na articulação entre as fontes de direito não pode ser feita numa penada, exigiria completa reestruturação do nosso sistema normativo para adequá-lo às novas e insuperáveis exigências constitucionais do respeito ao direito adquirido, ao ato jurídico perfeito, à coisa julgada e ao que modernamente tem sido denominado de confiança legítima.

Assim, na minha opinião, a jurisprudência e os precedentes, seja qual for a sua origem, não constituem fonte formal e autônoma de direito, apenas meios de revelação do conteúdo, da extensão e da interpretação da lei ou do costume a que se vinculam como fontes acessórias e complementares.

Os critérios hermenêuticos que o juiz precisa utilizar para revelar a vontade da lei ou da norma sedimentada no costume, que se encontram, pelo menos em parte, enunciados no artigo 8°do novo CPC (os fins sociais, as exigências do bem comum, a dignidade humana, a proporcionalidade, a razoabilidade, a publicidade e a eficiência) são extraídos do caso concreto e sobre ele devem incidir por meio da decisão do juiz da causa. Se algum direito o juiz cria é o direito das partes na causa, é o direito concreto, o *Richterrecht*, com todas as circunstâncias fáticas e jurídicas que nela se apresentam. A composição dos tribunais e o direito processual como método da sua atuação não foram modelados para tornar as suas decisões fontes formais de norma, de comando genérico e abstrato.

Para mim, a jurisprudência e os precedentes não são fontes principais de direito, no sentido de geradores de normas e, portanto, de direitos que antes deles não existiam. São fontes complementares, métodos de revelação de direito pré-existente decorrente de outra fonte formal. Quando um tribunal, nos vazios ou obscuridades da lei, ou diante das suas flagrantes imperfeições, num ímpeto de decisionismo e de fazer justiça a qualquer preço, abandona a lei e os seus conhecidos critérios hermenêuticos, para criar a sua própria norma, ele se afasta integralmente do princípio da legalidade, que é um dos postulados fundantes do Estado de Direito, que lhe dão legitimidade.

Se a jurisprudência é pacífica, constante, ela adere à norma da lei ou do costume para representar o próprio significado dessa norma e a sua inobservância constituirá ofensa à própria norma, enquanto não for revista.

Se não dotada dessa estabilidade, contribui para a definição do conteúdo da norma, confrontado com a sua incidência em situações concretas específicas, assim propiciando a sua melhor compreensão e o seu aperfeiçoamento. Na vinculação da sua origem aos casos concretos, ela testa as consequências da norma abstrata sobre a realidade da vida, propiciando os ajustes necessários que esta realidade impõe.

De observância obrigatória pelos juízes e tribunais, embora não constituam fontes formais de direitos, são apenas as decisões judiciais e administrativas dos tribunais a que a Constituição confere essa autoridade, nos limites em que a concede, a saber, as declarações de inconstitucionalidade e constitucionalidade em ações de controle abstrato e as súmulas vinculantes.

2. A escolha das regras de direito na arbitragem

A arbitragem, apesar da sua origem contratual, não altera o sistema jurídico adotado por cada Estado soberano. Ao contrário, nele se insere. As fontes de direito na arbitragem são as do respectivo sistema jurídico, que confere à decisão arbitral a mesma força da decisão judicial estatal. Assim é no Brasil. Se o Estado brasileiro quisesse conferir à arbitragem ampla autonomia em relação ao ordenamento jurídico, preconizaria um outro modelo de arbitragem, como a arbitragem irritual italiana, cujo resultado é a de um ato meramente contratual, sem a força da coisa julgada estatal.

O limite que a lei brasileira confere ao abandono do nosso sistema normativo é o da arbitragem de equidade, que faculta ao tribunal arbitral aplicar ao caso concreto a norma que lhe parecer mais adequada.

Podem as partes também escolher a que ordenamento jurídico se submeterá a arbitragem. Esse é o sentido do artigo 2°, § 1°, da Lei de Arbitragem, que não significa que a escolha das partes possa recair sobre determinadas normas ou determinadas fontes de normas dentro do sistema jurídico escolhido. Ou seja, a convenção de arbitragem não pode criar o seu próprio sistema normativo. Se o fizer, será nula a convenção de arbitragem (art. 32, inc. I). Ou a convenção delega aos árbitros a criação da norma de acordo com as exigências de justiça e equidade do caso concreto ou escolhe um determinado sistema normativo existente.

3. As questões de direito na arbitragem

Se o sistema normativo escolhido pelas partes, implícita ou explicitamente, foi o brasileiro, a jurisprudência e os precedentes deverão ser observados na arbitragem, nas mesmas condições em que a eles estão vinculados os juízes estatais e nos mesmo limites em que os árbitros têm autonomia de decidir ao arrepio da lei.

Em princípio os árbitros, apesar de escolhidos pelas partes, exercem a função jurisdicional que pertence originariamente ao Estado, a partir do monopólio jurisdicional preconizado pelo Iluminismo, a tal ponto que a lei brasileira equipara a decisão arbitral à sentença judicial, como título executivo judicial, conferindo-lhe ainda a imutabilidade da coisa julgada, típica das decisões estatais.

Nesse sentido, a função que os árbitros exercem tem origem privada, mas conteúdo público e aos árbitros, como aos juízes e tribunais estatais, compete resolver as questões de direito de acordo com as normas do ordenamento jurídico brasileiro. Se o juiz brasileiro tem de aplicar a lei de acordo com a jurisprudência ou com precedentes, como ocorre nas questões de direito que já tenham sido objeto de declaração em abstrato de constitucionalidade ou inconstitucionalidade pelo STF ou naquelas sobre as quais o STF tenha editado súmulas vinculantes, também os árbitros terão de observar essa jurisprudência ou esses precedentes.

Se a jurisprudência e os precedentes judiciais são meramente persuasivos, como penso, mesmo oriundos de incidentes-piloto, como os de recursos ou demandas repetitivas, tal como os juízes estatais, os árbitros também deverão aplicá-los, embora possam deixar de fazê-lo, desde que justifiquem adequadamente a sua discordância, porque seguir a jurisprudência constante ou precedentes originários de decisões judiciais solidamente fundamentadas, significa aplicar ou interpretar a norma jurídica do modo revestido da maior probabilidade de acerto.

Essa deve ser a diretriz que os árbitros devem seguir na adoção das suas decisões. Entretanto, o próprio sistema jurídico de cada país, como o brasileiro, pode conferir uma vinculação menor do que a dos juízes estatais às normas formais e aos seus meios de revelação, em função das finalidades que esse sistema jurídico pretende alcançar com a justiça arbitral, como método alternativo de solução de conflitos, o que vai refletir na menor vulnerabilidade da decisão arbitral à revisão judicial, mesmo quando é contrária a normas do ordenamento jurídico.

Não há uma diretriz universal nessa matéria. Não há um único critério. Penso que o equacionamento satisfatório dessa questão, especialmente para o Brasil e considerando a nossa realidade judicial e arbitral, deve ser buscada a partir de perspectiva diversa que analise o sistema arbitral nacional à luz das condições ou requisitos ideais que deva preencher um determinado sistema jurídico para ter um regime arbitral que, em respeito à autonomia da vontade das partes e, consideradas as vantagens que a arbitragem lhes oferece. Num bom sistema arbitral, pode ser que o estrito respeito à lei, a precedentes ou à jurisprudência dos tribunais constitua um risco de menor relevância, que as partes livremente assumam, sem que isso prejudique a sua confiança no seu resultado e a fruição dos benefícios que para elas decorram da decisão arbitral.

O primeiro requisito de um bom sistema arbitral é que as partes venham a submeter-se à arbitragem numa manifestação de vontade absolutamente livre, plenamente conscientes dos riscos em que incorrem, pela concreta avaliação dos benefícios que a arbitragem lhes oferece: livre escolha do julgador, informalidade do procedimento, confidencialidade, melhor qualidade da decisão decorrente da qualificação, competência e reputação do julgador escolhido, rápida solução da controvérsia com a prévia aceitação do seu resultado, mesmo que desvantajoso, para a preservação de boas relações com o adversário e com o mercado. A arbitragem não é um método autocompositivo de solução de controvérsias. Como leciona Peter Rutledge[1], a arbitragem não pode ser confundida com o acordo ou contrato. Neste as partes conhecem e negociam os termos substanciais do resultado, antes de celebrá-lo. Na arbitragem, as partes estão vinculadas a uma negociação, mas desconhecem qual será o conteúdo

1 RUTLEDGE, Peter B. Arbitration and the Constitution. New York: Cambridge University Press. 2014. P. 21.

substancial do resultado. A arbitragem envolve menor autonomia da vontade do que o acordo ou o contrato.

Todavia, a arbitragem é fortemente influenciada pela necessidade de preservação da confiança e da solidariedade entre titulares de interesses interdependentes no passado, no presente e no futuro. Infelizmente, no mercado nacional e internacional, a arbitragem frequentemente se distancia desse objetivo de preservação da continuidade de boas relações das partes no mercado e vem a ser imposta pelo contratante mais forte ao contratante mais fraco, realidade selvagem a que a nossa lei dá de ombros, reduzindo a proteção do sujeito mais fraco, restrita nos contratos de adesão ao preenchimento de um requisito meramente formal, que nada prova quanto à autonomia da contratação, que é a celebração da cláusula compromissória por escrito em documento anexo ou em negrito, com visto específico (Lei 9.307/96, art. 3°, § 2°). A invalidade da convenção de arbitragem, fundamento possível da anulação da decisão final, tal como prevista no artigo 32, dificilmente poderia remediar todas as afrontas à autonomia da celebração da convenção de arbitragem, nas inúmeras situações concretas de desequilíbrio contratual.

O segundo requisito de um bom sistema arbitral é a existência de instituições arbitrais sólidas e bem estruturadas. Seguramente esse é o segredo do sucesso da arbitragem num foro como o de Londres, apesar de um marco legal que confere bastante flexibilidade à revisão judicial das decisões, até mesmo por erro de fato (v. Arbitration Act 1996, art. 69). Considero que uma boa instituição arbitral é aquela que: seleciona com critérios rigorosos de qualificação a formação do seu painel de árbitros; que define as suas especialidades, influenciando que elas sejam consideradas na formação dos órgãos de julgamento; que acompanha e avalia o seu desempenho; que fornece aos árbitros orientações sobre as boas práticas na condução do processo e sobre o método mais adequado de avaliar e apreciar com consistência as questões que lhes são submetidas, assim como fundamentar essas decisões; que exerce um controle sobre o resultado final, alertando os árbitros sobre eventuais contradições, inconsistências ou conflitos com entendimentos de outros órgãos de julgamento ou até mesmo de tribunais.

Nesse aspecto, até onde eu sei – e confesso a minha reduzida experiência –, nós ainda estamos engatinhando. As instituições arbitrais brasileiras que eu conheço parecem ser apenas um cadastro de árbitros que não fornecem aos órgãos de julgamento quaisquer orientações, nem exercem qualquer controle sobre o conteúdo e a qualidade das decisões. Credenciam a escolha dos árbitros e daí por diante funcionam apenas como cartórios para o recebimento e veiculação de atos do processo e eventual viabilização de alguma audiência. Na verdade, a arbitragem institucional no Brasil pouco difere da chamada arbitragem *ad hoc*, aquela que se forma sem a interferência de uma instituição especializada.

Ora, sem o suporte de instituições arbitrais sólidas, a justiça arbitral é uma justiça aleatória, imprevisível, tão lotérica como a que o Ministro Vitor Nunes Leal denunciava no início da década de sessenta do século passado, na batalha que capitaneava para a adoção pelo Supremo Tribunal Federal das primeiras 370 súmulas de jurisprudência.

As partes convivem no dia a dia do desenvolvimento de uma relação contratual pautadas pelas disposições ajustadas de comum acordo e pelas demais normas de direito material presumivelmente conhecidas, de domínio público, a que se submete a sua relação jurídica. Se se sentirem inseguras quanto à licitude ou as consequências jurídicas das condutas que possam adotar, consultarão assessores jurídicos que lhes transmitirão a orientação que lhes parecer mais adequada de acordo com as normas jurídicas em vigor e a jurisprudência dos tribunais. Admitir que posteriormente, quando tiverem de submeter as suas divergências a um juízo arbitral, este não tenha nenhum compromisso de respeitar essas normas, é colocar a arbitragem fora do Estado de Direito. Então, a lei deveria prever que o tribunal arbitral se instalasse desde o início da vigência do contrato, para que ao seu juízo fossem previamente submetidas as dúvidas e incertezas no curso da execução do próprio contrato. Com razão, na sentença 376/2001, a Corte Constitucional italiana[2] proclamou que, sob o aspecto objetivo, o juízo arbitral não se diferencia do que se desenvolve perante os órgãos estatais da jurisdição, mesmo no que concerne à pesquisa e interpretação das normas aplicáveis ao caso concreto. Nesse sentido é que se diz que a arbitragem é jurisdicional.

Mas reconheço que um bom sistema arbitral deve solucionar rapidamente o litígio, para restabelecer a convivência harmoniosa das partes que querem preservar e intensificar no futuro, em clima de confiança e cooperação, fecundas relações negociais, ou manter uma reputação ou uma posição no mercado. E que, por isso, num bom sistema arbitral, os meios de impugnação das decisões arbitrais devem ser bem mais restritos dos que os das decisões judiciais. A informalidade procedimental, a qualidade dos árbitros, o cuidado que cercou a elaboração da decisão e a busca de uma rápida harmonização dos litigantes devem admitir até mesmo que o juízo arbitral fique infenso a um controle de estrita legalidade e à submissão à correspondente jurisprudência ou a precedentes dos tribunais judiciais ou arbitrais. Cabe-lhe, entretanto, o "ônus argumentativo" de explicar na sua decisão os critérios hermenêuticos que inspiraram a decisão e a razão do eventual abandono da via sugerida pela jurisprudência, pelos precedentes ou até mesmo pelas lições da doutrina que por acaso tenha sido invocada pelas partes. Mas não podem os árbitros, como qualquer outro mecanismo de hetero-composição, cometer aberrações. Tampouco podem trair a confiança legítima das partes, a menos que expressamente tenham sido autorizados a decidir por equidade.

4. As questões processuais e as questões de mérito na arbitragem

Como vimos, o processo arbitral se caracteriza pela informalidade e pela terminalidade, o que determina que a possibilidade de controle judicial de questões que digam respeito à concorrência dos pressupostos processuais e das condições da ação que em relação a ele possam ser suscitadas, em princípio são decididas pelo próprio

2 V. LUISO, Francesco P. Diritto Processuale Civile. Vol. V, La resoluzione non giurisdizionale delle controversie. 8ª ed. Milano: Giuffrè. 2015. P. 111.

tribunal arbitral, que terá liberdade de fazer uso ou não das normas do direito positivo processual, da jurisprudência e dos precedentes dos tribunais judiciais. O controle judicial dessas questões está restrito entre nós às hipóteses dos artigos 32 e 21, § 2°, da Lei de Arbitragem, a saber a nulidade ou a inobservância da convenção de arbitragem, a incapacidade dos árbitros, à falta dos requisitos formais da decisão, a prevaricação, a concussão ou a corrupção passiva dos árbitros ou a inobservância das garantias fundamentais do contraditório, da igualdade das partes, da imparcialidade dos árbitros e do seu livre convencimento.

Quanto a essas garantias, acho razoável, como o faz Cândido Dinamarco, dar ao artigo 21, § 2°, da Lei de Arbitragem uma interpretação que abranja todos os contornos do chamado processo justo. Diz ele[3] que é inócuo o art. 21, § 2º, da Lei de Arbitragem. "Com ou sem essa disposição, todos os princípios e garantias do processo, contidos na Constituição Federal, aplicam-se inexoravelmente ao juízo arbitral por força própria". E, referindo-se aos fundamentos da ação anulatória: "É de total irrelevância a não inclusão da garantia do *due process* naquele dispositivo, porque essa cláusula constitucional se impõe por si própria ao processo arbitral tanto quanto ao estatal e quanto a todas as atividades daqueles que exercem algum poder sobre esferas jurídicas alheias" . No mesmo sentido já haviam se manifestado outros grandes processualistas, como Francesco Carnelutti e Loïc Cadiet[4].

A revisão judicial dessas questões é ampla, abrangendo inclusive o reexame das matérias de fato e de prova e, sob o aspecto jurídico, a incidência de todo o ordenamento jurídico estatal. É uma verdadeira ordem pública processual em que, tanto os árbitros, quanto posteriormente o Judiciário deverão observar as normas legais e convencionais incidentes, assim como aplicá-las e interpretá-las com a observância da jurisprudência e dos precedentes judiciais, se pertinentes e confiáveis, ou a sua inobservância devidamente justificada, salvo se forem de eficácia vinculante, nas hipóteses em que a Constituição estabelece essa eficácia.

Já o julgamento das questões de mérito no juízo arbitral que, na lição de Elena Marinucci, podem ser de direito processual e de direito material[5], no sistema brasileiro de arbitragem, em princípio é insuscetível de revisão judicial, porque a lei não a prevê, o que não pode significar completa desvinculação dos árbitros às normas do sistema jurídico a que a arbitragem está vinculada.

Outros sistemas jurídicos já passaram por análoga anomia e foram na doutrina e na jurisprudência construindo válvulas de escape para corrigir as mais graves distorções, como o direito norte-americano, com o chamado *manifest disregard of law*.

---

3 DINAMARCO, Cândido Rangel. A arbitragem na teoria geral do processo. São Paulo: ed. Malheiros. 2013. P. 2, 5 e 243.

4 CARNELUTTI, Francesco. Istituzioni del processo civile italiano. Vol. 2º. 5ª ed. Roma: ed. Del Foro Italiano. 1956. P. 235-236; CADIET, Loïc. NORMAND, Jacques. MEKKI, Soraya Amrani. Theorie generale du procès. 1ª ed. Paris: PUF. 2010. P. 208.

5 MARINUCCI, Elena. L'impugnazione del lodo arbitrale dopo la reforma. Milano: ed. Giuffrè. 2009. P. 251.

Acho razoável e até mesmo essencial a preservação da *finality* da arbitragem, ou seja, que os meios de impugnação judicial da decisão por quaisquer fundamentos fiquem restritos aos que prevê a legislação específica, excluída qualquer outra ação anulatória ou rescisória, assim como o recurso ao artifício de considerar a decisão arbitral inexistente, para poder simplesmente ignorá-la[6]. Se as partes convencionaram a arbitragem, por esse caminho deve a controvérsia ser resolvida, com os meios que lhe são próprios, caso contrário de nada terá adiantado o seu uso. Será mais um dos tantos litígios que vai se eternizar nos tribunais.

Essa foi a orientação adotada, ainda recentemente, pela Corte Suprema dos Estados Unidos no caso *Hall Street Associates v. Mattel, Inc.*, julgado em 2008[7]. A Lei de Arbitragem não abre espaço para outros meios de revisão judicial, porque ela traduz uma política nacional que favorece a arbitragem com limitadas possibilidades de revisão judicial necessárias para manter a virtude essencial da arbitragem de solução imediata das controvérsias. De outro modo, a arbitragem ficaria reduzida a um mero prelúdio para um mais incômodo e demorado processo de revisão judicial.

Entretanto, a arbitragem não pode estar imune à eficácia vertical dos direitos fundamentais, inclusive quanto ao conteúdo, a extensão e a interpretação que lhes dão a jurisprudência e os precedentes dos tribunais judiciais.

Na Europa, em particular na Inglaterra, conforme relato de Neil Andrews[8], as partes podem até excluir o controle judicial. Tem-se entendido que essa exclusão não contraria o art. 6º da Convenção Europeia de Direitos Humanos, desde que a renúncia seja expressa. Nas regras da London Court of International Arbitration (art. 26.9) a adesão às suas regras implica em renúncia a qualquer forma de recurso judicial, o que também ocorre nas Regras da Câmara de Comércio Internacional (art. 34.6). Acho que no Brasil, em face das deficiências do nosso sistema arbitral, essa renúncia entraria em choque com a garantia da tutela jurisdicional efetiva inscrita no artigo 5°, inciso XXXV, da Constituição.

Quanto às questões de mérito, o limite há de ser a ordem pública, infelizmente não explicitada como deveria na lei brasileira, a não ser muito tangencialmente no artigo 2°, § 1°, mas à qual se rendem sob diversas denominações muitos sistemas modernos, como o italiano (CPC, art. 829-3), o espanhol (artigo 41 da Lei de Arbitragem de 2003) e o francês (CPC, art. 1.484)[9].

Com a sua costumeira prudência, Carlos Alberto Carmona[10], invocando a autoridade de Clóvis Bevilaqua, define normas de ordem pública como aquelas que esta-

6 V. BOVE, Mauro. La giustizia privata, 3ª ed. Padova: Wolters Kluwer/CEDAM. 2015. P.203.

7 LEROY, Michael H. Are arbitrators above the law? The "manifest disregard of the law"standard. In Boston College Law Review. 137 (2011), http://lawdigitalcommons.bc.edu/bclr/vol52/iss1/2.

8 ANDREWS, Neil. Andrews on civil processes. Vol. II – Arbitration and Mediation. Cambridge: ed. Intersentia. 2013. P. 367-369.

9 V. RUBINO-SAMMARTANO, Mauro. International Arbitration – Law and Practice. 3ª ed. New York: Jurisnet, Huntington. 2014. P. 1293.

10 CARMONA, Carlos Alberto. Arbitragem e Processo. 3ª ed. São Paulo: Atlas. 2009. P. 69-71, 399 e 416.

belecem os princípios cuja manutenção se considera indispensável à organização da vida social, segundo os preceitos de direito. Ressalta que o conceito de ordem pública é sempre localizado e temporal e que os princípios de ordem pública vão sendo paulatinamente detectados pela doutrina e pela jurisprudência. Apesar de sustentar no seu livro que os casos de nulidade da sentença arbitral são taxativos, leciona que, tanto o árbitro, quanto o juiz togado, por ocasião da execução ou de qualquer incidente perante ele suscitado, podem examinar a violação da ordem pública, sendo caso de anulação da decisão na forma da Lei de Arbitragem, pois reconhece que há casos excepcionais não cobertos pelo artigo 32 que devem facultar a sobrevivência da via anulatória ou desconstitutiva, como o de inarbitrabilidade do litígio. Recorrendo à jurisprudência italiana da época, que segundo Carmona poderia ser seguida no Brasil, considerou-os casos de inexistência da sentença, mas não para permitir uma perpétua e oficiosa perquirição pelo juiz acerca da nulidade da sentença arbitral. Não gosto desse recurso à inexistência para tentar resolver o que o ordenamento jurídico não resolve. Já tratei disso em outras ocasiões, seguindo a lição, a meu ver, insuperável de Carnelutti. Inexistente é o não ato, que não pode ser anulado porque não existe, nem pode ser convalidado, porque não existe. Deve ser simplesmente ignorado. Acho que, tal como a sentença judicial somente se pode falar em sentença inexistente, nos casos de absoluta falta de impulso volitivo dos árbitros ou de não entrega da decisão aos seus destinatários[11]. Outros casos absurdos não são de inexistência, mas de ineficácia por impossibilidade material ou jurídica absoluta, como o da sentença que condene o réu a 50 chibatadas (impossibilidade jurídica absoluta) ou da sentença que condene o réu a entregar ao autor um terreno na Lua (impossibilidade material absoluta). Para minha surpresa, no debate na OAB/RJ o Prof. Carmona proclamou ter abandonado a opinião manifestada no seu livro sobre a possibilidade de invocação da ordem pública como fundamento da nulidade da sentença arbitral.

No meu entendimento, esse limite existe sim e independe de previsão expressa no ordenamento, porque diz respeito à observância dos princípios fundantes do próprio ordenamento jurídico, sob pena de, à sua falta, tornar-se o juízo arbitral um Estado dentro do Estado. O limite da ordem pública deve ser estreito. Mais estreito num país com um bom sistema arbitral, que é corroborado pela sua reduzida utilização em países como a Inglaterra, a França e os Estados Unidos (*manifest disregard*) [12]. Mais abrangente num país em que a arbitragem é ainda incipiente como o nosso, para corrigir as aberrações lamentavelmente frequentes de alguns dos nossos árbitros.

---

11 V. GRECO, Leonardo. Instituições de Processo civil. Vol. I. Introdução ao Direito Processual Civil. 5ª ed. Rio de Janeiro: Forense. 2015. P. 375-379.

12 WEI, Shen. Rethinking the New York Convention, a law and economic approach. Antuérpia: Intersentia. 2013. P. 233.

Lorca Navarrete[13] na Espanha esclarece, desde logo que através do conceito de ordem pública não se podem suscitar questões de legalidade material ou ordinária. A ordem pública é composta dos direitos fundamentais e liberdades públicas assegurados constitucionalmente e no campo do direito material dos princípios jurídicos, públicos e privados, políticos, morais e econômicos indispensáveis e informadores das instituições jurídicas e essencialmente coincidentes com os princípios gerais de direito. Ainda assim estamos diante de um conceito bastante indeterminado.

Mas prossegue o Autor, em lição que me parece bastante adequada à realidade brasileira, vulnera-se a ordem pública material quando a atividade de inferência do árbitro é ilógica, absurda ou totalmente carente de fundamento.

Fora dos limites da ordem pública, não existe qualquer controle judicial sobre o recurso à jurisprudência e aos precedentes judiciais. A sua observância, como a da própria lei, cede em benefício da terminalidade da arbitragem.

Para que essa realidade não seja motivo de escândalo, porque isso se dá até com maior extensão em outros sistemas jurídicos, que chegam até a dispensar em caráter absoluto o controle judicial, parece-me imperioso aperfeiçoar o sistema arbitral brasileiro e a sua implementação por meio das instituições arbitrais.

Acho que um grande serviço que os estudiosos da arbitragem poderiam prestar ao país seria, de um lado, examinar os aperfeiçoamentos que a nossa legislação deveria sofrer, especialmente para regular a arbitragem entre desiguais, que poderia até propiciar a extensão do instituto a muitas relações de consumo, relações trabalhistas, o que, aliás, neste último caso foi facultado pela recente Lei nº 13.467/2017 (CLT, art. 507-A) e tantas outras, em que o instituto é usado com sucesso em outros países sem os riscos e os constrangimentos a que hoje se submetem os mais fracos, mesmo em relações puramente comerciais.

A explicitação sempre difícil das hipóteses de ofensa à ordem pública poderia ser objeto de um exercício fundado no estudo de casos, que os mais jovens sabem fazer com maestria, para adequar o controle judicial à realidade brasileira e fugir dos dois extremos indesejáveis: a intangibilidade da decisão arbitral ou o arbítrio judicial, levando sempre em conta a conveniência da preservação da terminalidade da arbitragem.

Por fim, é preciso investir no aperfeiçoamento das instituições arbitrais. Modelos não faltam. E cabeças iluminadas, como algumas que hoje no Brasil se dedicam ao estudo da arbitragem, saberão com maestria e altruísmo contribuir para esse objetivo.

A arbitragem deve ser procurada pela expectativa de uma justiça melhor e mais eficiente do que a justiça estatal e não para fugir de uma justiça estatal lotérica e morosa, muito menos para produzir uma justiça tão ruim ou pior do que a justiça estatal, gerando o inconformismo e a belicosidade insaciável dos injustiçados. A sua credibilidade depende da aceitação dos seus resultados pelos seus destinatários, que não

13 LORCA NAVARRETE, Antonio Maria. La anulacion del laudo arbitral. San Sebastian: ed. Instituto Vasco de Derecho Procesal. 2008. P. 123-131.

são os árbitros, nem os advogados, mas as partes. Não apenas as que ganham, mas também as que perdem, no sentido de que reconhecem que na arbitragem tiveram a mais ampla possibilidade de se defenderem e que os árbitros envidaram todos os esforços para chegarem ao melhor resultado para os dois litigantes. Vejo, na minha limitada perspectiva, que essa credibilidade hoje está em risco e é preciso que algo seja feito para corrigir essas graves imperfeições, que denigrem um instituto tão importante e fecundo.

5 . A observância da jurisprudência e dos precedentes na arbitragem

No direito anglo-americano a jurisprudência e os precedentes constituem a própria *common law* como fonte formal de direito tão importante quanto os estatutos, as leis.

Essa força tem raízes históricas e culturais que dão legitimidade às decisões judiciais como reveladoras de uma consciência jurídica formada na própria sociedade ou nos foros dos especialistas, como os *Inns* ingleses.

Bachhof na Alemanha acentuou muito bem o déficit de legitimidade democrática que permanentemente cerca o juiz profissional dos sistemas de direito escrito e que não se desconstrói numa penada, porque é o resultado de um conjunto de circunstâncias que o diferenciam do juiz da *common law*, a começar pela ausência de qualquer preocupação legitimadora do seu processo de investidura: o concurso ou a progressão burocrática na carreira nas instâncias ordinárias; a escolha preponderantemente política nos tribunais superiores.

Não vou discutir aqui se a jurisprudência ou os precedentes passaram a ter no Brasil com o novo CPC força vinculante. Acho que não, porque essa força vinculante tem óbices constitucionais, de modo que somente é admissível nos casos expressos na própria Constituição. Mas me parece que isso é irrelevante para análise da sua aplicação à arbitragem. No nosso sistema jurídico, a fonte formal de direito é a lei ou são os costumes ou são os princípios gerais de direito. Muitos dos princípios gerais de direito estão positivados ou se inferem do conjunto de normas legais e costumeiras, o que também se dá com a analogia. A jurisprudência e os precedentes são meios de revelação da norma contida na lei, nos costumes ou nos princípios gerais de direito, no momento da sua aplicação ou da sua interpretação em face do caso concreto.

Entretanto, acho absolutamente desnecessário, salvo quiçá em mínima medida, definir se a jurisprudência ou os precedentes são fontes formais de direito, para apurar se os tribunais arbitrais são ou não obrigados a segui-los. Acho que encontraremos bons argumentos tanto para responder positivamente quanto negativamente a essa pergunta.

Os abstrata e radicalmente publicistas defenderão que os tribunais arbitrais estão obrigados a seguir a jurisprudência e os precedentes, tanto vinculantes quanto os não, salvo nos julgamentos por equidade, porque exercem função jurisdicional que lhes é conferida pela lei em substituição aos tribunais estatais.

Os abstrata e radicalmente privatistas defenderão que a autonomia da vontade das partes em matéria de direitos disponíveis é a fonte formal da arbitragem e que a confiança por elas depositada nos árbitros livremente escolhidos inclui a autonomia para aplicarem ou interpretarem a lei, os costumes, os precedentes ou a jurisprudência de tribunais judiciais ou arbitrais, vinculantes ou não, sem que as suas decisões possam ser judicialmente revistas, a não ser nos limites expressamente previstos pela legislação de arbitragem.

Ambas as posições têm sólidos fundamentos, mas criam graves problemas e as soluções que os ordenamentos jurídicos ou os próprios tribunais judiciais procuram lhes dar, como o *manifest disregard of law* norte-americano ou a exceção da violação da ordem pública, explícita ou implicitamente adotada em algumas legislações, nem sempre são reconhecidas com a sua aparente extensão.

Por outro lado, entendo que essa questão não é diversa da relativa à da obrigatoriedade da observância da própria lei formal pelos tribunais arbitrais. Se a jurisprudência e os precedentes integram formalmente o ordenamento jurídico, o seu desrespeito viola o ordenamento jurídico. Se não integram, o seu desrespeito viola a fonte formal que aplicam ou interpretam e a que estão vinculados. A Súmula 343 do STF, quando se refere ao descabimento da ação rescisória em face da variação da jurisprudência, é um retrato dessa sua complementariedade como fonte de direito, num sistema de direito escrito como o nosso.

A declaração de inconstitucionalidade pelo STF em controle concentrado retira a lei do ordenamento jurídico. A lei não pode mais ser aplicada por tribunais judiciais ou arbitrais, salvo se houver motivo para modular a eficácia temporal da inconstitucionalidade declarada. É uma única decisão com eficácia vinculante. O eventual erro de direito da decisão arbitral que aplicar tal lei, pela via facultada na lei de arbitragem (art. 32), deverá ser corrigido pelo Judiciário, se se caracterizar algum dos fundamentos do artigo 32 ou implicar violação de garantias fundamentais do processo (art. 21, § 2°). Assim, quanto aos erros de direito sobre as questões processuais o controle jurisdicional da arbitragem é amplo para a verificação da ocorrência dos vícios que propiciam a sua anulação. Nesse campo, a influência da jurisprudência é acentuada[14]. Já quanto aos erros de direito material, somente podem ser objeto de ação anulatória com fundamento na ordem pública, embora a invocação da jurisprudência e dos precedentes possa ter relevância para a caracterização desse fundamento.

Nem toda declaração de inconstitucionalidade é sobre matéria de ordem pública. Do mesmo modo, nem toda súmula vinculante é sobre matéria de ordem pública. A declaração de constitucionalidade em controle concentrado pelo STF vincula do mesmo modo todos os órgãos jurisdicionais, exceto o próprio STF, com as ressalvas aqui já feitas quanto ao limite do controle da sua observância nas decisões arbitrais.

---

14 RIVIER, Marie-Claire. Justice étatique, justice arbitrale. L'éxigence de loyauté procédurale, entre diligence, cohérence et compétence. In Justices et droit Du proces – Du legalisme procedural à l'humanisme processuel – Melanges en l'honneur de Serge Guinchard. Paris: ed. Dalloz. 2010. P. 837 e ss; Idem LAGARDE, Xavier. L'exportation du modèle vers les MARL et l'arbitrage. In GUINCHARD, Serge. Et alii. Droit processuel – droits fondamentaux du process. 7ª ed. Paris: ed. Dalloz. 2013. P. 1433.

Outros entendimentos de jurisprudência ou precedentes judiciais ou arbitrais serão considerados na caracterização de fundamentos de ação anulatória ou de impugnação ao cumprimento de sentença, sem força vinculante.

Quanto à jurisprudência arbitral, ela tem se fortalecido em época recente, segundo as precisas lições de Rubino-Sammartano[15]. A sua invocação é fonte de atenta consideração por parte do árbitro, o qual – em uma matéria em que frequentemente não pode ancorar-se a um ponto equilibrado como referência, é particularmente interessado em inspirar-se em comportamentos arbitrais precedentes. É natural que assim seja em câmaras especializadas, pela finalidade específica dessas instituições arbitrais, mas não exclusivamente.

Kaufmann-Kohler[16] observa com razão que falta uma doutrina do precedente arbitral, embora cada vez mais utilizado. Na arbitragem esportiva é comum a invocação de precedentes arbitrais e até a formação de uma doutrina de verdadeiro *stare decisis*. Isso também ocorre na arbitragem de nome de domínio.

Diz a Autora que quanto menos desenvolvido é o sistema jurídico (esportes, investimentos), maior é a preocupação do julgador a respeito da criação de regras, invocando mais frequentemente precedentes, para tornar mais previsível o seu papel. E quanto mais desenvolvido é o sistema de normas (comercial), há menos recursos a precedentes. Um mundo multipolar cria um ambiente que exige previsibilidade e consistência da *rule of law*. Um sistema que produz resultados imprevisíveis perde a confiança dos usuários e acaba fracassando. O precedente arbitral é uma necessidade para certos tipos de litígios ou pelo menos para a *rule of law,* ou seja, para a observância na arbitragem dos princípios fundamentais do Estado de Direito.

As instituições arbitrais brasileiras deveriam dedicar-se a compilar e divulgar as decisões dos tribunais por elas constituídos, sem prejuízo da preservação da confidencialidade dos nomes das partes e de outras circunstâncias que possam identificá-las. Numa arbitragem perante uma instituição arbitral bem estruturada, o nome da instituição pode ser suficiente para dar credibilidade ao precedente. No caso brasileiro, parece-me que a identidade dos árbitros é essencial para conferir essa credibilidade.

Os árbitros se subordinam, como os juízes, a regras de hermenêutica contratual universalmente aceitas e amplamente respaldadas na jurisprudência, como a que prefere a interpretação de cláusula do contrato que lhe dá algum significado, e não da que a considere inútil ou absurda. Mas o árbitro, como o juiz, é plenamente livre de não seguir qualquer precedente, o que não o impede de considerar os precedentes judiciais ou arbitrais que compartilhe.

O árbitro, como o juiz estatal, tem o dever de seguir o precedente no caso de precedente obrigatório (ADIN, ADC e súmula vinculante), embora nem sempre suscetível

---

15 RUBINO-SAMMARTANO, Mauro. Il diritto dell'arbitrato (interno). 2ª ed. Padova: CEDAM. 1994. p. 37, 312, 342 e 479-480.

16 KAUFMANN-KOHLER, Gabrielle. Arbitral precedent: dream, necessity or excuse? In Arbitration International. Vol. 23. Nº 3. London: LCIA. 2007. p. 357-378.

de controle judicial. E tem um dever de motivação em todos os casos de inobservância de jurisprudência constante e de precedentes de maior valor (NCPC, art. 489, § 1º., incs. V e VI). Outros podem ser simplesmente ignorados.

A proporrcionalidade, a razoabilidade e a terminalidade justificam a preservação de decisões arbitrais contrárias à lei ou contrárias a precedentes judiciais, nos limites aqui expostos, em face dos fins da arbitragem.

A segurança jurídica também milita em favor da preservação da decisão arbitral. Não há automaticamente violação da ordem pública pela violação de precedentes, porque mesmo entre os considerados vinculantes, pode haver muitos que tratem de matéria plenamente disponível.

A invocação da perspectiva da Análise Econômica do Direito, na medida em que alimenta a expectativa da solução do litígio de acordo com as normas e os critérios de julgamento de determinado ordenamento jurídico escolhido, não recomendaria uma vinculação mais forte da arbitragem à lei e à jurisprudência. A Análise Econômica do Direito fornece argumentos nos dois sentidos, porque também contraria a eficiência na solução da controvérsia e a terminalidade da arbitragem, como exigências de um mercado bem regulado e ágil, a admissão de revisão judicial da decisão arbitral por qualquer erro de direito.

6. De que forma o novo Código de Processo Civil se aplica na arbitragem?

O artigo 1.046, § 2º, do novo CPC manteve em vigor as disposições especiais dos procedimentos regulados em leis especiais, "aos quais se aplicará supletivamente este Código". O procedimento arbitral tem disciplina própria, instituída pela Lei nº 9.307/96. Entretanto, as normas do CPC que implementam garantias fundamentais do processo, como o contraditório e a motivação são de observância obrigatória na arbitragem. A sua imperatividade decorre da própria Constituição, que as institui. Mas não é só isso. A Lei de Arbitragem não regula os requisitos de todos os atos do procedimento arbitral. Respeitadas as características próprias da arbitragem, o CPC, o Código Civil e até o Código Penal devem ser considerados na caracterização de vícios da arbitragem, previstos no artigo 32, como a nulidade da convenção de arbitragem, os impedimentos do juiz, a prevaricação, a concussão e a corrupção passiva. Entretanto, a autonomia da vontade, a informalidade e a especial ênfase ao dever de cooperação, essenciais à arbitragem, lhe conferem especificidades que tornam com ela incompatível a aplicação de muitas normas do CPC, como, por exemplo, em matéria probatória, a que já fiz referência em outro estudo, e mereceria uma mais extensa e complexa reflexão[17].

Rio de Janeiro, 16 de novembro de 2017.

---

17 A Contratualização do processo e os chamados negócios jurídicos processuais. Texto-base da apresentação sobre "Acordos das partes sobre matéria processual" nas XI Jornadas do Instituto Brasileiro de Direito Processual, realizadas em 15 de setembro de 2016 em Porto de Galinhas, Pernambuco. In Academia.edu.

A cooperação como elemento estruturante da interface entre o Poder Judiciário e o Juízo arbitral

Humberto Dalla Bernardina de Pinho
Marcelo Mazzola

1. Introdução

Cooperação vem do verbo latino *cooperari* e traduz a ideia de trabalhar em conjunto, obrar simultaneamente para determinado fim.

Em linhas gerais, a cooperação permeia o relacionamento entre i) cortes internacionais; ii) órgãos estrangeiros e autoridades brasileiras (cooperação internacional – arts. 26 a 41 do CPC); iii) órgãos do próprio Poder Judiciário (cooperação nacional – arts. 67 a 69 do CPC); iv) sujeitos processuais (art. 6º do CPC); e v) Poder Judiciário e Juízo arbitral.

Neste ensaio, enfocaremos a relação cooperativa entre Poder Judiciário e Juízo Arbitral, analisando algumas questões práticas e o comportamento colaborativo que se espera não apenas no relacionamento entre juízes e árbitros, mas, principalmente, entre as partes que, por qualquer motivo, precisam deixar o universo arbitral e recorrer ao Poder Judiciário. Em seguida, pontuaremos algumas questões nas quais, a nosso ver, a ausência de cooperação entre as partes pode e deve ser sancionada.

Com efeito, a colaboração entre o Poder Judiciário e o Juízo Arbitral é fundamental para assegurar, por exemplo, o cumprimento de cartas arbitrais (art. 237, IV, e 267 do CPC), a confidencialidade do procedimento, se houver, (art. 189, IV, do CPC), a concessão de tutelas provisórias antes da instauração da arbitragem (arts. 294 e seguintes do CPC e arts. 22-A e 22-B da Lei nº 9.307/96, alterada pela Lei nº 13.129/15), e a extinção da ação judicial quando o árbitro já tiver reconhecido a sua competência (art. 485, VII, do CPC).

2. Cooperação no sistema jurisdicional multiportas

Atualmente, a ideia de jurisdição não pode mais ser compreendida como a atividade exclusivamente estatal, não apenas em razão do reconhecimento do juízo arbitral (arts. 3º, § 1º, e 42 do CPC), mas também da notória evolução dos métodos adequados de resolução de conflitos, especialmente a mediação e a conciliação, considerados verdadeiros equivalentes jurisdicionais[1].

Em reforço, não se pode perder de vista que, enquanto o artigo 5º, XXXV, da Constituição Federal estabelece que "a lei não excluirá da apreciação do Poder Judiciário qualquer lesão ou ameaça de lesão a direito", o CPC dispõe que "não se excluirá da apreciação jurisdicional ameaça ou lesão a direito"[2].

Essa sutil alteração evidencia que, no processo civil contemporâneo, a decisão estatal não pode mais ser considerada como a única forma de pacificação social, devendo ser valorizados e incentivados os métodos adequados de resolução de conflitos, entre eles a arbitragem.

Com isso, a noção de jurisdição – antes vinculada essencialmente à atividade do Estado – ganha novos contornos, podendo ser compreendida como o direito de acesso à justiça e efetiva solução do conflito[3].

Nesse particular, Leonardo Greco destaca que a cooperação deve existir entre todos os órgãos jurisdicionais instados a desempenharem qualquer atividade no processo.[4]

De fato, é fundamental essa rede jurisdicional de auxílio, apoio e interação, dentro de um sistema multiportas projetado de forma a obter o máximo de efetividade em cada situação, utilizando-se, para tanto, a ferramenta mais adequada.

Nesse sentido,a cooperação não é um padrão de conduta que possa ser atribuído individualmente a determinado juiz ou juízo (seja arbitral ou não), mas sim um princípio que deve permear toda a atividade jurisdicional, inclusive nas relações internacionais e institucionais, garantindo maior coesão, integridade e unicidade sistêmica. Afinal de contas, só é possível haver cooperação quando todos os personagens do conflito estão irmanados nesse espírito.

---

1 PINHO, Humberto Dalla Bernardina de; MARQUES, Paula Menna Barreto. Os meios adequados de solução de conflitos e o novo Código de Processo Civil: a conciliação, a mediação e a arbitragem, in CARNEIRO, Paulo Cezar Pinheiro; GRECO, Leonardo; PINHO, Humberto Dalla Bernardina de. Inovações do Código de Processo Civil de 2015, Rio de Janeiro: GZ, 2016, p. 249.

2 PINHO, Humberto Dalla Bernardina de. STANCATI, Maria M. S. Martins. A ressignificação do princípio do acesso à justiça à luz do art. 3° do Código de Processo Civil de 2015. Revista de Processo, v. 254, Abr/2016, São Paulo: Revista dos Tribunais, p. 20.

3 PINHO, Humberto Dalla Bernardina de. Audiência de conciliação ou de mediação: o art. 334 do CPC/2015 e a nova sistemática do acordo judicial, in LUCON, Paulo Henrique dos Santos et alli. Processo em Jornadas, Juspodivm: Salvador, 2016, p. 447.

4 Nas palavras do autor: "todos são detentores do poder jurisdicional do Estado e, por isso, plenamente aptos a praticar com eficácia todos aqueles atos processuais que não dizem respeito à esfera jurídica de competência de cada um, mas que são comuns a todos os órgãos jurisdicionais". GRECO, Leonardo. Os Juizados Especiais como tutela diferenciada. *Revista Eletrônica de Direito Processual – REDP*. Vol. III. Janeiro a Junho de 2009, p. 35.

3. O dever de cooperação do árbitro

De um modo geral, a cooperação pressupõe divisão de tarefas, redistribuição de responsabilidades e um pacto de trabalho, em que todos aqueles que participam do processo, incluindo o julgador, as partes eseus advogados, entre outros, devem estar em busca da justa composição do litígio, "com brevidade e eficácia".[5]

Nesse percurso, o árbitro deve observar os deveres de a) esclarecimento (agir de modo transparente e pragmático, proferindo comandos claros e objetivos), b) consulta (incentivar o diálogo), c) prevenção (alertar riscos e diligenciar para que os atos processuais não sejam praticados de forma viciada ou para que possam ser corrigidos rapidamente) e d) auxílio (remover eventuais obstáculos impeditivos).

Ainda defendemos o dever de comprometimento do julgador,[6] que compreende a ideia de operosidade e de máxima dedicação à causa. A operosidade traduz a noção de que todos aqueles que participam, direta ou indiretamente, da solução dos conflitos, em âmbito judicial ou extrajudicial, devem atuar da forma mais produtiva e laboriosa possível, com a finalidade de assegurar o efetivo acesso à justiça.[7]

Para que isso se concretize, afigura-se indispensável a atuação ética e a utilização dos instrumentos e dos institutos processuais de forma a obter a melhor produtividade possível. A ideia é dar todo o rendimento possível a cada processo em si mesmo considerado e garantir o comprometimento do julgador na prestação de uma ordem jurídica justa.

Em outras palavras, é agir com eficiência e extrair o máximo de rendimento da atividade jurisdicional, com menor dispêndio de tempo e de recursos.

Nesse compasso, viola o dever de comprometimentoo árbitro que, por exemplo, deixa de suspender o procedimento arbitral diante da existência de cláusula de mediação (art. 23 da Lei de Mediação).[8] Isso porque, além de violar o referido comando legal, deixa de prestigiar a resolução consensual do conflito (art. 3º, §§ 2º e 3º, do CPC), onerando as partes e inviabilizando a rápida solução do impasse. Da mesma forma, não é razoável que o árbitro deixe de observar convenção pactuada pelas partes no contrato, no sentido de adequar o procedimento arbitral às peculiaridades do caso

---

5 GOUVEIA, Lúcio Grassi de. A função legitimadora do princípio da cooperação intersubjetiva no processo civil brasileiro. *Revista de Processo*. São Paulo: Revista dos Tribunais, nº 172, jun./2009, p. 35.

6 MAZZOLA, Marcelo. *Cooperação e operosidade. A inobservância do dever de colaboração pelo juiz como fundamento autônomo de impugnação.*Dissertação de Mestrado em Direito Processual, Faculdade de Direito, Universidade do Estado do Rio de Janeiro, Rio de Janeiro, 2017.

7 CARNEIRO, Paulo Cezar Pinheiro. *Acesso à Justiça: Juizados Especiais Cíveis e Ação Civil Pública. Uma nova sistematização da Teoria Geral do Processo.* 2ª ed. Rio de Janeiro: Forense, 2003, p. 63-64.

8 Art. 23. Se, em previsão contratual de cláusula de mediação, as partes se comprometerem a não iniciar procedimento arbitral ou processo judicial durante certo prazo ou até o implemento de determinada condição, o árbitro ou o juiz suspenderá o curso da arbitragem ou da ação pelo prazo previamente acordado ou até o implemento dessa condição.
Parágrafo único. O disposto no caput não se aplica às medidas de urgência em que o acesso ao Poder Judiciário seja necessário para evitar o perecimento de direito.

concreto. Não custa lembrar que, quando o árbitro aceita a nomeação, a arbitragem é considerada instituída. Assim, caso deseje fazer alguma restrição ou reserva ao que foi pactuado pelas partes, deve informar isso previamente às partes, e não silenciar para depois surpreendê-las com sua decisão.

4. Interface entre o Poder Judiciário e o Juízo Arbitral

4.1. Carta Arbitral

Como se sabe, as decisões arbitrais não possuem coercitividade. Logo, caso não sejam adimplidas voluntariamente por uma das partes, o árbitro deverá solicitar a colaboração do Poder Judiciário, a fim de que a medida possa ser cumprida.

E o instrumento adequado para essa comunicação e solicitação de auxílio ao Poder Judiciário é a carta arbitral (art. 237, VI, do CPC),[9] cujos requisitos são aqueles genéricos do art. 260 do CPC, devendo aquela também ser instruídacom a convenção de arbitragem e com as provas da nomeação do árbitro e de sua aceitação da função (art. 260, § 3º).

De acordo com o artigo 22-C da Lei de Arbitragem, oárbitro ou o tribunal arbitral pode expedir carta arbitral para que o órgão jurisdicional nacional pratique ou determine o cumprimento, na área de sua competência territorial, de ato por ele solicitado.

Importante registrar que, no cumprimento da carta arbitral, será observado o segredo de justiça, desde que comprovada a confidencialidade estipulada na arbitragem (art. 22-C, parágrafo único, da lei especial).

Nesse ponto, o novo CPC prevê que, apesar da publicidade dos atos processuais (arts. 11 e 189), tramitam em segredo de justiça os processos que *"versem sobre arbitragem, inclusive sobre cumprimento de carta arbitral, desde que a confidencialidade estipulada na arbitragem seja comprovada perante o juízo"* (art. 189, IV).

Ressalte-se, apenas, que, nas arbitragens envolvendo a Administração Pública, deve ser observado o princípio da publicidade (art. 2º, § 3º, da Lei de Arbitragem e art. 37 da Constituição Federal)[10].

Questão interessante que pode surgir aqui é a eventual existência de informação

---

9 Art. 237. Será expedida carta: (...) IV- arbitral, para que órgão do Poder Judiciário pratique ou determine o cumprimento, na área de sua competência territorial, de ato objeto de pedido de cooperação judiciária formulado por juízo arbitral, inclusive os que importem efetivação de tutela provisória.

10 Sobre o tema, Andre Roque destaca que, no caso de "arbitragens envolvendo interesses estatais, a incidência dos princípios da transparência e da publicidade não permitirá o sigilo absoluto. Nesse caso, restam duas alternativas: ou as partes afastam completamente a confidencialidade do procedimento arbitral ou estipulam uma forma de sigilo parcial, em que se permite o acesso dos interessados ao conteúdo da decisão dos árbitros". Na visão do doutrinador, dessa maneira preservar-se-ia a confidencialidade não apenas dos documentos que instruíram o processo na arbitragem, mas também das informações trazidas pelas partes cuja revelação seja capaz de causar dano ao particular que contratou o Estado. ROQUE, Andre Vasconcelos. A arbitragem envolvendo entes estatais na jurisprudência do Superior Tribunal de Justiça. Disponível em http://www.publicadireito.com.br/artigos/?cod=ab7a710458b8378b. Acesso em 29.08.2017.

sensível e de interesse estratégico do Estado, nos exatos termos do art. 23 da Lei n° 12.527/2011 (Lei de Acesso à Informação). Imagine-se, por exemplo, que, durante a fase instrutória conduzida pelo árbitro, a Administração reveleinformação que tenha sido fornecida em caráter sigiloso por outro país (art. 23, inciso II, da referida Lei). Da mesma forma, havendo necessidade, por exemplo, de buscar e apreender coisa em poder de terceiro, a carta arbitral expedida deve determinar a manutenção do sigilo, mesmo que haja interesse público. Seria como que uma exceção da exceção, o que, em última análise, acaba por confirmar a regra geral.

Em termos práticos, a carta arbitral é muito utilizada para o cumprimento de tutelas provisórias deferidas pelos árbitros e não adimplidas por aquele contra o qual a ordem foi emanada. Também é utilizada para a intimação e condução de testemunhas, que, apesar de intimadas, não atendem à convocação do Juízo Arbitral para depor.[11]

Em algumas situações, o juiz pode recusar-se a dar cumprimento à carta arbitral, quando, por exemplo, a carta não estiver revestida dos requisitos legais; faltar ao juiz competência em razão da matéria ou da hierarquia; e o juiz tiver dúvida acerca de sua autenticidade (art. 267, I a III, do CPC).

Nesses casos, deverá o juiz devolvê-la ao Juízo Arbitral com decisão motivada. Se a hipótese for apenas de incompetência em razão da matéria ou da hierarquia, o juiz pode remeter a carta arbitral ao juiz ou ao tribunal competente (art. 267, parágrafo único, do CPC), em razão do chamado caráter itinerante das cartas.

Contudo, uma questão que gera desconforto é a possibilidade de o juiz negar-se a cumprir a carta sob o fundamento de discordar da decisão. Explicamos. Imagine-se uma carta para garantir o cumprimento de uma tutela de urgência concedida pelo árbitro. O juiz de direito, ao examinar o teor da carta, conclui que não estão presentes os pressupostos autorizadores da medida (art. 300 do CPC).

Ou, ainda, imagine-se que a providência determinada na carta contraria a legislação brasileira (mas a arbitragem é conduzida utilizando-se o direito positivo de outro país), ou mesmo que a concessão da tutela de urgência naquele caso viola decisão com efeito vinculante, na forma do art. 927 do CPC.

Em alguma dessas hipóteses seria razoável restituir a carta sem o devido cumprimento? Comecemos pelo exame da hipótese na qual o juiz supostamente entenda não estarem presentes os requisitos do art. 300.

Assim como é vedado ao magistrado analisar o mérito da sentença arbitral, também não pode reexaminar o conteúdo da tutela deferida pelo árbitro. Da mesma forma, vale lembrar que, no processo arbitral, as partes podem escolher livremente a aplicação da lei aplicável ao caso, não sendo permitida, portanto, qualquer interferência do juiz, a quem cabe somente dar efetivo cumprimento à carta arbitral.

Em tais casos, havendo recusa do magistrado, entendemos que a parte prejudicada pode interpor agravo de instrumento, valendo-se do artigo 1.015, I, do CPC, uma vez que, direta ou indiretamente, o que está em discussão é a implementação de tute-

11 CÂMARA, Alexandre Freitas. *O novo processo civil brasileiro*. São Paulo: Atlas, 2015, p. 149.

la provisória (valendo o aqui o mesmo raciocínio utilizado para sustentar o cabimento do agravo de instrumento contra a decisão que não aprecia ou que posterga o exame da tutela provisória requerida pela parte).

A questão mais espinhosa diz respeito à concessão de tutela de urgência pelo árbitro, que, eventualmente, viole os chamados precedentes de observância obrigatória. O tema é complexo e exigiria um trabalho específico. De qualquer forma, partindo da premissa de que os precedentes são normas de direito material e tendo em vista a composição federativa do país, entendemos que os árbitros devem observar as decisões elencadas no artigo 927 do CPC. Porém, alguns precedentes ali listados não possuem, necessariamente, vinculação nacional (basta pensar no IRDR – antes da projeção para todo o país – e no IAC, assim como a orientação do plenário ou do órgão especial aos quais os tribunais estiverem vinculados). Em tais hipóteses, não poderia um juiz de São Paulo, por exemplo, invocar uma decisão proferida em IAC pelo Tribunal do Rio para barrar o cumprimento da carta arbitral.

Por outro lado, quando a tutela de urgência arbitral violar flagrantemente os precedentes de observância obrigatória, com eficácia nacional, pensamos que o juiz deve, à luz da cooperação, antes de pensar em recusar o cumprimento da carta arbitral, oficiar, com urgência, o tribunal arbitral ventilando a questão detectada. Até mesmo para que o tribunal arbitral possa ratificar ou não o seu comando. É possível, por exemplo, que responda o ofício assinalando que fez o *distinguishing* no caso concreto.

Se o tribunal arbitral ratificar o comando, com ou sem maiores explicações, entendemos que o juiz não pode, neste momento, barrar o cumprimento da carta arbitral, pois a medida violaria o princípio competência-competência do árbitro, o que será examinado mais adiante.

A solução mais razoável parece ser a parte prejudicada, se assim entender e for o caso, invocar a questão em sede de ação anulatória, alegando ausência de fundamentação específica da sentença arbitral e violação ao contraditório efetivo (arts. 32, III e VIII, da Lei de Arbitragem e 927, § 1º, do CPC).

4.2. Tutelas provisórias

Durante muito tempo doutrina e jurisprudência discutiram a competência do árbitro ou do tribunal arbitral para conceder medida de urgência. Boa parte da discórdia tem origem no § 4º do artigo 22 da Lei de Arbitragem, que estabelecia que, havendo necessidade, o árbitro poderia solicitar medidas coercitivas ou cautelares ao órgão do Poder Judiciário que seria competente para julgar a causa.

Com base nesse dispositivo, afirmava-se que o árbitro, por ser apenas equiparado a juiz, não poderia conceder medidas coercitivas, devendo elas sempre serem requeridas perante o Poder Judiciário.

A questão era tormentosa. No julgamento do Conflito de Competência nº 111.230/DF, o Ministro João Otávio de Noronha proferiu voto-vencido no sentido de não ser possível a concessão de medidas coercitivas pelo árbitro. Partindo da premissa de que o Tribunal Arbitral não tem poder de império, o ministro afirmou que o árbitro "não tem poder para praticar atos de constrição judiciária" e "não pode invadir, efetivamente, a esfera patrimonial das partes". Asseverou, ainda, que uma vez que a execução da sentença arbitral deve necessariamente ser feita em sede judicial, já que o árbitro não pode determinar medidas executivas, razão não haveria para se admitir a possibilidade de deferimento de medidas constritivas em sede cautelar.

Essa controvérsia foi superada pela Lei nº 13.129, de 2015, que alterou a Lei de Arbitragem, incluindo nela o Capítulo IV-A, intitulado "Das Tutelas Cautelares e de Urgência", contendo dois artigos sobre o procedimento para concessão de medidas de urgência em sede arbitral[12].

Antes de analisarmos os dispositivos, uma breve nota sobre a imprecisão terminológica do legislador infraconstitucional. Ao se referir à "medida cautelar ou de urgência", a Lei nº 13.129/2015 passa a impressão de que se tratam de duas modalidades diferentes de tutela, em uma postura diversa da adotada no Código de Processo Civil de 2015.

Bem se sabe que a tutela cautelar é espécie do gênero tutela de urgência, ao lado da tutela antecipada. Ao se referir a "medida cautelar ou de urgência", a Lei nº 13.129/2015 parece ter querido indicar a possibilidade de concessão não só de tutela cautelar, mas também de tutela satisfativa antecipada. Dessa forma, melhor teria feito o legislador se tivesse falado apenas em "tutela provisória".

O artigo 22-A da Lei de Arbitragem prevê agora, de forma expressa, a possibilidade de, *antes da instauração da arbitragem*, as partes recorrerem ao Poder Judiciário para a concessão da medida de urgência. Nesse caso, a instituição da arbitragem deverá ser realizada no prazo de 30 (trinta) dias contados da data de efetivação da decisão, sob pena de cessar a eficácia da medida de urgência (parágrafo único).

Por sua vez, o artigo 22-B veio para pacificar a questão sobre a possibilidade de concessão de medidas coercitivas pelo árbitro ou pelo Tribunal Arbitral.

Além de ter previsto no *caput* a possibilidade de os árbitros, uma vez instituída a arbitragem, manterem, modificarem ou até mesmo revogarem a medida de urgência que fora concedida pelo Poder Judiciário, o parágrafo único estabelece que, após a instauração da arbitragem, a medida de urgência deverá ser requerida (e, portanto, concedida) diretamente aos árbitros.

Além disso, referida lei também revogou o mencionado (e polêmico) § 4º do artigo 22 da Lei da Arbitragem. Mantém-se, todavia, a necessidade de acionamento do Poder Judiciário para que as medidas coercitivas concedidas pelos árbitros possam ser executadas.

---

12 O novo Código de Processo Civil, promulgado anteriormente à alteração da Lei de Arbitragem, também prevê, de forma indireta, a possibilidade de concessão de tutela provisória pelo árbitro, uma vez que o já mencionado artigo 237, inciso IV, do Código, ao tratar da carta arbitral, afirma que ela pode ser expedida para que o Poder Judiciário pratique ou determine o cumprimento de atos solicitados pelo juízo arbitral "inclusive os que importem *efetivação* da tutela provisória". Ao se referir apenas à efetivação da tutela provisória, está implícito que a concessão da tutela pode ser feita pelo próprio árbitro.

Lembre-se que,instituída a arbitragem, caberá aos árbitros manter, modificar ou revogar a medida cautelar ou de urgência concedida pelo Poder Judiciário (art. 22-B).

Como se vê, embora não haja qualquer relação de subordinação entre juízes e árbitros, a atividade de um pode repercutir diretamente na conduta do outro, o que reforça a importância de uma efetiva atuação colaborativa.

A ausência de norma específica disciplinando os exatos limites que separam a jurisdição do árbitro daquela exercida pelo magistrado é importante, entre outras razões, para evitar um eventual conflito entre esses órgãos. Nesse passo, não custa lembrar que já há julgado do STJ reconhecendo a possibilidade de conflito de competência entre juiz togado e câmara arbitral, já que ambos exercem atividade jurisdicional[13].

Por fim, cabe registrar que algumas Câmaras de Arbitragem preveem a figura do árbitro de emergência, que tem competência para examinar questões urgentes antes da efetiva instauração da arbitragem.[14] Em tais hipóteses, não haveria, em tese, a necessidade de se acionar o Poder Judiciário.

Mas, e se uma das partes, ainda assim, invocando o art. 5°, XXXV, da Constituição, resolvesse invocar o art. 22-A da Lei de Arbitragem, mesmo havendo expressa previsão da figura do árbitro de emergência na cláusula compromissória e/ou no regimento interno da câmara arbitral?

Haveria violação ao dever de colaboração a não utilização do árbitro de emergência? Poderíamos falar em necessária extinção sem resolução do mérito por prévia competência do juízo arbitral de emergência?

A questão aqui parece passar, necessariamente, pela seguinte indagação: o art. 22-A é norma subsidiária, ou seja, só será aplicável se as partes não tiverem pactuado o árbitro de emergência, ou a competência do juiz togado se sobrepõe a disposição contratual ou regimental?

Entendemos que se as partes convencionaram expressamente que a arbitragem seguiria as regras de determinado tribunal arbitral e havendo neste órgão jurisdicional a previsão do árbitro de emergência, as partes não podem acionar o Judiciário para pleitear eventual tutela provisória. Nessa hipótese, o juiz deve julgar extinto o feito, em analogia ao artigo 485, VII, do CPC.

A questão seria diferente se, diante de "perigo de dano" ou de "risco ao resultado útil do processo", a parte interessada demonstrasse que o tribunal arbitral ainda não efetivou as regras para a atuação do árbitro de emergência, criando-se um verdadeiro "limbo jurisdicional".

---

13 STJ, CC 111.230-DF, rel. Min. Nancy Andrighi, j. 8-5-2013, *Informativo STJ*, nº 522.

14 OLIVEIRA, Rodrigo Candido. Câmaras brasileiras permitem uso de árbitro de emergência. Disponível emhttp://www.conjur.com.br/2016-dez-12/rodrigo-oliveira-camaras-permitem-uso-arbitro-emergencia. Acesso em 28.08.2017.

4.3. Compromisso Arbitral forçado

Como o Poder Judiciário não é a única via para a resolução de seus conflitos, as partes podem eleger o Juízo Arbitral para a solução de eventual litígio. A convenção de arbitragem é gênero, da qual são espécies a cláusula compromissória e o compromisso arbitral.

Pela primeira, as partes comprometem-se a submeter à arbitragem os litígios que possam ser originados de tal instrumento (art. 3º da Lei de Arbitragem), enquanto, no segundo, as partes efetivamente submetem o conflito à arbitragem, indicando todas as informações necessárias (nomes das partes, dos árbitros, matéria em discussão, lugar da sentença arbitral, entre outros), bem como estipulando as regras do procedimento.

Não havendo acordo prévio sobre a forma de instituir a arbitragem, a parte interessada manifestará à outra sua intenção de dar início à arbitragem, por via postal ou por outro meio qualquer de comunicação, mediante comprovação de recebimento, convocando-a para, em dia, hora e local certos, firmar o compromisso arbitral.

Porém, se a parte convocada não comparecer ou se recusar a firmar o compromisso arbitral, o interessado pode aforar uma demanda perante o Poder Judiciário, a fim de que seja lavrado o referido documento.

O procedimento é simples: a parte relutante é citada para comparecer em juízo, sendodesignada pelo juiz uma audiência para a lavratura do termo de compromisso. No início desse ato processual, o magistrado tenta a conciliação entre as partes, viabilizando a solução do litígio. Não sendo possível, busca a construção compartilhada do compromisso arbitral. Como última medida, e após ouvir o réu, decide sobre os termos do compromisso arbitral. Cumpre ressaltar que a sentença que julga procedente o pedido vale como compromisso arbitral (art. 7º, § 7º, do CPC).

Essa específica ação judicial confirma a importância da integração e da colaboração entre o Poder Judiciário e o Juízo Arbitral. Por mais que o Judiciário não examine o mérito do conflito, acaba definindo algumas regras do futuro procedimento arbitral, podendo, por exemplo, nomear árbitro único, caso a cláusula compromissória nada disponha sobre a nomeação dos árbitros.

Assim, não custa lembrar que a sentença de mérito que acolher o pedido do autor valerá como compromisso arbitral, podendo o interessado vencedor, após o trânsito em julgado, instituir a jurisdição privada (art. 7º, § 7º, da Lei nº 9.307/96). Da sentença que julgar procedente o pedido de instituição da arbitragem caberá apelação, a qual será recebida sempre no efeito devolutivo (art. 42 da Lei nº 9.307/96).

4.4. Competência do árbitro e desdobramentos judiciais

No que tange à competência do árbitro, o STJ consagrou o princípio competência-competência, cabendo primeiramente ao árbitro decidir a respeito de sua própria competência (art. 8º, parágrafo único, da Lei de Arbitragem).[15]

---

15 Nos termos do artigo 8º, parágrafo único, da Lei de Arbitragem a alegação de nulidade da cláusula arbitral instituída em Acordo Judicial homologado e, bem assim, do contrato que a contém, deve

O CPC, em boa hora, disciplinou expressamente a questão, prevendo que o juiz não resolverá o mérito quando "acolher a alegação de existência de convenção de arbitragem ou quando o juízo arbitral reconhecer sua competência" (art. 485, VII).

Com isso, se o árbitro reconhecer a sua competência, havendo ação judicial em curso versando sobre o mesmo tema, deverá o juiz julgar extinto o feito, sem resolução de mérito.

Esclareça-se que o controle da validade da convenção de arbitragem poderá ser feito pelo Judiciário, mas somente no caso de futura ação de nulidade da sentença arbitral (art. 32 da Lei de Arbitragem).

Cumpre salientar que a existência de convenção de arbitragem deverá ser alegada pela parte em sede de contestação (art. 337, X, do CPC), sob pena de "aceitação da jurisdição estatal e renúncia ao juízo arbitral" (art. 337, § 6º). Significa dizer que o tema não pode ser analisado de ofício pelo juiz.

Registre-se, por fim, que contra a decisão que rejeitar a alegação de convenção de arbitragem cabe agravo de instrumento (art. 1.015, III, do CPC), o que evidencia a preocupação do legislador de permitir o rápido equacionamento da discussão sobre a via jurisdicional adequada, evitando uma futura – e indesejada – anulação de todo o processo judicial.

4.5 Convenções processuais e cooperação: análise da validade daconvenção de arbitragem

Inspirado na sistemática da Lei de Arbitragem, o CPC adota um modelo cooperativo de processo, valorizando a autonomia da vontade e a maior participação dos sujeitos processuais, sob o tom do contraditório-influência.[16]

Fredie Didier afirma que os negócios jurídicos processuais (também chamados de convenções processuais) são a mais perfeita expressão do modelo cooperativo de

ser submetida, em primeiro lugar, à decisão do próprio árbitro, inadmissível a judicialização prematura pela via oblíqua do retorno ao Juízo. STJ, REsp 1.302.900/MG, Rel. Min. Sidnei Beneti, Terceira Turma, julgamento em 09.10.2012. No mesmo sentido: "É de se reconhecer a inobservância do art. 8º da Lei nº 9.307/1996, que confere ao Juízo arbitral a medida de competência mínima, veiculada no Princípio da Komptenz Komptenz, cabendo-lhe, assim, deliberar sobre a sua competência, precedentemente a qualquer outro órgão julgador, imiscuindo-se, para tal propósito, sobre as questões relativas à existência, à validade e à eficácia da convenção de arbitragem e do contrato que contenha a cláusula compromissória". (CC 146.939/PA, Rel. Min. Marco Aurélio Belizze, Segunda Seção, DJe 30/11/2016.)

16 Para Leonardo Carneiro da Cunha, a consagração do princípio da cooperação relaciona-se com o fenômeno da valorização da autonomia da vontade no processo. CUNHA, Leonardo Carneiro da. O Impacto do Novo Código de Processo Civil nos Juizados Especiais Cíveis. In: DIDIER JR., Fredie et al (Orgs.) *Novo Código de Processo Civil – impactos na legislação extravagante e interdisciplinar*. v. 2. São Paulo: Saraiva, 2016, p. 132.

processo.[17] Julio Müller vai além e afirma que "sem cooperação, não há negócio processual, e, sem este, o que resta é um processo abstrato e estático".[18]

De um modo geral, a doutrina define negócio jurídico processual como "o fato jurídico voluntário, em cujo suporte fático confere-se ao sujeito o poder de escolher a categoria jurídica ou estabelecer, dentro dos limites fixados no próprio ordenamento jurídico, certas situações jurídicas processuais",[19] ou, ainda, "o negócio jurídico plurilateral, pelo qual as partes, antes ou durante o processo e sem necessidade de intermediação de nenhum outro sujeito, determinam a criação, modificação e extinção de situações jurídicas processuais, ou alteram o procedimento".[20]

Na prática, são declarações de vontade unilaterais ou plurilaterais que têm o condão de constituir, regular, modificar e extinguir direitos e obrigações, bem como alterar a forma do procedimento, permitindo, assim, a modulação dos aspectos processuais e do próprio *iter* processual (art. 190 do CPC).[21]

Por meio dos negócios jurídicos processuais, algumas normas – em sua maioria cogentes e que regulamentariam o trâmite do feito – podem ser afastadas.[22] Assim, os sujeitos processuais passam a ser coautores da produção da norma, propiciando maior dinamismo em relação às suas condutas e viabilizando a gestão compartilhada do processo.

---

17 DIDIER JR., Fredie. Os três modelos de direito processual civil: inquisitivo, dispositivo e cooperativo. *Revista de Processo*. São Paulo: Revista dos Tribunais, nº. 198, ago./2011, p. 213-220.

18 MÜLLER, Julio Guilherme. *A produção desjudicializada da prova oral através de negócio processual: análise jurídica e econômica*. Tese apresentada à Banca Examinadora da Pontifícia Universidade Católica de São Paulo, como exigência parcial para obtenção do título de Doutor em Direito, São Paulo, 2017, p. 60.

19 DIDIER JR., Fredie; NOGUEIRA, Pedro Henrique Pedrosa. *Teoria dos fatos jurídicos processuais*. 2ª ed. Salvador: Jus Podivm, 2012, p. 59-60.

20 CABRAL, Antonio do Passo. *Convenções processuais.*Salvador: Jus Podivm, 2016, p. 68.

21 Entendemos que os negócios jurídicos processuais também podem ser celebrados em mediações extrajudiciais. A propósito, o artigo 166, § 4º, do CPC estabelece que a "mediação e a conciliação serão regidas conforme a livre autonomia dos interessados, inclusive no que diz respeito à definição das regras procedimentais". Assim, nada impede que os mediandos definam regras procedimentais relacionadas à própria mediação extrajudicial (reuniões privadas, periodicidade dos encontros, etc.) e também outros temas relacionados à futura ação judicial, caso o consenso não seja alcançado. Por exemplo, o mediador pode perfeitamente indagar aos mediandos – preferencialmente no início da mediação – se têm interesse em celebrar convenções processuais, caso não seja possível a autocomposição. Se esta regra procedimental for acordada, os mediandos, na própria sessão de mediação, poderão ajustar a impenhorabilidade de determinado bem ou a alteração da ordem de penhora, o rateio das custas processuais, a dispensa da audiência de mediação/ conciliação em sede judicial, a forma de intimação ou comunicação, o foro de eleição, a escolha do perito, o envio das petições protocoladas de parte a parte por e-mail e etc. Acreditamos que o incremento dos negócios jurídicos processuais ampliará o leque de ferramentas da mediação extrajudicial, tornando-a ainda mais atrativa.

22 PINHO, Humberto Dalla Bernardina de; VIDAL, Ludmilla Camacho Duarte. Primeiras reflexões sobre os impactos do novo CPC e da Lei de Medição no Compromisso de Ajustamento de Conduta. *Revista de Processo*. São Paulo: Revista dos Tribunais, nº 256, jun./2016, p. 375.

Note-se que, de acordo com o art. 190, parágrafo único, do CPC, as convenções processuais podem ser invalidadas "somente nos casos de nulidade ou de inserção abusiva em contrato de adesão ou em que alguma parte se encontre em manifesta situação de vulnerabilidade."

A inserção do advérbio "somente" pelo legislador traduz a ideia de que a regra será o prestígio aos negócios jurídicos processuais, respeitando-se a autonomia de vontade.

Em outras palavras, a recusa da convenção processual deve ser a exceção. Há, com isso, uma inversão do ônus argumentativo, pois cabe ao juiz, e não aos litigantes, mostrar de forma fundamentada e objetiva as razões para a invalidação da convenção processual.

A nosso sentir, mesmo nas hipóteses previstas no parágrafo único do art. 190, o juiz não pode, de ofício e de forma automática, recusar a validade de uma convenção processual, devendo, primeiramente, intimar os interessados (arts. 9º e 10 do CPC) e avaliar os interesses em jogo, para, então, decidir de forma fundamentada (arts. 11 e 489, § 1º, do NCPC), seja para validar ou invalidar a convenção.[23]

Esse cuidado é fundamental, pois, ainda que se trate de convenção estipulada em contrato de adesão,[24] por exemplo, o ajuste pode beneficiar o aderente e lhe não causar qualquer prejuízo.

Aliás, vale lembrar que o STJ já reconheceu a validade da cláusula de arbitragem em contrato de adesão[25] e a doutrina também vem assim se posicionando.[26]

Ou seja, a regra do parágrafo único do art. 190 demanda interpretação sistemática e valorativa, não podendo ser aplicada automaticamente.

Nesse contexto, especialmente quando a arbitragem ainda não tiver sido instaurada e houver discussão, no âmbito do processo judicial, a respeito da validade de eventual convenção de arbitragem, deve o juiz agir com eficiência (art. 8º do CPC)

---

23 De acordo com o enunciado 16 do FPPC, o controle dos requisitos objetivos e subjetivos de validade da convenção de procedimento deve ser conjugado com a regra segundo a qual não há invalidade do ato sem prejuízo.

24 Nas relações consumeristas, a cláusula deve estar redigida de modo claro e compreensível, grafada com caracteres bem legíveis, para que não se tenha dúvida quando ao aceite do consumidor. É o que dispõe o art. 46 do CDC: Os contratos que regulam as relações de consumo não obrigarão os consumidores, se não lhes for dada a oportunidade de tomar conhecimento prévio de seu conteúdo, ou se os respectivos instrumentos forem redigidos de modo a dificultar a compreensão de seu sentido e alcance. Não se pode olvidar, ainda, que, de acordo com o art. 47 do CDC, as cláusulas contratuais serão interpretadas de maneira mais favorável ao consumidor.

25 De acordo com a corte infraconstitucional, "é possível a cláusula arbitral em contrato de adesão de consumo quando não se verificar presente a sua imposição pelo fornecedor ou a vulnerabilidade do consumidor, bem como quando a iniciativa da instauração ocorrer pelo consumidor ou, no caso de iniciativa do fornecedor, venha a concordar ou ratificar expressamente com a instituição, afastada qualquer possibilidade de abuso." (REsp nº 1189050/SP, Quarta Turma, Rel. Min. Luis Felipe Salomão, DJe 14.03.2016).

26 WAMBIER, Teresa Arruda Alvim; RIBEIRO, Leonardo Ferres da Silva; CONCEIÇÃO, Maria Lúcia Lins; MELLO, Rogerio Licastro Torres de. *Primeiros comentários ao Novo Código de Processo Civil*. São Paulo: Revista dos Tribunais, 2015, p. 355.

e avaliar, com cautela, a validade da respetiva convenção processual, evitando uma decisão automática que "feche as portas" do Juízo Arbitral.

4.6. Violação do dever de cooperação e possibilidade de sanção

A atuação colaborativa é dever de todos aqueles que participam do processo (artigo 6º do CPC). Nesse compasso, a sua inobservância pode ensejar punições.

No plano da arbitragem, entendemos que aquele que ingressa no Judiciário para pleitear tutela de urgência, sem qualquer justificativa e ignorando a existência – seja na convenção de arbitragem, seja no regulamento do tribunal arbitral a que está submetido – de previsão de árbitro de emergência para tal finalidade, deve ser apenado com a litigância de má-fé, pois, no mínimo, agiu de modo temerário (art. 80, V, do CPC). O mesmo se aplica àquele que ajuíza eventual demanda diretamente no Judiciário ignorando a convenção de arbitragem, sem qualquer fundamentação mínima.

Da mesma forma, entendemos perfeitamente possível a condenação por litigância de má-fé daquele que se vale da ação anulatória do art. 33 da Lei nº 9.307/96 com claro intuito de impedir o desfecho daquela via jurisdicional, questionando, por exemplo, a não aplicação de precedente vinculativo, de abrangência regional ou estadual, em relação à arbitragem que tramitou em outra região ou Estado. A mesma lógica pode ser empregada àquele que questiona a aplicação de precedente de observância obrigatória, de âmbito nacional, sem sequer fazer o *distinguishing* (art. 80, I, do CPC).

Importante observar, contudo, que a cooperação não dará uma "carta branca" para os magistrados cometerem arbitrariedades e aplicarem sanções indiscriminadamente.

Primeiro, porque a cláusula geral de cooperação – que também deve ser observada pelo juiz (art. 6º) – não permite que este aplique, abstratamente, eventuais penalidades às partes e aos demais sujeitos processuais. Como se sabe, as sanções devem ter previsão legal.[27]

É bem verdade que algumas condutas anticooperativas consideradas à primeira vista "atípicas" podem perfeitamente ser encaixadas nas hipóteses já previstas pelo CPC[28] (além dos exemplos mencionados na área da arbitragem, basta pensar na con-

---

27 Vide, por exemplo, arts. 77, §§ 2º e 7º, 81, 100, parágrafo único, 173, 202, 234, §2º, 455, §5º, 774, parágrafo único, do NCPC. Entendemos, ainda, que as partes podem estipular penalidades por intermédio das convenções processuais.

28 Ainda que o rol das hipóteses do artigo 80 do NCPC, por exemplo, seja taxativo, os conceitos jurídicos indeterminados utilizados pelo legislador permitem que algumas condutas anticooperativas sejam encaixadas no enquadramento legal, mediante interpretação horizontal dos dispositivos. Taxatividade não quer dizer literalidade. Tanto é verdade que o Superior Tribunal já consagrou o entendimento de que a taxatividade não impede a interpretação extensiva em matéria tributária (REsp 1.111.234/PR). Essa técnica legislativa é interessante, pois, como se sabe, não é tarefa fácil o enquadramento de condutas fáticas em dispositivos hermeticamente fechados, o que, pode, inclusive, permitir que um ato desleal e malicioso escape ao regramento legal. Como afirma Antonio do Passo Cabral, ao legislador não é dado o dom divino da onisciência e a lei não consegue esgotar, por mais competente que seja o legislador, "a riqueza de possibilidades que a vida, especialmente

duta do réu que, sistematicamente e sem justa causa, deixa de recolher as custas pertinentes a cada interposição de novo recurso, valendo-se da "faculdade" do recolhimento em dobro – 1.007, § 4º –, apenas para opor resistência injustificada ao andamento do feito, em violação ao art. 80, IV).[29] Porém, o enquadramento capaz de justificar a sanção exigirá fundamentação analítica e consistente ônus argumentativo por parte do juiz.

Registre-se que, ainda que o juiz possa condenar o litigante de má-fé de ofício,[30] deve sempre fundamentar a sua decisão (arts. 11 e 489, § 1º).[31]

Segundo, porque o próprio julgador, em casos de condutas anticooperativas, pode responder civilmente,[32] quando "no exercício de suas funções, proceder com

nas sociedades complexas, constantemente nos apresenta". (CABRAL, Antonio do Passo. *Nulidades no processo moderno*. Op. cit., p. 20). Sob outro prisma, Carolina Uzeda defende que, com a instrução da boa-fé objetiva e da cooperação no NCPC, esse controle da lealdade "foi ampliado para além das penalidades previstas para a litigância de má-fé, podendo atingir toda égide de posições jurídicas, inadmissíveis, decorrentes do abuso do direito." (LIBARDONI, Carolina Uzeda. Coisa julgada sob perspectiva comparatística: o que o sistema norte-americano pode nos ensinar sobre a extensão dos limites objetivos e subjetivos da coisa julgada. *Revista de Processo*. São Paulo: Revista dos Tribunais, nº 258, ago./2016, p. 454). No mesmo sentido Helio Apoliano Cardoso defende que o campo de aplicabilidade do instituto da litigância de má-fé é ilimitado, de modo que, ocorrendo qualquer resquício de exercício anormal de defesa e recurso, mediante prática e uso de argumentos manifestamente inadequados, com deslealdade processual e conduta temerária e prejuízo, aí estará aberta a porta para a sua aplicação. (CARDOSO, Hélio Apoliano. Da Litigância de Má-Fé. *Revista Jurídica Consulex*. Brasília, n.° 113, set./2001, p. 40).

29 É possível a punição do sujeito processual que faz um pacto de mediação (cláusula de paz), nos termos do artigo 23 da Lei nº 13.140/15, mas ajuíza diretamente a demanda, sem qualquer requerimento de urgência, ignorando a necessidade de inaugurar o procedimento de mediação extrajudicial (PINHO, Humberto Dalla Bernardina de. *Os limites e as possibilidades do uso dos meios consensuais de resolução de conflitos na tutela dos direitos transindividuais e pluri-individuais*. Tese apresentada à Banca Examinadora como requisito parcial para a promoção à categoria de Professor Titular de Direito Processual Civil na Faculdade de Direito da Universidade do Estado do Rio de Janeiro, 2017. No prelo).

30 Vide artigo 81 do NCPC, por exemplo.

31 Em algumas hipóteses, inclusive, compete-lhe advertir primeiramente a parte antes de aplicar a sanção, conforme se verifica dos artigos 77, § 1º, 78, § 1º, 458, § único, e 772, II, do NCPC.

32 O juiz não deve figurar como réu da ação, cabendo ao ente público, em caso de condenação, ajuizar a ação regressiva. Este é o entendimento do STF: "Responsabilidade objetiva. Ação reparatória de dano por ato ilícito. Responsabilidade exclusiva do Estado. Os magistrados enquadram-se na espécie de agente político, investidos para o exercício de atribuições constitucionais, sendo dotados de plena liberdade funcional no desempenho de suas funções, com prerrogativas próprias e legislação específica. Ação que deveria ter sido ajuizada com a Fazenda Estadual – responsável eventual pelos alegados danos causados pela autoridade judicial, ao exercer suas atribuições –, a qual, posteriormente, terá assegurado o direito de regresso contra o magistrado responsável, nas hipóteses de dolo ou culpa. Legitimidade passiva reservada ao Estado. Ausência de responsabilidade concorrente em face dos eventuais prejuízos casados a terceiros pela autoridade julgadora no exercício de suas funções, a teor do art. 37, § 6º, da CF/88 (STF, RE 228.977/SP, Segunda Turma, Rel. Min. Néri da Silveira, DJ 12.04.2002)

dolo ou fraude" (art. 143, I) ou "recusar, omitir ou retardar, sem motivo justo, providência que deva ordenar de ofício ou a requerimento da parte" (art. 143, II), sendo que, nesse último caso, sua responsabilidade só estará configurada se a parte requerer que o magistrado determine a providência e o requerimento não for analisado no prazo de 10 (dez) dias (art. 143, parágrafo único).

Ademais, não se pode olvidar que a parte, o Ministério Público ou a Defensoria Pública podem representar contra o juiz que descumprir injustificadamente os prazos "previstos em lei, regulamento ou regimento interno" (art. 235),[33] e também nos calendários processuais (art. 191).

Daniel Mitidiero defende, ainda, que o magistrado que reiteradamente deixa de observar os deveres inerentes à cooperação viola o direito ao processo justo e pode ser responsabilizado por "omissão" ou "ausência".[34]

Terceiro, e último, porque qualquer decisão judicial, além de pressupor uma fundamentação adequada, está sujeita a recurso ou impugnação em momento próprio. Ou seja, existem mecanismos para conter eventuais arbitrariedades.

Em resumo, entendemos que a violação do dever de cooperação, em algumas situações, pode ensejar punições, o que demanda fundamentação analítica por parte do juiz e prévia observância do contraditório.

5. Conclusão

Como visto, a existência de uma rede jurisdicional de auxílio, apoio e interação entre Poder Judiciário e Juízo Arbitral é fundamental para assegurar, por exemplo, o cumprimento de cartas arbitrais, a confidencialidade do procedimento, a concessão de tutelas provisórias, a extinção da ação judicial quando o árbitro já tiver reconhecido a sua competência, entre outros.

A cooperação não é um padrão de conduta que possa ser atribuído individualmente a determinado juiz ou juízo (seja arbitral ou não), mas sim um princípio que deve permear toda a atividade jurisdicional, inclusive nas relações internacionais e institucionais, garantindo maior coesão, integridade e unicidade sistêmica.

---

33 A propósito, vale destacar a recente determinação do Conselho Superior da Justiça do Trabalho (CJST), que padronizou o conceito da expressão "atraso reiterado de sentença" para efeito do pagamento da Gratificação por Exercício Cumulativo de Jurisdição (GECJ). De acordo com a Lei nº 13.095/2015, regulamentada pelo CSJT na Resolução nº 155/2015, o juiz que atrasa sentença perde a possibilidade de receber a gratificação. Nesse sentido, a demora de mais de 90 dias para a prolação da sentença de um único processo será considerada atraso reiterado. Já o atraso reiterado de vários processos será quando o magistrado tiver mais de 30 processos sem apresentação de sentença por mais de 60 dias.

34 MITIDIERO, Daniel. COLABORAÇÃO NO PROCESSO CIVIL COMO PRÊT-À-PORTER? UM CONVITE AO DIÁLOGO PARA LENIO STRECK. *Revista de Processo*. São Paulo: Revista dos Tribunais, nº 194, abr./2011, p. 55-68. Vale lembrar que o juiz também responde pelas despesas do retardamento no caso de adiamento da audiência sem justa causa (art. 362, § 3º), o que, sem dúvida, atenta contra o espírito cooperativo de prestigiar a duração razoável do processo.

Disso decorrem alguns deveres para o árbitro e para o juiz, que devem atuar com eficiência e comprometimento nessa interface entre o Poder Judiciário e o Juízo Arbitral.

Em algumas situações, a inobservância do dever de cooperação pode ensejar punições, uma vez que condutas anticooperativas consideradas à primeira vista "atípicas" podem perfeitamente ser encaixadas nas hipóteses já previstas pelo NCPC. Porém, o enquadramento capaz de justificar a sanção exigirá fundamentação analítica e consistente ônus argumentativo por parte do juiz.

6. Referências bibliográficas

CABRAL, Antonio do Passo. *Convenções processuais.*Salvador: Jus Podivm, 2016.

CÂMARA, Alexandre Freitas. *O novo processo civil brasileiro*. São Paulo: Atlas, 2015.

CARNEIRO, Paulo Cezar Pinheiro. *Acesso à Justiça: Juizados Especiais Cíveis e Ação Civil Pública. Uma nova sistematização da Teoria Geral do Processo*. 2ª ed. Rio de Janeiro: Forense, 2003.

CARNELUTTI, Francesco. *Estudios de Derecho Procesal,* vol. II. Trad. Santiago Sentís Melendo, Buenos Aires: EJEA, 1952.

CHIOVENDA, Giuseppe. *Instituições de Direito Processual Civil*. v. II. 3ª ed. Trad. José Guimarães Menegale. São Paulo: Saraiva, 1969.

CUNHA, Leonardo Carneiro da. O Impacto do Novo Código de Processo Civil nos Juizados Especiais Cíveis. In: DIDIER JR., Fredie et al (Orgs.) *Novo Código de Processo Civil – impactos na legislação extravagante e interdisciplinar*. v. 2. São Paulo: Saraiva, 2016.

DIDIER JR., Fredie. Os três modelos de direito processual civil: inquisitivo, dispositivo e cooperativo. *Revista de Processo*. São Paulo: Revista dos Tribunais, nº. 198, ago./2011.

______; NOGUEIRA, Pedro Henrique Pedrosa. *Teoria dos fatos jurídicos processuais.* 2ª ed. Salvador: Jus Podivm, 2012.

GOUVEIA, Lúcio Grassi de. A função legitimadora do princípio da cooperação intersubjetiva no processo civil brasileiro. *Revista de Processo*. São Paulo: Revista dos Tribunais, nº 172, jun./2009.

GRECO, Leonardo. Os Juizados Especiais como tutela diferenciada. *Revista Eletrônica de Direito Processual – REDP*. Vol. III. Janeiro a Junho de 2009.

MAZZOLA, Marcelo. *Cooperação e operosidade. A inobservância do dever de colaboração pelo juiz como fundamento autônomo de impugnação.*Dissertação de Mestrado em Direito Processual, Faculdade de Direito, Universidade do Estado do Rio de Janeiro, Rio de Janeiro, 2017.

MÜLLER, Julio Guilherme. *A produção desjudicializada da prova oral através de negócio processual: análise jurídica e econômica*. Tese apresentada à Banca Examinadora da Pontifícia Universidade Católica de São Paulo, como exigência parcial para obtenção do título de Doutor em Direito, São Paulo, 2017.

OLIVEIRA, Rodrigo Candido. Câmaras brasileiras permitem uso de árbitro de emergência. Disponível emhttp://www.conjur.com.br/2016-dez-12/rodrigo-oliveira-camaras-permitem-uso-arbitro-emergencia. Acesso em 28.08.2017.

PINHO, Humberto Dalla Bernardina de; VIDAL, Ludmilla Camacho Duarte. Primeiras reflexões sobre os impactos do novo CPC e da Lei de Medição no Compromisso de Ajustamento de Conduta. *Revista de Processo*. São Paulo: Revista dos Tribunais, nº 256, jun./2016.

_____. *Os limites e as possibilidades do uso dos meios consensuais de resolução de conflitos na tutela dos direitos transindividuais e pluri-individuais*. Tese apresentada à Banca Examinadora como requisito parcial para a promoção à categoria de Professor Titular de Direito Processual Civil na Faculdade de Direito da Universidade do Estado do Rio de Janeiro, 2017. No prelo

ROQUE, Andre Vasconcelos. A arbitragem envolvendo entes estatais na jurisprudência do Superior Tribunal de Justiça. Disponível em http://www.publicadireito.com.br/artigos/?cod=ab7a710458b8378b. Acesso em 29.08.2017.

WAMBIER, Teresa Arruda Alvim; RIBEIRO, Leonardo Ferres da Silva; CONCEIÇÃO, Maria Lúcia Lins; MELLO, Rogerio Licastro Torres de. *Primeiros comentários ao Novo Código de Processo Civil*. São Paulo: Revista dos Tribunais, 2015.

O conflito de competência entre os juízos estatal e arbitral: possibilidades e críticas

Daniel de Oliveira Pontes

Sumário: 1. Introdução: o instituto do conflito de competência. **2.** A natureza jurisdicional da arbitragem como premissa para a admissão do conflito de competência. **3.** Críticas à jurisprudência do STJ. **3.1.** Resistência à natureza jurisdicional. **3.2.** Interferência estatal indevida. **3.3.** A violação do princípio da competência-competência. **3.4.** A previsão do artigo 485, VII do Código de Processo Civil de 2015. **4.** Defesa da utilização do conflito de competência. **4.1.** Quanto ao caráter jurisdicional da arbitragem. **4.2.** Quanto às críticas por violação do caráter privado e da competência-competência. **4.3.** Razões de celeridade e de segurança jurídica para admissão do incidente. **5.** Conclusão. **6.** Referências bibliográficas.

1. Introdução

Não existem dúvidas de que, desde a edição da lei 9.307/1996, o instituto da arbitragem se expandiu de forma extraordinária no Direito brasileiro. Com o advento do referido diploma normativo, não é mais necessária a homologação judicial para que a sentença arbitral produza efeitos, como até então exigiam os artigos 1.098 e seguintes do Código de Processo Civil de 1973.

Conferiu-se, ainda, ao árbitro a prerrogativa de ser o primeiro julgador da própria competência e determinaram-se, de forma taxativa, as hipóteses em que o judiciário poderia desconstituir o provimento arbitral. Também relevante a possibilidade de execução forçada do compromisso de arbitragem, exigindo-se, em juízo, a observância da cláusula pela outra parte.

Tal cenário desenhou-se ainda mais favorável quando, em 2002, o Supremo Tribunal Federal (STF) afastou as arguições de inconstitucionalidade da lei de arbitragem frente ao artigo 5º, XXXV da Constituição da República. Na oportunidade,[1] o STF

---

1 EMENTA: (...) 2. Laudo arbitral: homologação: Lei da Arbitragem: controle incidental de constitucionalidade e o papel do STF. A constitucionalidade da primeira das inovações da Lei da Arbitragem – a possibilidade de execução específica de compromisso arbitral – não constitui, na espécie, questão prejudicial da homologação do laudo estrangeiro; a essa interessa apenas, como premissa, a extinção, no direito interno, da homologação judicial do laudo (arts. 18 e 31), e sua conseqüente dispensa, na origem, como requisito de reconhecimento, no Brasil, de sentença arbitral estrangeira (art. 35). A completa assimilação, no direito interno, da decisão arbitral à decisão judicial, pela nova Lei de Arbitragem, já bastaria, a rigor, para autorizar a homologação, no Brasil, do laudo arbitral estrangeiro, independentemente de sua prévia homologação pela Justiça do país de origem. Ainda que não seja essencial à solução do caso concreto, não pode o Tribunal – dado o seu papel de "guarda da Constituição" – se furtar a enfrentar o problema de constitucionalidade suscitado incidentemente (v.g. MS 20.505, Néri). 3. Lei de Arbitragem (L. 9.307/96): constitucionalidade, em

aduziu que a autonomia privada, igualmente um valor tutelado pela Carta Magna, sustentava a legitimidade da legislação sobre o tema.

Nesse contexto, a mudança legislativa, alinhada ao respaldo do Poder Judiciário, permitiu maior segurança jurídica para que a arbitragem, finalmente, pudesse adquirir a confiança necessária para o seu desenvolvimento em nosso país. Os números apontam que houve um crescimento de 73% no uso desse meio para a resolução de conflitos, apenas entre 2010 e 2016.[2]

Ocorre que, como até certo ponto seria esperado, a expansão do instituto levou ao operador do direito a necessidade de lidar com novas espécies de problemas, inexistentes anteriormente pela baixa utilização prática da arbitragem.

Uma dessas questões que surgiu foi o conflito de competência, objeto do presente estudo. Alguns magistrados, por reputarem nulos compromissos entre as partes, quando instados por um dos contratantes, acabam por deferir medidas antiarbitragem, o que causa uma série de complicações às tramitações dos feitos.

Tais situações mostram-se pontuais, sem comprometer, em uma visão geral, a harmonia entre a jurisdição estatal e a arbitral. Entretanto, o manejo dos institutos jurídicos está sempre sujeito a momentos de patologia que devem ser resolvidos da melhor forma possível dentro dos instrumentos que estejam ao alcance dos interessados.

No caso, pretende-se analisar as decisões do Superior Tribunal de Justiça (STJ), que apontam para a admissão do incidente processual para resolver os conflitos de competência entre o árbitro e o magistrado, seu alcance e suas possibilidades. Além disso, convém verificar e debater as críticas que se têm colocado contra esse modelo.

1.1. Delimitação do tema

Ainda a título introdutório, importante realizar uma delimitação do tema a ser trabalhado. Como define o artigo 66 do Código de Processo Civil (CPC), há conflito de competência negativo, quando dois ou mais magistrados se afirmam sem atribuição para julgar determinada causa (inciso II). Por outro lado, será positivo o conflito se dois juízes se entenderem competentes para o julgamento (inciso I). Por fim, existirá con-

---

tese, do juízo arbitral; discussão incidental da constitucionalidade de vários dos tópicos da nova lei, especialmente acerca da compatibilidade, ou não, entre a execução judicial específica para a solução de futuros conflitos da cláusula compromissória e a garantia constitucional da universalidade da jurisdição do Poder Judiciário (CF, art. 5º, XXXV). Constitucionalidade declarada pelo plenário, considerando o Tribunal, por maioria de votos, que a manifestação de vontade da parte na cláusula compromissória, quando da celebração do contrato, e a permissão legal dada ao juiz para que substitua a vontade da parte recalcitrante em firmar o compromisso não ofendem o artigo 5º, XXXV, da CF (...) (STF, SE 5206 AgR, Relator(a): Min. SEPÚLVEDA PERTENCE, Tribunal Pleno, julgado em 12/12/2001, DJ em 30/04/2004)

2 CONSULTOR JURÍDICO. Soluções em arbitragem crescem 73% em seis anos, mostra pesquisa, disponível em <http://www.conjur.com.br/2016-jul-15/solucoes-arbitragem-crescem-73-seis-anos-mostra-pesquisa>. Acesso em 26/07/2017.

flito caso surja controvérsia acerca da reunião ou da separação de processos judiciais (inciso III).

De pronto, registra-se que o conflito negativo de competência não pode ser verificado no campo da arbitragem.[3] Caso o árbitro, em sentença, repute não ser o caso da sua atuação, as partes deverão se conformar em resolver em juízo a controvérsia entre elas.

Excepcionalmente, se for promovida a ação anulatória, em algum dos casos do artigo 32 da lei 9.307/1996, o Judiciário poderá invalidar a decisão acerca da competência, caso em que o processo arbitral voltaria a se desenvolver. Ou, até mesmo, as partes poderiam renunciar ao juízo arbitral, sem que fosse lícito que, diante disso, o Estado-juiz se negasse a prestar jurisdição, ante o artigo 5º, XXXV da CF. Em qualquer das hipóteses, não há de se falar em conflito negativo de competência.

Não há de se cogitar, ainda, de conflito por razões de conexão entre feitos, como previsto no artigo 66, III do CPC.[4] O artigo 54 do Código dispõe expressamente que apenas a competência relativa poderá ser modificada com essa base, sendo certo não ser esse o caso nas arbitragens.

Restou, portanto, o conflito positivo de competência para ser trabalhado. Mesmo assim, nesse ponto, ainda é importante registrar que se trabalhará com as discussões entre magistrados e árbitros. Não se aceita a configuração do incidente quando a controvérsia girar em torno da definição do juízo arbitral que deve julgar a causa.[5] Nesses casos, o conflito é apenas aparente, decorrendo de um problema de interpretação contratual, não se subsumindo às normas do conflito de competência.

Dirimir problemas relacionados com o alcance de cláusulas previstas em contrato é atividade típica dos juízos de primeira instância, a quem incumbirá se manifestar acerca do árbitro que deverá julgar o mérito da controvérsia entre os contendores.

O Superior Tribunal de Justiça, inclusive, já se manifestou sobre o tema, no Conflito de Competência (CC) nº 133.260.[6] Na oportunidade, fixou justamente o entendimento de que a matéria não se insere no artigo 105, I, 'd', da Constituição da República, de

---

3 ROCHA, Caio Cesar Vieira. Conflito positivo de competência entre árbitro e magistrado *in Revista de Arbitragem e Mediação*, ano 9, nº 34, pp. 263-286, jul.-set./2012, p. 275.

4 ROCHA, Caio Cesar Vieira. Conflito positivo de competência, op. cit., p. 274.

5 Ibidem, pp. 272-274.

6 PROCESSUAL CIVIL. CONFLITO POSITIVO DE COMPETÊNCIA. CÂMARAS DE ARBITRAGEM. COMPROMISSO ARBITRAL. INTERPRETAÇÃO DE CLÁUSULA DE CONTRATO DE COMPRA E VENDA. INCIDENTE A SER DIRIMIDO NO JUÍZO DE PRIMEIRO GRAU. INCOMPETÊNCIA DO STJ. ART. 105, III, ALÍNEA "D", DA CF. CONFLITO NÃO CONHECIDO. 1. Em se tratando da interpretação de cláusula de compromisso arbitral constante de contrato de compra e venda, o conflito de competência supostamente ocorrido entre câmaras de arbitragem deve ser dirimido no Juízo de primeiro grau, por envolver incidente que não se insere na competência do Superior Tribunal de Justiça, conforme os pressupostos e alcance do art. 105, I, alínea "d", da Constituição Federal. 2. Conflito de competência não conhecido. (CC 113.260/SP, Rel. Ministra NANCY ANDRIGHI, Rel. p/ Acórdão Ministro JOÃO OTÁVIO DE NORONHA, SEGUNDA SEÇÃO, julgado em 08/09/2010, DJe 07/04/2011).

modo que não haveria de se cogitar de sua intervenção. O caso, portanto, deveria ser julgado em primeiro grau, não se conhecendo do conflito de competência.

Assim sendo, restringimos nosso objeto de estudo às discussões sobre o conflito positivo de competência, entre árbitro e magistrado, quando ambos se afirmam investidos de jurisdição para julgar a controvérsia, como passaremos a desenvolver no tópico seguinte.

2. A natureza jurisdicional da arbitragem como premissa para a admissão do conflito de competência

Como dito no item anterior, a expansão da arbitragem no Brasil acarretou a necessidade de se lidar com problemas até então inexistentes em nossa cultura jurídica.

Com efeito, inexistia previsão, expressa, no ordenamento, para se lidar com a problemática da divergência entre decisões estatais e arbitrais acerca do mesmo objeto litigioso, o que acontece, primordialmente, em tutelas provisórias de urgência para sustar a arbitragem ou em questionamento prévio, perante o juízo, da convenção arbitral.[7]

Mais recentemente, já na década de 2010, o Superior Tribunal de Justiça, por meio da sua Segunda Seção, com competência para julgamento de matérias de Direito Privado, firmou interpretação construtiva da norma constitucional do artigo 105, I, 'd' da Constituição da República.

Cuida-se de uma interpretação construtiva, segundo Arnoldo Wald,[8] pois, à época da promulgação da CF 1988, anterior à lei da arbitragem, não haveria de se cogitar da possibilidade desses conflitos entre juízes e árbitros. Com a alteração do contexto fático e jurídico subjacente, o STJ promoveu hermenêutica do dispositivo constitucional para abarcar, em seu espectro de abrangência, essa situação, outrora imprevisível.

O *leading case* na matéria foi o julgamento do CC nº 111.230[9]. O Tribunal teve a oportunidade de reiterar o entendimento, em ocasião ainda mais recente, nos autos

---

7 WALD, Arnoldo. A patologia da arbitragem *in Revista de Arbitragem e Mediação*, ano 7, nº 27, pp. 35-45, out.-dez./2010, p. 41.

8 WALD, Arnoldo. A patologia, op. cit., pp. 42-43.

9 PROCESSO CIVIL. ARBITRAGEM. NATUREZA JURISDICIONAL. CONFLITO DE COMPETÊNCIA FRENTE A JUÍZO ESTATAL. POSSIBILIDADE. MEDIDA CAUTELAR DE ARROLAMENTO. COMPETÊNCIA. JUÍZO ARBITRAL. 1. A atividade desenvolvida no âmbito da arbitragem tem natureza jurisdicional, sendo possível a existência de conflito de competência entre juízo estatal e câmara arbitral. 2. O direito processual deve, na máxima medida possível, estar a serviço do direito material, como um instrumento para a realização daquele. Não se pode, assim, interpretar uma regra processual de modo a gerar uma situação de impasse, subtraindo da parte meios de se insurgir contra uma situação que repute injusta. 3. A medida cautelar de arrolamento possui, entre os seus requisitos, a demonstração do direito aos bens e dos fatos em que se funda o receio de extravio ou de dissipação destes, os quais não demandam cognição apenas sobre o risco de redução patrimonial do devedor, mas também um juízo de valor ligado ao mérito da controvérsia principal, circunstância que, aliada

do CC nº 146.939.[10] Mesmo a Primeira Seção, responsável pelas matérias de Direito Público, no CC nº 139.519,[11] admitiu o incidente, sedimentando a jurisprudência no âmbito dos órgãos julgadores de natureza cível em sentido lato.

---

ao fortalecimento da arbitragem que vem sendo levado a efeito desde a promulgação da Lei nº 9.307/96, exige que se preserve a autoridade do árbitro como juiz de fato e de direito, evitando-se, ainda, a prolação de decisões conflitantes. 4. Conflito conhecido para declarar a competência do Tribuna Arbitral. (CC 111.230/DF, Rel. Ministra NANCY ANDRIGHI, SEGUNDA SEÇÃO, julgado em 08/05/2013, DJe 03/04/2014)

---

10 CONFLITO DE COMPETÊNCIA POSITIVO. JUÍZO ARBITRAL E JUÍZO ESTATAL. POSSIBILIDADE, EM TESE, DE CONFIGURAÇÃO DE CONFLITO DE COMPETÊNCIA. ENTENDIMENTO SUFRAGADO PELA SEGUNDA SEÇÃO DO STJ. CONTRATO DE FRANQUIA, COM CLÁUSULA COMPROMISSÓRIA ARBITRAL. JUÍZO ESTATAL QUE DETERMINA, NO BOJO DE AÇÃO JUDICIAL, A EXCLUSÃO/EXTINÇÃO DE PROCEDIMENTO ARBITRAL ANTERIORMENTE INSTAURADO PARA O DESLINDE DE CONTROVÉRSIA ADVINDA DO MESMO CONTRATO (ENVOLVENDO AS MESMAS PARTES SIGNATÁRIAS, COM DISCUSSÃO SE HOUVE OU NÃO CESSÃO DE POSIÇÃO CONTRATUAL DE TERCEIRO FRANQUEADO). CONFLITO CONHECIDO PARA RECONHECER A COMPETÊNCIA DO JUÍZO ARBITRAL. 1. De acordo com o atual posicionamento sufragado pela Segunda Seção desta Corte de Justiça, compete ao Superior Tribunal de Justiça dirimir conflito de competência entre Juízo arbitral e órgão jurisdicional estatal, partindo-se, naturalmente, do pressuposto de que a atividade desenvolvida no âmbito da arbitragem possui natureza jurisdicional. 1.1 O conflito positivo de competência afigura-se caracterizado, não apenas quando dois ou mais Juízos, de esferas diversas, declaram-se simultaneamente competentes para julgar a mesma causa, mas também quando, sobre o mesmo objeto, duas ou mais autoridades judiciárias tecem deliberações excludentes entre si. 2. O Juízo da 2ª Vara Cível e Empresarial de Belém/PA, a despeito da existência de cláusula compromissória arbitral inserta no contrato de franquia estabelecido entre Partout Administração e To Be kids, a vincular, no mínimo, as partes signatárias (pairando, é certo, controvérsia sobre a ocorrência de cessão de posição contratual por parte de Toys), entendeu, diversamente do Juízo arbitral, pela não instauração da competência do Juízo arbitral, inclusive com a determinação de extinção do feito ali iniciado. 3. Tem-se por configurado o conflito positivo de competência, na medida em que, sobre o mesmo objeto (no caso, a definição acerca da instauração da competência do Juízo arbitral), dois ou mais Juízos, de esferas distintas, tecem deliberações excludentes entre si, a considerar que, por lei, a questão deve ser precedentemente decidida por um deles (no caso, o Juízo arbitral). 4. É de se reconhecer a inobservância do art. 8º da Lei nº 9.307/1996, que confere ao Juízo arbitral a medida de competência mínima, veiculada no Princípio da Komptenz Komptenz, cabendo-lhe, assim, deliberar sobre a sua competência, precedentemente a qualquer outro órgão julgador, imiscuindo-se, para tal propósito, sobre as questões relativas à existência, à validade e à eficácia da convenção de arbitragem e do contrato que contenha a cláusula compromissória. 5. Conflito conhecido para declarar competente o Juízo arbitral. (CC 146.939/PA, Rel. Ministro MARCO AURÉLIO BELLIZZE, SEGUNDA SEÇÃO, julgado em 23/11/2016, DJe 30/11/2016)

11 CONFLITO POSITIVO DE COMPETÊNCIA. JUÍZO ARBITRAL E ÓRGÃO JURISDICIONAL ESTATAL. CONHECIMENTO. ARBITRAGEM. NATUREZA JURISDICIONAL. MEIOS ALTERNATIVOS DE SOLUÇÃO DE CONFLITO. DEVER DO ESTADO. PRINCÍPIO DA COMPETÊNCIA-COMPETÊNCIA. PRECEDÊNCIA DO JUÍZO ARBITRAL EM RELAÇÃO À JURISDIÇÃO ESTATAL. CONTROLE JUDICIAL A POSTERIORI. CONVIVÊNCIA HARMÔNICA ENTRE O DIREITO PATRIMONIAL DISPONÍVEL DA ADMINISTRAÇÃO PÚBLICA E O INTERESSE PÚBLICO. CONFLITO DE COMPETÊNCIA JULGADO PROCEDENTE. I – Conflito de competência entre o Tribunal Arbitral da Corte Internacional de Arbitragem da Câmara de Comércio

O principal argumento para essa corrente jurisprudencial é a consideração do caráter jurisdicional da arbitragem.

Historicamente, quatro teorias desenvolveram-se a respeito da natureza jurídica desse método de resolução de conflitos. A teoria privatista, ou contratualista, reduz a

---

Internacional e o Tribunal Regional Federal da 2ª Região, suscitado pela Petróleo Brasileiro S/A PETROBRAS. Reconhecida a natureza jurisdicional da arbitragem, compete a esta Corte Superior dirimir o conflito. II – Definição da competência para decidir acerca da existência, validade e eficácia da Cláusula Compromissória de Contrato de Concessão firmado para exploração, desenvolvimento e produção de petróleo e gás natural, cujas condições para execução foram alteradas unilateralmente pela agência reguladora por meio da Resolução da Diretoria (RD) nº 69/2014. III – O conflito de competência não se confunde com os pedidos e causa de pedir da ação originária, na qual se objetiva a declaração de indisponibilidade do direito objeto da arbitragem e consequente inaplicabilidade da cláusula arbitral e a declaração de nulidade do procedimento arbitral em decorrência da Resolução da Diretoria nº 69/14, alterando a área de concessão controvertida, cumulado com pedido de anulação do processo arbitral, qual seja, de anti-suit injuction, destinada a evitar seu processamento junto ao Juízo Arbitral. V – O CPC/2015 trouxe nova disciplina para o processo judicial, exortando a utilização dos meios alternativos de solução de controvérsia, razão pela qual a solução consensual configura dever do Estado, que deverá promovê-la e incentivá-la (art. 3º, §§ 1º e 2º). A parte tem direito de optar pela arbitragem, na forma da lei (art. 42). VI – A Lei nº 13.129/15 introduziu no regime jurídico da arbitragem importantes inovações, com destaque para os princípios da competência-competência, da autonomia da vontade e da cláusula compromissória (arts. 1º, 3º e 8º, parágrafo único). VII – No âmbito da Administração Pública, desde a Lei nº 8.987/95, denominada Lei Geral das Concessões e Permissões de Serviços Públicos, com a redação dada pela Lei nº 11.196/05, há previsão expressa de que o contrato poderá dispor sobre o emprego de mecanismos privados para resolução de conflitos, inclusive a arbitragem. No mesmo sentido a Lei nº 9.478/97, que regula a política energética nacional, as atividades relativas à extração de petróleo e a instituição da ANP (art. 43, X) e a Lei nº 13.129/15, que acresceu os §§ 1º e 2º, ao art. 1º da Lei nº 9.307/96, quanto à utilização da arbitragem pela Administração Pública. VIII – A jurisdição estatal decorre do monopólio do Estado de impor regras aos particulares, por meio de sua autoridade, consoante princípio da inafastabilidade do controle judicial (art. 5º, XXXV, da Constituição da República), enquanto a jurisdição arbitral emana da vontade dos contratantes. IX – A jurisdição arbitral precede a jurisdição estatal, incumbindo àquela deliberar sobre os limites de suas atribuições, previamente a qualquer outro órgão julgador (princípio da competência-competência), bem como sobre as questões relativas à existência, à validade e à eficácia da convenção de arbitragem e do contrato que contenha a cláusula compromissória (arts. 8º e 20, da Lei nº 9.307/96, com a redação dada pela Lei nº 13.129/15). X – Convivência harmônica do direito patrimonial disponível da Administração Pública com o princípio da indisponibilidade do interesse público. A Administração Pública, ao recorrer à arbitragem para solucionar litígios que tenham por objeto direitos patrimoniais disponíveis, atende ao interesse público, preservando a boa-fé dos atos praticados pela Administração Pública, em homenagem ao princípio da segurança jurídica. XI – A arbitragem não impossibilita o acesso à jurisdição arbitral por Estado-Membro, possibilitando sua intervenção como terceiro interessado. Previsões legal e contratual. XIII – Prematura abertura da instância judicial em descompasso com o disposto no art. 3º, § 2º, do CPC/2015 e os termos da Convenção Arbitral. XIV – Conflito de competência conhecido e julgado procedente, para declarar competente o Tribunal Arbitral da Corte Internacional de Arbitragem da Câmara de Comércio Internacional. Agravos regimentais da Agência Nacional do Petróleo, Gás Natural e Biocombustíveis e do Estado do Espirito Santo prejudicados. (CC 139.519/RJ, Rel. Ministro NAPOLEÃO NUNES MAIA FILHO, Rel. p/ Acórdão Ministra REGINA HELENA COSTA, PRIMEIRA SEÇÃO, julgado em 11/10/2017, DJe 10/11/2017).

atribuição do árbitro para decidir sobre um negócio jurídico, sendo o vínculo entre ele e as partes meramente contratual. Tal posicionamento era especialmente difundido com base no texto inicial do Código de Processo Civil de 1973, antes da lei 9.307/1996, já que a homologação do laudo arbitral era necessária para o seu aperfeiçoamento.[12]

Por outro lado, há a teoria publicista ou jurisdicionalista, que confere natureza propriamente jurisdicional à arbitragem, já que aos árbitros são outorgados poderes para resolver conflitos de interesse.[13]

Em uma teoria mista, defende-se que não se pode deixar de lado que a arbitragem advém de um negócio jurídico, mas deve se submeter à ordem legal existente. Isso lhe conferiria um caráter híbrido, abarcando aspecto contratual e outro de jurisdição.[14]

Registra-se, ainda, a teoria autônoma, que atribui um caráter *sui generis* à arbitragem, como sistema de resolução de conflitos sem paralelo com os demais e sem vinculação ao ordenamento jurídico local.[15]

No supramencionado conflito de competência nº 111.230, o Superior Tribunal de Justiça não se absteve de enfrentar tal problemática, encampando expressamente a tese de que há exercício de jurisdição no processo arbitral.

Na oportunidade, a relatora, Ministra Nancy Andrighi, anotou, com base na obra de Ovídio Baptista da Silva,[16] que existiriam três correntes principais acerca do conceito de jurisdição. Em apertada síntese, ela trouxe que a primeira, capitaneada por Chiovenda, foca na questão da substitutividade, em que a atuação concreta da lei é fixada por órgão estatal alheio às partes. Outra teoria, de responsabilidade de Carnelutti, qualifica a jurisdição como a justa composição da lide, assim entendida como a pretensão resistida ou insatisfeita. Por fim, a tese desenvolvida por Allorio enfoca na possibilidade de formação de coisa julgada material como elemento diferenciador da jurisdição.

Pois bem. No voto da Ministra relatora,[17] aponta-se que a arbitragem se amoldaria ao conceito jurisdicional, qualquer que fosse o adotado.

A uma, por representar o agir de um terceiro voltado à atuação concreta do Direito, em substituição às partes. Ainda que não atue como um órgão estatal, o árbitro é necessariamente equidistante e indiferente ao conflito que se dispõe a solucionar.

---

12 CAHALI, Francisco José. *Curso de Arbitragem* – 5ª ed. – São Paulo: Editora Revista dos Tribunais, 2015, pp. 124-125.

13 Ibidem, p. 125.

14 Ibidem, pp. 125-126.

15 Ibidem, p. 126.

16 SILVA, Ovídio Baptista da. *Curso de direito processual civil* – vol. 1: processo de conhecimento – 6ª ed. – São Paulo: Revista dos Tribunais, 2003, pp. 23-39.

17 Íntegra do acórdão do CC 111.230 disponível em: <https://ww2.stj.jus.br/processo/revista/documento/mediado/?componente=ITA&sequencial=1084159&num_registro=201000587366&data=20140403&formato=PDF>. Acesso em 02/08/2017. O trecho mencionado encontra-se entre as páginas 8 e 13 do voto da Relatora.

A duas, também se buscaria resolver de forma imparcial a lide, justamente pela imparcialidade exigida pelo árbitro. Por fim, com a equiparação da sentença arbitral à judicial (lei 9307/1996, art. 31; CPC, art. 515, VII) e o prazo decadencial para a sua anulação (lei 9307/1996, art. 23, I), também estaria presente a sua aptidão para formar coisa julgada.

Diante da constatação do caráter jurisdicional da arbitragem, a conclusão lógica, na visão do STJ, foi a admissibilidade do conflito de competência e sua subsunção ao preceito do art. 105, I, 'd', da Constituição da República.

O referido dispositivo constitucional, ao afirmar a competência do Tribunal Superior nos casos de divergência "entre tribunal e juízes a ele não vinculados e entre juízes vinculados a tribunais diversos" não traria ínsita a necessidade de que esses órgãos fossem estatais. Portanto, cabível o incidente perante o STJ para determinar se a competência seria do árbitro ou do magistrado.

3. Críticas à jurisprudência do STJ

Apesar de, atualmente, mostrar-se em vias de ser pacificada no âmbito do STJ, a admissão do conflito de competência entre o juízo estatal e o arbitral ainda apresenta diversas controvérsias no plano doutrinário.

Identifica-se quatro pontos principais de críticas ao pensamento predominante no Tribunal Superior. O primeiro seria de setor da doutrina contrário à atribuição à arbitragem de um caráter propriamente jurisdicional, ainda representado por alguns nomes de peso.

O segundo argumento seria a ofensa ao caráter privado da arbitragem. O terceiro problema seria a violação do princípio da *kompetenz-kompetenz*, essencial à arbitragem. Por fim, aponta-se o óbice do artigo 485, VII do CPC, que afirma que quando o juízo arbitral reconhecer sua competência o processo judicial será extinto.

3.1. Resistência à natureza jurisdicional

O primeiro ponto de crítica se diferencia de todos os demais. Isso porque ele não foca a sua discordância quanto ao entendimento do STJ de admissibilidade do conflito de competência. O enfoque é na própria premissa fixada pelo Tribunal de que a arbitragem tem natureza jurisdicional. A inadmissibilidade do incidente viria como consequência óbvia.

Nesse contexto, as rejeições mais veementes vêm do professor Luiz Guilherme Marinoni, em conjunto com Sérgio Arenhart e Daniel Mitidiero. Inicialmente, eles registram que, se o escopo da arbitragem é justamente a exclusão de determinada questão do Judiciário, por não o ver como meio mais propício para resolução de controvérsias, seria ilógico igualar os dois métodos como jurisdição.[18]

---

18 MARINONI, Luiz Guilherme; ARENHART, Sérgio Cruz; MITIDIERO, Daniel. *Novo Curso de Processo Civil*: vol. 1, Teoria Geral do Processo – 1ª ed. – São Paulo: Editora Revista dos Tribunais, 2015, p. 175.

Outro ponto, trazido pelos autores, seria a necessidade de investidura. Só haveria verdadeiro exercício de jurisdição por pessoa investida na autoridade para tanto, após regular concurso público. No caso dos árbitros, escolhidos pelas partes, isso não se faria presente.[19]

A função jurisdicional pressuporia, também, a observância do juízo natural, pré-determinado pela Constituição da República ou pela legislação ordinária. Além disso, o estatuto jurídico da magistratura, conferindo aos julgadores uma série de prerrogativas e vedações, e o controle do Conselho Nacional de Justiça, aferindo a observância dos deveres funcionais, assegurariam a imparcialidade ínsita à jurisdição.

Não sendo o mesmo regime dispensado aos árbitros, a escolha desse método de resolução de conflitos, pela autonomia da vontade, implicaria a renúncia a uma série de garantias fundamentais, que impediriam a aplicação da mesma natureza às atividades realizadas pelos órgãos oficiais e pela arbitragem.[20]

Por fim, em um Estado Constitucional, a jurisdição teria o fim de tutelar direitos individuais e sociais, com a missão de realizar concretamente os objetivos fundamentais proclamados na Carta Magna. Enquanto isso, a arbitragem se destinaria apenas à resolução de conflitos eminentemente privados e disponíveis, tendo em vista conhecimentos técnicos específicos, o que não seria o suficiente para igualá-la à atividade desenvolvida no âmbito público.[21]

Cândido Dinamarco, por sua vez, mostra uma visão menos crítica da arbitragem, concordando, em parte, com aqueles que a reputam exercício de jurisdição. O autor, entretanto, registra que, pelo fato de o árbitro não poder executar suas próprias decisões, fazendo atuar a vontade da lei, melhor seria qualificar sua atividade como parajurisdicional.

Em síntese, ao rechaçar o caráter jurisdicional, essa linha doutrinária acaba, ainda que de forma implícita, tornando, consequentemente, inviável a admissão do conflito de competência, pois nada justificaria o enquadramento do árbitro como juiz para fins de aplicação do artigo 105, I, 'd' da CF.

3.2. Interferência estatal indevida

Sem retirar da arbitragem o seu caráter jurisdicional, podemos encontrar críticas na equiparação do árbitro a órgão judicial para fins de cabimento de conflito de competência. Trata-se da ideia de que é da essência desse método de resolução de controvérsias o seu caráter eminentemente privado, o que impediria que fosse simplesmente igualado a órgão estatal com o fito de permitir a admissão do incidente.[22]

---

19 Ibidem, p. 176.

20 MARINONI, Luiz Guilherme; ARENHART, Sérgio Cruz; MITIDIERO, Daniel. *Novo Curso de Processo Civil*: vol. 1, Teoria Geral do Processo – 1ª ed. – São Paulo: Editora Revista dos Tribunais, 2015, p. 178.

21 Ibidem, p. 178.

22 TALAMINI, Eduardo. Competência-competência e as medidas antiarbitrais pretendidas pela Administração Pública *in Revista de Arbitragem e Mediação*, ano 13, nº 50, pp. 127-153, jul.-set./2016, p. 152.

Tal interferência do Estado, que poderia ser relevada em um plano micro, se pensada em um plano macro tem a aptidão de acarretar a perda de prestígio à arbitragem. Isso porque a instauração do conflito poderia passar a ser usado como meio de "chicana processual", pela parte que quisesse causar um tumulto no feito e impedir o bom andamento do processo arbitral.[23]

Nesse contexto, realça-se que a aceitação do conflito de competência, em última análise, prejudicaria o bom desenvolvimento da arbitragem como método adequado de soluções de controvérsias. Por isso, ele não deveria ser aceito em nosso ordenamento.

3.3. A violação do princípio da competência-competência

Outra ordem de críticas trazida é a de violação ao princípio da competência-competência. Cuida-se da chamada "prioridade cronológica" do árbitro para analisar a sua própria atribuição para atuar.[24] O instituto advém do direito germânico, por isso, inclusive, muitas vezes, é chamado pela expressão em alemão, *kompetenz-kompetenz*.

Trata-se de princípio essencial ao bom andamento da arbitragem. Havendo controvérsia acerca do alcance da cláusula arbitral ou do próprio contrato, cabe ao árbitro manifestar, em primeiro lugar, sua apreciação acerca da matéria. Se assim não fosse, as partes poderiam ser obrigadas a permanecer em juízo durante longo período, antes da própria instauração da arbitragem, possibilitando manobras maliciosas e protelatórias.[25]

Nesse contexto, o artigo 8º, parágrafo único, da lei 9307/1996 dispõe que "*caberá ao árbitro decidir de ofício, ou por provocação das partes, as questões acerca da existência, validade e eficácia da convenção de arbitragem e do contrato que contenha a cláusula compromissória*".

Há três modelos possíveis de regulação do princípio, conforme se nota de análise do direito estrangeiro: competência concorrente entre árbitros e juízes, a competência prioritária incondicionada do árbitro e a competência prioritária condicionada dos árbitros.[26]

Pelo primeiro modelo, as cortes estatais podem analisar a competência dos árbitros a qualquer tempo. Pelo segundo formato, diametralmente oposto, uma vez instaurada a arbitragem, apenas o juízo arbitral poderia analisar a existência, validade e eficácia da convenção. Entre esses extremos, estariam modelagens que permitem, em alguns casos, o controle judicial prévio ou concomitante.

---

23 LADEIRA, Ana Clara Viola. Conflito de competência em matéria de arbitragem *in Revista Brasileira de Arbitragem*, ano 11, nº 41, pp. 42-67, jan.- mar./2014, p. 63.

24 WALD, Arnoldo. As *anti-suitinjuctions* no Direito Brasileiro *in Revista de Arbitragem e Mediação*, ano 3, nº 9, pp. 29-43, abr.-jun./2006, p. 31.

25 CAHALI, Franciso José. *Curso de Arbitragem* – 5ª ed. – São Paulo: Editora Revista dos Tribunais, 2015, p. 139.

26 ALVES, Rafael Francisco. *A inadmissibilidade das medidas antiarbitragem no direito brasileiro* – São Paulo: Atlas, 2009, pp. 61-63.

A *kompetenz-kompetenz*, tal como foi regulada, teria adotado o modelo de competência prioritária incondicionada do árbitro,[27] de modo que recepciona o princípio com todos os seus efeitos. O efeito positivo é, nas arbitragens já em curso, atribuir ao árbitro a decisão de todas as questões relativas à existência, à validade e à eficácia da convenção arbitral.[28] O efeito negativo, por sua vez, consiste em que, uma vez arguida e provada a convenção em juízo, o magistrado deverá extinguir o processo judicial, sem perquirir, nesse momento, a efetiva legitimidade da atuação do árbitro.[29]

Assim sendo, o árbitro tem o poder de expressar, primeiramente, o seu entendimento. Caberia ao magistrado, nesse momento, observar a autoridade do juízo arbitral, determinando-se a extinção do processo judicial sem o exame do mérito. Até mesmo porque, como o árbitro não pertence ao Poder Judiciário, não existiria propriamente um superior hierárquico que pudesse impor decisão em determinado sentido.[30] Dessa forma, nada justificaria o conflito de competência e, pior, ele violaria a *kompetenz-kompetenz*.

3.4. A previsão do artigo 485, VII do Código de Processo Civil de 2015

O professor Eduardo Talamini argumenta que o posicionamento do STJ, já criticável na ordem processual anterior, teria se tornado insustentável com a previsão do artigo 485, VII do Código de Processo Civil de 2015.[31]

A observação advém do fato de que o art. 267, VII do Código de Processo Civil de 1973 se limitava a afirmar que o processo seria extinto sem julgamento do mérito caso houvesse convenção de arbitragem. O seu correspondente no CPC atual, além da hipótese anteriormente mencionada, deixa claro que deve haver a extinção do feito "quando o juízo arbitral reconhecer sua competência".

A alteração, dessa forma, fortaleceria o princípio da *kompetenz-kompetenz*, não havendo se falar da possibilidade de conflito positivo. Uma vez que o árbitro se reputasse competente, o processo judicial, necessariamente, deveria ser extinto sem resolução do mérito.

---

27 Essa é a opinião de Rafael Francisco Alves, que coloca como marco temporal o aceite pelo árbitro e a instituição da arbitragem. A validade da atuação, então só poderia ser judicialmente sindicada em um momento anterior ou posterior a esse, vide ALVES, Rafael Francisco. *A inadmissibilidade das medidas antiarbitragem no direito brasileiro* – São Paulo: Atlas, 2009, p. 183.

28 TALAMINI, Eduardo. Competência-competência e as medidas antiarbitrais pretendidas pela Administração Pública *in Revista de Arbitragem e Mediação*, ano 13, nº 50, pp. 127-153, jul.-set./2016, p. 138.

29 Ibidem, p. 136.

30 ALVES, Rafael Francisco. *A inadmissibilidade das medidas antiarbitragem*, op. cit., pp. 214-215.

31 TALAMINI, Eduardo. Competência-competência e as medidas antiarbitrais, op. cit., pp. 151-153.

4. Defesa da utilização do conflito de competência

No presente capítulo, pretende-se trazer um contraponto às críticas à jurisprudência do STJ. Para facilitar a exposição, os argumentos serão trazidos em três grupos. Em primeiro lugar, serão enfrentadas às críticas ao caráter jurisdicional da arbitragem. Em seguida, tentará se superar os problemas postos acerca da *kompetenz-kompetenz* e a indevida interferência do Judiciário na arbitragem. Por fim, serão levantados outros pontos em favor do conflito de competência, principalmente pela aptidão do incidente para enfrentar um momento de patologia processual.

4.1. Quanto ao caráter jurisdicional da arbitragem

Enfrentando pontualmente os argumentos de Marinoni, o professor Fredie Didier apresenta suas justificações para se conferir à arbitragem uma natureza jurisdicional.

Em relação ao argumento de que a escolha dos árbitros significaria justamente uma renúncia à jurisdição, aponta-se que seria abdicar apenas da jurisdição prestada pelo Estado, até mesmo porque no juízo arbitral igualmente vigoram as garantias processuais básicas.[32]

Quanto à imprescindibilidade da investidura na função de juiz por concurso público, Didier destaca diversos casos em que inequivocamente há jurisdição fora do Poder Judiciário, como o julgamento do Presidente por crime de responsabilidade perante o Senado (CF, art. 52, I), bem como outras hipóteses em que se é investido no cargo sem certame anterior, como os Ministros de Tribunais Superiores.[33]

Igualmente, não haveria violação ao juiz natural ou à imparcialidade. Destaca-se que a lei 9307/1996, em seu art. 21, §2º, igualmente impõe ao árbitro um dever de equidistância frente ao conflito. A convenção arbitral, por sua vez, seria a "lei prévia", uma norma jurídica negocial, responsável por atribuir a competência antes do aparecimento da lide.[34]

Por fim, em relação à impossibilidade de o árbitro executar suas próprias decisões, o processualista baiano considera haver mera distribuição de competências, o que não impediria o reconhecimento da atividade jurisdicional da arbitragem na "fase de conhecimento".[35]

Parece-nos que a razão, no ponto, está com o professor Carlos Alberto Carmona. Apesar de ter sido um dos primeiros a defender, em nosso direito, a natureza jurisdi-

---

32 DIDIER, Fredie. *Curso de Direito Processual Civil*: volume 1 – 19ª ed. – Salvador: Editora JusPodivm, 2017, p. 195.

33 Idem

34 Ibidem, pp. 195-196.

35 Ibidem, p. 196.

cional da arbitragem, o autor afirma que, atualmente, a controvérsia mostra-se excessivamente acadêmica, com mais problemas teóricos do que práticos.[36]

O fato é que nossa legislação optou por abordar a arbitragem de modo a exigir que ela se desenvolva com respeito ao devido processo legal e que termine com um ato apto a produzir todos os efeitos de uma sentença estatal. Queira ou não se entender que isso basta para conferir à arbitragem uma natureza jurisdicional, essa equiparação no plano da eficácia dos procedimentos mostra-se suficiente para justificar a atuação do STJ de permitir os conflitos de competência.

4.2. Quanto às críticas por violação do caráter privado e da competência-competência

Não se discorda de que a instauração do conflito de competência advém de uma patologia na arbitragem.[37] Sabe-se que é extremamente desaconselhável – para falar o mínimo – que árbitros e juízes, seja com arbitragens em curso, seja em medidas cautelares, tomem decisões excludentes entre si sobre suas atribuições para julgar a causa.

Fato é que, ainda que não recorrentemente, essa problemática tem se colocado em nossa realidade jurídica. Sabendo-se dos efeitos nefastos que podem potencialmente impactar o instituto da arbitragem, cumpre-se buscar, dentro dos instrumentos possíveis, aqueles que se mostrem mais adequados para a efetividade do direito das partes e a resolução da lide.

Primeiro, não se entende que o mero fato de se considerar cabível o conflito de competência represente uma interferência estatal indevida. Vale lembrar que, para que a demanda chegasse ao Judiciário, uma das partes precisou instaurá-la. Mesmo que, por hipótese, se excluísse a admissão do incidente, nada obstaria que o interessado permanecesse recorrendo e levando a matéria até a última instância.

Parece que, nesse ponto, o problema reside mais em uma questão de cooperação e de lealdade entre os sujeitos processuais do que, propriamente, em se considerar descabida a intervenção do Estado.

Seja como for, a questão mais sensível na matéria, de fato, é o princípio da competência-competência. Conforme bem anotado, a partir do artigo 8º da lei 9307/1996, pretendeu-se conferir, no curso da arbitragem, uma competência exclusiva aos árbitros para decidir acerca de sua atuação.[38]

Nada obstante, mesmo os autores que demonstram grande deferência à *kompetenz-kompetenz* admitem casos em que será possível ao Judiciário se antecipar ao árbitro para controlar a existência, a validade ou a eficácia de um compromisso arbitral.

---

36 CARMONA, Carlos Alberto. *Arbitragem e Processo*: um comentário à lei 9307/1996 – 3ª ed. – São Paulo: Atlas, 2009, p. 27.

37 WALD, Arnoldo. A patologia da arbitragem, op. cit., p. 41.

38 ALVES, Rafael Francisco. *A inadmissibilidade das medidas antiarbitragem no direito brasileiro*, op. cit., p. 184.

Eduardo Talamini reconhece que nos casos de manifesta e inequívoca ilegalidade da convenção de arbitragem, seria possível que o princípio da competência-competência cedesse frente às exigências de racionalidade da prestação jurisdicional.[39]

Rafael Francisco Alves[40] admite que, anteriormente à instituição da arbitragem, os juízes possam realizar um controle da convenção, sempre que os vícios arguidos possam ser aferidos *prima facie*, em atividade de cognição sumária, pelo magistrado.

Até porque seria extremamente oneroso e inútil forçar que as partes se submetessem a todo o rito arbitral para, apenas em um momento posterior, poder se socorrer à jurisdição estatal quando há uma nulidade clara e manifesta na própria cláusula que deu os poderes ao árbitro.[41]

Havendo casos, ainda que excepcionais, em que o Judiciário pode avançar sobre a análise da competência arbitral, é preciso haver à disposição meios para lidar com eventuais situações de crise. Ainda que, em tese, seja preciso o delineamento teórico realizado pelos respeitáveis autores, é certo que, na prática, sempre haverá situações fronteiriças entre o que é ou não uma ilegalidade manifesta ou que possa ser aferida por uma prova pré-constituída.

Mesmo que se adote uma premissa pela qual, em dúvida, deveria se permitir a constituição do juízo arbitral, em respeito à primazia da competência-competência, há de se admitir que a discussão paralela em juízo poderá se prolongar por anos, trazendo graves prejuízos à arbitragem.

Para evitar essas graves disfuncionalidades, entende-se que o conflito de competência se mostra um mecanismo viável e idôneo para assegurar às partes um caminho mais rápido para lidar com as problemáticas concernentes à atuação do árbitro.

Não é demais lembrar que o princípio da competência-competência não é exclusivo da arbitragem. É uma premissa lógica de qualquer estrutura de poder que a autoridade seja a primeira que possa se pronunciar acerca de seu próprio espaço de atuação.[42] Isso não impede que anormalidades sobre atribuições, em circunstâncias distintas, também ocorram no Poder Judiciário, no Ministério Público e na Administração Pública em geral.

4.3. Razões de celeridade e de segurança jurídica para admissão do incidente

Não se nega que a regra geral é o artigo 485, VII do CPC, extinguindo-se o processo pelo juiz tão logo seja aceita a tarefa de julgar pelo árbitro. O questionamento

---

39 TALAMINI, Eduardo. Competência-competência e as medidas antiarbitrais, op. cit., p. 137.

40 ALVES, Rafael Francisco. *A inadmissibilidade das medidas antiarbitragem no direito brasileiro*, op. cit., pp. 190-193.

41 BERMANN, George A. *Le rôle respectif des cours et des arbitres dans la détermination de la competénce arbitralein Revista de Arbitragem e Mediação*, ano 8, nº 31, pp. 155-170, out.-dez./2011, p. 157.

42 Nesse sentido, o próprio professor Eduardo Talamini reconhece a aplicabilidade geral da competência-competência, vide TALAMINI, Eduardo. Competência-competência e as medidas antiarbitrais, op. cit., p. 145.

acerca da validade do juízo arbitral ficaria, assim, reservado para o momento posterior, de ação anulatória.

Insiste-se, entretanto, que as situações anômalas não podem ser ignoradas, devendo se buscar a melhor maneira possível de superá-las, assegurando-se às partes o meio adequado de resolverem suas contendas.[43]

É certo que, caso o juiz rejeite a convenção e se entenda competente para julgar a causa, a parte possui como remédio o recurso de agravo de instrumento, interponível por força do artigo 1.015, III do Código de Processo Civil. No entanto, nada impede que, também em segunda instância, seja mantida a usurpação da competência arbitral, deixando à parte a única saída de apresentar os recursos excepcionais, cujo cabimento é estreito, vinculado às hipóteses taxativamente previstas na Constituição e com diversas restrições inerentes à sua natureza.[44]

Assim sendo, possibilitar aos interessados somente o longo e incerto caminho recursal prejudica a celeridade e a segurança jurídica necessárias ao bom processamento da arbitragem. Negar a via do conflito de competência não representa o fim das crises sobre quem deveria atuar, o juiz ou o árbitro, mas apenas o fechamento às partes de um mecanismo que permite uma decisão por um órgão de cúpula do Judiciário, apto a resolver de forma mais rápida e definitiva aquela controvérsia.

Anteriormente à jurisprudência pela admissão do conflito de competência, não era incomum que as arbitragens demorassemcerca de uma década até sua reforma,[45] o que, certamente, viola o espírito desse método de resolução de conflitos.

Especialmente para situações tautológicas ou procrastinatórias, é imprescindível se disponibilize um meio de, *in initio litis*, dirimir-se as problemáticas sobre a competência, prevenindo divergências posteriores e ações anulatórias.[46]

5. Conclusão

Em síntese, no presente artigo, pretendeu-se analisar, fundamentalmente, a jurisprudência do Superior Tribunal de Justiça que admite o conflito de competência em matéria arbitral. Viu-se que a principal razão para se justificar o cabimento é a atribuição da natureza jurisdicional à arbitragem.

Analisou-se, ainda, que esse entendimento é atacado a partir de diferentes frentes. Alguns autores refutam a própria premissa do STJ de equiparar arbitragem e ju-

43 WALD, Arnoldo. A patologia da arbitragem, op. cit., p. 45.

44 ROCHA, Caio Cesar Vieira. Conflito positivo de competência entre árbitro e magistrado, op. cit., pp. 276-277.

45 WALD, Arnoldo. Conflito de competência entre o Poder Judiciário e o Tribunal Arbitral. Cabimento. Competência constitucional (art. 105, I, *d*, da CF) e legal (art. 115, I, do CPC) do STJ para resolvê-lo. Decisão majoritária que consolida a jurisprudência na matéria *in Revista de Arbitragem e Mediação*, ano 11, nº 40, pp. 351-383, jan.-mar./2014, pp. 380-381.

46 Ibidem, pp. 382-383.

risdição. Dos que defendem essa natureza para a arbitragem, ainda há muitos que rejeitam o posicionamento por entender que haveria nele violação da autonomia privada e do princípio da *kompetenz-kompetenz*, imprescindíveis para o bom regulamento do juízo arbitral.

Em contraponto, pretendeu-se trazer que, mesmo se considerando patológica a discussão judicial prévia ou concomitante acerca da competência do árbitro, mostra-se importante que as partes tenham à disposição um mecanismo de sanear de forma célere e segura essa controvérsia. Por essa razão, defendeu-se que o incidente deve ser admitido nos casos de disputas entre árbitros e juízes sobre quem deveria atuar no caso.

6. Referências bibliográficas

ALVES, Rafael Francisco. *A inadmissibilidade das medidas antiarbitragem no direito brasileiro* – São Paulo: Atlas, 2009.

BERMANN, George A. *Le rôle respectif des cours et des arbitres dans la détermination de la competénce arbitralein Revista de Arbitragem e Mediação*, ano 8, nº 31, pp. 155-170, out.-dez./2011.

BRASIL. SUPERIOR TRIBUNAL DE JUSTIÇA, CC 113.260/SP, Rel. Ministra NANCY ANDRIGHI, Rel. p/ Acórdão Ministro JOÃO OTÁVIO DE NORONHA, SEGUNDA SEÇÃO, julgado em 08/09/2010, DJe 07/04/2011.

_______. ________, CC 111.230/DF, Rel. Ministra NANCY ANDRIGHI, SEGUNDA SEÇÃO, julgado em 08/05/2013, DJe 03/04/2014.

_______. ________, CC 146.939/PA, Rel. Ministro MARCO AURÉLIO BELLIZZE, SEGUNDA SEÇÃO, julgado em 23/11/2016, DJe 30/11/2016.

_______. ________, CC 139.519/RJ, Rel. Ministro NAPOLEÃO NUNES MAIA FILHO, Rel. p/ Acórdão Ministra REGINA HELENA COSTA, PRIMEIRA SEÇÃO, julgado em 11/10/2017, DJe 10/11/2017

_______. SUPREMO TRIBUNAL FEDERAL, SE 5206 AgR, Relator(a): Min. SEPÚLVEDA PERTENCE, Tribunal Pleno, julgado em 12/12/2001, DJ em 30/04/2004.

CAHALI, Franciso José. *Curso de Arbitragem* – 5ª ed. – São Paulo: Editora Revista dos Tribunais, 2015.

CARMONA, Carlos Alberto. *Arbitragem e Processo*: um comentário à lei 9307/1996 – 3ª ed. – São Paulo: Atlas, 2009.

CONSULTOR JURÍDICO. Soluções em arbitragem crescem 73% em seis anos, mostra pesquisa, disponível em <http://www.conjur.com.br/2016-jul-15/solucoes-arbitragem-crescem-73-seis-anos-mostra-pesquisa>. Acesso em 26/07/2017.

DIDIER, Fredie. *Curso de Direito Processual Civil*: volume 1 – 19ª ed. – Salvador: Editora JusPodivm, 2017.

LADEIRA, Ana Clara Viola. Conflito de competência em matéria de arbitragem *in Revista Brasileira de Arbitragem*, ano 11, nº 41, pp. 42-67, jan.- mar./2014

MARINONI, Luiz Guilherme; ARENHART, Sérgio Cruz; MITIDIERO, Daniel. *Novo Curso de Processo Civil*: vol. 1, Teoria Geral do Processo – 1ª ed. – São Paulo: Editora Revista dos Tribunais, 2015.

ROCHA, Caio Cesar Vieira. Conflito positivo de competência entre árbitro e magistrado *in Revista de Arbitragem e Mediação*, ano 9, nº 34, pp. 263-286, jul.-set./2012.

SILVA, Ovídio Baptista da. *Curso de direito processual civil* – vol. 1: processo de conhecimento – 6ª ed. – São Paulo: Revista dos Tribunais, 2003.

TALAMINI, Eduardo. Competência-competência e as medidas antiarbitrais pretendidas pela Administração Pública *in Revista de Arbitragem e Mediação*, ano 13, nº 50, pp. 127-153, jul.-set./2016.

WALD, Arnoldo. A patologia da arbitragem *in Revista de Arbitragem e Mediação*, ano 7, nº 27, pp. 35-45, out.-dez./2010.

_______. As *anti-suitinjuctions* no Direito Brasileiro *in Revista de Arbitragem e Mediação*, ano 3, nº 9, pp. 29-43, abr.-jun./2006.

_______. Conflito de competência entre o Poder Judiciário e o Tribunal Arbitral. Cabimento. Competência constitucional (art. 105, I, *d*, da CF) e legal (art. 115, I, do CPC) do STJ para resolvê-lo. Decisão majoritária que consolida a jurisprudência na matéria *in Revista de Arbitragem e Mediação*, ano 11, nº 40, pp. 351-383, jan.-mar./2014

Cláusula de renúncia à ação anulatória: os limites das disposições de direitos nas convenções de arbitragem

Daniel Vianna Vargas

1. Introdução

Em tempos como os atuais, diante de recente e profunda alteração do ordenamento processual positivado, com modificações estruturais, levantar hipóteses e discutir posições jurídicas não previstas textualmente é sempre um desafio. Todavia, esse é justamente o papel da doutrina e o que se pretende com as breves linhas que se seguem.

Ainda que não tenha ocorrido modificação na legislação específica quanto à arbitragem no sentido do texto, o Código de Processo Civil de 2015 irradia seus matizes para todo o arcabouço jurídico. Seu cariz democrático e colaborativo deve nortear o intérprete de toda e qualquer disposição legal que tenha por escopo a prevenção ou a solução de litígios.

Aliás, o chamado processo constitucional, que já era (deveria ser) uma realidade entre nós, nada mais revela do que a constatação de uma era pós-positivista onde a inarredável força normativa da Constituição é o ponto de partida para a interpretação e a argumentação jurídicas. Vincula-se, desse modo, radicalmente, o modo de construção da norma jurídica, firmando-se o eixo do sistema jurídico das leis e dos Códigos em direção à Constituição.

Diante dessas constatações, o presente artigo analisará os atuais conceitos de jurisdição, acesso à Justiça e autonomia da vontade para perquirir se a cláusula (ampla) de renúncia à Jurisdição estatal (*stricto sensu*) possui compatibilidade constitucional, prestando-se mesmo como ponto de reforço ao reconhecimento da arbitragem como método adequado de solução de conflitos.

2. A ação anulatória

No direito romano arcaico (desde as origens até o século II a.C., época da Lei das XII Tábuas), onde se pode encontrar – dentre outros – um arcabouço de Estado em sua concepção moderna, já havia previsão para a solução dos conflitos por meio da arbitragem, comparecendo os cidadãos perante o pretor, comprometendo-se a aceitar o que viesse a ser decidido. Escolhiam um árbitro de sua confiança, o qual recebia do pretor o múnus de resolver o litígio.[1] Conforme Ulpiano, característica marcante do instituto era a irrecorribilidade das decisões dos árbitros.[2]

Modernamente, também no direito lusitano encontramos previsão do instituto com tal configuração, tanto nas Ordenações Afonsinas (Livro III, Título 113), quanto nas Ordenações Manuelinas (Livro III, Título 81) e nas Ordenações Filipinas (Livro III, Título 16).

Recebemos no direito pátrio, por sucessão, o instituto que teve positivação já na primeira Constituição (1824), sendo que a Carta Política do Império dispunha que os litígios poderiam ser resolvidos por juízes-árbitros e que a sentenças prolatadas poderiam ser executadas sem recurso, caso assim convencionassem as partes.

Casuisticamente, infere-se que desde tempos distantes é corrente o entendimento da excepcionalidade da revisão das decisões arbitrais, sendo que o controle judicial das sentenças proferidas pelos árbitros tem suas hipóteses de cabimento taxativamente previstas, devendo ser interpretadas restritivamente, não sendo admitido o controle do mérito da decisão.

Não se desconhece que prestigiosa doutrina defende o caráter subsidiário da ação anulatória de sentença arbitral.[3] Todavia, é possível aventar que o surgimento do direito de acesso à jurisdição estatal não ocorre simplesmente após o prévio esgotamento da jurisdição arbitral, que seria o consectário lógico da característica de subsidiariedade.

Em realidade, conforme o que será discutido adiante, o simples fato do esgotamento da jurisdição arbitral não confere direito à propositura da ação anulatória.

A intervenção estatal somente se mostra admissível na eventualidade da caracterização de alguma das hipóteses elencadas no art. 32 da Lei de Arbitragem. A vinculação legítima das partes à arbitragem impede a cognição pelo Judiciário – ainda que esgotados os meios de impugnação previstos naquele âmbito – quando não houver a efetiva configuração da causa de pedir nos estreitos limites do dispositivo legal citado.

Ademais, o caráter eventual – e não subsidiário – se revela com mais robustez na hipótese de haver previsão compromissória no sentido do não exercício da ação anulatória como mecanismo de impugnação da sentença arbitral.

Firma-se como premissa que o eventual ingresso na Justiça estatal para o controle de atos arbitrais não encontra paralelismo com nenhuma espécie recursal, sendo que a opção pelas partes quanto à arbitragem deve nortear o juízo de admissibilidade da intervenção estatal.

---

1 ARAÚJO CINTRA, Antônio Carlos de; GRINOVER, Ada Pellegrini; DINAMARCO, Cândido Rangel. Teoria geral do processo. 9ª ed. São Paulo: Malheiros, 1992, p. 26.

2 "Stare debet sententia arbitri, quam de re dixerit, sive aequa, sive iniqua" (Deve-se submeter à sentença que o árbitro pronuncia sobre a coisa, seja ela justa ou injusta). (1,27, § 2, D., de receptis, 4.8.) apud Marcus Claudio Acquaviva, Dicionário jurídico brasileiro Acquaviva, São Paulo: Jurídica Brasileira, 1993. p. 149.

3 YARSHELL, Flávio Luiz. Caráter subsidiário da ação anulatória de sentença arbitral. *Revista de Processo*, São Paulo, v. 37, nº 207, p. 13-23, 2012.

Permite-se essa conclusão diante da conceituação corrente de recurso como meio de impugnação utilizado dentro da mesma relação processual, somente tendo cabimento enquanto não verificado o trânsito em julgado.

Aponta-se, ainda, que a submissão volitiva da controvérsia à arbitragem exige o prévio esgotamento nessa seara para a correção ou integração da sentença arbitral, antes que se discuta quanto à possibilidade de acionar o Judiciário, com vistas, inclusive, ao disposto no art. 422 do Código Civil e arts. 5º e 6º do CPC que compõe um compilado positivo da boa-fé objetiva e dever de colaboração.

Quanto ao âmbito de cognoscibilidade da ação anulatória, o legislador o limitou àquelas hipóteses que pudessem macular a integridade do próprio laudo arbitral (art. 32, I, IV, e VII, da Lei 9.307/1996), nos casos de dúvidas fundadas quanto à independência e imparcialidade do julgador (art. 32, II e VI da Lei 9.307/1996) ou quando houvesse ofensa aos direitos processuais fundamentais dos envolvidos (art. 32, III, VIII e VII, da Lei 9.307/1996).

Ao largo da discussão quanto à taxatividade ou não das hipóteses previstas no art. 32 da Lei 9.307/1996, o fato é que além de não existir cláusula genérica extensiva, a literalidade do art. 33 do mesmo diploma conduz ao entendimento pela natureza excepcional da ação anulatória ao dispor que somente se admite o pedido de declaração de nulidade nos casos previstos naquela lei.

Portanto, afastada a identidade recursal e compreendido seu caráter eventual, é possível aferir um paralelismo entre a ação anulatória de sentença arbitral e um meio autônomo de impugnação de decisões imutáveis, qual seja: a ação rescisória.

Barbosa Moreira afirma que "chama-se rescisória à ação por meio da qual se pede a desconstituição de sentença transita em julgado, com eventual rejulgamento, a seguir, da matéria nela julgada".[4]

Daí sua similitude com a ação anulatória de sentença arbitral, tendo em vista que ambas não prescindem de processo autônomo para atacar a sentença transitada em julgado – judicial e arbitral, respectivamente.[5] Trata-se de um remédio com que se instaura outra relação jurídica processual.[6]

Uma ressalva, porém, é necessária diante da substituição do vocábulo "lei" por "norma jurídica" no CPC/2015 em relação à hipótese de cabimento da ação rescisória quando a decisão violar frontalmente o ordenamento (art. 485, V do CPC/1973 e art. 966, V do CPC/2015). Muito embora a doutrina mais autorizada[7] já conferisse conotação ampla à redação anterior, o fato é que superada está a divergência, sendo

4 MOREIRA, José Carlos Barbosa. *Comentários ao Código de Processo Civil (LGL\1973\5)* (arts. 476 a 565). Rio de Janeiro: Forense, 1974. Vol. V, p. 95.

5 JÚNIOR, Humberto Theodoro. *Curso de direito processual civil,* São Paulo: Editora GEN Forense. 47ª ed.v. III, p. 836.

6 PONTES DE MIRANDA, Francisco Cavalcanti. *Tratado das ações.* São Paulo: RT, 1973, v. IV, p. 527.

7 BARBOSA MOREIRA, José Carlos. *Comentários ao Código de Processo Civil.* 15ª ed. Rio de Janeiro: Forense, 2009, v. V, nº 78, p. 131.

que "o legislador reconheceu que o juiz decide com base no tripé: lei, doutrina e jurisprudência. Se tanto as regras (leis) como princípios são normas, restou certo que o regime atual autoriza a rescisória para a *violação manifesta* tanto das regras legais como dos princípios gerais".[8]

Todavia, debater se a mencionada modificação legislativa reconfigura – igualmente – o regime de admissibilidade da ação anulatória de sentença arbitral, ampliando o rol do art. 32 da Lei 9.503/1996, é tema para outro trabalho e, inclusive, argumento de reforço para aqueles que cuidam do rol como casuístico e admitem seu ataque no caso de alegada ofensa à ordem pública.

3. Renúncia à Jurisdição

Conforme Plácido e Silva, "renúncia importa sempre num abandono ou numa desistência voluntária pela qual o titular de um direito deixa de usá-lo ou anuncia que não o quer utilizar".[9]

As partes quando optam pela arbitragem como o método adequado para a solução de eventual conflito de interesses, através de uma convenção de arbitragem, afastam o mecanismo da jurisdição estatal, circunstância que se coaduna com o princípio da iniciativa das partes para deflagrar a jurisdição.

Sabe-se que direito de ação é o direito composto por um conjunto de situações jurídicas que garantem ao seu titular o poder de acessar os tribunais e exigir deles uma tutela jurisdicional adequada, tempestiva e efetiva[10] e, segundo Pedro Henrique Pedrosa Nogueira, poderia ser denominado "direito fundamental à jurisdição"[11].

Importa, pois, analisar, se a opção pela arbitragem – e suas variáveis, como será exposto – representa a renúncia ao direito de ação, ou, em outras palavras, ao direito fundamental à jurisdição, bem como se tal ato corresponde à renúncia a direito indisponível.

Para Venosa a indisponibilidade implicaria na subordinação do titular do direito ao controle operado pelo Estado, sendo possível visualizar uma gradação de disponibilidade consoante a extensão da tutela conferida pelo Estado aos direitos.[12]

Por sua vez, Calmon de Passos afirma que a indisponibilidade pode ser absoluta ou relativa. No primeiro caso, os direitos são sempre indissociáveis de seu titular e, portanto, não transacionáveis. No segundo caso, os direitos, ainda que indisponíveis,

---

8 JÚNIOR, Humberto Theodoro. *Curso de direito processual civil,* São Paulo: Editora GEN Forense. 47ª ed.v. III, p. 856, citando WAMBIER, Teresa Arruda Alvim *et al. Primeiros comentários ao novo Código de Processo Civil.* São Paulo: RT, 2015, p. 1375.

9 SILVA, Placido e. *Vocabulário jurídico.* Rio de Janeiro: Forense, 1963. Vol. IV, p. 1.346.

10 DIDIER JR, Fredie. *Curso de Direito Processual Civil.* Salvador: Jus Podivm. 2015. 17ª ed. V. 1. P. 281.

11 NOGUEIRA, Pedro Henrique Pedrosa. *Teoria da Ação de Direito Material.* Salvador: Jus Podvm, 2008, p. 45 e segs.

12 VENOSA, Silvio Salvo de. *Direito civil: teoria geral das obrigações e teoria geral dos contratos.* 15ª ed. São Paulo Atlas, 2015. V. 2, p. 311.

poderiam ser transacionados mediante o cumprimento dos requisitos impostos pela ordem pública.[13]

Ainda que se divirja quanto à natureza jurídica da arbitragem, o fato é que atualmente não mais se discute que a opção por essa via não significa qualquer afronta ao livre acesso ao Judiciário (art. 5º, XXXV, da CR, de 88), mas sim um caminho que têm os interessados de verem suas questões sendo dirimidas com maior presteza.[14]

Ressalte-se a posição de Leonardo Greco[15] para quem o conceito de jurisdição é um conceito em evolução, sendo mesmo um fenômeno universal a constatação de que o judiciário estatal não é capaz de dar respostas satisfatórias em razão da expansão das aspirações de justiça da sociedade contemporânea. Assevera que, ainda que não se possa desligar totalmente o conceito de jurisdição de uma função típica e preponderantemente estatal, tal circunstância não significa que ela deva ser exercida necessariamente por juízes.

Entendem alguns autores, inclusive, que a tendência de estruturação de um sistema multiportas – agregando à jurisdição tradicional os meios alternativos – é corolário do livre acesso à Justiça, sendo que essa união de técnicas de dimensionamento de litígios se faz necessária pela atávica característica do cidadão brasileiro de promover uma delegação da resolução dos conflitos exclusivamente ao Judiciário.[16]

Humberto Dalla, por sua vez, enxerga na redação do art. 3º do CPC/2015 uma ressignificação do conceito de jurisdição, afirmando que o princípio insculpido no art. 5º, XXXV da CR de 1988, entendido como a primeira via de solução de conflito, não condiz com a noção contemporânea do Estado Democrático de Direito e que o fenômeno da desjudicialização deve ser compreendido como ferramenta de racionalização da prestação jurisdicional, colocando a arbitragem dentre os meios adequados de solução de conflito e um dos mecanismos de desjudicialização.[17]

Conclui-se, portanto, que a opção pela arbitragem é uma das formas de acesso à Jurisdição, sendo certo que as partes poderão optar, inclusive, pelo esgotamento de todas as possibilidades de revisão da resolução do conflito nessa via, através de cláusula de renúncia à própria ação anulatória, sem que tal manifestação de vontade ofenda o princípio constitucional da inafastabilidade da Jurisdição.

---

13 PASSOS, José Joaquim Calmon de. *Comentários ao Código de Processo Civil. Lei º 5.869, de 11 de janeiro de 1973*, vol. III:arts. 270 a 331. Rio de Janeiro: Forense, 2005. P. 408-409.

14 BARROSO, Luís Roberto. *Constituição da República Federativa do Brasil Anotada.* São Paulo: Saraiva, 2006. 5ª ed. P. 104.

15 GRECO, Leonardo. Instituições de Processo Civil, vol. I, 5ª edição, Rio de Janeiro: Forense, 2015. p. 69.

16 THEODORO Jr, Humberto. NUNES, Dierle. BAHIA, Alexandre Melo Franco. PEDRON, Flavio Quinaud. *Novo CPC – Fundamentos e sistematização.* Rio de Janeiro: Forense, 2015, 2ª ed. P. 241.

17 PINHO, Humberto Dalla Bernadina de. STANCATI, Maria Martins Silva. *A ressignificação do princípio do acesso à justiça à luz do art. 3º do Código de Processo Civil de 2015.* RePro, São Paulo: v. 41, nº 254, p. 17-44, abr. 2016.

O direito fundamental à Jurisdição é uma faculdade inerente ao cidadão, não um dever e, atendidos os ditames da ordem jurídica, poderá exercê-lo integralmente de forma alijada do judiciário estatal.

4. Convenção de Arbitragem

Os conceitos legais de cláusula compromissória e compromisso arbitral vêm dispostos, respectivamente, nos arts. 4º e 9º, da Lei 9.307/1996, sendo espécies do gênero convenção, inseridas no contexto dos negócios jurídicos processuais.

Pela primeira as partes em um contrato comprometem-se a submeter à arbitragem os litígios que possam vir a surgir em relação a tal contrato. Já o compromisso arbitral é a convenção através da qual as partes submetem um litígio à arbitragem.

As partes podem ajustar os meios, formas e procedimentos às necessidades do litígio[18], reconhecidas como destinatárias da tutela jurisdicional (em sentido amplo), desde que atendidas as garantias fundamentais.

Saliente-se que, à luz do ordenamento processual em vigor, tais convenções são expressamente previstas no processo estatal, tratando-se mesmo de uma das grandes apostas do legislador por um método de composição de litígios mais colaborativo e democrático.

De acordo com Humberto Theodoro Jr. e outros, "a noção de negócios processuais (*processrechtliche Verträge*) foi inicialmente dimensionada (na modernidade) pela pandectistica alemã, com várias categorias de acordo entre as partes que poderiam gerar impactos no processo, como, exemplificativamente, pactos de exclusão de um grau de jurisdição e de exclusão de competência, relativas às regras de procedimento, de inversão do ônus da prova, entre outras, e seus limites em face da intervenção judicial"[19].

Nas convenções processuais estatais, o juiz exerce o controle de validade para atribuir-lhes ou não eficácia, segundo parte da doutrina.[20]

Noutro prisma, Fredie Didier Jr. defende que os negócios processuais são fatos jurídicos voluntários, em cujo suporte fático se confere ao sujeito o poder de regular – limitados pelo ordenamento jurídico – certas situações jurídicas processuais ou alterar o procedimento, sendo fonte de norma jurídica processual e, naquilo que mais nos importa, vinculando o órgão julgador que, ainda segundo o autor, "em um Estado de Direito, deve observar e fazer cumprir as normas jurídicas válidas, inclusive as convencionais"[21].

---

18 GRECO, Leonardo. Op. Cit. p. 69.

19 THEODORO Jr, Humberto. NUNES, Dierle. BAHIA, Alexandre Melo Franco. PEDRON, Flavio Quinaud. *Novo CPC – Fundamentos e sistematização.* Rio de Janeiro: Forense, 2015, 2ª ed. P. 257-258.

20 GRECO, Op. Cit. P. 60.

21 DIDIER Jr., Fredie. *Negócios jurídicos processuais atípicos no Código de Processo Civil de 2015.* Revista Brasileira da Advocacia. Vol. 1/2016. P. 59-84.

Já para Diogo Rezende Almeida o negócio processual (em sentido amplo) tem por objetivo regulamentar o próprio método de solução do conflito, ou seja, o exercício da jurisdição nos moldes desejados pelas partes[22].

Importante salientar que o negócio processual pode ser celebrado a qualquer momento, antes ou durante o processo. "Admite-se que, num negócio ou contrato celebrado antes mesmo de existir o processo, as partes já estabeleçam determinadas regras processuais a serem observadas, caso sobrevenha algum litígio e seja proposta demanda judicial a esse respeito"[23].

Cuida-se do fenômeno da consensualidade que, segundo alguns autores[24], alcança – ainda que de forma reflexa – a jurisdição e o direito público na busca por maior eficiência, economicidade e gerenciamento dos recursos estatais.

A convenção de arbitragem é negócio jurídico típico produto da autonomia privada ou da autorregulação de interesses[25], conferindo às partes liberdade de celebração e de estipulação.

Dessa forma, desde que atendidos os requisitos de validade – capacidade, objeto lícito e forma não vedada em lei – não é possível negar eficácia a um negócio processual, não sendo permitido ao julgador entendê-lo inadequado, admitindo-se igualmente, convenções processuais sobre direitos materiais indisponíveis[26].

Para aqueles que ainda defendem um conceito amplo de ordem pública como obstáculo ao livre estabelecimento de convenções, necessário pontuar que esta é uma garantia às partes – não do Estado – no sentido de que não terão seus direitos fundamentais – materiais ou processuais – transgredidos pela intervenção abusiva. Logo, o núcleo inafastável deve ser encontrado no art. 21 da própria legislação de regência que conjuga a autonomia da vontade com os direitos das partes. Paridade talvez seja a chave, podendo as partes estruturar o procedimento e o próprio processo arbitral, conforme sua conveniência, desde que não seja utilizado de forma a colocar uma das partes em situação flagrante de desvantagem.

---

22 ALMEIDA, Diogo Assumpção Rezende de. *Das convenções processuais no processo civil.* Tese de Doutorado em Direito. Rio de Janeiro: Faculdade de Direito da Universidade do Estado do Rio de Janeiro, 2014. P. 104.

23 CUNHA, Leonardo Carneiro da. In *Comentários ao Novo Código de Processo Civil. Coord. CABRAL, Antonio do Passo.* Rio de Janeiro: GEN Editora Forense. 2015. Comentário ao art. 190, p. 325.

24 ANDRADE, Érico. *A "contratualização" do processo no novo Código de Processo Civil.* In: FREIRE, Alexandre et al. (Org.). *Novas tendências de processo civil.* Salvador: Juspodivm, 2015, v. 4, onde se lê: "Atualmente, o Estado e o direito público têm sido invadidos pela ideia da consensualidade: revê-se a atuação imperativa do poder público, a fim de buscar maior consenso com os cidadãos, inclusive como técnica para alcançar enquadramento mais democrático da atuação estatal".

25 CUNHA, Leonardo Carneiro da. Negócios jurídico-processuais no processo civil brasileiro. *Relatório do I Congresso Peru-Brasil de Direito Processual. Peru, nov. 2014.* Disponível em: https://www.academia.edu/10270224/Negócios_jur%C3%ADdicos_processuais_no_processo_civil_brasileiro.

26 Enunciado 135 do FPPC. "A indisponibilidade do direito material não impede, por si só, a celebração de negócio jurídico processual".

Com essa premissa, entende-se que os negócios processuais podem perfeitamente afastar ou eliminar direitos processuais, tais como, v.g., no *pactum de non petendo*, no *pactum de non exequendo* e na renúncia ao recurso, salientando-se que as declarações de vontade das partes produzem imediatamente a extinção de direitos processuais (art. 200 do CPC/2015).

Chega-se, portanto, a algumas conclusões preliminares: a) houve uma ressignificação do conceito de acesso à Justiça; b) a decisão arbitral deve ser reconhecida como exercício jurisdicional; c) a ação anulatória de sentença arbitral possui caráter eventual; d) as convenções processuais podem ser praticadas antes do processo; e) as convenções processuais válidas vinculam o julgador; f) as manifestações de vontade inseridas nas convenções válidas produzem efeitos imediatamente no tocante à extinção de direitos processuais.

5. A arbitrabilidade da pretensão anulatória

Conforme apontado por autor já referido nestas linhas[27], o acesso irrestrito ao Judiciário é fenômeno complexo que oscila entre uma cultura de demandismo e de incentivo estatal. As consequências se traduzem nos cem milhões de processos atualmente em curso no país e numa Justiça invariavelmente tardia e desacreditada.

Segundo Leonardo Greco, a Justiça deve ser entendida como serviço público essencial, sendo que o acesso à Justiça dependerá em grande parte da estruturação e fortalecimento de várias modalidades de tutela jurisdicional diferenciada. Adverte o doutrinador que, quando o acesso à Justiça se deparar com os mais variados obstáculos, poderão (deverão) "os litigantes procurarem outras vias para equacionar as suas divergências, e o direito processual deve estimular essa prática"[28].

Todavia, somente se alcança eficiência nesse estímulo com medidas e posicionamentos que confiram prestígio e respeito aos métodos alternativos de resolução de conflitos.

A busca pela justiça não estatal – desde que manifestada livremente – deve ser reconhecida como a busca por uma justiça mais adequada ao conflito de interesses qualificado. Somente os envolvidos poderão decidir qual o método mais adequado para resolução dos dissensos referentes aos seus interesses.

Nunca é demais lembrar que a sentença arbitral produz efeitos imediatamente, uma vez que não sujeita a recurso com efeito suspensivo – o que confere à decisão arbitral eficácia superior (ao menos temporalmente) que a própria sentença judicial.

---

27 "A inflacionada demanda por justiça é um fenômeno complexo, que parte sobretudo, de uma dependência social dos Tribunais, seja por uma cultura demandista especialmente notada em países do sistema civil law, seja pelo incentivo estatal, que temendo a perda do monopólio, faz o Poder Judiciário propagar a ideia de que somente ele é capaz de proporcionar uma solução eficaz dos conflitos, percebido quando se promove por exemplo, a incorporação das ADRs aos Tribunais". PINHO, Humberto Dalla Bernardina de; PAUMGARTTEN, Michele Pedrosa. A institucionalização da mediação é a panacea para a crise do acesso à justiça? Disponível no endereço eletrônico: www.publicadireito.com.br.

28 GRECO, Leonardo. Instituições.... p. 20.

Pode-se dizer que existe uma presunção de validade em favor da sentença arbitral, sendo minoritária jurisprudencialmente a corrente que admite a suspensão da exigibilidade da sentença com força executiva do juízo arbitral, através da concessão de efeito ativo pelo Judiciário.

Nessa linha de raciocínio é que se pretende discutir e aventar a possibilidade da extensão da manifestação de vontade das partes pelo juízo arbitral também ao espectro da ação anulatória.

Admitir-se-ia, com base nas premissas fundadas, que as partes renunciassem ao direito de ingressar perante a justiça estatal com a ação anulatória, por meio de cláusula inserida em convenção de arbitragem válida.

O ato de disposição – renúncia ou não exercício – do direito de acesso à jurisdição estatal poderia ser estendido à própria pretensão anulatória.

De entrada, infere-se do direito positivado que não existe vedação expressa no que se refere à renúncia à ação anulatória. Justifica-se a opção do legislador pelo caráter voluntário da arbitragem, calcado o instituto na autonomia da vontade.

Nesse particular, Humberto Theodoro Jr. aponta que a doutrina italiana concluiu pela constitucionalidade das situações negociais – ainda que tratando de matéria de ordem pública – desde que não haja explicitamente vedação legal.[29]

Noutro giro, ao se concluir pela impossibilidade do exercício de manifestação de vontade no sentido da renúncia à ação anulatória – pela natureza do próprio direito de ação – o entendimento deveria ser revelado no direito vigente pela impossibilidade de convalidação dos vícios que maculassem a decisão arbitral. Justo o contrário.

Em linha de princípio – na literalidade do disposto no art. 33, § 1º da Lei 9.307/1996 – todo e qualquer vício elencado no art. 32 do mesmo diploma convalida se não alegado por meio do instrumento adequado no exíguo prazo de noventa dias. Portanto, a simples inércia por prazo ínfimo teria a capacidade de produzir os efeitos que manifestação expressa não poderia produzir.

A fixação de prazo de caducidade reduzido vem de (acho que aqui é "ao encontro") encontro a um modelo restritivo de impugnação das decisões arbitrais, com o objetivo precípuo de incentivar a utilização da arbitragem.

Importante ainda assinalar que a previsão expressa no ordenamento para existência de tribunais arbitrais voluntários para a resolução de litígios traz consigo a necessária conclusão de que as decisões proferidas nesse âmbito não impugnadas tempestivamente alcançam a estabilidade própria da coisa julgada, sem ulterior possibilidade de reapreciação da questão por outro tribunal. É indispensável a garantia de estabilidade dos julgados como corolário da segurança jurídica.

O ingresso na justiça estatal para a declaração de nulidade da sentença arbitral, por óbvio, é garantia fundamental, mas encontra-se limitado pela possibilidade de renúncia voluntária à respectiva ação.

29 THEODORO Jr, Humberto. NUNES, Dierle. BAHIA, Alexandre Melo Franco. PEDRON, Flavio Quinaud. *Novo CPC – Fundamentos e sistematização.* Rio de Janeiro: Forense, 2015, 2ª ed. P. 269.

Existe uma série de direitos subjetivos processuais que são plenamente exercitados no contexto arbitral, tais como o direito de ação, o direito de prova e o direito ao contraditório. Todas essas situações jurídicas são inerentes à parte e somente exsurgem numa relação processual e possuem origem em fatos processuais – não são advindas do direito material. Não existe diferença entre tais situações jurídicas e aquela que confere à parte o direito ao recurso ou à ação rescisória. Todas essas situações são transferidas em igual medida para o contexto do processo arbitral.

Quando as partes optam pela arbitragem, levam em conta as vantagens que este tipo de método de resolução de conflitos oferece em relação à jurisdição estatal, tais como a celeridade, a confidencialidade e a capacitação técnica dos árbitros.

Nada mais razoável, por via de consequência, que se admita análise da pretensão anulatória no próprio juízo arbitral, como forma de reforço àquelas vantagens descritas.

Podem as partes fazer inserir na convenção de arbitragem que eventual pretensão anulatória será conhecida pelo próprio tribunal arbitral, seja no seu juízo de admissibilidade, seja no mérito da pretensão. Admite-se, portanto, convenção que defina a competência para o conhecimento da pretensão anulatória para o próprio tribunal arbitral.

As distinções entre juízo de admissibilidade e de mérito são bastante conhecidas[30], sendo aquele preliminar e com o intuito de verificar a possibilidade do julgamento de mérito.

Além dos requisitos de admissibilidade genéricos, a ação anulatória de sentença arbitral ainda possui aqueles específicos que se traduzem nas hipóteses de cabimento elencadas no art. 32 da lei de regência.

Uma primeira gradação dentre as defendidas nesse trabalho – e a mais singela – seria a previsão em convenção de arbitragem para que o juízo de admissibilidade da pretensão anulatória seja efetuado no próprio juízo arbitral.

Cuida-se, portanto, da arbitrabilidade do juízo de admissibilidade da pretensão anulatória através de cláusula específica nesse sentido. Esse juízo seria realizado – a critério das partes – pelo mesmo juízo arbitral ou por órgão distinto, mas ainda na seara arbitral.

Somente vencida essa etapa, positivo o juízo de admissibilidade, seria possível ao interessado acessar a Justiça estatal com a ação anulatória. Poder-se-ia, inclusive, aventar quanto à possibilidade de a cláusula conter previsão de um segundo juízo de admissibilidade no âmbito estatal ou sua vedação.

Num segundo estágio, propomos a possibilidade da arbitrabilidade da própria pretensão anulatória. Não somente o juízo de admissibilidade ficaria a cargo de um juízo arbitral, mas o próprio julgamento da pretensão anulatória da decisão arbitral. Para além dos esclarecimentos previstos no art. 30 da Lei 9.307/1996, as partes elegeriam um árbitro para analisar a incidência de uma das causas de nulidade previstas no art. 32 do estatuto.

30 PINTO, Nelson Luiz. *Manual dos Recursos Cíveis*. São Paulo: Malheiros. 3ª ed. P.47-49.

Esse "órgão arbitral revisor" seria escolhido antecipadamente, em conjunto com o árbitro ou tribunal arbitral para a solução do litígio, para evitar discussões após a prolação da sentença e teria "competência" para efetuar o juízo de admissibilidade da pretensão anulatória e, em caso positivo, do próprio julgamento de mérito da ação anulatória da sentença arbitral.

Não vislumbramos óbice na proposta diante do disposto no art. 32 da lei modelo Uncitral, sendo necessária sua leitura em conjugação com o art. 21 da Lei 9.307/1996.[31]

Carmona já defendia que as partes poderiam estabelecer na convenção de arbitragem uma modalidade interna de revisão do laudo arbitral.[32]

Nessas duas situações, cuida-se simplesmente de reconhecer a autonomia da vontade das partes e autorregulação em relação à solução definitiva do litígio.

As partes – de forma voluntária – optam pelo juízo arbitral e abrem margem para uma reanálise da sentença com o intuito de verificar a ocorrência de alguma causa de nulidade prevista em lei. Contudo, optam que a cognição da pretensão anulatória seja realizada no próprio juízo arbitral.

Nem se diga quanto eventual inexistência de graus de jurisdição ou instâncias diversas na configuração orgânica da arbitragem. Basta verificar as Turmas Recursais no âmbito dos Juizados Especiais, composta exclusivamente por juízes do mesmo grau de jurisdição daqueles cujas sentenças irão reanalisar.

Trata-se, portanto, da possibilidade de impugnação das decisões arbitrais através da ação anulatória a ser conhecida e julgada por juízo arbitral distinto daquele que proferiu a sentença.

Todavia, nos permitimos avançar um pouco mais na ideia e considerar a possibilidade da renúncia à própria pretensão anulatória. As partes já incluíram na convenção de arbitragem cláusula expressa no sentido de que não exercerão a faculdade prevista no art. 33 da Lei 9.307/1996.

Na linha do entendimento exposto, não verificamos qualquer óbice de natureza constitucional, não havendo que se falar em renúncia a direito fundamental, pelo simples fato de que a jurisdição também é exercida no âmbito arbitral.

Assim sendo, como forma de conferir maior efetividade à própria arbitragem, as partes convencionariam quanto à renúncia expressa à ação anulatória.

Cláusula mais branda e específica poderia ser constituída da renúncia à ação anulatória quanto eventual vício atingisse a sentença arbitral e não o próprio órgão arbitral, conforme previsão dos incisos III, IV, VII e VIII do art. 32 da Lei 9.307/1996, já na redação conferida pela Lei 13.129/2015. Deixar-se-ia a pretensão anulatória para o âmbito estatal somente quando houvesse causa de pedir que representasse mácula da própria instituição da arbitragem (inciso I) ou da figura do árbitro (incisos II e VI).

---

31 *Artigo 32.º Encerramento do procedimento (1) O procedimento arbitral termina quando for proferida a sentença final ou quando for ordenado o encerramento do procedimento pelo tribunal arbitral nos termos do parágrafo 2.º do presente artigo* (tradução livre).

32 CARMONA, Carlo Alberto. Arbitragem e Processo. 3ª ed. São Paulo: Atlas, 2009, p. 270.

Seria uma terceira gradação dentre as hipóteses aqui estabelecidas.

Por fim, defendemos, ainda, a possibilidade de renúncia plena e irrestrita à ação anulatória. As partes, voluntariamente, fariam incidir cláusula na convenção de que renunciam ao direito de interpor a ação para declaração de nulidade da sentença arbitral.

Trata-se, nada mais, de antecipar uma opção livre a manifesta de respeito integral à sentença arbitral.

Optariam as partes por um procedimento mais célere, contudo, definitivo. Haveria uma junção das vantagens decorrentes da arbitragem com aquele advinda da definitividade do julgado.

6. Direito comparado

Existe previsão para um mecanismo de revisão interno – na forma das duas primeiras posições aqui defendidas – na Inglaterra, País de Gales, Canadá, Austrália, Nova Zelândia, Argentina e Paraguai. Exemplos de ordenamentos que preveem um mecanismo de revisão interno, seja na legislação de regência, seja nos regulamentos, seja na possibilidade dessa previsão nas convenções de arbitragem pelas próprias partes.

O Dec. 2011-48, de 14/01/2011, operou a reforma da legislação francesa no que tange à arbitragem, alterando o Livro V do Código de Processo Civil Francês. A reforma modificou os antigos artigos 1.442 a 1.507 do CPC, incluindo novas disposições, sendo que dentre as inovações estão a extinção do recurso sobre o mérito da sentença arbitral perante um juiz togado e a possibilidade de inclusão da faculdade de se renunciar, por convenção especial, a todas as demandas anulatórias contra uma sentença proferida na França. O art. 1.522 prevê que as partes podem renunciar expressamente, a qualquer momento, à demanda anulatória.

Por sua vez, o art. 1.718 do Code Judiciarie Belge – o Código de Processo Civil Belga – prevê a possibilidade de renúncia à demanda anulatória.[33]

Já o art. 388 do Code de procédure civile suisse – CPC Suíço – tem disposição semelhante, havendo liberdade das partes na limitação recursal e anulatória.[34]

---

33 *Art.1718. [Les parties peuvent, par une déclaration expresse dans la convention d'arbitrage ou par une convention ultérieure, exclure tout recours en annulation d'une sentence arbitrale lorsqu'aucune d'elles n'est soit une personne physique ayant la nationalité belge ou son domicile ou sa résidence habituelle en Belgique, soit une personne morale ayant en Belgique, son siège statutaire, son principal établissement ou une succursale.*

34 Art. 388 *Recours au tribunal cantonal 1 Les parties peuvent, par une déclaration expresse dans la convention d'arbitrage ou dans une convention conclue ultérieurement, convenir que la sentence arbitrale est attaquable par recours limité au droit devant le tribunal cantonal compétent en vertu de l'art. 354, al. 1. 2 Les art. 316 à 325 s'appliquent à la procédure, sauf disposition contraire du présent chapitre. La décision du tribunal cantonal est définitive.*

7. Conclusão

Por obvio, as ideias ora lançadas e defendidas talvez mereçam (e se merecerem seguramente necessitam) aprofundamento e maturação que somente podem ser alcançados em trabalho de maior fôlego. O texto se propôs a lançá-las, pontuando as dificuldades em sua aceitação e perscrutando caminhos para sua efetivação.

Imperiosa a construção dogmática para fomento do tema e quiçá para seu abandono. Contudo, nos parece um mecanismo percuciente para fortalecimento de tão caro método alternativo (adequado) de solução de litígios e, principalmente, reconhecimento do poder de autorregulação das partes no que concerne ao instrumento de composição do conflito de interesses que – em se tratando de direitos disponíveis e transacionáveis – importa quase que exclusivamente às próprias partes.

8. Referências bibliográficas

ACQUAVIVA, Marcus Claudio, *Dicionário jurídico brasileiro Acquaviva*, São Paulo: Jurídica Brasileira, 1993.

ANDRADE, Érico. *A "contratualização" do processo no novo Código de Processo Civil.* In: FREIRE, Alexandre et al. (Org.). *Novas tendências de processo civil.* Salvador: Juspodivm, 2015, v. 4.

ALMEIDA, Diogo Assumpção Rezende de. *Das convenções processuais no processo civil.* Tese de Doutorado em Direito. Rio de Janeiro: Faculdade de Direito da Universidade do Estado do Rio de Janeiro, 2014. P. 104.

ARAÚJO CINTRA, Antônio Carlos de; GRINOVER, Ada Pellegrini; DINAMARCO, Cândido Rangel. Teoria geral do processo. 9ª ed. São Paulo: Malheiros, 1992.

BARBOSA MOREIRA, José Carlos. *Comentários ao Código de Processo Civil (LGL\1973\5)* (arts. 476 a 565). Rio de Janeiro: Forense, 1974. Vol. V.

BARBOSA MOREIRA, José Carlos. *Comentários ao Código de Processo Civil.* 15ª ed. Rio de Janeiro: Forense, 2009, v. V, nº 78.

BARROSO, Luís Roberto. *Constituição da República Federativa do Brasil Anotada.* São Paulo: Saraiva, 2006. 5ª ed..

CARMONA, Carlo Alberto. Arbitragem e Processo. 3ª ed. São Paulo: Atlas, 2009.

CUNHA, Leonardo Carneiro da. In *Comentários ao Novo Código de Processo Civil. Coord. CABRAL, Antonio do Passo.* Rio de Janeiro: GEN Editora Forense. 2015.

CUNHA, Leonardo Carneiro da. Negócios jurídico-processuais no processo civil brasileiro. *Relatório do I Congresso Peru-Brasil de Direito Processual. Peru, nov. 2014.* Disponível em: https://www.academia.edu/10270224/Negócios_jur%C3%ADdicos_processuais_no_processo_civil_brasileiro.

DIDIER JR, Fredie. *Curso de Direito Processual Civil.* Salvador: Jus Podivm. 2015. 17ª ed. V. 1.

DIDIER Jr., Fredie. *Negócios jurídicos processuais atípicos no Código de Processo Civil de 2015.* Revista Brasileira da Advocacia. Vol. 1/2016.

GRECO, Leonardo. Instituições de Processo Civil, vol. I, 5ª edição, Rio de Janeiro: Forense, 2015.

NOGUEIRA, Pedro Henrique Pedrosa. *Teoria da Ação de Direito Material.* Salvador: Jus Podvm, 2008.

PASSOS, José Joaquim Calmon de. *Comentários ao Código de Processo Civil. Lei º 5.869, de 11 de janeiro de 1973*, vol. III:arts. 270 a 331. Rio de Janeiro: Forense, 2005.

PINHO, Humberto Dalla Bernadina de. STANCATI, Maria Martins Silva. *A ressignificação do princípio do acesso à justiça à luz do art. 3º do Código de Processo Civil de 2015.* RePro, São Paulo: v. 41, nº 254, p. 17-44, abr. 2016.

PINHO, Humberto Dalla Bernardina de; PAUMGARTTEN, Michele Pedrosa. A institucionalização da mediação é a panacea para a crise do acesso à justiça? Disponível no endereço eletrônico: www.publicadireito.com.br.

PINTO, Nelson Luiz. *Manual dos Recursos Cíveis.* São Paulo: Malheiros. 3ª ed.

PONTES DE MIRANDA, Francisco Cavalcanti. *Tratado das ações.* São Paulo: RT, 1973, v. IV.

SILVA, Placido e. *Vocabulário jurídico.* Rio de Janeiro: Forense, 1963. Vol. IV.

THEODORO Jr, Humberto. *Curso de direito processual civil,* São Paulo: Editora GEN Forense. 47ª ed.v. III.

THEODORO Jr, Humberto. NUNES, Dierle. BAHIA, Alexandre Melo Franco. PEDRON, Flavio Quinaud. *Novo CPC – Fundamentos e sistematização.* Rio de Janeiro: Forense, 2015, 2ª ed.

VENOSA, Silvio Salvo de. *Direito civil: teoria geral das obrigações e teoria geral dos contratos.* 15ª ed. São Paulo Atlas, 2015. V. 2.

YARSHELL, Flávio Luiz. Caráter subsidiário da ação anulatória de sentença arbitral. *Revista de Processo,* São Paulo, v. 37, nº 207, 2012.

A impugnação das sentenças parciais e decisões interlocutórias do juízo arbitral perante o poder judiciário – possibilidades e limites

Érika Napoleão do Rêgo

1. Introdução

A crescente insatisfação com o exercício da prestação jurisdicional, que não tem conseguido atender de forma satisfatória à demanda manifestada, tem sido precursora de notáveis esforços para a implementação de soluções para uma tutela efetiva de direitos.

Esse movimento pode ser claramente percebido nas recentes mudanças empreendidas na esfera processual civil; onde se contempla não só mecanismos para o aperfeiçoamento de ferramentas da jurisdição estatal, mas, em paralelo, o estímulo a alternativas de composição de interesses externas a esse aparato, capazes de oferecer uma resposta adequada e satisfatória a essas relações conflituosas.

Com efeito, os contornos da sociedade contemporânea atual trazem a necessidade de revisitação de algumas concepções tradicionais, dentre as quais se destaca a noção de atividade jurisdicional[1]. A garantia fundamental de inafastabilidade do acesso à justiça[2], prevista no artigo 5º, inciso XXXV da CF, passa a contemplar, para a consecução de seu escopo, outras vias que não a jurisdição estatal[3], notadamente insuficiente por si só para contemplar todas as pretensões veiculadas a contento.

---

1 Para Greco, a jurisdição é um conceito em evolução, configurando fenômeno universal a constatação de que o judiciário estatal não é capaz de dar respostas satisfatórias em razão da expansão das aspirações de justiça da sociedade contemporânea. Assevera que, ainda que não se possa desligar totalmente o conceito de jurisdição de uma função típica e preponderantemente estatal, tal circunstância não significa que ela deva ser exercida necessariamente por juízes. In: GRECO, Leonardo. *Instituições de Processo Civil*, vol. I, 5a edição, Rio de Janeiro: Forense, 2015. p. 69.

2 Sobre o tema: PINHO, Humberto Dalla Bernadina de. STANCATI, Maria Martins Silva. A ressignificação do princípio do acesso à justiça à luz do art. 3º do Código de Processo Civil de 2015. *Revista de Processo*, v. 41, nº 254, abr./2016.

3 Essa nova visão parece ter sido contemplada na redação do Art. 3º do CPC/2015, que fala em "apreciação jurisdicional", colocando de forma mais genérica tal atividade, indo ao encontro da

Observa-se, ainda, que o acesso à justiça[4] não se restringe à mera possibilidade de veicular determinada pretensão perante o Judiciário, mas engloba a apresentação de uma resposta justa e eficiente. E, de fato, os métodos extrajudiciais de resolução de conflitos, dentre os quais se destaca a arbitragem, apresentam-se como instrumento de potencial adequação e eficácia nesse sentido, passando a ser bastante incentivados.

A arbitragem corresponde a mecanismo guiado pela autonomia da vontade e que atua lado a lado à jurisdiçao estatal para a justa composição de interesses e pacificação social. Trata-se de verdadeira técnica heterocompositiva[5] de caráter privado. Corresponde, dessa forma, a mais um instrumento para a solução mais célere e adequada de disputas.

Nesse sentido, a atividade arbitral não escapa à submissão a alguns limites, especialmente no que se refere às garantias fundamentais do indivíduo; impondo a sujeição deste mecanismo privado de jurisdição a certa forma de controle, sob pena de torná-lo absolutamente inadequado e desprovido de legitimidade, abrindo espaço para toda sorte de autoritarismos e desvios.

Caberá, portanto, ao Judiciário, exercer esse controle posterior e neutralizar eventuais vícios que estejam contaminando o procedimento arbitral.

É importante notar que esse tipo de controle apresenta-se inerente (e absolutamente necessário) a qualquer exercício de poder e, antes de constituir providência de abalo ou ameaça à instituição arbitral, representa, perante os destinatários de suas atividades, segurança e garantia de sua idoneidade, eficácia e legitimidade como instrumento alternativo de exercício jurisdicional.

Nesse sentido, exercido de forma regular e consentânea à regulamentação pertinente e "espírito" da arbitragem, este controle constituirá reforço a tal método de composição de interesses.

---

percepção da jurisdição como atividade não exclusiva estatal. Em defesa da natureza jurisdicional da arbitragem: CARMONA, Carlos Alberto. Arbitragem e processo: Um comentário à Lei 9.307/96. 3ª Ed. São Paulo: Atlas, 2009; CINTRA, Antonio Carlos de Araújo; GRINOVER, Ada Pellegrini; DINAMARCO, Cândido Rangel. Teoria Geral do Processo. 31 ed. São Paulo: Malheiros, 2015, p. 176-177. Em sentido diverso, defendendo a natureza parajurisdicional ou de equivalente jurisdicional: WLADECK, Felipe Scripes. Impugnação da sentença arbitral. Salvador: Juspodivm, 2014, p. 138-144. Em defesa à ausência de caráter jurisdicional: MARINONI, Luiz Guilherme; ARENHART, Sérgio Cruz; MITIDIERO, Daniel. Novo código de processo civil comentado. São Paulo: Editora Revista dos Tribunais, 2015, p. 96-97.

---

4 Leonardo Greco adverte que a Justiça deve ser entendida como serviço público essencial, sendo que o acesso à Justiça dependerá em grande parte da estruturação e fortalecimento de várias modalidades de tutela jurisdicional diferenciada. Adverte que quando o acesso à Justiça se deparar com os mais variados obstáculos, poderão (deverão) "os litigantes procurarem outras vias para equacionar as suas divergências, e o direito processual deve estimular essa prática". GRECO, Leonardo. *Instituições de processo civil*, vol. I, 5ªed., Rio de Janeiro: Forense, 2015, p. 20.

5 PINHO, Humberto Dalla Bernardina de. Direito processual civil contemporâneo: teoria geral do processo, v.1, 4ª ed. São Paulo: Saraiva, 2012, p. 44: "O juízo arbitral é uma modalidade de heterocomposição (julgamento do litígio por terceiro escolhido consensualmente pelas partes) também voltada à fixação de existência ou inexistência de um direito."

Diante de tal cenário, propõe-se o presente trabalho a analisar, a partir do tradicional instrumento de controle externo das sentenças arbitrais – qual seja, a ação anulatória –, a possibilidade de contestação judicial de decisões proferidas no curso do processo arbitral, qualificadas como decisões interlocutórias e sentenças parciais.

A discussão a respeito do tema, apesar de não ser novidade em âmbito doutrinário e jurisprudencial, adquire diferentes contornos a partir das mudanças empreendidas pelo CPC/2015, especialmente no que tange à previsão expressa da possibilidade de sentenças parciais (art. 356, CPC/15), e, por conseguinte, de sentenças parciais arbitrais (art. 23, §1º, LA).

Passa-se, portanto, a partir de algumas premissas relevantes, a analisar a relação estabelecida entre juízo arbitral e estatal quanto ao particular, buscando delimitar alguns contornos e limites neste âmbito.

Por certo, antes de se negar a necessidade de exercício desse controle estatal, ou mesmo tentar restringi-lo ou ampliá-lo de forma desarrazoada, propõe-se tratar de alguns pontos importantes para o entendimento e delimitação dessa interface entre ambos. Na sequência, será possível avaliar as possibilidades e meios de impugnação às decisões interlocutórias e sentenças parciais arbitrais.

Pretende-se, com isso, promover esforços no sentido de buscar alguns parâmetros e estimular reflexões acerca do assunto, de modo a permitir um exercício mais seguro da atividade arbitral e suas possibilidades de controle. E, concomitantemente, assegurar seu fortalecimento como legítimo meio alternativo de solução de controvérsias através da preservação das garantias fundamentais do jurisdicionado.

2. Características gerais da arbitragem

O procedimento arbitral, regulado pela Lei nº. 9.301/1996 (LA), tem encontrado no país espaço seguro e propício ao seu desenvolvimento e crescente importância como método de solução de controvérsias[6]; o que vem sendo reforçado pela atuação jurisprudencial.

É ele resultado do livre exercício da manifestação de vontade[7], tanto no que se refere à escolha do método de solução de controvérsias – o que implica, por conseguinte, na incidência das características e peculiaridades inerentes a tal procedimento –, como no sentido de possibilitar a construção do próprio procedimento a ser seguido neste âmbito, de caráter mais simplificado e flexível (art. 2º, §1 da LA) – mas, como já advertido, submetido a certos limites.

---

6 Os números apontam que houve um crescimento de 73% no uso desse meio para a resolução de conflitos, apenas entre 2010 e 2016. (CONSULTOR JURÍDICO. Soluções em arbitragem crescem 73% em seis anos, mostra pesquisa, disponível em <http://www.conjur.com.br/2016-jul-15/solucoes-arbitragem-crescem-73-seis-anos-mostra-pesquisa>. Acesso em 26/07/2017).

7 "Art. 42 CPC. As causas cíveis serão processadas e decididas pelo juiz nos limites de sua competência, ressalvado às partes o direito de instituir juízo arbitral, na forma da lei."

Há, portanto, em sua gênese, uma dimensão eminentemente consensual e dispositiva, na qual as regras da boa-fé[8] e princípio da confiança assumem papel de destaque.

Pressupõe, como nos negócios jurídicos em geral, o livre exercicio de autonomia de vontade como condição à sua legitimidade, bem como a capacidade das partes envolvidas ao fazê-lo. Ademais, tem seu objeto limitado a direitos de cunho patrimoniais disponíveis (art. 1º da Lei nº 9.307/1996).

A ampla liberdade de escolha neste âmbito vai desde a possibilidade de indicar aquele que irá julgar a questão (podem ser um ou mais árbitros, conforme art. 13, §1ª da LA), o que permite a escolha de árbitros tecnicamente mais preparados para resolver as questões objeto de análise; até o local onde se desenvolverá o procedimeto arbitral; lei aplicável; prazo para apresentação da sentença arbitral; estipulação de julgamento de direito ou por equidade (art. 2º, LA), entre outros (art. 11, LA).

Tem, portanto, como características marcantes (e um de seus principais atrativos) a simplificação e flexibilidade de seu procedimento, permitindo uma maior adaptação deste à intenção das partes e necessidades do caso concreto; culminando em um procedimento mais célere e adequado de resolução de conflitos, especialmente para casos que tratam de questões de caráter eminentemente técnico.

Outro ponto que representa notável atrativo em tais casos é o caráter sigiloso[9] de tal procedimento, desejável e até mesmo recomendado em diversos casos.

Dessa forma, a partir do momento em que feita essa escolha válida, estará a parte vinculada aos seus estritos termos, tanto no que diz respeito à legislação que dispõe sobre o assunto e eventuais aspectos procedimentais estabelecidos, como no que tange ao objeto delimitado; ocorrendo o mesmo com relação ao árbitro a partir do momento em que aceita sua nomeação (art. 19, LA).

Com efeito, subtraem as partes do juízo estatal a apreciação de determinada questão – que passa a não mais possuir jurisdição sobre ela –, para conferir essa competência ao juízo arbitral.

Nos termos do art. 337, inciso X do CPC, a partir do momento em que resolvem as partes se valer, de comum acordo, da arbitragem, esta constituirá pressuposto negativo do processo judicial, devendo sua existência ser alegada em sede de preliminar

8 "A força normativa da boa fé no processo civil sob seu aspecto objetivo pode ser sentida a partir de no mínimo quatro grupos de casos: i) a proibição de criar ilícita e dolosamente posições processuais (vedação ao tu quoque); ii) a proibição de comportamento contraditório (Nemo potest venire contra factum proprium); iii) a proibição de abusos dos poderes processuais (por exemplo, vedação ao exercício desequilibrado do direito); e iv) a supressio (perda de poderes processuais em razão da ausência de seu exercício por tempo suficiente para incutir nos demais participantes a confiança legítima no seu não exercício). São todas proibições oriundas do dever geral de boa-fé processual (art. 5º do CPC/2015)". In: MITIDIERO, Daniel. *Colaboração no processo civil: pressupostos sociais, lógicos e éticos*. 3ª ed. São Paulo: Editora Revista dos Tribunais, 2015, p. 93.

9 Tal sigilo poderá ser mantido em caso de necessidade de se recorrer ao Judiciário para discutir questão pertinente ao procedimento arbitral, como bem estabelece o art. 189, IV do CPC/15.

de eventual ação judicial que disponha sobre questão abarcada por compromisso arbitral. A ausência de tal alegação, como previsto em seu §6º, há de ser interpretada como renúncia ao juízo arbitral, já que ambas as partes manifestam de alguma forma a não subsistência do interesse em submeter a este juízo privado a solução do conflito[10].

Configura espécie de atividade jurisdicional privada independente da jurisdição estatal, não estando sujeita a qualquer recurso ou homologação[11] pelo Poder Judiciário, como dispõe o art. 18 da Lei nº. 9.307/1996 (LA).

Contudo, o mecanismo arbitral não apresenta o poder de *imperium* de que dotada a jurisdição estatal, através do qual se permite conferir autoexecutoriedade e coercibilidade às suas próprias decisões; em que pese possuir a sentença arbitral a qualidade de título executivo judicial[12]. Dessa forma, a execução de suas decisões, caso não cumpridas voluntariamente, demandará atuação estatal.

O art. 3º da Lei de Arbitragem estabelece a forma pela qual deverão as partes submeter validamente seu conflito de interesses à arbitragem, mediante a celebração de convenção arbitral – divide-se esta em cláusula compromissória (art. 4º, LA) e compromisso arbitral (art. 9º, LA).

Cumpre ainda observar que o marco inicial da arbitragem é o aceite da nomeação pelo árbitro, momento a partir do qual é esta considerada constituída (art. 19, LA), e, portanto, estabelecida a jurisdição arbitral; culminando, após seu devido trâmite, na sentença arbitral (art. 29, LA).

A partir do momento em que optam as partes por este método de resolução de conflitos, não mais poderá qualquer uma delas pretender reverter decisão daí resultante por mera insatisfação com seu conteúdo. Por isso se diz que não caberá revisão do mérito arbitral.

A sentença arbitral encerra a arbitragem, não estando, em regra, sujeita a recurso (art. 29, LA). No entanto, a depender do que restar acordado procedimentalmente pelas partes, haverá, em alguns casos, a possibilidade de veiculação de pedido de esclarecimento no âmbito do processo arbitral para a correção de erro material ou eventual contradição, omissão, obscuridade ou dúvida, em espécie de embargos declaratórios arbitrais (art 30, LA).

---

10 Sobre o tema: ROSSETTO, Guilherme; GARCIA, Gustavo Filipe. Controle judicial da arbitragem: competência para julgar ação anulatória de sentença arbitral. *Revista de Processo*, nº 265, março/2017, p. 445.

11 "Eliminada a necessidade de homologação e portanto sendo a sentença arbitral eficaz por si propria, ela é, tanto quanto a do juiz, um ato de pacificação social e, portanto, jurisdicional – não havendo razão para ficar a meio caminho com a ideia de parajurisdicionalidade. (...) Essa expressiva aproximação entre o processo arbitral e o estatal é suficiente para abrigá-lo sob o manto superior do direito processual constitucional, o que importa encarar seus institutos à luz dos superiores princípios e garantias endereçados pela Constituição aos institutos processuias."(DINAMARCO, Cândido Rangel. Possibilidade de emendas e alterações a pedidos e o princípio da estabilização no procedimento arbitral. Revista de Arbitragem e Mediação. Vol. 35, out.-dez./2012, p. 235).

12 A eficácia análoga da decisão arbitral àquela proferida no âmbito da jurisdição estatal fica clara através de sua caracterização como título executivo judicial, conforme disposto no art. 515, VII CPC e art. 31 da Lei de Arbitragem.

Na sequência, a sentença arbitral adquire estabilidade equivalente àquela produzida pela sentença judicial transitada em julgado, ficando sujeita, pelo menos a princípio, apenas à propositura de eventual ação anulatória.

3. Relação entre juízo arbitral e Judiciário: interdependência, controle e colaboração

Antes de prosseguir para a efetiva análise acerca das possibilidades e dos meios de impugnação das decisões interlocutórias e sentenças parciais arbitrais no âmbito judicial, devem ser pontuados alguns aspectos que dizem respeito à relação estabelecida entre juízo arbitral e estatal.

De fato, a consciência da inescusável existência de tal relação demanda a devida compreensão e definição dos papéis desempenhados por cada um, de modo a permitir um comportamento cooperativo, e, ao mesmo tempo, evitar abusos.

Com efeito, a ausência da completude dos poderes inerentes à jurisdição estatal no âmbito da arbitragem estabelece desde logo a necessidade de relação colaborativa de interdependência com o Poder Judiciário; onde será exercido verdadeiro reforço ao juízo arbitral nos casos em que necessária a implementação forçada de suas decisões ou alguma outra providência de caráter coercitivo. Contudo, a autonomia da arbitragem em relação às cortes estatais, pelo menos no que tange à resolução da questão de mérito posta, é mantida.

Destaca-se, nesse contexto, o caráter de efetiva parceria e complementaridade entre jurisdição arbitral e estatal, na medida em que deverá o Judiciário prestar assistência à arbitragem; tanto para assegurar a instauração do próprio procedimento arbitral quando há resistência nesse sentido, quanto para delimitação de parâmetros procedimentais do processo arbitral; bem como para a promoção de controle sobre a legalidade do procedimento arbitral (voltado à garantia da higidez de tal procedimento).

Enquanto não instaurada a arbitragem, também eventuais providências outras surgidas, relacionadas ao litígio, tais como eventuais medidas urgentes (art. 22-A, LA), podem ser objeto de atuação judicial, possibilidade encerrada, em regra, a partir do momento em que instaurada a arbitragem e nela é canalizado o exercício jurisdicional sobre determinado objeto.

Concebe-se, inclusive, em alguns casos, medidas de preservação da prova, tais como a ação de produção antecipada de provas (art. 381 e ss CPC/2015), ou eventual necessidade de acesso ao Judiciário para a realização de diligências processuais, como a condução coercitiva de testemunhas[13].

---

13 WAMBIER, Teresa Arruda Alvim. *Breves comentários ao Novo Código de processo civil.* São Paulo: Editora Revista dos Tribunais, 2015. p. 1.327: "Confere jurisdição a órgão não estatal, não integrante do Poder Judiciário, pois não elencado no art. 92, CF. Conquanto exercente de poder jurisdicional, o árbitro fica privado de alguns poderes instrumentais ou coercitivos (exemplo: condução coercitiva de testemunhas, determinação de bloqueio de bens) (cf. Art. 21, § 4º, Lei 9.307). Nesses casos, o árbitro – e não a parte – deve dirigir-se ao juiz togado para que tais medidas sejam concedidas."

A Lei de Arbitragem institui regime de cooperação análogo ao que ocorre na comunicação e cooperação entre órgãos jurisdicionais estatais de competência territorial diversas, especialmente em termos de suporte à concretização de medidas; como se depreende da carta arbitral, prevista no art. 237, IV do CPC/15, mecanismo de comunicação onde se admite apenas excepcional reconhecimento judicial de eventuais vícios provenientes da arbitragem, com a possibilidade de negativa do apoio buscado – juízo superficial e sumário da regularidade da atividade do arbitro[14].

Com efeito, tratam-se de órgãos de funções complementares e ao mesmo tempo equivalentes, em que se atinge o mesmo propósito, mas por caminhos distintos.

Nota-se, a despeito de inúmeras diferenças com relação aos sistemas em questão e seus respectivos procedimentos, que a Constituição promove uma verdadeira intercomunicação entre eles, de forma a situá-los harmonicamente regidos por certas disposições de caráter geral[15], que deverão ser obedecidas.

Dessa forma, a arbitragem também está sujeita a limites no exercício de suas atividades – assim como ocorre com a jurisdição estatal[16] –, que estarão diretamente relacionados à proteção das garantias fundamentais de seus destinatários, com as devidas adaptações às peculiaridades deste método específico; bem como ao respeito à autonomia de vontade manifestada através da escolha do procedimento que se convencionou adotar; e disposições específicas do ordenamento jurídico quanto ao tema.

Busca-se, com isso, assegurar o respeito às decisões arbitrais e manutenção de seu crescente prestígio, sem que isso implique na subtração de garantias fundamentais do indivíduo, que configurarão o norte dos limites da atuação judicial neste âmbito.

Com efeito, a sistematização desse controle não só protege a jurisdição arbitral de interferências indevidas por parte do Judiciário, como também possibilita certa segurança àqueles que pretendem escolher esse meio alternativo de solução de conflitos; pois saberão prever e considerar as possibilidades passíveis de ocorrência.

O maior receio que se nota na doutrina e jurisprudência quanto ao tema é que a arbitragem se torne etapa sucedida por ampla e recorrente intervenção estatal; o que,

---

14 Fichtner oferece alguns parâmetros, ao afirmar a admissão dessa recusa diante da nulidade do compromisso arbitral, de decisão tomada por quem não poderia ser árbitro ou proferida fora dos limites da convenção de arbitragem, e decisão proferida por prevaricação, concussão ou corrupção passiva. (FICHTNER, José Antonio; MONTEIRO, André Luís. Temas de Arbitragem: Primeira Série. Rio de Janeiro: Renovar, 2010, p. 144-146).

15 O CPC não é fonte subsidiária da Lei nº 9307/96 (LA), contudo, algumas regras fundamentais de caráter geral, desde que compatíveis com o procedimento específico arbitral, devem ser consideradas neste âmbito.

16 Parte-se da premissa, a despeito da existência ainda de alguma discussão quanto ao assunto, de que a arbitragem possui caráter jurisdicional, como se depreende dos termos do art. 31 da LA, ao estabelecer que a sentença arbitral produz os mesmos efeitos da sentença judicial, constituindo inclusive título executivo. Com efeito, mesmo que se diga que a arbitragem, como equivalente jurisdicional, não possui verdadeiro caráter jurisdicional, como defende Alexandre Câmara (O novo processo civil brasileiro, 2ª ed. São Paulo: Atlas, 2016, p. 32), essa equivalência já permite desenvolver paralelo para a resolução de alguns impasses.

decerto, esvaziaria a utilidade do procedimento arbitral e o impedidiria de cumprir seus fins.

Dessa forma, o presente trabalho parte de uma visão – que se entende deve ser a prevalecente – de cooperação e equilíbrio entre o juízo arbitral e estatal, levando-se em consideração que a relação harmônica entre eles se apresenta não só necessária como proveitosa, contribuindo inclusive para o reforço e implementação das atividades a cargo de cada uma dessas instituições.

Nesse âmbito, admite-se, como regra, o controle judicial de eventuais abusos ou desvios em casos estritos devidamente autorizados pela disciplina legal pertinente, sem qualquer interferência no mérito da sentença arbitral. Ou seja, tal movimento se volta tão somente a assegurar que a arbitragem funcione conforme as disposições a ela aplicáveis.

Paralelamente, admite-se a ocorrência de situações excepcionais que poderão ir além dos dispositivos legais isoladamente considerados, impondo uma interpretação sistemática que permita a manutenção das garantias fundamentais dos destinatários da prestação jurisdicional, seja em sede estatal ou arbitral; o que só reforça a arbitragem como legítimo instrumento de tutela jurisdicional.

3.1. Princípio da competência-competência e a objeção à jurisdição estatal

O princípio da competência-competência (*kompetenz-kompetenz)* traça os parâmetros da atuação arbitral, bem como sua relação com o juízo estatal. Em linhas gerais, determina este que, uma vez instaurada a arbitragem, é imediatamente "transferida" a jurisdição para o juízo arbitral, de forma que qualquer decisão relacionada ao litígio será de competência do árbitro, inclusive aquelas relacionadas à sua própria competência.

Dessa forma, como disposto no art. 8ª, parágrafo único, da Lei de Arbitragem, caberá ao juízo arbitral, de forma prioritária e predominante (pelo menos incialmente), a análise da existência, validade ou eficácia da convenção de arbitragem. Tal decisão, contudo, não será dotada de definitividade, na medida em que poderá ser revista posteriomente pelo Judiciário no que se refere a seus aspectos legais (art. 20, §2º, LA).

Decorre ainda de tal princípio a possibilidade de revisão pelo árbitro de medida de urgência deferida pelo Judiciário antes da instituição do procedimento arbitral, sob a justificativa da competência exclusiva do juízo arbitral para a apreciação de tais medidas, como prevê o art. 22-B da LA.

Assim, em regra, poderá o Judiciário avaliar tais questões pertinentes à jurisdição arbitral apenas depois de seu encerramento e até que esta seja instaurada, momento em que, exista ou não decisão a respeito desta, deverá a jurisdição estatal ser encerrada (art. 485, VII CPC/15)[17].

17 No julgamento do REsp 1278852/MG (Rel Min. Luis Felipe Salomão, j. em 21.05.2013), percebe-se bem a ideia preconizada pelo princípio em questão.

Nesse sentido, discussões acerca da validade da convenção deverão se restringir ao foro arbitral enquanto este perdurar. Com isso, evitam-se indesejados atrasos ou impedimentos a este diante da alegação de tais vícios perante o juízo estatal, bem como consolida-se a jurisdição exercida no âmbito da arbitragem. Se assim não fosse, as partes poderiam vir a permanecer em juízo durante longo período, em evidente manobra antiarbitral, abrindo espaço para condutas de caráter protelatório e prejudiciais ao instituto.

A importância de tal método de solução de controvérsias, entretanto, não poderá justificar a manutenção no tempo de decisões manifestamente ilegais, sob pena de enfraquecimento do instituto. Assim, consideram-se alguns temperamentos a tal princípio em determinados casos[18], sob pena de permitir a ocorrências de situações de verdadeira perplexidade[19].

Dessa forma, em casos em que se tenha um vício manifesto[20], passível de aferição *prima facie*, ou situações de cunho teratológico, se admitiria a manutenção da jurisdição estatal para a análise de tais questões desde logo[21]; evitando-se um longo, custoso e inútil processo arbitral, para então se decidir da mesma forma e ter que regredir ao ponto em que instaurado o vício. Trata-se de providência de verdadeira economia processual, que se volta também a obstar a incidência de prejuízos à parte (inclusive relacionados aos custos do procedimento arbitral), por vezes irreversíveis[22].

---

18 "consideramos que o princípio Kompetenz-Kompetenz no Brasil deve ser mitigado, à luz de todo o sistema jurídico, e interpretado em harmonia com os princípios com os quais ele deverá conviver. Pode-se afirmar, por conseguinte, que o fato de o tribunal arbitral ter jurisdição para se pronunciar sobre a validade, eficácia e aplicabilidade da convenção de arbitragem, por força dos art. 8º, par. ún., e 20 da Lei de Arbitragem, não exclui a competência do Poder Judiciário para decidir sobre esses temas, porque afetam a própria competência do árbitro. Até, porque, caberá ao juízo estatal a última palavra a respeito de controvérsias relativas à validade ou aplicabilidade da convenção de arbitragem, já que a parte lesada poderá, também, propor a ação judicial de nulidade de sentença arbitral, prevista no art. 33 da Lei de Arbitragem" (BASÍLIO. Ana Tereza Palhares; MUNIZ, Joaquim de Paiva. Pedido de suspensão de procedimento arbitral. Extinção do processo sem julgamento do mérito. Interposição de agravo de instrumento e de recurso de apelação. Respeito à Lei de Arbitragem. Atividade jurisdicional do Tribunal Arbitral. Revista de arbitragem e mediação, nº 2, 2004, p. 272-275).

19 Situações anômalas não podem ser ignoradas, devendo se buscar a melhor maneira possível de superá-las, assegurando-se às partes o meio adequado de resolverem suas contendas In: WALD, Arnoldo. *A patologia da arbitragem*. Revista de Arbitragem e Mediação, nº. 27, out.-dez./2010, p. 45.

20 Rafael Alves admite, em momento anterior à instituição da arbitragem, que juízes possam realizar um controle da convenção, sempre que os vícios arguidos possam ser aferidos *prima facie*, em atividade de cognição sumária. In: ALVES, Rafael Francisco. *A inadmissibilidade das medidas antiarbitragem no direito brasileiro*, São Paulo: Atlas, 2009, pp. 190-193.

21 TJSP. Processo nº 0304979-49.2011.8.26.000, Agravo de Instrumento. 6ª Câmara de Direito Privado do Tribunal de Justiça, Rel. Paulo Alcides, j. em 18.04.2012.

22 A incidência de circunstâncias excepcionais, a justificar a flexibilização do principio, parece ter sido considerada inclusive no âmbito da arbitragem internacional, como se percebe no art. II (3) da Convenção de Nova Iorque, que determina que, em face de convenção arbitral, o Judiciário deverá encaminhar as partes à arbitragem "a menos que se constate que tal acordo é nulo e sem efeitos, inoperante ou inexequível".

Isso poderá ocorrer nos casos em que houver discussão sobre a validade da convenção arbitral alegada em sede de preliminar de contestação (art. 337, X, CPC/15) ou mesmo em sede de execução específica de cláusula compromissória (art. 7º, LA). Também nas oportunidades em que pleiteada medida de urgência antes do procedimento arbitral. Em resumo, oportuniza-se a análise prévia da regularidade da convenção arbitral nas hipóteses em que se demanda a colaboração do Judiciário acerca de questões anteriores e necessárias à instauração da jurisdição arbitral.

Nesse âmbito, tem também se admitido a instauração de conflito de competência[23] (art. 66, I, CPC/15) como mecanismo adequado para pôr termo, *in initio litis*, de forma célere e segura, à controvérsia existente acerca da competência do árbitro nos casos em que há também reconhecimento pelo juízo estatal de sua própria competência para dirimir a controvérsia. O mesmo raciocínio poderia ser aplicado quando da propositura da mesma ação em juízos arbitrais distintos, constituindo instrumento eficaz para a resolução de tais impasses. Do contrário, se poderia possibilitar a indevida manutenção de situação de litispendência.

3.2. O devido processo arbitral

O devido processo legal[24], como catalizador dos princípios e garantias fundamentais do processo, estabelece as bases do modelo processual brasileiro. Assim, as garantias constitucionais do processo asseguram o mecanismo adequado à solução de controvérsias (via processual apta à efetiva solução do conflito de interesses), bem como o acesso a ele.

É, dessa forma, representativo do processo justo e um dos principais parâmetros de controle da sentença arbitral. Com efeito, consiste em elemento inerente à própria segurança interna e sustentação do sistema processual[25], e, portanto, aplicável a todas as espécies de procedimento, inclusive à arbitragem[26].

---

23 STJ, CC 111.230/DF, Rel Min. Nancy Andrighi, j. em 08.05.2013: "Cabe a este Tribunal resolver eventuais conflitos de competência entre árbitros e juízes, da mesma forma que são resolvidos os conflitos e competência entre as diversas autoridades judiciárias. Equiparação do árbitro ao juiz e da decisão arbitral à sentença judicial. Caso de conflito positivo de competência entre juízo estatal e câmara arbitral".

24 Leonardo Greco se refere, em clássico texto sobre o processo justo, sobre essas regras mínimas necessárias à prestação jurisdicional, chamadas garantias fundamentais do processo, que posicionam o procedimento como meio válido à efetivação do pleno acesso à justiça. In: GRECO, Leonardo. Garantias fundamentais do processo: o processo justo. In: *Estudos de direito processual*. Campos dos Goytacazes: Ed. Faculdade de Direito de Campos, 2005, p. 225-286.

25 WAMBIER, Teresa Arruda Alvim. *Breves comentários ao Novo Código de processo civil* / Teresa Arruda Alvim Wambier. São Paulo: Editora Revista dos Tribunais, 2015, p. 64: "Não por outra razão que também se exige no procedimento arbitral, tal como no processo judicial, a observância dos princípios do contraditório, da igualdade das partes, da imparcialidade dos árbitros e de seu livre convencimento, além da motivação do laudo arbitral, mesmo porque sua decisão produzirá os mesmos efeitos da sentença judicial."

26 "Essa expressiva aproximação entre o processo arbitral e o estatal é suficiente para abrigá-lo sob o manto do direito processual constitucional, o que importa considerar seus institutos à luz dos

A lei de arbitragem, em seu art. 21, estabelece o conteúdo mínimo do devido processo para o rito arbitral, determinando, ainda, obediência aos aspectos procedimentais estabelecidos pelas partes, que passa a dele fazer parte neste âmbito. Esse conteúdo mínimo, composto pelos princípios do contraditório, igualdade das partes, independência e imparcialidade do árbitro e livre convencimento; deverá ser complementado por outros parâmetros que também integrarão o devido processo arbitral, tais como o direito à prova, a motivação das decisões judiciais (art. 26 LA), entre outros.

Em linhas gerais, o procedimento arbitral será regido pelos ditames da boa-fé e lealdade processual; deverá ser composto por árbitros independentes e imparciais[27], sem qualquer interesse objetivo no resultado do processo (parâmetros não exaustivos das hipóteses de impedimento e suspeição dos arts. 144 e 145 CPC/15); possibilitar condições igualitárias de atuação às partes; bem como garantir o exercício da ampla defesa, através da apresentação de todas as provas e alegações admitidas em direito.

Assume também papel de absoluto destaque neste âmbito o princípio do contraditório, que insere nova concepção de processo cooperativo e policêntrico, visão já percebida na arbitragem ante a presença da autonomia de vontade, confiança e boa-fé[28] como elementos fundamentais desse procedimento.

Com efeito, o contraditório apresenta-se como método de investigação da verdade com reflexos em inúmeras outras garantias, configurando direito de atuação[29] e ampla possibilidade de influência na formação da decisão; pressupondo a ciência dos atos processuais, bem como ampla possibilidade de manifestação prévia sobre as diversas questões.

Dessa forma, o controle a ser exercido neste âmbito incluirá o atendimento às regras procedimentais básicas extraídas do devido processo legal, bem como àquelas estabelecidas de comum acordo pelas partes[30]; em verdadeira releitura de tal aparato principiológico à luz dos valores que regem o sistema arbitral.

---

superiores princípios e garantias endereçados pela Constituição da República aos institutos processuais." (DINAMARCO, Cândido Rangel. Limites da sentença arbitral e de seu controle jurisdicional. Revista do Advogado, nº. 65, p. 40).

---

27 SEC 9412, Rel Min. Feliz Fischer, por maioria, j. em 19/04/2017.

28 "a consensualidade deve ser acompanhada de um comportamento ético, leal, colaborador e solidário, para que nenhuma das partes se aproveite de artifícios formais para fazer preponderar seus interesses no curso do procedimento arbitral". CARNEIRO, Paulo Cezar Pinheiro; SCHENK, Leonardo Faria. O justo processo arbitral e o dever de revelação (disclosure) dos peritos. In: *Revista Eletrônica de Direito Processual.* Volume XII, 2013, p. 585.

29 "Viver o processo, na atualidade, significa mais do que ter sido simplesmente chamado a conhecer o que nele se passa, podendo a partir de então se manifestar. Viver o processo, segundo Dinamarco, significa a real possibilidade de participar e de interferir nos rumos da decisão, com isso conferindo legitimidade à tutela jurisdicional." (SCHENK, Leonardo Faria. Contraditório e cognição sumária. *Revista Eletrônica de Direito Processual* – REDP. Volume XIII, 2014, p. 556).

30 Como anota o próprio Dinamarco em outra passagem de sua obra, o equilíbrio do sistema arbitral inclui a "necessidade de não permitir que os desideratos de simplicidade e adaptabilidade

Cumpre fazer importante ressalva no âmbito de procedimento que tem como uma de suas marcantes características a flexibilidade, no sentido de que a obediência a determinadas regras ou parâmetros procedimentais minimamente delineados contribuem para a eficiência processual e resguardo das garantias fundamentais.

Ademais, a ausência de previsão de recurso da decisão final no procedimento arbitral[31], bem como a indesejada interferência judicial impõem considerável cautela e responsabilidade por parte do árbitro, que deverá reduzir ao máximo as possibilidades de erro[32]. Vale dizer, o árbitro deve atentar para todos possíveis desvios que possam macular sua atividade – inclusive aqueles que vão de encontro ao procedimento estabelecido pelas partes dentro de seu espaço possível de atuação –, devendo zelar pela regularidade de todo o processo arbitral, cabendo a ele tomar todas as providências necessárias à observância do devido processo legal e seus consectários.

Com efeito, é a partir desses preceitos superiores, juntamente à disciplina específica do processo arbitral, que se extrai os vícios capazes de ensejar a invalidade da decisão arbitral

4. Considerações gerais sobre a impugnação judicial das decisões arbitrais e respectivos mecanismos de reforma

Como já observado, a relação entre juízo arbitral e estatal é delimitada por normas específicas, cuja visão deverá ser permeada pela leitura do sistema jurídico como um todo e respeito às características fundamentais da arbitragem e ao devido processo legal. Em todos os casos, uma premissa limitadora base se impõe, no sentido da impossibilidade da revisão do mérito arbitral.

Assim como ocorre com o Judiciário, a atividade arbitral está submetida a certos limites, devendo, portanto, ser objeto de controle, de modo assegurar o cumprimento efetivo das respectivas garantias e disposições a ela aplicáveis. De acordo com o

cheguem ao ponto de transgredir os parâmetros livremente estabelecidos pelas partes com observância de normas da instituição arbitral escolhida e da lei aplicável, bem como das garantias, princípios e normas estabelecidos na Constituição." (DINAMARCO, Cândido Rangel. *A arbitragem na teoria geral do processo.* Malheiros: São Paulo, 2013, p. 146).

31 "O primeiro de todos os princípios que regem a arbitragem é o princípio da confiança. A opção pela arbitragem em detrimento da justiça estatal, estabelecida de forma cogente, decorre necessariamente da confiança que as partes têm nos árbitros, nos seus auxiliares e na própria justiça arbitral, por elas mesmas escolhida e constituída. A confiança é de tal ordem na arbitragem que as partes renunciam a uma série de oportunidades que a justiça comum lhes concede, a exemplo dos recursos diversos e das ações próprias para desconstituir a coisa julgada, estas com um grande elenco de fundamentos, para sujeitarem-se, em regra, a uma única decisão sem a possibilidade de apelo."(CARNEIRO, Paulo Cezar Pinheiro; SCHENK, Leonardo Faria. O justo processo arbitral e o dever de revelação (disclosure) dos peritos. Revista Eletrônica de Direito Processual. Volume XII, p. 582).

32 Veja-se: CARNEIRO, Paulo Cezar Pinheiro; SCHENK, Leonardo Faria. O justo processo arbitral e o dever de revelação (disclosure) dos peritos. In: *Revista Eletrônica de Direito Processual.* Volume XII, 2013, p. 586.

art. 33 da Lei de Arbitragem, deverá este ser exercido, em regra, por meio da ação anulatória[33].

Convém, nesse ponto, delimitar algumas regras básicas no que diz respeito ao controle de comportamentos desviantes no âmbito das decisões arbitrais; cuja ideia base prega o máximo aproveitamento dos atos praticados pela jurisdição arbitral e incentivo à superação, quando possível, dos vícios processuais detectados[34]. Aplica-se à disciplina das nulidades no processo arbitral, à falta de disposições específicas, o regime da disciplina processual comum[35].

Nesse sentido, essa avaliação passa pela possibilidade de saneamento do vício e convalidação do ato. Quanto ao particular, observa-se ainda que qualquer nulidade, seja de que espécie for, deverá ser decretada, permanecendo o ato produzindo efeitos até que seja declarada sua invalidade.

Ademais, de acordo com o princípio da instrumentalidade das formas[36], aplicável neste âmbito, não haverá nulidade sem prejuízo. Ou seja, não comprovado gravame à parte atingida pelo ato viciado, a higidez deste deverá ser mantida, em aplicação analógica dos arts. 277 e 282, §1º do CPC/15[37]. Ou seja, eventual invalidade não será decretada caso o resultado do processo seja favorável à parte.

Também de acordo com essa máxima, eventual pretensão anulatória deve se restringir à parte viciada, não podendo abarcar partes do ato defeituoso que não tenham sido contaminadas (arts. 281 e 282, CPC/15).

Com efeito, em nome da economia e da eficiência da atividade jurisdicional, prevalece o entendimento de que, sempre que possível, independente da gravidade do vício detectado, devem ser buscadas soluções que permitam o maior aproveitamento possível dos atos processuais[38].

---

33 "A ação anulatória implantada em nosso sistema não se presta, bem se vê, a rever a justiça da decisão ou o fundo da controvérsia, mas apenas a desconstituir os efeitos da decisão arbitral por inobservância ou infração de matérias de ordem pública que o sistema legal impõe como indispensáveis à manutenção da ordem jurídica." In: CARMONA, Carlos Alberto. Arbitragem *e processo: Um comentário à Lei 9.307/96*. 3ª Ed. São Paulo: Atlas, 2009, p. 412.

34 Há, contudo, alguns vícios tidos como insanáveis, geralmente colocados no plano da existência, dos quais se tem como maior exemplar aqueles relacionados à ausência de citação.

35 Cf. DINAMARCO, Cândido Rangel. Limites da sentença arbitral e de seu controle jurisdicional. In: *Nova era do processo civil*. São Paulo: Malheiros, 2004. p. 149.

36 A teorização dos defeitos e suas consequências visa não só "assegurar a observância das formas, mas o cumprimento das finalidades de cada ato e do processo como um todo."(GRECO, Leonardo. Instituições de processo civil, volume I. 5ª ed. Rio de Janeiro: Forense, 2015, p. 373).

37 Nesse sentido: ALVES, Rafael Francisco. O devido processo legal na arbitragem. In: JOBIM. Eduardo; MACHADO, Rafael Bicca (Org.). *Arbitragem no Brasil* – Aspectos Jurídicos Relevantes. São Paulo: Quartier Latin, 2008. p. 393; WLADECK, Felipe Scripes. Impugnação da sentença arbitral – Salvador: Editora Juspodivm, 2014. p. 188.

38 "somente se pode falar em ato processual nulo se, além da atipicidade, verificar-se a frustração quanto ao resultado programado. Atingido o fim a que se destinava o ato, cumprida sua função no sistema processual, a não observância da forma passa a ser irrelevante. A verificação do objetivo

Face aos estritos limites e propósitos desse trabalho, bem como a discutível utilidade prática para tais fins, não será objeto de aprofundamento a qualificação dos vícios[39] que possibilitam o controle judicial e consequente desconstituição da decisão arbitral, mas tão somente a verificação de circunstâncias outras reputadas relevantes neste âmbito.

Outro aspecto importante diz respeito às possíveis consequências da ausência de arguição do vício na primeira oportunidade a que coube fazê-lo a parte interessada, no sentido de caracterizar preclusão lógica capaz de obstar acesso à via judicial em tais casos[40].

Apresenta-se inarredável a constatação de que comportamentos omissivos também produzem efeitos práticos. Nesse sentido, a ideia de que a parte que silencia quanto a determinado aspecto do procedimento arbitral estaria com ele anuindo afigura-se lógica – com a ressalva, por óbvio, do surgimento de circunstâncias ou elementos não caracterizados à época, seja porque não existentes ou desconhecidos da parte a que competia alegá-los –, e por que não dizê-lo, importante e necessária ao regular desenvolvimento do procedimento e efetiva prestação jurisdicional.

Parece contribuir com esse entendimento o teor do art. 20 da Lei de Arbitragem, que dispõe que "questões relativas à competência, suspeição ou impedimento do árbitro", bem como aspectos relacionados à invalidade da convenção de arbitragem, deverão ser arguidos na primeira oportunidade de manifestação da parte, após a instituição da arbitragem. O mesmo raciocínio encontra-se presente no art.337, §6º do CPC/15, quando prevê que a ausência de alegação da existência de convenção de arbitragem será interpretada como renúncia ao juízo arbitral; ou mesmo no âmbito do princípio geral 4 das Diretrizes da IBA relativas a Conflitos de Interesses em Arbitragem Internacional, ao dispor sobre comportamento de renúncia pelas partes.

---

sempre supre completamente a irregularidade." (BEDAQUE, José Roberto dos Santos. *Efetividade do Processo e Técnica Processual*. 3ª ed. São Paulo: Malheiros, 2009, p. 448).

39 *Sobre o tema: DINAMARCO, Cândido Rangel. A Arbitragem na Teoria Geral do Processo. São Paulo: Malheiros, 2013, p. 115; CARMONA, Carlos Alberto. Arbitragem e Processo: Um comentário à Lei 9.307/96. 3º Ed. São Paulo: Atlas, 2009, p. 398/399.* São de fato inúmeras as divergências doutrinárias acerca da categorização dos vícios e mesmo da utilidade em o fazê-lo, como bem acentua Humberto Theodoro Junior: "(...) adotando o princípio da flexibilidade máxima, qualquer que seja a violação de forma dos atos processuais, o juiz, por determinação do art. 277, terá de considerar válido aquele que, realizado de outro modo, lhe alcançar a finalidade. Além disso, nulidades todas como absolutas e cominadas podem ser superadas, como se prevê, v.g., no art. 279, §2º. Razão, portanto, assiste àqueles que atualmente preconizam a perda de relevância da divisão das invalidades processuais em nulidades cominadas e não cominadas, assim como em nulidades absolutas e relativas. O sistema do Código novo se contenta e se justifica com a classificação que se limita a dividir os defeitos do processo em sanáveis ou não sanáveis. No mais, as classificações tradicionais são de escassa utilidade prática." (THEODORO JÚNIOR, Humberto. *Curso de Direito Processual Civil*: Teoria geral do direito processual civil, processo de conhecimento e procedimento comum, vol. I. 57ª ed. rev., atual. e ampl. Rio de Janeiro: Forense, 2016, p. 592)

40 Sobre o tema: YARSHELL, Flavio Kuiz. Caráter subsidiário da ação anulatória de sentença arbitral. *Revista de Processo*, vol. 207, 2012, p. 13.

Feitas tais considerações, destaca-se que o controle judicial sobre vícios do processo arbitral será exercido, como regra, em sede de sentença arbitral, mediante ação anulatória (art. 33, LA), que deverá ser proposta no prazo de 90 dias da ciência da respectiva sentença e seguirá o procedimento comum (§1º); ou, ainda, no âmbito de impugnação ao cumprimento de sentença (§3º art 33 LA e arts. 525 e seguintes CPC/15)[41].

Não se olvida, ainda, da possibilidade de apresentação em sede arbitral dos embargos arbitrais, direcionados à correção de erro material, obscuridade, omissão, dúvida ou contradição, nos termos do art. 30 da Lei de Arbitragem.

A decisão judicial, na maior parte das vezes, não substituirá a arbitral, apenas desconstituindo-a para que outra seja proferida pelo juízo arbitral (art. 33, §2º, da Lei de Arbitragem), salvo nas hipóteses em que constatada a ausência de jurisdição arbitral sobre a questão, como nos casos de vício não superado quanto à própria convenção[42].

Destaca-se, ainda, o não cabimento de ação rescisória, na medida em que a sistemática própria da arbitragem não prevê tal instrumento, mas mecanismo assemelhado (com suas devidas peculiaridades) e dito de certa forma equivalente à ação anulatória.

Apresenta-se notável o caráter de excepcionalidade de que se reveste a interferência do juízo estatal na arbitragem, estabelecido em face da sentença arbitral apenas em hipóteses restritas, relacionadas no art. 32 da Lei de Arbitragem. Mas este seria um rol taxativo ou meramente exemplificativo?

Quanto ao tema, o posicionamento doutrinário não se apresenta unânime, havendo posições no sentido de sua taxatividade[43], e outras no sentido da impossibilidade de se estabelecer todas essas hipóteses previamente[44]. Seja como for, caminhos sobremaneira restritos quanto ao particular certamente comportarão interpretação

---

41 Em relação à impugnação ao cumprimento de sentença, afirma-se que, se apresentada dentro do prazo de 90 dias previsto no art. 33, seria lícito ao executado formular também o pedido de anulação da decisão, fundamentado nos mesmos motivos previstos no art. 32. Caso contrário, decorrido tal prazo, apenas seria possível ao executado impugnar o título com base nas matérias reservadas por lei para atacar títulos judiciais. Nesse sentido: CARMONA, Carlos Alberto. *Arbitragem e Processo: um comentário à Lei 9307/96.* São Paulo: Atlas, 2009, p. 430-431.

42 De acordo com estatísticas provenientes de pesquisa feita pela FGV em convêncio com o CBAr, de cerca de 700 casos de arbitragem, foram anuladas menos de 20 decisões, o que corresponde a 2 ou 3 % dos casos, o que não teria o condão de abalar sua segurança jurídica. (2ª Fase da Pesquisa Arbitragem e Poder Judiciário, Relatório do 1º tema: Invalidade da Sentença Arbitral, Parceria Institucional acadêmico-científica entre a Escola de Direito de São Paulo da Fundação Getúlio Vargas (Direito FGV) e Comitê Brasileiro de Arbitragem (CBAr). Disponível em: www.cbar.org.br/PDF/Pesquisa_GV-CBAr_relatorio_final_1_etapa_2fase_24.06.09.pdf. Acesso em: 15.07.2017).

43 Nesse sentido: WLADECK, Felipe Scripes. Impugnação da sentença arbitral – Salvador: Editora Juspodivm, 2014. p. 130-131.

44 Dinamarco se manifesta quanto ao tema: "não é exaustivo quanto às garantias constitucionais que devem permear o processo arbitral, mas todos os princípios constitucionais se impõem a este, seja por autoridade própria, independentemente de reafirmação do direito infraconstitucional, seja mediante uma interpretação sistemática do próprio art. 21, §2º" (DINAMARCO, Cândido Rangel. A Arbitragem na Teoria Geral do Processo. São Paulo: Malheiros, 2013, p. 243).

extensiva em algumas hipóteses, na medida em que dificilmente se poderá considerar de antemão todas as situações passíveis de ocorrência, especialmente quando se tem disposições sobremaneira abrangentes como a violação ao devido processo legal e questões afetas à autonomia da vontade como causas de invalidade da sentença arbitral (art. 32, VIII, LA)[45].

Tais hipóteses do art. 32 da Lei de Arbitragem correspondem aos casos em que caracterizada mácula à integridade do próprio laudo arbitral – ausência de um dos elementos essenciais previstos no art. 10 da LA, compromissos que tratam de matérias não arbitráveis ou que tenham como parte incapaz -; e dúvida fundada quanto à independência e imparcialidade do julgador ou ofensa ao devido processo arbitral e limites por ele estabelecido – ausência de um dos requisitos obrigatórios da sentença dispostos no art. 26 da LA, sentença proferida fora dos limites da convenção arbitral ou em contrariedade ao procedimento estabelecido pelas partes, bem como violação às garantias fundamentais aplicáveis.

Dessa forma, é preciso que essa alegada taxatividade seja interpretada com algum temperamento; sem perder de vista que os dispositivos que podem ensejar o controle da sentença arbitral são, na realidade, espécies de erros *in procedendo*.

De qualquer forma, essa interpretação não implica em desvalorização da arbitragem, mas, antes disso, um reforço à legitimidade de tal procedimento; que, como o judicial, está sujeito a falhas que não poderão ser toleradas, especialmente aquelas que correspondam a violações grosseiras a direitos fundamentais. Como já observado, tal controle já configura por si medida excepcional, e assim deve permanecer sendo interpretada – tal constatação também nos parece possível ao se realizar um paralelo da ação anulatória com a ação rescisória, ambos instrumentos voltados à desconstituição de sentença de caráter definitivo.

Certa cautela, contudo, há de estar presente, de modo a evitar exageros através da admissão de hipóteses sobremaneira ampliadas e não devidamente justificadas; incentivando-se inclusive condutas de desestímulo a comportamentos de caráter exclusivamente protelatório por meio da aplicação das penas por litigância de má-fé.

Cumpre observar que o presente trabalho não abordará hipóteses em que eventualmente se possa reconhecer a possibilidade pontual de desconstituição do laudo arbitral judicialmente mesmo que fora do prazo para a propositura de ação anulatória[46]; na medida em que a abordagem ora proposta se refere apenas às possibilidades de impugnação judicial de sentenças parciais e decisões arbitrais interlocutórias, o que traz necessariamente a possibilidade de futura apresentação de ação anulatória

---

45 Nesse sentido: ALVES, Rafael Francisco. O devido processo legal na arbitragem. In: JOBIM. Eduardo; MACHADO, Rafael Bicca (Org.). *Arbitragem no Brasil* – Aspectos Jurídicos Relevantes. São Paulo: Quartier Latin, 2008. p. 391; LUCON, Paulo Henrique dos Santos; BARIONI, Rodrigo; MEDEIROS NETO, Elias Marques de. A causa de pedir das ações anulatórias de sentença arbitral. Revista de Arbitragem e Mediação, vol. 46/2015, p. 265-276.

46 Sobre o tema: ARMELIM, Donaldo. A ação declaratória em matéria arbitral. *Revista de arbitragem e Mediação*, vol. 9, 2006, p. 108.

da sentença arbitral final caso se entenda pela impossibilidade da utilização de outros mecanismos previamente.

No que tange à impugnação ao cumprimento da sentença arbitral, deverá ser obedecido o regramento estabelecido nos arts. 525 e seguintes do CPC/15, devendo ser proposta em 15 dias do término do prazo para pagamento voluntário. Como já observado, é possível alegar, assim como na anulatória, as causas de invalidade previstas no art. 32, contanto que dentro do prazo de 90 dias. A partir disso, as alegações deverão obedecer a disciplina pertinente à execução de título judicial, admitindo-se, inclusive, a apresentação de exceção de pré-executividade em alguns casos específicos.

Em tese, a impugnação e controle judicial das decisões proferidas pelo juízo arbitral seria possível apenas depois do encerramento do procedimento arbitral, com a prolação da sentença; independentemente do momento em que tal decisão tenha sido proferida ou que o vício tenha vindo à tona.

Contudo, tal assertiva decerto traz situações capazes de suscitar certo desconforto processual e flagrantes ilegalidades, que, nesse sentido, teriam que se manter até que a sentença arbitral final fosse prolatada; o que implica em custos por vezes desnecessários e produção de atos inúteis.

Diante de tais considerações, há muito se discute acerca da possibilidade de impugnação judicial das decisões proferidas no curso do processo arbitral; o que ganha ainda mais relevância com a expressa previsão de sentenças arbitrais parciais (art. 23, §1º, LA) e a possibilidade de apresentação imediata de ação anulatória face tais decisões (art. 33, §1º, LA).

4.1. Sentenças arbitrais parciais

Com efeito, eventuais discussões anteriores acerca da possibilidade de sentenças arbitrais parciais e sua impugnação encontram-se hoje superadas por expressa previsão legal, de modo que se afigura desnecessário abordá-las.

Mesmo antes do CPC/15, onde tal categoria de sentença é expressamente contemplada, a doutrina e a jurisprudência já vinham admitindo a sentença arbitral parcial[47] e até mesmo a incentivavam; sendo esta medida de manifesta eficiência processual e prática relativamente comum no âmbito da arbitragem.

Carmona[48] aponta como marco inicial da admissão da sentença parcial a alteração da redação do art. 162, §1º do CPC/73 (hoje art. 203, §1º CPC/15) pela Lei 11.232/2005, que subtraiu a previsão anterior que conceituava a sentença como o ato através do qual se colocava fim ao processo. A partir de então, o paradigma anterior da unicidade da sentença teria sido quebrado, passando a ser possível o fatiamento do mérito.

47 Na Apelação 985413-0/1, do TJSP (Rel. Des. Antonio Benedito Ribeiro Pinho, j. 20.06.06), admite-se expressamente a sentença arbitral parcial, afirmando que as matérias objeto de possível ação anulatória devem ser alegadas no prazo decadencial de 90 dias, mesmo nos casos de sentença parcial.

48 V. CARMONA, Carlos Alberto. Ensaio sobre a sentença parcial. Revista de Processo, nº. 165, 2008.

O art. 273, §6º do CPC/73, que permitia a antecipação dos efeitos da tutela em relação à parte incontroversa do pedido, poderia também ser mencionado como precursor de tal inovação.

Dessa forma, passa a se permitir, desde logo, a entrega de parte da prestação jurisdicional quando existentes pedidos independentes entre si e algum deles esteja pronto para julgamento. De fato, não haveria sentido em submeter a parte à espera de todo o desenrolar do procedimento arbitral e seus consequentes ônus, na medida em que parte dos pedidos veiculados já comportariam pronto julgamento.

Isso implica no reconhecimento dos direitos das partes tão logo se afigure possível, mesmo que isso implique cindir a análise do mérito da demanda. Ou seja, por meio da sentença parcial se resolverá, com ânimo de definitividade, parte dos pedidos deduzidos que estejam em condições de julgamento.

O art. 356 do CPC/15, ao permitir o julgamento antecipado parcial, abre, definitivamente, espaço para a possibilidade de prolação de sentenças parciais nos casos de pedido incontroverso ou quando este estiver em condições de julgamento imediato, nos termos do art. 355 do mesmo diploma legal. Em complemento, este último artigo, que dispõe sobre o julgamento antecipado do mérito, estabelece essa possibilidade quando não houver necessidade de dilação probatória, com a produção de outras provas além daquelas já presentes nos autos; bem como em caso de revelia do réu e incidência dos efeitos do art. 344, quando ausente requerimento de prova.

Seria bastante contraproducente, em tais situações, ter que esperar o julgamento de todos os demais pedidos, coadunando tal previsão com a razoável duração do processo (art. 5º, LXXVIII, CF), economia e efetividade da prestação jurisdicional.

Os pronunciamentos do juiz, inclusive a sentença, encontram-se conceituados no art. 203 do CPC/15, onde é esta qualificada como "o pronunciamento por meio do qual o juiz, com fundamento nos arts. 485 e 487, põe fim à fase cognitiva do procedimento comum, bem como extingue a execução", seja com ou sem julgamento do mérito.

Dessa forma, o critério a ser transplantado para a arbitragem (com suas devidas adaptações) para a definição do termo sentença será o de extinção da fase processual cognitiva. Quanto ao particular, há de se destacar que a arbitragem não possui propriamente fase executiva, de modo que se poderá falar em extinção do próprio procedimento arbitral. Ademais, ao se falar em sentença parcial, deve se entender como conclusão da cognição acerca daquela questão específica.

Ou seja, a sentença parcial terá por objeto a resolução definitiva de um ou mais dos pedidos independentes cumulados na demanda arbitral. E, como julgamento de parte da disputa arbitral, mesmo sem decidir integralmente o litígio, deverá atender aos requisitos formais do laudo arbitral. Observa-se, contudo, que a sentença parcial, apesar de amplamente aceita no âmbito dos diversos sistemas arbitrais[49], não apre-

49 Arnoldo Wald menciona a abordagem da disciplina em alguns países: "Na Itália, a legislação era omissa até a promulgação da Legge 25 de 05.01.1994, que admitiu a sentença arbitral parcial e tratou do modo pelo qual dela as partes poderiam recorrer. Já, anteriormente, a Corte de Cassação

senta consenso quanto ao seu conceito, abarcando também, em alguns casos, outras decisões proferidas no curso do procedimento arbitral[50].

Tal definição será de fundamental relevância, na medida em que o art. 33, §1º da Lei de Arbitragem estabelece a possibilidade de ajuizamento de ação anulatória apenas em face de sentença final ou parcial[51]; não se incluindo eventuais decisões outras proferidas no curso do processo arbitral.

De todo modo, essa previsão já resolve parte das discussões acerca da possibilidade de impugnação das decisões proferidas no curso do processo arbitral, na medida em que tais sentenças parciais abrirão espaço para que decisões acerca de eventuais questões incidentais[52] – tais como aquelas referentes à competência ou invalidade da convenção arbitral, dentre outras previstas no art. 32 da LA – e que não estejam qua-

---

italiana tinha admitido a sentença parcial como emanação da liberdade das partes de contratar desde que não houvesse violação da ordem pública. O direito suíço esclarece que, salvo convenção contrária das partes, os árbitros podem dar sentenças parciais (art. 188 da Lei de Direito Internacional Privado). A doutrina suíça faz a distinção entre cinco tipos de sentenças: as finais (final award) as parciais (partial award), as prejudiciais ou incidentes (interlocutory award), as que se referem à competência do tribunal e as de acordo.Também na Alemanha a legislação admite as sentenças parciais denominadas Teilschiedsspruch (sentença que decidem parte da pretensão) que o direito distingue das sentenças interlocutórias, que tratam do procedimento." In: WALD, Arnoldo. A sentença arbitral parcial no direito comparado e no direito brasileiro. Revista de Arbitragem e Mediação, vol. 51/2016.

---

50 Como mencionado, alguns conceitos relacionados à sentença parcial apresentam certo alargamento para abarcar situações que, a princípio, seriam categorizadas como objeto de decisão interlocutória: "De fato, não há estatísticas que identifiquem quais são as matérias objeto de sentenças parciais mais frequentes, nem que identifiquem quais seriam todas elas. Todavia, alguns temas são mais comuns, a saber: a) sentenças que apuram a responsabilidade por uma conduta, mas não apuram o valor da condenação, deixando a fase de liquidação para a sentença final; b) sentenças que julgam a jurisdição dos árbitros tanto com relação a uma das partes (subjetiva) quanto com relação à matéria a ser analisada (objetiva); c) sentenças sobre impedimento e suspeição dos árbitros; e d) sentença sobre o direito substancial aplicado à disputa." (BARBOSA, Flávio Spaccaquerche. A sentença arbitral parcial e o seu controle judicial. In: PINTO, Ana Luiza; SKITNEVSKY, Karin (coord.). Arbitragem nacional e internacional. Rio de Janeiro: Elsevier, 2012, p. 111)

51 "Assim, no direito brasileiro, a sentença parcial é a que julga um dos pedidos ou parte do pedido, sendo sentença de mérito. Ao contrário do que acontece em algumas legislações estrangeiras, as decisões referentes à competência, à legitimidade e à lei aplicável, quando não forem finais, ou seja, terminativas do feito, não devem ser consideradas sentenças parciais e não são suscetíveis de anulação nem podem ser homologadas." In: WALD, Arnoldo. A sentença arbitral parcial no direito comparado e no direito brasileiro. Revista de Arbitragem e Mediação, vol. 51/2016, p.90.

52 "A única hipótese em que se admite a análise da regularidade da convenção pelo juiz estando ainda em curso a arbitragem é a de uma ação de anulação de sentença arbitral parcial. Nesse caso, ainda que o juiz anule a sentença parcial por entender que a convenção é inexistente, inválida ou ineficaz, não poderá tomar qualquer medida quanto à arbitragem em curso, sendo vedada a prolação de medida antiarbitragem também aqui." (ALVES, Rafael Francisco. A inadmissibilidade das medidas antiarbitragem no direito brasileiro. São Paulo: Atlas, 2009, p.213).

lificadas como sentença arbitral, já possam ser submetidas ao controle judicial nessa oportunidade, sem a necessidade de se esperar a sentença final.

A doutrina, no entanto, alerta para o risco de que se estenda sobremaneira o conceito de sentença parcial[53], a justificar possível propositura de ação anulatória[54]; apontando que estas deverão se restringir àquelas decisões que digam respeito à resolução de parte da controvérsia arbitral, e que, dessa forma, se revertirão de definitividade, produzindo consequências imediatas e definitivas para as partes.

Com relação propriamente à ação anulatória de laudo arbitral parcial, aventa-se a possibilidade de pedido de tutela de urgência, que poderá abarcar tanto a suspensão da produção de efeitos pela sentença parcial quanto a suspensão do próprio procedimento arbitral. Com relação à pretensão de suspender os efeitos da sentença parcial, não se vislumbra maiores problemas. Contudo, em regra, não deverá ser admitido que tal mecanismo tenha o condão de suspender o próprio procedimento arbitral.

Vale dizer, mesmo diante da possibilidade da prática de diversos atos inúteis, bem como possíveis danos às partes, tal medida deverá ser encarada com certa resistência, especialmente no que tange à suspensão do processo arbitral como um todo, possibilidade remota, apenas admitida em casos extremos, em que caracterizada ilegalidade flagrante e afrontosa, bem como risco de de danos graves de caráter irreversível. Isso se deve diante da constatação de que dificilmente restará caracterizada situação gravosa a ponto de impor, proporcionalmente, a efetiva paralisação da arbitragem em curso e consequências daí advindas, com potencial risco de prejuízo ao próprio instituto arbitral e sua credibilidade geral como método de solução de conflitos[55] –

---

53 "As decisões parcias são, pois, verdadeiros atos jurisdicionais que produzem seus efeitos imediatamente e, assim, são passíveis de ataque em sede de ação de nulidade." (ARMELIN, Donaldo. Notas sobre sentença parcial e arbitragem. Revista de arbitragem e mediação, nº 18, 2008, p. 20).

54 "Em casos em que há o proferimento de sentença parcial sobre a jurisdição dos árbitros, a parte poderá intentar ação anulatória para alegar "nulidade do compromisso" (art. 32, I, da Lei de Arbitragem) ou defender que foi proferida fora dos limites da convenção de arbitragem (art. 32, IV, da Lei de Arbitragem). O remédio para tais vícios existe, mas a parte deverá intentá-lo dentro do prazo legal de 90 dias." (BARBOSA, Flávio Spaccaquerche. A sentença arbitral parcial e o seu controle judicial. In: PINTO, Ana Luiza; SKITNEVSKY, Karin (coord.). Arbitragem nacional e internacional. Rio de Janeiro: Elsevier, 2012, p.115).

55 Sobre o tema, são essas as lições de Carmona, recomendando que o Judiciário haja com parcimônia em tais casos, especialmente no que tange à concessão desse tipo de tutela -a qual designa como espécie de medida antiarbitragem –, sob pena de ser conivente com verdadeiras aventuras judiciárias: "na medida em que a decisão a ser tomada na ação anulatória pode condicionar o modo de ser da atividade final dos árbitros, creio que o autor da demanda judicial dificilmente resistirá à tentação de pleitear uma medida antecipatória de tutela, que barre o andamento da arbitragem até o final do julgamento da ação de impugnação da sentença arbitral parcial. (...) Como se percebe, estou apontando uma espécie (inesperada) de *anti arbitration injunction*." In: CARMONA, Carlos Alberto. Arbitragem e processo: Um comentário à Lei 9.307/96. 3ª Ed. São Paulo: Atlas, 2009, p. 432. No sentido da não admissão da interferência judicial em procedimento arbitral, através da determinação da suspensão da arbitragem diante de ação de nulidade de sentença parcial, independentemente do questionamento levado à juízo: BARBOSA, Flávio Spaccaquerche. A sentença arbitral parcial e o seu controle judicial. In: PINTO, Ana Luiza; SKITNEVSKY, Karin (coord.). Arbitragem nacional e internacional. Rio de Janeiro: Elsevier, 2012, p. 120.

quanto ao tema, sugere-se paralelo, com as devidas ressalvas específicas, com a ação rescisória (arts. 966 e ss CPC/15).

De todo modo, em quaisquer casos, tal medida deverá ser admitida apenas mediante criteriosa análise da presença de seus respectivos requisitos; sendo voltada apenas a casos absolutamente teratológicos e excepcionais.

Finalmente, outro aspecto importante diz respeito ao próprio cumprimento de tais sentenças parciais, que, como provimentos definitivos que são, comportam imediata instauração de processo para seu respectivo cumprimento, na medida em que produzirão desde logo seus efeitos.

Ademais, cada cumprimento de sentença (art. 513 e ss CPC/15) eventualmente instaurado – aqui, assim como no caso de ação anulatória da sentença final, aplicam-se as mesmas regras referentes ao cumprimento de sentença arbitral final – poderá dar ensejo a impugnação específica, que terá como fundamento uma das hipóteses previstas no art. 525 do CPC/15.

Com efeito, em alguns casos – tais como ausência de citação –, constatado o vício, poderá a arbitragem ser atingida de forma mais relevante, com inevitável regressão do procedimento arbitral até o ponto em que este tenha sido contaminado, implicando na renovação de diversos atos, senão deste como um todo. E outras hipóteses, como inexigibilidade do título judicial executado, eventual erro de penhora ou avaliação ou excesso de execução, será afetada, em sua maior parte, apenas a sentença parcial objeto de impugnação judicial; ao passo que, em caso de eventual objeção material, apesar destas dizerem respeito apenas à sentença parcial objeto de cumprimento de sentença, poderão abrir espaço para alegações que possivelmente irão resvalar em outros aspectos do procedimento arbitral.

4.2. Decisões interlocutórias do juízo arbitral: caminhos possíveis

Passa-se à análise do ponto mais delicado da abordagem feita no presente trabalho, referente à possibilidade de impugnação judicial imediata de decisões arbitrais interlocutórias – que, como já colocado, não estarão, a princípio, inseridas no conceito de sentença parcial[56] –, hipótese não contemplada pela legislação específica.

---

56 "O exame do direito comparado nos revela que se, em muitos casos, não há uma distinção clara entre as decisões cautelares, as interlocutórias e as demais, o conceito de sentença parcial não deixa de ser fluído no direito estrangeiro e até na regulamentação de certas câmaras que consideram que a decisão que reconhece a competência dos árbitros e a legitimidade das partes pode ser considerada sentença mesmo quando, na realidade, ela não decide o mérito dos pedidos. Essa discussão permeia toda a doutrina e se explica pelo interesse que, algumas vezes, existe de submeter aos tribunais judiciários, para fins de anulação, ou à Corte da CCI, para fins de homologação, decisões que, embora não tratem do mérito, fixam os rumos do processo em relação a determinados pontos que posteriormente não podem ser modificados, havendo em relação a eles a preclusão. Pode parecer contraditório ou incongruente que a decisão que considera o tribunal competente não seja parcial, mas a que o considera incompetente seja final, o mesmo acontecendo em relação à legitimidade de uma das partes que, se não for reconhecido, pode ensejar a extinção do processo

A ausência de previsão legal de meio de impugnação próprio contra essas decisões interlocutórias busca evitar a utilização de medidas antiarbitragem, e, dessa forma, o desencadeamento de eventuais atrasos infundados ou óbices ao bom andamento do procedimento arbitral. Considera-se também, quanto ao particular, a possibilidade de sanatória de defeitos processuais eventualmente caracterizados no curso do processo arbitral, ou mesmo que, quando oportunizado seu controle, inexista prejuízo ou interesse à apresentação de ação anulatória voltada a saná-los, face a superveniência de circunstâncias favoráveis à parte prejudicada, a despeito do vício.

O desafio que se coloca, portanto, é como lidar com situações concretas que sofram de evidente e indevido desamparo face tal disciplina legal específica, bem como os ônus a que submetidas as partes em função disso. Com efeito, casos há em que as peculiaridades envolvidas, juntamente à sistemática vigente, poderão nos levar a repensar tal regra geral relacionada ao controle estatal da arbitragem, pelo menos para alguns casos específicos[57].

As decisões interlocutórias proferidas no curso do processo arbitral são comumente designadas "ordens de procedimento", pois se voltam a dar andamento ao processo e decidir questões incidentais neste âmbito.

No que se refere ao juízo de admissibilidade da demanda arbitral, esta decisão será qualificada como sentença quando há extinção do processo sem julgamento do mérito; e, como decisão interlocutória quando rejeitadas alegações contrárias à admissibilidade da arbitragem, como nos casos em que o árbitro reconhece a própria jurisdição arbitral.

E, como já observado quando da abordagem do princípio da competência-competência, o controle estatal só poderá ser suscitado quando encerrada a jurisdição arbitral sobre aquela questão, não se admitindo, como regra, interferências estatais no curso da arbitral – a possibilidade das sentenças parciais, apesar de encerrar a jurisdição apenas sobre parte das questões submetidas à arbitragem, abre espaço para a avaliação de determinadas questões no curso do processo arbitral que antes eram relegadas ao final deste, onde se inclui a apreciação de matérias objeto de decisões interlocutórias que tenham sido proferidas no curso do procedimento.

A partir dessa regra geral colocada, cumpre então contemplar algumas situações em que se poderia cogitar de exceções[58].

---

enquanto, se admitida, se limita a garantir o prosseguimento do mesmo." In: WALD, Arnoldo. A sentença arbitral parcial no direito comparado e no direito brasileiro. Revista de Arbitragem e Mediação, vol. 51/2016, p.89.

57 No julgamento do REsp nº. 1.602.076-SP (Rel. Min. Nancy Andrighi, julgado em 15/9/2016, DJe 30/9/2016), nota-se manifestação de entendimento no sentido de que, em situações excepcionais, quando for o vício detectável prima facie, independentemente do estado em que se encontre o procedimento arbitral, poderia o Judiciário declarar a nulidade de compromisso arbitral.

58 Sobre o tema, trazendo as diversas correntes, MEJIAS, Lucas Brito. Controle da atividade do árbitro. São Paulo: Editora Revista dos Tribunais, 2015, p.98 e seguintes.

Com efeito, uma ideia de exacerbada restrição à atuação estatal poderá trazer consigo ameaça às garantias fundamentais das partes. Dessa forma, a relativização de algumas regras, como a da competência-competência, é medida que se impõe em casos de invalidade manifesta, aferível *prima facie,* conforme considerações já feitas em tópico específico sobre o assunto.

Essa proposta, contudo, vale esclarecer, permanece dentro de um quadro de excepcionalidade, contemplando situações que de fato demandam controle imediato e que a legislação deixa, a princípio, desassistidas. Englobam questões referentes à validade e aplicabilidade da convenção arbitral, como no caso de matérias manifestamente reconhecidas como inarbitráveis; que, fatalmente, ocasionarão a desconstituição de todo o procedimento arbitral, configurando medida absolutamente anti-econômica e danosa às partes submetê-las à espera do laudo arbitral final, quando, na verdade, o juízo estatal a quem cabe a última palavra a respeito do tema já poderia fazê-lo.

Tal raciocício não nos parece aplicável a casos de meras irregularidades ou vícios de menor monta, que seriam facilmente sanáveis e não afetariam a atividade arbitral a ponto de implicar em seu encerramento ou necessária renovação da prática de diversos atos neste âmbito. Em tais circunstâncias, não se justificaria a transposição, mesmo que não generalizada, da regra geral acerca do momento de controle das invalidades processuais arbitrais.

De todo modo, a admissão desse controle judicial imediato sobre decisões interlocutórias arbitrais deve se restringir a casos de vícios flagrantes, em que já estejam presentes os elementos capazes de possibilitar seu reconhecimento através de análise superficial da regularidade da convenção arbitral, após cognição meramente sumária[59]. Ou seja, seriam estas situações claramente capazes de gerar futura invalidade de sentença arbitral[60], possibilidade aparentemente admitida pelo próprio Art. II (3) da Convenção de Nova Iorque.

Parte-se da constatação de que, nesses casos específicos – especialmente em situações de inconsistência manifesta da jurisdição arbitral que não tenha sido reconhecida pelo árbitro –, em uma interpretação sistemática, não deveria a parte ser submetida à espera e manutenção de tais circunstâncias, bem como ônus por ela ocasionados, inclusive custos relacionados ao procedimento arbitral, até que seja possível a apresentação de demanda anulatória. Isso, com efeito, sem qualquer ganho

59 Nesse sentido: DINAMARCO, Cândido Rangel. A Arbitragem na Teoria Geral do Processo. São Paulo: Malheiros, 2013, p. 74. Também CARMONA, Carlos Alberto. Arbitragem e processo: Um comentário à Lei 9.307/96. 3ª Ed. São Paulo: Atlas. , 2009, p. 175-177.

60 Conforme colocado por Arnoldo Wald, o modelo francês apresenta-se mais restrito, exigindo uma decisão prévia do árbitro, bem como sentença arbitral. A inobservância dessa regra se daria apenas nos casos de vício evidente *prima facie*, e apenas quando ainda não iniciada a arbitragem (art.1448 do Novo Código de Processo Civil francês). Alinha-se com a disciplina portuguesa, que prevê o afastamento das cortes estatais nas controvérsias objeto de convenção arbitral, a menos que se verifique uma manifesta ineficácia ou inexequibilidade nesta. In: WALD, Arnoldo. "A patologia da arbitragem". Revista de arbitragem e mediação, n°. 27, out.-dez./2010, p.35-55.

em termos de qualidade ou credibilidade, já que o ato virá de qualquer forma a ser invalidado.

Quanto a este ponto específico, observa-se que a análise acerca dessas questões hábeis a ensejar a nulidade da sentença arbitral poderá ser feita por outros meios que não sejam voltados especificamente ao controle das decisões interlocutórias, como nos casos em que demandada a colaboração estatal, oportunidade em que o juiz poderá fazer uma análise (nos termos colocados) da regularidade da convenção e procedimento arbitral e, dessa forma, de decisões inválidas proferidas neste âmbito; momento em que este poderá simplesmente se negar a promover a concretização de eventual medida solicitada (se for o caso) diante de evidente ilegalidade.

Ademais, como já destacado, a possibilidade de ação anulatória de sentença arbitral parcial configura oportunidade de apreciação antes do laudo final, mesmo que não imediata, dessas diversas decisões proferidas no curso do processo arbitral; o que poderá ser capaz de abrandar a permanência de situações de manifesta ilegalidade[61].

Contudo, nas circunstâncias colocadas, ausente mecanismo que possa viabilizar a contento o controle de validade dessas decisões interlocutórias, admite-se a apresentação de ação específica, de caráter anulatório[62], para expurgar tais situações patológicas.

Com efeito, isso ocorrerá nos casos de invalidade previstos em lei em que caracterizadas as circunstâncias excepcionais mencionadas, justificadoras do controle de tais decisões interlocutórias; dentre os quais se destacam os casos referentes à apreciação pelo árbitro de sua própria competência e validade da convenção arbitral[63]. A regra quanto ao particular, como já observado, é que o árbitro decida acerca da legitimidade do exercício de sua própria jurisdição assim que instaurada a arbitragem

---

61 "Em hipóteses assim, ou talvez em alguma outra igualmente extraordinária e chocante, a esfera de direitos do sujeito atingido pela medida estará sendo indevidamente invadida pelos árbitros, tanto quanto sucederia em caso de sentença arbitral de igual conteúdo. Quando a decisão tiver uma eficácia tal que possa propiciar desde logo a invasão da esfera jurídica de um sujeito, causando-lhe prejuízo, a exclusão do controle judiciário seria inconstitucional." In:DINAMARCO, Cândido Rangel. A arbitragem na teoria geral do processo. São Paulo: Malheiros, p. 232.

62 Defendendo o cabimento de anulatória também contra decisões interlocutórias do juízo arbitral: CARNEIRO, Paulo Cezar Pinheiro. Aspectos processuais da nova lei de arbitragem. *Revista Forense,* vol. 339, p. 140.

63 Sobre o tema, v. TEPEDINO, Gustavo. Cláusula compromissória no acordo de acionistas. Soluções práticas. Revista dos Tribunais On-Line, Vol. 3, Nov. 2011, p.221: "o único entendimento possível, à luz dos valores constitucionais e da convenção de Nova Iorque, é o de que análise da existência, validade e eficácia da cláusula compromissória não constitui matéria de competência exclusiva dos árbitros, mas submete-se, paralelamente, à competência do Poder Judiciário. Deste modo, a parte que se sente prejudicada pela instituição, efetiva ou potencial, de arbitragem, reserva-se sempre a possibilidade de recorrer diretamente ao Poder Judiciário com vistas a eximir-se da aplicação de cláusula inexistente, inválida ou ineficaz".

e enquanto esta perdurar, estando tal decisão sujeita a revisão apenas em momento posterior via ação anulatória proposta em face da sentença arbitral[64].

O entendimento preconizado pela disciplina específica estabelece que, iniciado o processo arbitral, questões a ele relacionadas serão submetidas apenas à jurisdição arbitral. Haveria, assim, uma judicialização prematura acerca de matéria que eventualmente pudesse ser sanada no curso do processo arbitral, conjugada à inequívoca vontade manifestada pela lei no sentido de buscar fortalecer e preservar a instituição arbitral.

Nesse sentido, deve ser feita a ressalva da necessidade de que se trate de situações afrontosas, de flagrante e manifesta ilegalidade, em que não haja necessidade de qualquer dilação probatória, devendo, portanto, ser passíveis de decisão através de julgamento antecipado do mérito[65]. Nesse sentido, Felipe Wladeck[66] defende a admissibilidade de ações antiarbitragem tanto antes de instaurada quanto em seu curso, com a limitação probatória apenas no segundo caso.

---

64 Quanto ao tema, assevera Arnoldo Wald sobre a experiência francesa: "a jurisprudência não é pacífica no tocante à recorribilidade ao judiciário das decisões arbitrais, mesmo quando elas não constituem sentenças parciais, mas têm uma influência sobre a competência do tribunal ou sua composição. Pode se concluir que as decisões incidentais e especialmente as meramente processuais, não podem ser objeto de recurso, mas as decisões sobre competência, mesmo quando não encerram o processo, são consideradas pela doutrina francesa como sendo sentenças parciais e podem justificar o recurso." In: WALD, Arnoldo. A sentença arbitral parcial no direito comparado e no direito brasileiro. Revista de Arbitragem e Mediação, vol. 51/2016, p. 87. Também no artigo 18º, item 9, da Lei nº. 63/2011 da República de Portugal (Lei da Arbitragem Voluntária Portuguesa), há previsão de impugnação perante o tribunal estadual competente de "decisão interlocutória pela qual o tribunal arbitral declare que tem competência", no prazo de 30 dias a contar da notificação das partes.

65 Afirma Joaquim Muniz que tais medidas visando suspender ou extinguir a arbitragem ("anti-suit injunction"), seriam admissíveis "apenas nos casos de vício inequivoco na convenção arbitral ou nomeação dos árbitros. Os precedentes existentes tratam de casos específicos, sendo a regra a preservação da competência arbitral. Admissão em casos excepcionais, de "manifesta incompetência, suspeição, ou impedimento do árbitro, ou evidente nulidade, invalidadeou ineficácia da convenção de arbitragem, e existir fundado receio de parcialidade ou desqualificação do órgão arbitral que julgar a arguição." Continua, com a ressalva de que tal posicionamento abarca apenas hipóteses extraordinárias, em que o foro arbitral não é independente e imparcial para julgar a questão: "Não há sentido prático, tampouco se estará fazendo justiça, ao se compelir uma parte a participar de uma arbitragem e esperar a sentença arbitral para impugná-la em juízo, se for inequívoco o vício na convenção arbitral ou na nomeação do árbitro e o foro arbitral for claramente inapropriado para reconhecer isso." In: MUNIZ, Joaquim de Paiva. Curso básico de direito arbitral: teoria e prática. 3ª ed. Curitiba: Juruá, 2015, p.176/177.

66 WLADECK, Felipe Scripes. Impugnação da sentença arbitral. Salvador: JusPodivm, 2014, p.121-128. A legislação francesa tem modelo próximo ao brasileiro no que tange ao modo de encarar a regra da compet-compet., prevê expressamente que o juiz somente não deverá instituir a arbitragem se a clausula compromissória for manifestamente nula ou inaplicável ao litígio (art. 1455 Código de Processo civil francês). Lei de Arbitragem Espanhola (Lei 60/2003, reformada pela Lei 11/2011), em seu artigo 15, admite a avaliação da regularidade da convenção arbitral apenas com base em provas documentais.

Tais limitações se voltam a compatibilizar a necessidade imposta pela excepcionalidade da situação face a disciplina legal específica, que não confere, pelo menos a princípio, a possibilidade de impugnação ou controle judicial imediato de tais decisões interlocutórias em que se tenha vício aferível de plano, sem necessidade de qualquer dilação probatória – a utilização da gravidade do vício como critério único de avaliação, para tais efeitos, abriria espaço para indesejados subjetivismos[67], a despeito de se entender pela necessária exclusão de casos de mera irregularidade, facilmente sanáveis, em aferição de verdadeira necessidade e proporcionalidade da medida a ser empreendida para extirpar os vícios no caso concreto.

Com efeito, não se olvida que o raciocínio empregado é análogo àquele aplicado no âmbito do mandado de segurança.

Dessa forma, se cogita da possibilidade de apresentação, quando não admitido o ajuizamento de ação anulatória, da impetração de mandado de segurança nos casos de decisões interlocutórias manifestamente ilegais, nos termos acima colocados[68].

A Constituição Federal, em seu art. 5º, LXIX, confere mecanismo para proteção de direito líquido e certo, que não esteja amparado por outra medida judicial, face ato ilegal ou abuso de direito promovido por autoridade pública ou agente privado no exercício de atribuições do Poder Publico. Isso inclui eventuais atos judiciais ilegais, com relação aos quais tem se admitido a utilização de tal instrumento quando não houver outro recurso cabível para obstar a ilegalidade (Sum. 267 STF).

Por analogia, considerando-se o árbitro como juiz de fato e de direito, no exercício de atividade jurisdicional, a decisão por ele proferida (considerada equivalente àquelas provenientes do juízo estatal), violadora de direito líquido e certo, poderá também ensejar a impetração de mandado de segurança, desde que não cabível outra via ordinária de controle da decisão arbitral.

Nesse sentido, seria este mecanismo passível de utilização face decisões arbitrais em casos extremos[69], de situações teratológicas, onde houvesse manifesta ilegalidade

---

67 Nesse sentido: MEJIAS, Lucas Brito. Controle da atividade do árbitro. São Paulo: Editora Revista dos Tribunais, 2015, p. 114/115. Em sentido diverso, defendendo ampla instrução probatória para verificação da regularidade da convenção arbitral na esfera judicial: WLADECK, Felipe Scripes. Impugnação da sentença arbitral. Salvador: JusPodivm, 2014, p. 110-120.

68 Nesse sentido: CARNEIRO, Paulo Cezar P.Aspectos Processuais da Nova Lei de Arbitragem. Revista Forense, v. 339, 1991, p.140; MUNIZ, Joaquim de Paiva. Curso básico de direito arbitral: teoria e prática. 3ª ed. Curitiba: Juruá, 2015, p. 190.

69 "O mandado de segurança só cabe em situações extraordinárias, onde houver manifesta violação a direito liquido e certo da parte e prova de potencial prejuizo grave, que seria irreversível ou de difício reversão. Em outras palavras, a jurisprudência preceitua só caber mandado de segurança contra decisão judicial teratológica, em casos extremos. Não se pode fazer da exceção a regra geral."(MUNIZ, Joaquim de Paiva. Curso básico de direito arbitral: teoria e prática. 3ª ed. Curitiba: Juruá, 2015, p. 190).

e prova de potencial prejuízo grave, de dificil ou impossível reversão[70], mediante o mesmo raciocínio de caráter excepcional.

Negar essa possibilidade de impugnação às decisões proferidas no curso da arbitragem configuraria indevida restrição à amplitude dessa garantia constitucional[71]. Ademais, traçando um paralelo com a jurisdição estatal, constata-se certa dificuldade em se admitir a utilização de tal mecanismo em relação às decisões judiciais e não fazê-lo diante daquelas provenientes da arbitragem.

Contudo, há de se ter certa cautela para que tal instrumento seja encarado como a medida excepcional que é, e não encontre vulgarização em comportamentos desviantes de cunho claramente protelatório; que deverão ser fortemente repudiados por meio da aplicação de mecanismos como a litigância de má-fé. De todo modo, nos casos em quenão houver outro remédio ou instrumento eficiente para extirpar a ilegalidade presente na decisão interlocutória arbitral, deve a este se recorrer.

Tal instrumento poderá se mostrar adequado, por exemplo, em casos de claro descumprimento pelo árbitro do procedimento arbitral estabelecido pelas partes; ou mesmo em casos de indeferimento injustificado de prova manifestamente necessária ao deslinde da controvérsia, violação manifesta ao contraditório, entre outros.

Neste âmbito, certo paralelo com o recurso de agravo de instrumento previsto do CPC/15 e a recorribilidade de decisões interlocutórias judiciais, nos parece inevitável. Vale dizer, o raciocínio desenvolvido pela legislação processual civil pressupõe que decisões que, caso não submetidas à imediata análise, possam comprometer o regular desenvolvimento do processo, gerando prejuízo à parte ou ao próprio processo em si, devam ser passíveis de imediata impugnação, em nome da eficiência e duração razoável do processo, além de evitar a ocorrência de prejuízos de possível caráter irreparável.De fato, raciocínio análogo é feito no âmbito do processo arbitral, que, em última análise, tem o mesmo propósito de composição de interesses conflituosos e pacificação social.

Há de se atentar, no quadro delineado, para situações em que haja clara pretensão de subverter a jurisdição arbitral e provocar a revisão do mérito da decisão, o que não se admite. Tais manobras possivelmente serão mais facilmente perceptíveis em casos de tutela de urgência, onde será possível apenas eventual exame da regularidade da medida face efetivo prejuízo imediato ou risco de sua ocorrência, como nos

---

70 Na decisão do TJSP, no Processo nº 05310017261-2, da 13ª Vara de Fazenda Publica, há reconhecimento da impossibilidade de utilização de tal instrumento quando a decisão estiver dentro do campo de discricionariedade dos árbitros, ausente teratologia que justificasse medida extrema e excepcional; o que nos leva a adotar a conclusão de que seria cabível tal mecanismo em casos de teratologia.

71 Dinamarco e Arnoldo Wald admitem a utilização do mecanismo em caráter excepcional. In: DINARMARCO, Cândido Rangel. A Arbitragem na Teoria Geral do Processo. Sâo Paulo: Malheiros: 2013, p. 233-235; WALD, Arnoldo; FONSECA, Rodrigo Garcia da. O mandado de segurança e a arbitragem. Revista de Arbitragem e Mediação, vol. 13, 2007, p. 11.

casos em que tenha o árbitro claramente extrapolado seus poderes ou o compromisso arbitral seja nulo[72].

Seja como for, as situações excepcionais expostas carregam em si maior responsabilidade a cargo das partes, que deverão agir com mais cautela, lealdade e boa-fé, não podendo faltar com a verdade ou formular pretensão sabidamente destituída de fundamento (art. 77 CPC/15), o que poderá caracterizar litigância de má-fé, conforme disposto nos artigos 80 e 81 do CPC/15 – vedação expressa à oposição de resistência infundada ao andamento do processo ou apresentação de medidas de caráter meramente protelatório. Paralelamente, demanda-se responsabilidade e firmeza do Judiciário ao analisar tais casos, devendo este restringir-se às matérias que de fato lhe compete apreciar, impondo as respectivas multas por litigância de má-fé quando constatadas manobras de caráter manifestamente protelatórias, em desestímulo a tais condutas[73].

Finalmente, a expansão da arbitragem como instrumento de resolução de conflitos no cenário atual, passando a abarcar situações diversas para as quais não fora originalmente concebido, e com relação as quais existia (e muitas vezes ainda existe) relevante controvérsia acerca da possibilidade da utilização de tal instrumento; impõe uma releitura de seus institutos e disposições relacionadas – o que poderá implicar, ocasionalmente, em eventuais ajustes –, sob pena de cometimento de flagrantes injustiças e ameaça à credibilidade conquistada por todos esses anos de atuação[74].

---

72 Não poderia ser o juiz forçado a dar concretude a decisão arbitral ilegal ou teratológica, do contrário, estaria sendo conivente, e, em ultima análise, contribuindo para a perpetuação e reforço da ilegalidade praticada. Quanto ao particular, poderá o juízo estatal, instado a dar concretude à medida, recusar seu cumprimento, através de processo semelhante ao que ocorre com relação a cartas precatórias irregulares (art. 267 CPC/15). V. MARTINS, Pedro Batista. Da ausência de poderes coercitivos e cautelares do árbitro. Aspectos fundamentais da lei de arbitragem. MARTINS, Pedro Batista; LEMES, Selma Ferreira. CARMONA, Carlos Alberto (Coord.). Rio de Janeiro: Forense, 1999, p. 365; DINAMARCO, Cândido Rangel. A Arbitragem na Teoria Geral do Processo. São Paulo: Malheiros, 2013, p. 232.

73 Sobre o tema: "E já é tempo de os magistrados começarem a aplicar o art. 18 com maior vigor. Se os juízes começarem a aplicar a regra, certamente serão evitados abusos, como o que começa a ocorrer com a seguida tentativa daqueles que levam suas causas ao julgamento de árbitros e, depois, vencidos, tentam inventar os motivos mais variados para promover demanda anulatória das sentenças que lhes foram adversas. Note-se bem: não estou afirmando que toda a demanda anulatória de laudo arbitral julgada improcedente deva comportar a aplicação da penalidade do autor; estou dizendo apenas que, nos casos em que ficar patente o espírito emulativo do pleito do demandante, deve o juz agir com rigor, pois só assim a preocupação do legislador com a moralização do processo produzirá efeitos." (CARMONA, Carlos Alberto. Quinze anos de reformas no Código de Processo Civil. In: CARMONA, Carlos Alberto (Coord.). Reflexões sobre a reforma do Código de Processo Civil: estudos em homenagem a Ada Pellegrini Grinover, Cândido R. Dinamarco e Kauo Watanabe. São Paulo: Atlas, 2007, p.14).

74 "permitir-se a aplicação absoluta do Kompetenz-Kompetenz em cenários diversos dos originalmente pensados, ou ainda diante de manifestas irregularidades relacionadas à jurisdição ou competência do árbitro, acabará por tornar a arbitragem um mecanismo inseguro e obsoleto para a

Decerto, esperar até que todo um processo arbitral inútil termine ou alguma sentença parcial seja proferida em casos de verdadeiras calamidades processuais, como a inarbitrabilidade do conflito, não parece ser algo razoável[75].

5. Conclusão

O procedimento arbitral abre às partes a possibilidade de escolha de mecanismo privado de composição de interesses que seja mais adequado ao objeto conflituoso, conferindo-lhe, ainda, maior flexibilidade e interferência no estabelecimento de tal procedimento, bem como maior celeridade em seu trâmite.

De fato, essa maior liberdade e papel mais participativo das partes faz surgir um dever mais acentuado de lealdade e boa-fé; ao passo que o exercício jurisdicional, mesmo relacionado à arbitragem, não poderá implicar em desrespeito a princípios processuais básicos fundamentais, em conjunto às regras específicas inerentes a tal mecanismo específico.

Dessa forma, o incentivo e crescimento exponencial da arbitragem como reconhecido método de prestação jurisdicional coloca em discussão algumas questões, das quais certamente ganha destaque aquelas relacionadas ao controle judicial das decisões proferidas no curso de seu procedimento.

Buscou então o presente trabalho promover análise da interferência estatal no que tange às sentenças parciais e decisões interlocutórias arbitrais; guiada pelo propósito último de realização da justiça no caso concreto e preservação das garantias do destinatário da prestação jurisdicional, em conjunto à necessidade de manutenção do prestígio da arbitragem como importante método alternativo de solução de conflitos.

Nesse sentido, o controle estatal deverá ser encarado como medida excepcional, voltada a repelir a ocorrência de situações patológicas, manifestado em impugnação séria e fundamentada, repudiando-se casos de caráter meramente protelatório, que deverão ser duramente reprimidos.

Seja como for, a necessidade de interferência estatal apenas se coloca nos casos em que a arbitragem não venha sendo utilizada de forma adequada e correta, demandando interferência estatal.

---

justa composição dos litígios." In: MEJIAS, Lucas Brito. Controle da atividade do árbitro. São Paulo: Editora Revista dos Tribunais, 2015, p. 112.

---

75 "Como está nesses próprios pensamentos, todavia, o poder de apreciação pelos árbitros não chega aoponto de subtrair radicalmente aos juízes togados a competência para avaliar os casos em que não possa sequer haver dúvida séria e razoável sobre a cláusula (dupla interpretação), suas limitações, suas ressalvas, sob pena de abrir escâncaras à indiscriminada subtração dos litígios à apreciação pelo juiz natural". (DINARMARCO, Cândido Rangel. A Arbitragem na Teoria Geral do Processo. Sâo Paulo: Malheiros: 2013, p. 95).

6. Referências bibliográficas

ALVES, Rafael Francisco. *A inadmissibilidade das medidas antiarbitragem no direito brasileiro*. São Paulo: Atlas, 2009.

____________. O devido processo legal na arbitragem. In: JOBIM. Eduardo; MACHADO, Rafael Bicca (Org.). *Arbitragem no Brasil – Aspectos Jurídicos Relevantes*. São Paulo: Quartier Latin, 2008.

ARMELIM, Donaldo. Notas sobre sentença parcial e arbitragem. *Revista de arbitragem e mediação*, nº 18, 2008.

BARBOSA, Flávio Spaccaquerche. A sentença arbitral parcial e o seu controle judicial. In: PINTO, Ana Luiza; SKITNEVSKY, Karin (coord.). *Arbitragem nacional e internacional*. Rio de Janeiro: Elsevier, 2012.

BASÍLIO. Ana Tereza Palhares; MUNIZ, Joaquim de Paiva. Pedido de suspensão de procedimento arbitral. Extinção do processo sem julgamento do mérito. Interposição de agravo de instrumento e de recurso de apelação. Respeito à Lei de Arbitragem. Atividade jurisdicional do Tribunal Arbitral. *Revista de arbitragem e mediação*, nº 2, 2004.

BEDAQUE, José Roberto dos Santos. *Efetividade do Processo e Técnica Processual*. 3ª ed. Sâo Paulo: Malheiros, 2009.

CAHALI, Franciso José. *Curso de Arbitragem*. 5ª ed. São Paulo: Editora Revista dos Tribunais, 2015.

CÂMARA, Alexandre. O novo processo civil brasileiro, 2ª ed. São Paulo: Atlas, 2016.

CARMONA, Carlos Alberto. *Arbitragem e processo: Um comentário à Lei 9.307/96*. 3ª Ed. São Paulo: Atlas, 2009.

_________. Ensaio sobre a sentença parcial. *Revista de Processo*, nº. 165, 2008.

_________. Quinze anos de reformas no Código de Processo Civil. In: CARMONA, Carlos Alberto (Coord.). *Reflexões sobre a reforma do Código de Processo Civil: estudos em homenagem a Ada Pellegrini Grinover, Cândido R. Dinamarco e Kauo Watanabe*. São Paulo: Atlas, 2007.

CARNEIRO, Paulo Cezar Pinheiro; SCHENK, Leonardo Faria. O justo processo arbitral e o dever de revelação (disclosure) dos peritos. *Revista Eletrônica de Direito Processual*. Volume XII, 2013. Disponível em: <www.redp.com.br>.

CINTRA, Antonio Carlos de Araújo; GRINOVER, Ada Pellegrini; DINAMARCO, Cândido Rangel. *Teoria Geral do Processo*. 31 ed. São Paulo: Malheiros, 2015.

DINAMARCO. Cândido Rangel. *A arbitragem na teoria geral do processo*. Malheiros: São Paulo, 2013.

DINAMARCO, Cândido Rangel. Limites da sentença arbitral e de seu controle jurisdicional. *Revista do Advogado*, nº. 65.

__________. Possibilidade de emendas e alterações a pedidos e o princípio da estabilização no procedimento arbitral. *Revista de Arbitragem e Mediação*. Vol. 35, out.-dez./2012.

FICHTNER, José Antonio; MONTEIRO, André Luís. Temas *de Arbitragem: Primeira Série*. Rio de Janeiro: Renovar, 2010

GRECO, Leonardo. Garantias fundamentais do processo: o processo justo. In: *Estudos de direito processual*. Campos dos Goytacazes: Ed. Faculdade de Direito de Campos, 2005.

__________. *Instituições de processo civil*, vol. I, 5ªed. Rio de Janeiro: Forense, 2015.

LUCON, Paulo Henrique dos Santos; BARIONI, Rodrigo; MEDEIROS NETO, Elias Marques de. A causa de pedir das ações anulatórias de sentença arbitral. *Revista de Arbitragem e Mediação,* vol. 46/2015.

MARINONI, Luiz Guilherme; ARENHART, Sérgio Cruz; MITIDIERO, Daniel. *Novo código de processo civil comentado*. São Paulo: Editora Revista dos Tribunais, 2015.

MEJIAS, Lucas Brito. *Controle da atividade do árbitro*. São Paulo: Editora Revista dos Tribunais, 2015

MITIDIERO, Daniel. *Colaboração no processo civil: pressupostos sociais, lógicos e éticos*. 3ª ed. São Paulo: Editora Revista dos Tribunais, 2015.

MUNIZ, Joaquim de Paiva. *Curso básico de direito arbitral: teoria e prática*. 3ª ed. Curitiba: Juruá, 2015

PARENTE, Eduardo de Albuquerque. *Processo arbitral e sistema*. São Paulo: Atlas, 2012.

PINHO, Humberto Dalla Bernadina de. STANCATI, Maria Martins Silva. A ressignificação do princípio do acesso à justiça à luz do art. 3º do Código de Processo Civil de 2015. *Revista de Processo*, v. 41, nº 254, abr./2016.

________. *Direito processual civil contemporâneo: teoria geral do processo*, v. 1, 4ª ed. São Paulo: Saraiva, 2012.

ROSSETTO, Guilherme; GARCIA, Gustavo Filipe. Controle judicial da arbitragem: competência para julgar ação anulatória de sentença arbitral. *Revista de Processo*, nº 265, março/2017.

SILVA, Eduardo Silva da, Regras arbitrais brasileiras: a fase dos regulamentos. In: CAHALI, Francisco José; RODOVALHO, Thiago; FREITE, Alexandre (Org.). *Arbitragem: estudos sobre a Lei nº 13.129, de 26-5-2015*. São Paulo: Saraiva, 2016.

TEPEDINO, Gustavo. Cláusula compromissória no acordo de acionistas. Soluções práticas. *Revista dos Tribunais On-Line*, Vol. 3, Nov. 2011.

THEODORO JÚNIOR, Humberto. *Curso de Direito Processual Civil: Teoria geral do direito processual civil, processo de conhecimento e procedimento comum*, vol. I. 57ª ed. rev., atual. e ampl. Rio de Janeiro: Forense, 2016.

WALD, Arnoldo. A patologia da arbitragem. *Revista de Arbitragem e Mediação*, nº 27, out.- dez./2010.

________. A sentença arbitral parcial no direito comparado e no direito brasileiro. *Revista de Arbitragem e Mediação*, vol. 51/2016.

________. O espírito da arbitragem. *Revista do Instituto dos Advogados de São Paulo*, v. 23, 2009.

WALD, Arnoldo; FONSECA, Rodrigo Garcia da. O mandado de segurança e a arbitragem. Revista de Arbitragem e Mediação, vol. 13, 2007.

WAMBIER, Teresa Arruda Alvim. *Breves comentários ao Novo Código de processo civil*. São Paulo: Editora Revista dos Tribunais, 2015.

WLADECK, Felipe Scripes. *Impugnação da sentença arbitral*. Salvador: Juspodivm, 2014.

YARSHELL, Flavio Luiz. Caráter subsidiário da ação anulatória de sentença arbitral. *Revista de Processo*, vol. 207, 2012.

________. Ainda sobre o caráter subsidiário do controle jurisdicional estatal da sentença arbitral. *Revista de Arbitragem e Mediação*, vol. 50, jul-set/2016.

Precedentes judiciais, arbitragem, princípio da autonomia da vontade das partes e a (não) vinculação dos árbitros

Fabio Farias Campista

1. Introdução

Pululam os debates doutrinários acerca do dever de os árbitros seguirem precedentes judiciais formalmente vinculantes. As discussões variam em extensão e profundidade, porém todas passam pela interpretação das normas previstas nos artigos 927 e 489, §1º, VI, do Código de Processo Civil de 2015, combinadas às dos artigos 26, II, e 32, III, da Lei nº 9.307/1996 (Lei de Arbitragem), recentemente alterada pela Lei nº 13.129/2015.

A resposta à indagação de se os árbitros se vinculam aos precedentes judiciais de observação obrigatória (art.927, CPC) não é simples e longe está de se obter consenso na doutrina. Há, de um lado, quem repudie com veemência a ideia da vinculação[1]; no lado oposto, quem a defenda com vigor[2]; e há, ainda, aqueles que entendem devam

---

1 BARROCAS, Manuel Pereira. *A razão por que não são aplicáveis à arbitragem nem os princípios nem o regime legal do processo civil. In* Revista de Arbitragem e Mediação. Ano 14, Vol. 52, jan--mar./2017. Pp. 369-374

2 CRUZ E TUCCI, José Rogério. *O árbitro e a observância do precedente judicial.* Disponível em http://www.conjur.com.br/2016-nov-01/paradoxo-corte-arbitro-observancia-precedente-judicial. Acessado em 29/09/2017, às 14h:18min. *O árbitro, assim como o juiz togado, pode muito, mas não pode tudo.* Disponível em http://www.conjur.com.br/2016-dez-13/paradoxo-corte-arbitro-assim-juiz-togado-nao-tudo. Acessado em 29/09/2017, às 14h:23min. Este artigo, em especial, responde às críticas ao artigo anterior, que lhe fizeram ROQUE, André Vasconcelos e GAJARDONI, Fernando da Fonseca. *A sentença arbitral deve seguir o precedente judicial do novo CPC?* Disponível em https://jota.info/colunas/novo-cpc/sentenca-arbitral-deve-seguir-o-precedente-judicial-novo-cpc-07112016, acessado em 29/09/2017, às 14h:29min. Embora divirjam quanto alguns pontos, todos entendem que árbitros devem seguir precedentes judiciais. ABBOUD, Georges. *Jurisdição constitucional vs. Arbitragem: os reflexos do efeito vinculante na atividade do árbitro.* Revista de Processo, vol. 214, dez/2012. PP. 271-298.

ser os precedentes judiciais seguidos pelos árbitros, mas caso não os sejam nada poderá ser feito para corrigir o erro[3], ou somente em determinadas hipóteses[4].

O presente trabalho não tem a pretensão de dirimir essa intrincada questão, mas analisar a possibilidade de uma via alternativa segura para as partes que vierem a submeter a solução do conflito ao juízo arbitral não correrem o risco de terem a decisão que puser fim à lide eventualmente questionada na justiça estatal em razão da não observância de um precedente judicial formalmente vinculante.

Defender-se-á, adiante, com base, principalmente, na autonomia da vontade e no poder de autorregulação, que as partes podem convencionar a faculdade de os árbitros por elas escolhidos *nãosejam obrigados* a seguir precedentes judiciais formalmente vinculantes.

2. Teoria geral do processo, ciência do direito processual e direito processual

Inicialmente, é preciso identificar os contornos da Teoria Geral do Processo e seus principais objetivos.

A Teoria Geral do Processo é uma disciplina jurídica dedicada sobretudo à elaboração, à organização e à articulação dos *conceitos jurídicos fundamentais* (lógico-jurídicos) *processuais*.[5]

São *conceitos jurídicos fundamentais processuais* todos aqueles indispensáveis à compreensão jurídica do fenômeno processual, onde quer que ele ocorra. Servem como pressuposto para uma abordagem científica do direito positivo. Se não se compreende o significado, por exemplo, de processo, competência, decisão, cognição, legitimidade, prova, presunção e tutela jurisdicional, não é possível pensar cientificamente o direito objetivo.

A Teoria Geral do Processo se ocupa especialmente dos *conceitos fundamentais* relacionados ao *processo*, um dos fatos sociais regulados pelo Direito, por isso ela é parte da Teoria Geral do Direito.

Os *conceitos jurídicos fundamentais processuais* da Teoria Geral do Processo têm pretensão *universal*, ou seja, onde quer que exista *processo* esses conceitos se aplicam.

---

3 FARIA, Marcela Kohlbach de. *Vinculação do árbitro aos precedentes judiciais após a vigência do CPC/2015*. Disponível em https://processualistas.jusbrasil.com.br/artigos/412259718/vinculacao-do-arbitro-aos--precedentes-judiciais-apos-a-vigencia-do-cpc-2015, acessado em 29/09/2017, às 15h:01min.

4 TALAMINI, Eduardo. *Novos aspectos da jurisdição constitucional brasileira: repercussão geral, força vinculante, modulação dos efeitos do controle de constitucionalidade e alargamento do objeto do controle direto*. Tese de Livre-Docência, São Paulo, USP, 2008, nº 3.18.7, p. 169

5 Neste tópico, valho-me das precisas lições de Fredie Didier Jr., embora com elas não concorde integralmente, principalmente quando restringe, ou ao menos tenta restringir, a Teoria Geral do Processo aos conceitos jurídicos fundamentais processuais. *Curso de direito processual civil: introdução ao direito processual civil, parte geral e processo de conhecimento*. 18ª Ed. Salvador. Ed. Jus Podivm, 2016. Pp. 36-39.

O Direito Processual é o conjunto das normas que disciplinam o *processo*, porque nele se estabelecem relações jurídicas.

A Ciência do Direito Processual é o ramo do pensamento jurídico dogmático dedicado a formular as diretrizes, apresentar os fundamentos e oferecer os subsídios para as adequadas compreensão e aplicação do Direito Processual. O Direito Processual é o objeto dessa Ciência.

A Ciência do Direito Processual elabora, articula e sistematiza os conceitos jurídico-positivos, construídos para a compreensão de um determinado direito positivo. São exemplos as definições de apelação, decisão interlocutória, penhora e reconvenção.

O Direito Processual e a Ciência do Direito Processual situam-se em planos distintos de linguagem. Enquanto o Direito Processual figura no plano normativo, a Ciência do Direito Processual está no plano doutrinário.

A Teoria Geral do Processo está para a Ciência do Direito Processual, assim como a Teoria Geral do Direito está para a Ciência do Direito. Ambas são linguagens científicas, não normativas. A relação entre elas é permanente e inevitável, mas são distintas.

Discutir o conteúdo da norma de um determinado direito positivo é problema da Ciência do Direito Processual (estudo do Direito Processual): o juiz pode ou não determinar provas sem requerimento das partes? Qual o recurso cabível contra determinada decisão?

Os pressupostos para a compreensão do Direito Processual, e, portanto, do conteúdo das normas de Direito Processual, antecedem o direito positivo. Esses pressupostos são os objetos da Teoria Geral do Processo: o que é uma decisão judicial? O que se entende por prova? O que torna uma norma processual? O que é processo? Sob esse aspecto, pouco importa o conteúdo das normas e o direito positivo para a Teoria Geral do Processo. Ela é epistemologia. Ciência da ciência.

Caso se considere a Ciência do Processo um conjunto, a Teoria Geral do Processo, a Sociologia do Processo, a História do Processo e a Ciência do Direito Processual nele se incluem, lado a lado.

A Teoria Geral do Processo tem como principal objeto a Ciência do Direito Processual (civil, penal, trabalhista, legislativo etc), e não o Direito Processual. Ela não se preocupa tanto com o Direito Processual; não se atém, primordialmente, ao conteúdo das normas.

A Ciência do Direito Processual (jurisdicional, administrativo, legislativo ou privado) é o objeto de estudo da Teoria Geral do Processo.

Há quem, e não são poucos[6], trate a Teoria Geral do Processo como o *conjunto das normas jurídicas processuais fundamentais*, principalmente as constitucionais. A Teoria Geral do Processo seria, nesse sentido, um Direito Processual Geral e Fundamental[7].

---

6 MARINONI, Luiz Guilherme. *Curso de Processo Civil, vol. 1: Teoria Geral do Processo*. São Paulo: Editora Revista dos Tribunais, 2006. P. 511.

7 Nesse sentido Antonio Carlos de Araújo Cintra, Ada Pellegrini Grinover e Cândido Rangel Dinamarco quando dizem: "É inegável o paralelo existente entre a disciplina do processo e o *regimen* constitucional em que o processo se desenvolve" ou "Todo o direito processual, como ramo do direito

Este artigo reconhece na Teoria Geral do Processo os objetivos de elaboração, organização e articulação dos *conceitos jurídicos fundamentaisprocessuais*, mas também o de definição de uma base comum de normas jurídicas processuais fundamentais. Um objetivo não exclui o outro.

Fixa-se, desta forma, a primeira premissa do raciocínio a ser desenvolvido. O processo arbitral é objeto de estudo da Teoria Geral do Processo e é alcançado por normas jurídicas processuais fundamentais.

3. Neoconstitucionalismo, neoprocessualismo e o declínio do legicentrismo

Modernamente, a forma de compreensão das constituições se modifica[8].

Sob o ponto de vista histórico, a mudança se inicia a partir da segunda grande guerra, com a queda dos regimes nazi-fascistas. Intensificam-se as garantias fundamentais frente ao Estado e demais detentores de poder, criando-se mecanismos efetivos de controle da Constituição. Supera-se o paradigma da validade meramente formal do direito e a dignidade da pessoa humana passa a ser o núcleo axiológico da tutela jurídica.

Sob o aspecto filosófico, a identificação do direito com a lei é superada pela hermenêutica jurídica, que desenvolve a distinção entre regras e princípios, para dar força normativa a estes, com o escopo de ampliar a efetividade das constituições (pós-positivismo).

Na dimensão teórica, conforme ensina Luis Roberto Barroso[9], o Neoconstitucionalismo se apóia em três vertentes: (a) o reconhecimento de força normativa à constituição, (b) a expansão da jurisdição constitucional e (c) o desenvolvimento de uma nova dogmática da interpretação constitucional.

A Constituição tem caráter jurídico imperativo, em vez de mero conteúdo programático. Vincula o legislador, os órgãos concretizadores dos três poderes e limita os atos que a contrariam. Não há na Constituição simples declarações, a que não se deva dar valor normativo. Tudo isso leva à expansão da jurisdição constitucional.

---

público, tem suas linhas fundamentais traçadas pelo direito constitucional..." ou, ainda, "mas além de seus pressupostos constitucionais, comuns a todos os ramos do direito, o direito processual é fundamentalmente determinado pela Constituição em muitos de seus aspectos e institutos característicos" e, por último, especificamente, "...a tutela constitucional do processo é matéria atinente à teoria geral do processo". *Teoria Geral do Processo*. Malheiros editores, SP, 11ª ed. rev. e atualizada. 1995. Pp. 79-80.

---

8 CAMBI, Eduardo. *Neoconstitucionalismo e Neoprocessualismo*.Revista 2008.2-17-Professor Luiz de Pinho Pedreira. pp. 93-129

9 BARROSO, Luis Roberto. *Neoconstitucionalismo e constitucionalização do direito. O triunfo tardio do direito constitucional no Brasil.* Disponível em http://www.luisrobertobarroso.com.br/wp-content/themes/LRB/pdf/neoconstitucionalismo_e_constitucionalizacao_do_direito_pt.pdf. Acessado em 16.09.2016, às 17:15hr

A expansão da jurisdição constitucional, por sua vez, amplia o acesso à justiça, aumentando, consequentemente, a litigiosidade. O Poder Judiciário vai para o centro das atenções e das perspectivas da sociedade. A insuficiência do conceito formal de democracia leva à separação entre direito e lei. Quando a lei contraria os *standards* de justiça previstos pela Constituição, é um não-direito. Há intensificação e expansão dos controles abstratos ou concentrados de constitucionalidade. A legitimidade do poder dos juízes coloca a jurisdição no centro das discussões constitucionais e processuais contemporâneas, com o *reconhecimento de que o juiz constrói a norma jurídica no caso concreto*.

A falência do positivismo jurídico abre espaço para uma nova dogmática de interpretação constitucional, movimento incentivado pela constitucionalização dos direitos materiais e processuais fundamentais, retirando dos códigos o núcleo hermenêutico dos intérpretes. A nova interpretação constitucional não abandona os elementos clássicos, mas ressalta a teoria dos princípios sobre a teoria das regras, permitindo solucionar complexas colisões entre direitos fundamentais.

No contexto da nova dogmática da interpretação constitucional, tem-se princípios da unidade da constituição, do efeito integrador, da máxima efetividade, da conformidade funcional, da harmonização, da força normativa da constituição, das leis conforme a constituição e razoabilidade ou proporcionalidade.

Daniel Sarmento[10] ressalta que mudanças paradigmáticas decorrentes do Neoconstitucionalismo envolvem vários fenômenos, dentre os quais a reaproximação entre Direito e Moral, com a penetração cada vez maior da filosofia nos debates jurídicos. Dentre as questões que o paradigma do Neoconstitucionalismo suscita estão os perigos de uma jurisprudência calcada numa metodologia muito aberta.

O fenômeno da interpretação extensiva e abrangente das normas constitucionais pelo Poder Judiciário é apontado como a origem da constitucionalização da ordem jurídica. O protagonismo do Poder Judiciário reclama a busca de legitimidade para essas decisões, que incorporam ao Direito considerações de natureza moral ou relacionadas ao campo empírico subjacente às normas. O Neoconstitucionalismo, portanto, flexibiliza a separação dos poderes e abre espaço ao ativismo judicial em defesa de valores constitucionais, que encontra amparo na Teoria da Democracia Substantiva, enfatizando *o papel criativo da jurisprudência*.

Em suma, o Neoconstitucionalismo traz a valorização dos princípios, a adoção de métodos ou estilos mais abertos ou flexíveis na hermenêutica jurídica, com destaque para a ponderação, abertura da argumentação jurídica à moral, reconhecimento e defesa da constitucionalização do direito e o papel de destaque do Judiciário.

A constituição passa a ser o ponto de partida para a interpretação e a argumentação jurídicas. Retiram-se os códigos do centro do ordenamento jurídico e coloca-se a Constituição. Este o caráter fundamental do denominado Neoprocessualismo[11].

---

10 SARMENTO, Daniel. *O Neoconstitucionalismo no Brasil: riscos e possibilidades. Filosofia e Teoria Constitucional contemporânea*. Editora Lumen iuris. RJ. 2009. pp. 113-146.

11 CAMBI, Eduardo. *Op. cit*

Ao constitucionalizar os mais importantes fundamentos dos direitos materiais e processuais (constitucionalização do direito infraconstitucional), a Constituição altera radicalmente o modo de construção da norma jurídica (exegese). A lei perde sua posição central como fonte de direito e passa a ser subordinada à Constituição, não valendo por si só, mas somente se conformada àquela e adequada aos direitos fundamentais, modificando a atuação do juiz.

O fenômeno da constitucionalização dos direitos e garantias processuais, além de retirar o Código de Processo Civil da centralidade do ordenamento processual, ressalta o caráter publicístico do processo. O processo torna-se um meio à disposição do Estado para a realização da justiça, que é um valor eminentemente social. O processo está voltado à tutela de uma ordem superior de princípios e valores que estão acima dos interesses controvertidos das partes (ordem pública) e que, em seu conjunto, estão voltados à realização do bem comum. Esta visão publicística do processo, imposta pela constitucionalização dos direitos e garantias processuais (Neoprocessualismo), não se esgota na sujeição das partes ao processo, mas também vincula o legislador, o administrador e o juiz. O legislador e o juiz devem construir técnicas processuais adequadas, céleres e efetivas à tutela dos direitos materiais.

Em suma, fatores como o do Código Civil deixar de ser o centro do ordenamento jurídico, o surgimento de microssistemas, a constitucionalização dos direitos materiais e processuais fundamentais, a crescente adoção da técnica legislativa das cláusulas gerais e o aumento dos poderes do juiz explicam o surgimento do Neoprocessualismo[12].

A constitucionalização dos direitos e a máxima efetividade dos preceitos constitucionais levam ao declínio do legicentrismo. Estabelece-se, assim, a segunda premissa do trabalho.

4. Teorias monista, dualista e circular dos planos dos direitos material e processual

O estudo das relações entre processo e direito material nunca saiu de pauta e continua tendo grande valor, porque no atual desenvolvimento do Estado e da sociedade brasileira, revalida-se o papel dos direitos fundamentais essenciais à dignidade humana, que necessitam de efetiva realização.

Nesse contexto, o processo é o caminho para realização com justiça do direito material; é o instrumento com o qual se escreve a nova ordem jurídica, pacifica o conflito e entrega a cada um o que é seu, mediante procedimento em contraditório.

---

12 Esta fase do pensamento jurídico atual contemplaria as seguintes e principais características: (a) reconhecimento da força normativa da constituição, que está no centro do sistema jurídico, com eficácia imediata e independente. Passa-se de um modelo de Estado fundado na lei para um modelo de Estado fundado na constituição; (b) desenvolvimento da teoria dos princípios: deixa de ser técnica de integração do direito e passa a ter eficácia normativa; (c) transformação da hermenêutica jurídica, com reconhecimento do papel criativo e normativo da atividade jurisdicional; (d) expansão e consagração dos direitos fundamentais. DIDIER JR, Fredie. *Teoria do processo e teoria do direito: o neoprocessualismo.In* DIDIER Jr, Fredie (org). *Teoria do processo: panorama doutrinário mundial – vol. 2*. Salvador: Jus Podivm. Pp. 257-263.

O *processo*, enfim, tornou-se o protagonista da Teoria Geral do Processo.

Zaneti Jr.[13] percebeu a importância do *processo* nos debates sobre as teorias *unitária* e *dualista*[14] do ordenamento jurídico e a influência do moderno constitucionalismo nessa discussão. Partindo da premissa que o direito processual e o direito substancial atuam em planos diferentes (o que pegou de empréstimo dos estudos de Fazzalari), propõe a sua *Teoria Circular dos Planos* como alternativa ao impasse entre as teorias *unitária* e *dualista*.

Segundo essa teoria, "o processo devolve (sempre) algo diverso do direito material afirmado pelo autor na inicial, algo que por sua vez é diverso mesmo da norma expressa no direito material positivado. Diverso está aí como elemento de substituição, mesmo que idêntica à previsão legal: a norma do caso concreto passou pela certificação (pelo *accertamento*, como se diz na Itália) do Poder Judiciário. Pode-se dizer, nesse sentido, que entre processo e direito material ocorre uma relação circular, o processo serve ao direito material, mas para que lhe sirva é necessário que seja servido por ele.[15]

O processo constrói uma verdade interna razoável e argumentativa, um "direito material novo". Observa-se, com isso, que a *Teoria Circular dos Planos* se vale da racionalidade material e processual do direito. Considera os dois planos, interdependentes e complementares.

A referida teoria utiliza a *tópica*[16] como técnica de solução de problemas (utilização racional da lei, jurisprudência e doutrina). Considera o processo sempre reflexivo. O direito discutido no processo é sempre incerto, é sempre problemático.

Nesse sentido, o processo toma a situação afirmada como um *topos* argumentativo e serve a lógica para a sua solução. "Como se tem entendido, trata-se de abertura à racionalidade prática procedimental que privilegia o problema, portanto, de

---

13 ZANETI JR, Hermes. *A constitucionalização do processo: o modelo constitucional da justiça brasileira e as relações entre processo e constituição*. 2ª Ed. rev., ampl., alterada – SP: Atlas, 2014. Capítulo 5.

14 Candido Rangel Dinamarco adverte que a opção pela unidade ou dualismo do ordenamento jurídico é uma questão metodológica que se situa à cabeceira da Teoria Geral do Processo, de tal modo que desprezá-la significaria caminhar às escuras entre um emaranhado de institutos cuja disciplina harmoniosa depende da tomada de posição a respeito de um denominador comum, um elemento coordenador. Nesta dissertação adota-se a Teoria Circular dos Planos Material e Processual, em especial para justificar o entendimento de que há atividade criativa do direito no procedimento em contraditório. Para compreender as teorias *unitária* e *dualista* do direito, ver DINAMARCO, Cândido Rangel.*Fundamentos do Processo Civil Moderno*. Tomo I, 3ª Ed. rev. e atual. Malheiros editores. SP, 2000. Capítulos I, II e III. Pp. 27-123.

15 *Ibidem*, p. 191.

16 Um sistema tópico pode ser definido por meio de quatro caracterísitcas: (a) orientação para o problema, (b) ordenação dos tópicos que correspondem ao problema, (c) movimento contínuo através de (d) uma orientação racional. Quem argumenta topicamente parte de enunciados verossímeis, plausíveis, geralmente aceitos ou prováveis. *Vide* VIEHWEG, Theodor. *Tópica e Jurisprudência: uma contribuição à investigação dos fundamentos jurídicos científicos*. Tradução da 5ª Ed. alemã, ver. e ampl., da Profª Kelly Susane Alflen da Silva. – Porto Alegre: Sergio Antonio Fabris Ed., 2008.

abertura para a *lógica dialética*."[17] Ocorre, assim, a legitimação pelo procedimento ligada à pretensão de correção e o *processo* serve como instrumento potencializador da justiça material.

Inegável, portanto, a criação do direito no âmbito do processo. As circunstâncias fáticas afirmadas na petição inicial, mesmo depois de sua comprovação, não denotam automaticamente a incidência do direito in *status assertionis*, que depende da atividade das partes e do juiz no processo judicial. Esta, portanto, a terceira premissa.

5. A instrumentalidade metodológica

Carlos Alberto de Salles entende que a interpretação e aplicação das normas de direito devem levar em consideração os vários escopos aos quais o processo se destina[18]. Propõe, então, um aprofundamento da afirmação de que o processo deve orientar-se de maneira instrumental, relativamente a alguns valores e, especificamente, ao direito material. Uma das premissas do que denomina *instrumentalidade finalista*.

Fácil perceber, de plano, que a sua abordagem parte da *Instrumentalidade processual* de Dinamarco[19] e do *Formalismo-valorativo* de Carlos Alberto Alvaro de Oliveira[20].

A *instrumentalidade processual* de Dinamarco, considerada finalista por De Salles, visaria à efetividade, atribuindo, assim, um horizonte de sentido ao processo. O *Formalismo-valorativo* complementaria a *instrumentalidade finalista*, porque propõe a modulação da forma ou do formalismo processual a partir de algum valor considerado importante, notadamente os valores de justiça, paz social, segurança e efetividade. A instrumentalidade, portanto, mais que efetividade, sob a ótica do *Formalismo-valorativo*, visaria à realização dos valores inspiradores de sua concepção.

A *Instrumentalidade metodológica* difere da *instrumentalidade processual* ou *finalista* porque seu objetivo é levar o sentido instrumental do processo à própria maneira de estudá-lo e, assim, de construir o conhecimento a ele relativo. Afirma-se, a esse propósito, a necessidade de descer ao próprio direito material ou, mais exatamente, às situações controvertidas, ainda que potencialmente consideradas, próprias de uma área específica. Isso se mostra adequado ante a necessidade de apreender as características, premissas e problemas que são próprios a essa área, com o objetivo de construir uma resposta processual adequada às questões a ela peculiares. Ir à raiz e construir uma *instrumentalidade metodológica*.

Propõe-se, desta forma, uma redefinição do objeto de estudo sem se afastar da *instrumentalidade finalista* e do *formalismo-valorativo*.

---

17 *Ibidem*, p. 201

18 SALLES, Carlos Alberto de. *Arbitragem em contratos administrativos*. RJ:Forense, pp. 13-27.

19 DINAMARCO, Cândido Rangel. *A instrumentalidade do processo*. 12ª edição, SP: Malheiros editores, 2005

20 OLIVEIRA, Carlos Alberto Alvaro. *Do formalismo no processo civil*. 3ª Ed., rev., atual. e aumentada. SP: Saraiva, 2009

A direção da *instrumentalidade metodológica* é a especialidade, não a generalidade. A proposta refuta a ideia de normatividade de um processo pronto e acabado[21], com tendência universalizável, e concebe a possibilidade de regras processuais que podem ser quase inteiramente construídas pela vontade das partes. Daí porque os pontos de partida do direito processual seriam os problemas de cada campo específico do direito material e da realidade fática.

Sob esse prisma, a *instrumentalidade metodológica* seria expressão de um método indutivo: a necessidade de adaptação do processo ao sujeito, ao objeto e à sua finalidade.

Uma vez que o direito material não consegue contemplar toda a realidade fática, é necessário analisar a adequação das respostas do direito processual não apenas da perspectiva do direito material, mas também da realidade social na qual está inserido. É nesse ponto que a interdisciplinaridade do direito contemporâneo presta valoroso serviço, notadamente diante dos acréscimos de complexidades jurídica e fática na sociedade.

A possibilidade de adequação das respostas processuais construídas pela vontade das partes não é ilimitada. A constitucionalização dos princípios e as garantias constitucionais definem os padrões de um "processo mínimo"; um quadro de disciplina básica ao qual a disciplina processual deve se conformar, sob pena de inconstitucionalidade. O limite de adequação dessas "normas processuais" construídas pelos interessados diretamente no processo a situações substanciais deve também atender, em princípio, àquele mínimo previsto constitucionalmente.

O "processo mínimo", delineado pelo quadro das garantias constitucionais, cujas normas, de maior abstração, permitem melhor adaptação àquelas circunstâncias estranhas à regulamentação tradicional – e transubstancial – do processo, conferem maior liberdade ao intérprete na aplicação da norma ao caso concreto.

Isso não quer dizer, entretanto, que mesmo o "processo mínimo", cujos contornos vêm desenhados pelas garantias fundamentais constitucionais, seja indiferente à autonomia da vontade, mantendo-se sempre inflexível.

Deste aspecto, cuidar-se-á no próximo tópico.

Por ora, releva destacar que a *instrumentalidade metodológica* fica no plano da epistemologia. Ou seja, a forma como se deve construir o conhecimento no direito processual. Visa à mudança no modo de investigação, alterando a própria definição de seu objeto de estudo, que se desloca – ou ao menos se estende – para as peculiaridades da resposta que lhe é exigida em relação a uma área predefinida. Há o alargamento do campo de investigação do processualista.

---

21 É a denominada *transubstancialidade do processo*. Parte da premissa de que as normas e arranjos processuais são aplicáveis a qualquer tipo de relação de direito material, independente dos diversos campos fáticos e jurídicos em que possa estar inserido. O processo apresentaria certa neutralidade em relação ao direito material e às situações a ele peculiares. A transubstancialidade, enfim, parte do pressuposto que a regra processual deve tender à generalidade ou a um grande número de situações de direito material.

Surge, então, a necessidade de a análise jurídica trabalhar sob uma perspectiva mais aberta, para além do direito material, considerando também a realidade política, econômica e social, ou seja, fatores externos ao próprio Direito.

Fixa-se, assim, a quarta premissa.

6. Garantias fundamentais do processo: o processo mínimo ou justo

A constitucionalização e a internacionalização dos direitos fundamentais, particularmente desenvolvidas na jurisprudência dos tribunais constitucionais e das instâncias supranacionais, revelaram o conteúdo da tutela jurisdicional efetiva como direito fundamental, minudenciado em uma série de regras mínimas a que se convencionou chamar de *garantias fundamentais do processo*, universalmente acolhidas em todos os países que instituem a dignidade da pessoa humana como um dos pilares do Estado Democrático de Direito.

Leonardo Greco abraçou o propósito de delinear o conteúdo mínimo dessas garantias, como regras que devam ser observadas no processo judicial de todos os povos. Para além das regras, quis identificar os *valores* por cujo respeito elas velam.[22]

Reconhecendo a plena necessidade de o processo jurisdicional estatal ser efetivo, o Professor defende, com total acerto, que o processo em si mesmo deve formar-se e desenvolver-se com absoluto respeito à dignidade humana de todos os cidadãos, especialmente das partes, de tal modo que a justiça do seu resultado esteja de antemão assegurada pela adoção das regras mais propícias à ampla e equilibrada participação dos interessados, à isenta e adequada cognição do juiz e à apuração da verdade objetiva. Em síntese, "um meio justo para um fim justo".

Tomando de empréstimo a divisão elaborada por Comoglio, as *garantias fundamentais do processo* foram repartidas em duas classes: as *individuais* e as *estruturais*. Estas se referem às condições prévias de que deve revestir-se a *organização judiciária*; aquelas à proteção dos direitos e interesses subjetivos de cada uma das partes nos casos concretos.

As garantias fundamentais *individuais* consistem em acesso amplo à justiça por todos os cidadãos, imparcialidade do juiz, ampla defesa, direitos do pobre, juiz natural, inércia, contraditório, oralidade, coisa julgada e renúncia à tutela jurisdicional.

As garantias fundamentais *estruturais são a impessoalidade da jurisdição, permanência da jurisdição, independência dos juízes, motivação das decisões, igualdade concreta, inexistência de obstáculos ilegítimos, efetividade qualitativa, procedimento legal, flexível e previsível, publicidade, legalidade estrita no exercício do poder de coerção, prazo razoável, duplo grau de jurisdição e respeito à dignidade humana.*

O resultado dessa investigação e estruturação foi por ele considerada uma tentativa de contribuir para definir as características básicas do processo jurisdicional

---

22 GRECO, Leonardo. *Garantias fundamentais do processo: o "processo justo".InEstudos de Direito Processual*, Ed. Faculdade de Campos, 2005, pp. 225-286.

moderno, especialmente do Processo Civil, em busca de uma nova Teoria Geral, que o desprenda do racionalismo científico e do procedimentalismo codificado para permanentemente confrontá-lo com as exigências funcionais de efetividade dos seus resultados e com as imposições de impostergáveis valores humanitários que dele fazem o instrumento apropriado de tutela de todos os demais direitos.

Importante destacar que as garantias fundamentais do processo aqui apontadas foram estudadas sob o prisma do processo judicial. Se confrontados o rol dessas garantias fundamentais com o das garantias previstas na Lei de Arbitragem[23], percebe-se que estas são substancialmente reduzidas frente àquelas. Nada obstante, não parece razoável taxar de *injusto* o processo que se desenvolve no âmbito de um tribunal arbitral só porque não é revestido de todas as garantias fundamentais consideradas mínimas para um processojudicial.

Carlos Alberto de Salles[24] abordou essa questão com precisão:

> "A Lei da Arbitragem (Lei 9.307/1996), em matéria procedimental, apresenta um diferente desenho desse processo mínimo, confinando a liberdade das partes em matéria de procedimento aos "princípios do contraditório, da igualdade das partes, da imparcialidade do árbitro e de seu livre convencimento" (art. 21). 'Pinçou o legislador dentre os princípios gerais do processo, aqueles capazes de prestar às partes razoável garantia de um julgamento justo.'"

Verifica-se, assim, que os contornos constitucionais do "processo mínimo" quando reduzidos não levam, necessariamente, só por isso, a um resultado injusto, até porque o absoluto respeito ao "processo mínimo" pode conduzir a uma tutela injusta, pois é inerente ao procedimento em contraditório a *pretensão* de correção, não de *certeza* de correção.

O próprio Leonardo Greco, analisando os atos de disposição processual[25], também no âmbito do processo civil judicial, admite a redução do rol das garantias fundamentais, embora o faça com a expressa ressalva de que essa concessão não deva ser interpretada como uma tendência de privatização das relações processuais.

Ele se curva à constatação de que as partes, como destinatárias da prestação jurisdicional, têm interesse em influir na atividade-meio (o processo) e, em certas circunstâncias, estão mais habilitadas do que o próprio julgador a adotar decisões sobre os seus rumos e a ditar providências, desde que em harmonia com os objetivos publicísticos do processo, consistentes em assegurar a paz social e a própria manutenção da ordem pública.

Posta de lado a natureza publicista do processo judicial, há expresso reconhecimento de que são as partes destinatárias da tutela jurisdicional e são os seus interes-

---

23 Art. 21, §2º, da Lei 9.307/1996: "Serão, sempre, respeitados no procedimento arbitral os princípios do contraditório, da igualdade das partes, da imparcialidade do árbitro e de seu livre convencimento.

24 *Op. Cit.* p. 22

25 GRECO, Leonardo. *Os atos de disposição processual – primeiras reflexões. In* Revista Eletrônica de Direito Processual, 1ª edição – outubro/dezembro de 2007, pp. 7-28.

ses que a decisão judicial diretamente atinge. Sob esse prisma, à intervenção judicial ficaria reservado um caráter subsidiário e assistencial.

A autonomia das partes, entretanto, não é ilimitada. A definição dos limites estaria vinculada a três fatores: (i) disponibilidade do próprio direito material posto em juízo, (ii) respeito ao equilíbrio entre as partes e à paridade de armas, e (iii) observância dos princípios e das garantias fundamentais do processo no Estado Democrático de Direito, o que Leonardo Greco denomina *ordem pública processual*.

Ora, mas se ao extenso rol das garantias fundamentais do processo ("processo mínimo") foram acrescidos outros princípios para que juntos constituíssem a *ordem pública processual*, que serve de limite à autonomia da vontade das partes, como conciliá-la à ideia inicial de que são as partes destinatárias da tutela jurisdicional e são os seus interesses que a decisão judicial diretamente atinge, por isso podem dispor de determinados atos processuais e em certas circunstâncias são melhor preparadas até mesmo que o juiz para definir o rumo do processo? Nessa quadra, é possível concluir que a intervenção judicial teria caráter subsidiário e assistencial? O que restaria para disposição das partes? Em quais circunstâncias?

Parece que a resposta a esse aparente paradoxo está na presença do elemento jurisdição estatal.

Com efeito, quando Leonardo Greco analisa o *Pactum de non petendo*, por exemplo, cuja natureza equipara a da renúncia à tutela jurisdicional, ele considera plenamente admissível, desde que as circunstâncias de que se cerque evidenciem que ela foi livre e consciente, não imposta pela necessidade de livrar-se de qualquer espécie de sujeição, nem como condição de acesso a quaisquer bens ou direitos.

Inicialmente, há a impressão que ao cidadão é mais fácil renunciar à tutela jurisdicional do que dispor de algum ato processual quando já sob jurisdição estatal. Percebe-se, no entanto, que essa conclusão é equivocada, pois quando Leonardo Greco vai tratar das *associações de opinião* e a pactuação das chamadas *obrigações de paz* nas relações trabalhistas e em certas comunidades empresariais, embora em um primeiro momento as considere renúncia à jurisdição, mais adiante se corrige e deixa claro que apenas postergam o ingresso em juízo, ou, melhor dizendo, estabelecem uma ausência temporária da possibilidade de ingresso em juízo, portanto não seria renúncia à jurisdição.

Em outras palavras, fora da jurisdição estatal, mas sempre contando com a possibilidade de acioná-la, o cidadão teria ampla autonomia de vontade; sob jurisdição estatal, sua liberdade, em termos de disposição processual, ficaria substancialmente reduzida.

Acredita-se que tal conclusão passa pela discussão entre *publicismo* e *privatismo*, mas não se pretende ingressar nessa seara, pois fugiria ao escopo do trabalho. Também não há aqui o intento de definir os contornos da jurisdição.

O que interessa neste tópico é a conclusão de que fora do Judiciário e da Administração Pública existe processo — sem que se afaste dos seus escopos de pacificação social e manutenção da ordem pública — e que a autonomia da vontade está diretamente relacionada com o tamanho do rol das garantias fundamentais do "processo mínimo"; mais autonomia, mais possibilidade de redução das garantias fundamentais processuais, e vice-versa. Esta, pois, a quinta premissa.

7. Tutela processual

Heitor Sica, em significativo trabalho[26], reavalia a importância atual da Teoria Geral do Processo. Após breve retrospectiva de suas origens, na Itália e no Brasil, e das históricas críticas que lhe foram dirigidas, concluiu que houve sensível diminuição da relevância da aproximação científica entre processo civil e penal especialmente a partir da Constituição Federal de 1988, que enunciou expressamente diversos princípios comuns a esses dois ramos do direito processual. A partir daí, identificou novos campos em que a teoria prestaria relevantes serviços: no processo administrativo e em diversos fenômenos processuais verificados em relações puramente privadas (processos não estatais).

A partir das duas funções da Teoria Geral do Processo que, conforme se disse antes, aqui identificadas como sendo a de (i) elaborar, organizar e articular os *conceitos jurídicos fundamentaisprocessuais*, mas também a de (ii) definir uma *base comum de normas jurídicas processuais fundamentais*, a teoria ainda continua sendo extremamente importante para o estudo da Ciência do Direito Processual.

Com efeito, se sob o prisma da sua vertente principiológica (chama-se assim a *base comum de normas jurídicas processuais fundamentais*) a Teoria Geral do Processo foi capaz de aproximar, inicialmente, o Direito Processual Civil do Direito Processual Penal e posteriormente todos os processos jurisdicionais (trabalhista, militar, eleitoral etc); e mais tarde estender a todos os processos administrativos (procedimentos em contraditório que tramitam no âmbito estatal) as garantias processuais fundamentais constitucionais, implícitas ou explícitas, acredita-se que hoje ainda contribua para alcançar os processos não-estatais (que tramitam na esfera privada).

A aproximação entre processos jurisdicionais e processos estatais, de um lado, e processos não-estatais, de outro, obedece à lógica distinta da utilizada pela Teoria Geral do Processo para aproximar aqueles dois tipos de processo (jurisdicionais e estatais). Se na aproximação entre aqueles visou-se à proteção do cidadão frente aos arbítrios do Estado, na aproximação dos processos não-estatais daqueles dois grupos tem-se a proteção dos cidadãos frente a outros cidadãos.

Isso é possível por meio da teoria dos *direitos fundamentais* que, modernamente, consideram-se aplicáveis igualmente na esfera das relações privadas, por se considerar que os *particulares* também são sujeitos das obrigações correlatas aos direitos fundamentais.[27]

---

26 SICA, Heitor. *Perspectivas atuais da "teoria geral do processo"*. Disponível em www.academia.edu.

27 SARLET, Ingo Wolfgang. *A eficácia do direito fundamental à segurança jurídica: dignidade da pessoa humana, direitos fundamentais e proibição do retrocesso social no direito constitucional brasileiro. In Constituição e segurança jurídica: direito adquirido, ato jurídico perfeito e coisa julgada*. NH: Fórum, pp. 85-129

Por outro lado, sob o prisma da sua vertente conceitual (elaborar, organizar e articular os *conceitos jurídicos fundamentaisprocessuais*) a Teoria Geral do Processo também seria útil a essa aproximação, sobretudo ao definir o que é *processo*.

Heitor Sica, valendo-se do estudo de Elio Fazzalari, de que processo é *procedimento animado pelo contraditório*, conceito que já havia chamado a atenção de Dinamarco e hoje é amplamente aceito por prestigiada e respeitada doutrina (por todos, Carlos Alberto Alvaro de Oliveira e Hermes Zaneti Jr.), define processo como sendo *método de trabalho* limitado por *formas* previamente estabelecidas e com *participação dos interessados* (contraditório), pelo qual há *exercício motivado de poder*, visando um resultado baseado na *aplicação do direito*.

A partir dessa conceituação é impossível negar a existência de processo no âmbito das denominadas *associações de opinião*[28] e condomínios edilícios, por exemplo.

É preciso reconhecer, também, que os processos desenvolvidos na esfera de entes privados podem (legítima e autonomamente) resultar em modificações na esfera jurídica de particulares a eles submetidos, com base no *poder de autorregulação*.

Daí porque falar em *tutela processual*, uma tutela pelo processo, e não pela jurisdição. Evidente que a tutela processual não afastaria a jurisdição estatal, mas talvez limitasse a sua intervenção e assim conferisse algum grau de vinculação (das partes) e estabilização ao resultado do processo.

Neste trabalho, entende-se que a autorregulação associada à existência de um processo revestido de certas garantias têm igual ou, quem sabe, até maior relevância que a jurisdição estatal na consecução da pacificação social. Eis a sexta premissa.

8. A confiança no juiz influenciou a evolução histórica das famílias de *civil law* e *common law*, assim como a teoria da interpretação

O Poder Judiciário francês, antes da Revolução (1789), era constituído por juízes integrantes da aristocracia, em cujo nome atuavam sob as togas. Não gozavam da confiança dos revolucionários, notadamente porque não tinham compromisso com os valores da igualdade, da fraternidade e da liberdade.

28 Associações de opinião são entidades que congregam pessoas partidárias de certas correntes políticas, integrantes de determinados grupos étnicos ou religiosos, simpatizantes ou praticantes de determinado esporte ou hobby que, em benefício da fidelidade e da coesão de todos os participantes em torno das regras comuns de convivência, renunciam a disputar na justiça estatal eventuais divergências surgidas no seio da respectiva associação. TROCKER, na sua principal obra, mostrou como a sociedade européia respeita essa autonomia das associações privadas, desde que elas sejam capazes de estruturar internamente órgãos de solução de conflitos entre os associados, dotados da necessária independência em relação às suas esferas dirigentes, e desde que no processo interno de apuração e imposição de sanções aos associados sejam assegurados o contraditório, a ampla defesa e a motivação das decisões. No Brasil, temos uma limitada experiência desse tipo, não propriamente de renúncia à jurisdição, mas de postergação da sua invocação, nas associações desportivas, por força do disposto no art. 217 da Constituição Federal." GRECO, Leonardo. *Op. Cit.* p. 15.

Efetivada a Revolução, prevalecem as ideias de Montesquieu, em especial no que se refere à completa separação dos Poderes Legislativo e Judiciário, que deveriam ter funções bastante claras e distintas. O objetivo era limitar a atividade do Judiciário, subordinando-o de forma rígida ao Parlamento, cujos integrantes representavam a vontade do povo. Ainda de acordo com as ideias de Montesquieu, o "poder de julgar" deveria ser exercido através de uma atividade intelectual puramente cognitiva. Ou seja, o juiz investigava o Direito "escondido" por detrás do texto legal e o revelava. Não havia criação, mas simples declaração. O resultado da interpretação era um enunciado descritivo. Desta forma, o poder dos juízes ficaria limitado a afirmar o que o Legislativo já havia dito. Se assim o era, a legislação deveria ser clara e capaz de dar regulação a todos os litígios. Daí porque os Códigos deveriam ser claros, coerentes e completos.

Paralelamente, o racionalismo exacerbado, típico da época, fazia acreditar que a atividade judicante poderia ficar restrita à subsunção do fato à norma, aqui confundida com a lei. Daí nasceu o dogma de que o juiz não interpreta a lei. É o "juiz boca da lei".

Nesse contexto, nasce o Tribunal de Cassação, órgão que inicialmente não integrava a estrutura do Judiciário e também por isso se limitava a verificar se a decisão judicial havia conferido a adequada interpretação da lei. Caso não o tivesse, cassava e devolvia o processo à origem, para que a questão jurídica fosse reavaliada e proferida interpretação adequada da lei.

Desta forma, mantinham-se os juízes presos à lei, promovendo a almejada segurança jurídica. A certeza do direito estaria na aplicação estrita da lei, ou seja, na própria lei. Nesta época, tinha-se a falsa noção de que a lei revestia-se de caráter geral, abstrato, coerente e fruto da vontade homogênea do povo, representados no Poder do Legislativo[29], assim como o Direito seria completo.

Essa modalidade de interpretação deu origem ao *slogan* do sentido exato da lei e serviu de fundamento à corte suprema, cuja função é a correção da legalidade das decisões.

Do outro lado, está a tradição do *common Law*. Diferentemente da Revolução Francesa, a Revolução Gloriosa, ocorrida na Inglaterra em 1688, não causou a ruptura do sistema jurídico; ao contrário, solidificou-o. Os legisladores e os juízes desfrutavam de confianças recíprocas e também do Povo. Não havia a intenção de limitar os poderes dos juízes, pois eram aliados do regime contrário à Monarquia. Nesse contexto, o juiz inglês conserva amplo poder para regular os casos concretos, tendo o direito como pano de fundo. Daí exsurge a idéia de que *judge-made Law*, ou seja, o juiz cria o direito, não simplesmente o revela, advindo a necessidade de reforçar e uniformizar a jurisprudência, que é fonte de Direito, assim como a cultura de respeito aos precedentes, que vinculariam até mesmo as cortes que o criassem (*stare decisis*).

Paralelamente, as teorias da interpretação e do Direito evoluem, desvinculando a norma do texto. O texto legal não é unívoco e a norma não preexiste. A norma é fruto

---

29 MARINONI, Luiz Guilherme. *Precedentes obrigatórios*. 4ª ed. Rev., atual. E ampl. – SP:Editora Revista dos Tribunais, 2016. pp. 42-55.

da interpretação do texto e esta é feita pelo juiz, diante do caso concreto. O Direito é, portanto, indeterminado; basicamente por duas razões: os textos em que vazados são equívocos e as normas são vagas.

Daniel Mitidiero diz que "os textos são equívocos porque ambíguos, complexos, implicativos, defectivos e por vezes se apresentam em termos exemplificativos ou taxativos. As normas são vagas porque não é possível antever exatamente quais são os fatos que recaem nos seus respectivos âmbitos de incidência."[30]

Amparado na doutrina de Riccardo Guastini[31], esclarece "que um texto é equívoco porque dá azo a *dúvidas interpretativas a respeito do seu significado*, seja porque ambíguo, complexo, implicativo, defectível ou redigido de forma aberta ou fechada. Um texto é *ambíguo* quando dá lugar a dois ou mais significados possíveis excludentes – significa uma coisa ou outra. É *complexo* quando dá lugar a dois ou mais significados possíveis concorrentes – significa uma coisa e outra. É *implicativo* quando dá lugar logicamente a outro. É *defectível* quando o texto está sujeito a exceções implícitas. Por fim, os textos podem ainda ser equívocos por força do modo com que redigidos, se aludindo a *simples exemplos* ou se contendo uma *pretensão de taxatividade* – em um e em outro caso a *analogia* e o *argumento analógico* são fatores de equivocidade textual."[32]

As normas, por sua vez, também são vagas, porque dão lugar a dúvidas interpretativas a respeito dos casos que recaem ou não sob o campo de aplicação. São vagas porque se valem de predicados para comunicar aquilo que esperam de seus destinatários.[33]

Se por um lado o texto e a norma são equívocos, gerando a indeterminação do Direito, este precisa ser determinado para cumprir os seus propósitos de liberdade e igualdade. A interpretação é o mecanismo de redução desta indeterminação. Mas não é qualquer interpretação que serve a este propósito. É preciso que seja empreendida de forma racional. A atividade do intérprete deve ser justificada e o seu resultado há de ser coerente e universalizável.

Essa modalidade de interpretação, lógico-argumentativa ou cética, substitui a lógico-dedutiva (simples subsunção do fato ao texto legal) ou formalista e introduz outros elementos na equação anterior, como, por exemplo, racionalidade e valor.

Percebe-se, deste modo, que a confiança depositada pela sociedade em seus juízes influenciou sobremaneira a evolução histórica das famílias do *civil Law* e *Common Law*, mas também a Teoria da Interpretação: mais confiança, mais poder aos juízes e o reconhecimento de que participam da criação do Direito. Fixa-se, assim, a sétima premissa.

---

30 MITIDIERO, Daniel. *Precedentes: da persuasão à vinculação*. SP, editora revista dos tribunais. 2016. P. 65.

31 GUASTINI, Ricardo. *Interpretare e Argomentare*. Milano: Giuffrè, 2011. P.39 e seguintes

32 *Ibidem*, pp. 40-44.

33 *Ibidem*, pp.52-53.

9. Breves notas sobre precedente judicial como fonte de direito e seu caráter vinculante

O advento do Código de Processo Civil de 2015 e sua tentativa[34] de introduzir no ordenamento jurídico brasileiro o dever de observação de precedentes judiciais ensejou na doutrina especializada intenso debate sobre o tema, notadamente em relação à compreensão do conteúdo e extensão dos artigos 926 e 927.

As discussões são muitas e variam em diversos aspectos da questão. Desde o que seria precedente no rol do artigo 927, passando pela sua natureza exaustiva (ou não) até chegar ao grau de diferenciação de vinculação (alguns vinculariam mais que outros).[35]

A resposta a cada uma dessas questões, e outras mais relativas à compreensão e uso de precedentes judiciais, depende, principalmente, da premissa teórica da qual se parte. No caso brasileiro, ainda é cedo para chegar a alguma conclusão, pois o Código de Processo Civil de 2015 não deixa claro, em sua inteireza, o arcabouço teórico que fomentou a edição do conteúdo dos artigos 926 e 927, assim como o seu pouco tempo de vigência não permitiu ao Poder Judiciário absorver a inovação e externar a sua compreensão.

Há, entretanto, o entendimento quase uniforme de que se deve seguir precedentes. As razões são várias. Respeitar precedente judicial promoveria o princípio da igualdade formal, na medida em que conferiria igual solução para questões jurídicas substancialmente similares; também promoveria o princípio da segurança jurídica por meio da tutela da confiança, pois daria mais cognoscibilidade e calculabilidade ao Direito; permitiria maior controle do poder do juiz, haja vista a mitigação do livre convencimento; tornaria o sistema mais coerente e estável, além de mais eficiente, dentre outras.

Embora existam boas e fundadas razões para que o juiz subsequente, diante de caso substancialmente similar, adote a regra ou princípio fixado em julgamento anterior, a verdade é que pairam diversas dúvidas sobre o grau de vinculação do precedente judicial.

Normalmente a definição de se o precedente é obrigatório ou não está atrelada à compreensão das fontes do direito[36], à posição hierárquica da corte de produção

---

34 Digo tentativa, porque decorrido aproximadamente um ano meio desde quando entrou em vigor o Código de Processo Civil de 2015, ainda não é possível concluir se o Poder Judiciário brasileiro de fato absorverá a doutrina do *stare decisis* e, neste caso, de que forma o fará. Por outro lado, a doutrina contemporânea brasileira, pós CPC/2015, ainda diverge, e muito, sobre diversos aspectos da Teoria dos Precedentes, especialmente em relação ao seu caráter vinculante.

35 Apenas para exemplificar a miríade de discussões doutrinárias acerca do que seria precedente e sua vinculatividade: Luiz Guilherme Marinoni, *Precedentes Obrigatórios*. São Paulo: Ed. RT, 2016; Daniel Mitidiero, *Precedentes da persuasão à vinculação*. São Paulo: Ed. RT, 2016; Hermes Zaneti Jr. *O valor vinculante dos precedentes*. Salvador: Ed: JusPodivm, 2016. Lucas Buril de Macêdo. *Precedentes judiciais*. Salvador: Ed. JusPodivm, 2016. Juraci Mourão Lopes Filho. *Os precedentes judiciais*. Salvador: Ed. JusPodivm, 2016.

36 Considero precedente judicial fonte de direito e para isso me valho da lição de Miguel Reale: "... sendo o *poder* um *elemento essencial* e *consubstancial* ao conceito de *fonte do direito*, esta se di-

do precedente, à competência de decisão sobre a matéria e à previsão de controle e correção, em caso de desrespeito ao precedente.

Estas noções sobre precedente judicial e sua natureza vinculativa são necessárias para uma melhor aproximação do problema.

10. Árbitros seguem precedentes?

Talvez mais importante até do que definir se árbitros devem seguir precedentes judiciais é saber se, independentemente de haver obrigação nesse sentido, eles seguem precedentes, judiciais ou arbitrais.

A transferência das disputas da jurisdição estatal para arbitragem pode trazer muitas consequências. A principal delas talvez seja a crença em que os árbitros não sigam ou criem precedentes. A visão mais comum é que as arbitragens sejam fundamentalmente *ad hoc* – desvinculadas de regras e princípios utilizados para resolver disputas passadas. E porque a revisão judicial é limitada, os árbitros seriam livres para aplicar incorretamente, ou mesmo desconsiderar, o direito sem receio de serem corrigidos.[37]

---

versifica em tantas modalidades ou tipos quantas são as formas do *poder de decidir* na experiência social. A meu ver, quatro são as fontes de direito: a *legal*, resultante do poder estatal de legislar editando leis e seus corolários normativos; a *consuetudinária*, expressão do poder social inerente à vida coletiva e revelada através de sucessivas e constantes formas de comportamento; a *jurisdicional*, que se vincula ao Poder Judiciário, expressando-se através de sentenças de vários graus e extensão; e, finalmente, a *fonte negocial*, ligada ao poder que tem a vontade humana de instaurar vínculos reguladores do pactuado com outrem." (*Fontes e modelos do direito*. São Paulo: Ed. Saraiva, 1994. P. 12)

---

37 Guilherme Rizzo Amaral aborda, com precisão, a dificuldade para se vincular os árbitros aos precedentes judiciais: "Os precedentes funcionam em duas perspectivas diferentes. A perspectiva vertical implica que tribunais inferiores e juízes em geral estão vinculados por precedentes de tribunais superiores na mesma jurisdição. Os tribunais superiores podem, evidentemente, ser persuadidos por precedentes de tribunais inferiores, assim como os tribunais paralelos podem ser persuadidos por precedentes uns dos outros. No entanto, quando se trata de diferentes tribunais, os efeitos obrigatórios só podem ser alcançados quando a hierarquia está em jogo. A perspectiva horizontal, por outro lado, implica que qualquer tribunal deve seguir seus próprios precedentes, mesmo quando eles resultam de decisões tomadas por um painel de juízes totalmente diferente. Essa é a idéia básica por trás do stare decisis (guarde o que foi decidido). O problema com essas idéias básicas é que elas não são adequadas para explicar o poder dos precedentes judiciais sobre os árbitros. Os motivos parecem óbvios: por um lado, não existe uma hierarquia entre tribunais arbitrais e tribunais judiciais. Nem mesmo o tribunal constitucional mais elevado tem voz sobre o que os árbitros decidem fazer ou não fazer, nem desempenham qualquer função hierárquica em relação aos árbitros. Independentemente do exercício do verdadeiro poder jurisdicional, os árbitros não fazem parte do próprio sistema judicial. Em segundo lugar, *stare decisis* obviamente não resolve o problema, pois um sempre trataria de diferentes tribunais (tribunal judicial e tribunal arbitral). Portanto, as perspectivas verticais e horizontais não podem explicar o efeito vinculativo dos precedentes judiciais em árbitros." *(Judicial precedent and arbitration – are arbitrators bound by judicial precedent? A comparative study among England, Scotland, the United States and Brazil).*

Se essa visão é correta, os árbitros, ao contrário dos juízes estatais, não seguiriam o direito nem contribuiriam para o seu desenvolvimento; eles poderiam não seguir precedentes obrigatórios, muito menos suas decisões serviriam como precedentes para a solução de casos futuros.

Pior ainda, removendo casos da justiça estatal, a arbitragem reduziria o fornecimento de precedentes para a sociedade em geral. Nesse sentido, a arbitragem acabaria resultando na destruição do próprio direito[38].

Essas preocupações, conforme concluiu W. Mark C. Weidemaier[39], após profunda pesquisa em alguns segmentos da arbitragem no âmbito dos Estados Unidos da América, são relevantes, mas provêm de um "conhecimento folclórico" da arbitragem. A realidade é que se sabe muito pouco sobre como os árbitros se comportam e o que se sabe vem, via de regra, de estudos de arbitragem internacional.

Um ponto a ser fortemente considerado na investigação é que as partes, na arbitragem ou no juízo estatal, normalmente são representadas por advogados que, com formação jurídica, invariavelmente utilizam argumentos jurídicos. Os árbitros, por sua vez, também costumam ter formação jurídica. Daí porque não parece razoável, em um sistema jurídico fulcrado na tradição de seguir precedentes, pressupor que árbitros não seriam sensíveis a argumentos fundados em precedentes judiciais.

No âmbito da experiência brasileira, a semelhança entre o processo arbitral e o judicial reforça o ceticismo sobre o papel do precedente em arbitragem, uma vez que há pouco tempo os precedentes judiciais sequer possuíam força vinculante mesmo dentro do Poder Judiciário e atualmente, conforme se viu, ainda há sérias dúvidas sobre qual precedente (e o que) vincula e em que grau.

Um outro motivo que questiona a força do precedente judicial na arbitragem é que as partes poderiam escolher a arbitragem porque desejariam criar um tipo de precedente diferente, um conjunto de regras mais adequadas às suas necessidades

---

38 Essa visão é típica do *common* Law, que atribui, a nosso ver, demasiado peso à importância dos precedentes para o desenvolvimento do direito. Veja-se: "...à medida que a arbitragem se torna mais prevalente, o fornecimento de precedentes irá diminuir gradualmente. A preocupação aqui não é (ou não apenas) que os árbitros ignorarão a lei conforme anunciado por Tribunais e outros atores públicos. É que os árbitros não criarão direito por conta própria – ou seja, que nem os árbitros nem os juízes verão as sentenças passadas de arbitragem como precedentes relevantes. O sistema judicial recebe subsídios públicos, em parte, porque os juízes produzem bens sociais como precedente. Na medida em que a arbitragem destrói o processo estatal como meio de resolver disputas, a tarefa de produzir esses bens cada vez mais cai em árbitros financiados com fundos privados. Porque muitos acreditam que as sentenças de arbitragem têm valor precedente limitado, a implicação é que o direito não evoluirá como seria em um sistema de direito comum presidido por juízes. Como resultado, o direito pode não se desenvolver para acomodar mudanças sociais, tecnológicas e outras." (Weidemaier WMC. *Judging-lite: how arbitrators use and create precedent*. North Carolina Law Review. 2012; 90(4):1099.

39 Weidemaier WMC. *Judging-lite: how arbitrators use and create precedent*. North Carolina Law Review. 2012; 90(4):1091-1146.

do que as regras criadas pelo Estado[40]. Em tal sistema, os árbitros substituiriam juízes, legisladores e outros atores estaduais como produtores de lei.

Se as partes na arbitragem são totalmente informadas, celebraram o acordo em igualdade de condições e o direito é disponível, qual seria, então, o problema de não seguir precedente judicial obrigatório?

As objeções consistiriam nas arbitragens entre empresas e consumidores ou franqueadores e franqueados, por exemplo, e sobre disputas decorrentes de Direito Público, envolvendo a Administração. Nesses casos, se os árbitros desenvolvessem suas próprias regras, então a arbitragem serviria para alcançar algo que no juízo estatal não seria possível. Se isso fosse verdadeiro, precedentes judiciais concebidos para remediar a hipossuficiência do consumidor, *v.g.*, poderiam ser substituídos por um sistema de regras desenhado por atores privados, favorecendo as empresas em detrimento dos consumidores.

O medo mais comum na arbitragem, entretanto, é que os árbitros não sigam nem criem precedentes, preferindo aplicar soluções salomônicas, com base na equidade, em vez de respeitar as regras de direito substantivo.

Embora sejam amplamente difundidas, essas preocupações não têm suporte em evidências. Nos Estados Unidos da América, afirma-se que os árbitros ignoram precedentes relevantes e não produzem precedentes porque a arbitragem é rápida, barata, informal e equitativa. Se isso é realmente correto, caso alguma pesquisa de arbitragem no Brasil concluísse que árbitros não respeitam precedentes obrigatórios, com absoluta certeza as razões não seriam aquelas, pois aqui a arbitragem não é tão rápida e informal quanto as partes gostariam; é, via de regra, muito mais custosa do que o processo judicial estatal; e a opção pela equidade é a exceção.

Em verdade, e ainda com base na investigação de W. Mark C. Weidemaier, a evidência existente mostra um quadro bem diferente do que, em geral, se pressupõe. A depender da área da arbitragem, verificou-se que em mais de 80% das sentenças arbitrais foram mencionados precedentes judiciais, este o caso de litígios envolvendo *class actions*. Na outra ponta, em menos de 5% das sentenças arbitrais dos litígios de valores mobiliários foram encontrados precedentes judiciais. Percebeu-se, também, que quando a disputa envolve direito contratual e muita matéria de fato, utilizam-se menos precedentes judiciais, ao passo que se o litígio está centrado na interpretação de legislação, os árbitros costumam fundamentar suas decisões em precedentes judiciais.

Enfim, as poucas evidências existentes sobre o uso de precedentes judiciais por árbitros, que não incluem o Brasil e foram colhidas em países de tradição no *common*

40 Guilherme Rizzo Amaral noticia que "o Comitê Brasileiro de Arbitragem – CBAr – realizou uma pesquisa entre os praticantes de arbitragem em que uma das perguntas era qual a vantagem mais importante da arbitragem em relação ao poder judicial. As três respostas mais bem classificadas foram o tempo médio para obter uma decisão final, com 37%; A natureza técnica e a qualidade das decisões arbitrais, com 27%; E a possibilidade de nomear ou participar da indicação de um árbitro, com 10%." *(Judicial precedent and arbitration – are arbitrators bound by judicial precedent? A comparative study among England, Scotland, the United States and Brazil)*

Law, revelam ser muitas as variáveis que influenciam os árbitros a fundamentar, ou não, suas sentenças em precedentes judiciais; nenhuma delas, ao que parece, tem a ver com o fato de o precedente judicial ser formalmente vinculante.

11. A autonomia da vontade e o acordo como fonte normativa

Carlos Alberto Carmona diz que a convenção de arbitragem tem dois aspectos: primeiramente, trata-se de um acordo de vontade entre as partes, que tem efeito vinculante entre elas quanto a litígios futuros ou atuais, obrigando-as à submissão do juízo arbitral; em segundo lugar, pode ser considerada um pacto processual, que visa derrogar a jurisdição estatal, submetendo-se as partes à decisão dos árbitros.[41]Evidente, portanto, a natureza contratual da convenção de arbitragem e, sendo assim, é fonte de direito.[42]

A lei e os precedentes judiciais também são fontes de direito. A questão que se coloca é se a convenção de arbitragem que elege o Direito brasileiro pode prever, expressamente, que os árbitros não têm o dever de seguir precedentes judiciais. Em outras palavras: podem as partes acordar a não incidência do artigo 927 do Código de Processo Civil? A resposta é positiva.

Com efeito, admitindo-se, apenas para argumentar, que precedentes judiciais vinculariam os árbitros, mesmo nessa hipótese as partes poderiam afastar o efeito vinculante previsto no artigo 927 do Código de Processo Civil. Isso porque, conforme destaca Antonio do Passo Cabral, nada no texto constitucional atribui reserva de lei para a norma processual, admitindo-se regras costumeiras ou negociais como fontes[43], razão pela qual a lei deve ceder em favor do contrato e do acordo entre as partes como instrumentos de produção normativa, haja vista tratar-se de uma forma de autorregulação diversa da lei, porém autorizada pelo ordenamento jurídico.[44]

Ademais, convém observar que ao contrário do atual Código de Processo Civil, que extirpou do seu texto o princípio do livre convencimento do juiz (a fim de se harmonizar à doutrina do *stare decisis*), este se manteve hígido no artigo 21, §2º, da Lei nº 9.307/1996, mesmo diante da reforma promovida por meio da recente Lei nº 13.129/2015. Salvo tratar-se de um equívoco do legislador, na jurisdição estatal os precedentes vinculam formalmente o juiz e na jurisdição privada prevalece o princípio do livre convencimento do árbitro. Isso reforça, ainda mais, a conclusão que as partes podem blindar os árbitros do dever de seguir precedentes judiciais.

---

41 CARMONA, Carlos Alberto. *A Arbitragem e Processo: um comentário à Lei nº9.307/96*. São Paulo: Malheiros, 1998, p.73.

42 "Para o jurista o problema essencial que se lhe põe é o estudo daquilo que foi processado e formalizado, isto é, positivado numa lei, num costume, numa sentença ou num contrato, que são as quatro fontes por excelência do Direito". REALE, Miguel. *Fontes e modelos do direito: para um novo paradigma hermenêutico*. São Paulo: Saraiva, 1994, p.2.

43 CABRAL, Antonio do Passo. *Convenções processuais*. Salvador: Ed. Juspodivm, 2016, p. 165.

44 *Ibidem*, p. 165-166.

Se o dever de respeitar precedentes judiciais provém de uma lei geral ordinária (Código de Processo Civil) e se a arbitragem é prevista em lei especial, que não impõe aos árbitros o dever de seguirem precedentes judiciais, têm as partes o direito de disporem, expressamente, nesse sentido[45]-[46].

Reconhece-se que o debate acerca da vinculação dos árbitros aos precedentes judiciais é mais extenso e complexo. Contudo, o propósito deste trabalho é demonstrar a legalidade da convenção arbitral que afasta a vinculação da sentença arbitral aos precedentes judiciais, para essa finalidade os fundamentos aqui expostos são suficientes.

12. Conclusão

A Teoria Geral do Processo elabora, organiza e articula os *conceitos jurídicos fundamentais processuais*, mas também define a *base comum das normas jurídicas processuais fundamentais*, por isso interessa a este estudo, porque ajuda a compreender os contornos da autonomia da vontade e da liberdade de autorregulação das partes quando da elaboração da convenção arbitral.

O Neoconstitucionalismo e o Neoprocessualismo enfraquecem o legicentrismo e colocam a Constituição Federal no centro do ordenamento jurídico. Disso se extrai, dentre muitas, relevante consequência: o núcleo das garantias fundamentais do processo repousa na Constituição Federal, não necessariamente na lei. É, portanto, notadamente na Constituição Federal que as partes encontrarão os fundamentos e os limites da liberdade para a autorregulação da solução de seus conflitos.

Além disso, a Teoria Circular dos Planos Material e Processual reforça a conclusão de que o juiz cria o Direito, não apenas o revela, e isso se faz no âmbito do processo, aqui considerado procedimento em contraditório colaborativo, com pretensão de correção. Tem, portanto, o processo, substancial importância para a pacificação do litígio.

Se as partes, destinatárias da tutela jurisdicional a ser prestada pelos árbitros que elegeram, porque neles confiam, podem, nos termos do disposto no artigo 2º, §1º, da Lei nº 9.307/96, escolher, livremente, as regras de direito que serão aplicadas na arbitragem, evidente que lhes é autorizado privilegiar o entendimento dos árbitros sobre determinada questão jurídica em detrimento do precedente judicial vinculante, fruto da interpretação dos tribunais estatais. A toda evidência, convenção arbitral nesse sentido não viola os bons costumes e a ordem pública.

---

45 "Necessário dizer algo mais sobre as fontes do direito, que são sempre estruturas normativas que implicam a existência de alguém dotado de um poder de decidir sobre o seu conteúdo, o que equivale a dizer um poder de optar entre várias vias normativas possíveis, elegendo-se aquela que é declarada obrigatória, quer *erga omnes*, quer *inter partes*, como se dá no caso da fonte jurisdicional ou na fonte negocial". REALE, Miguel. *Op. Cit.* p. 11.

46 "Quando uma lei, uma sentença, um costume ou um negócio jurídico são produzidos de acordo com os parâmetros superiores que disciplinam sua elaboração, eles adquirem juridicidade, determinando o que pode e deve ser considerado 'de direito' por seus destinatários.". REALE, Miguel. *Op. Cit.* p. 14.

Por outro lado, não impressiona o entendimento majoritário de que o precedente judicial é fonte normativa de Direito, com o que se concorda. A convenção arbitral, que tem natureza contratual, também é fonte normativa de Direito, devendo ser privilegiada, no âmbito da arbitragem, as regras estipuladas pelas partes e a compreensão do Direito conforme entendimento do árbitro a quem confiaram a solução do litígio.

13. Referências bibliográficas

AMARAL, Guilherme Rizzo. *Judicial precedent and arbitration – are arbitrators bound by judicial precedent? A comparative study among England, Scotland, the United States and Brazil.*

BARROCAS, Manuel Pereira. *A razão por que não são aplicáveis à arbitragem nem os princípios nem o regime legal do processo civil. In* Revista de Arbitragem e Mediação. Ano 14, Vol. 52, jan-mar./2017. Pp. 369-374.

BARROSO, Luis Roberto. *Neoconstitucionalismo e constitucionalização do direito. O triunfo tardio do direito constitucional no Brasil.* Disponível em http://www.luisrobertobarroso.com.br/wp-content/themes/LRB/pdf/neoconstitucionalismo_e_constitucionalizacao_do_direito_pt.pdf. Acessado em 16.09.2016, às 17h:15min.

CABRAL, Antonio do Passo. *Convenções processuais.* Salvador: Ed. Juspodivm, 2016

CAMBI, Eduardo. *Neoconstitucionalismo e Neoprocessualismo.*Revista 2008.2-17-Professor Luiz de Pinho Pedreira.Pp. 93-129.

CARMONA, Carlos Alberto. *A Arbitragem e Processo: um comentário à Lei nº9.307/96.* São Paulo: Malheiros, 1998

CINTRA, Antonio Carlos de Araújo; GRINOVER, Ada Pellegrini; DINAMARCO, Cândido Rangel. *Teoria Geral do Processo.* Malheiros editores, SP, 11ª ed. rev. e atualizada. 1995

CRUZ E TUCCI, José Rogério. *O árbitro e a observância do precedente judicial.* Disponível em http://www.conjur.com.br/2016-nov-01/paradoxo-corte-arbitro-observancia-precedente-judicial. Acessado em 29/09/2017, às 14h:18min.

_______________. *O árbitro, assim como o juiz togado, pode muito, mas não pode tudo.* Disponível em http://www.conjur.com.br/2016-dez-13/paradoxo-corte-arbitro-assim-juiz-togado-nao-tudo. Acessado em 29/09/2017, às 14h:23min.

DIDIER JR, Fredie. *Curso de direito processual civil: introdução ao direito processual civil, parte geral e processo de conhecimento.* 18ª Ed. Salvador. Ed. Jus Podivm, 2016

_______________. *Teoria do processo e teoria do direito: o neoprocessualismo.In* DIDIER Jr, Fredie (org). *Teoria do processo: panorama doutrinário mundial – vol. 2.* Salvador: Jus Podivm. Pp. 257-263.

DINAMARCO, Cândido Rangel. *Fundamentos do Processo Civil Moderno.* Tomo I, 3ª Ed. rev. e atual. Malheiros editores. SP, 2000. Capítulos I, II e III. Pp. 27-123.

_______________.. *A instrumentalidade do processo.* 12ª edição, SP: Malheiros editores, 2005

FARIA, Marcela Kohlbach de. *Vinculação do árbitro aos precedentes judiciais após a vigência do CPC/2015.* Disponível em https://processualistas.jusbrasil.com.br/artigos/412259718/vinculacao-do-arbitro--aos-precedentes-judiciais-apos-a-vigencia-do-cpc-2015 , acessado em 29/09/2017, às 15h:01min.

GRECO, Leonardo. *Garantias fundamentais do processo: o "processo justo".InEstudos de Direito Processual*, Ed. Faculdade de Campos, 2005, pp. 225-286.

______________. *Os atos de disposição processual – primeiras reflexões. In* Revista Eletrônica de Direito Processual, 1ª edição – outubro/dezembro de 2007, pp. 7-28.

GUASTINI, Ricardo. *Interpretare e Argomentare*. Milano: Giuffrè, 2011

MARINONI, Luiz Guilherme. *Curso de Processo Civil, vol. 1:Teoria Geral do Processo*. São Paulo: Editora Revista dos Tribunais, 2006.

______________. *Precedentes obrigatórios*. 4ª ed. Rev., atual. E ampl. – SP:Editora Revista dos Tribunais, 2016.

MITIDIERO, Daniel. *Precedentes: da persuasão à vinculação*. SP, editora revista dos tribunais. 2016

OLIVEIRA, Carlos Alberto Alvaro. *Do formalismo no processo civil*. 3ª Ed., rev., atual. e aumentada. SP: Saraiva, 2009

REALE, Miguel. *Fontes e modelos do direito*. São Paulo: Ed. Saraiva, 1994.

ROQUE, André Vasconcelos; GAJARDONI, Fernando da Fonseca. *A sentença arbitral deve seguir o precedente judicial do novo CPC?* Disponível em https://jota.info/colunas/novo-cpc/sentenca-arbitral-deve-seguir-o-precedente-judicial-novo-cpc-07112016, acessado em 29/09/2017, às 14h:29min.

SALLES, Carlos Alberto de. *Arbitragem em contratos administrativos*. RJ: Forense

SARLET, Ingo Wolfgang. *A eficácia do direito fundamental à segurança jurídica: dignidade da pessoa humana, direitos fundamentais e proibição do retrocesso social no direito constitucional brasileiro. In Constituição e segurança jurídica: direito adquirido, ato jurídico perfeito e coisa julgada*. NH: Fórum

SARMENTO, Daniel. *O Neoconstitucionalismo no Brasil: riscos e possibilidades. Filosofia e Teoria Constitucional contemporânea*. Editora Lumen iuris. RJ. 2009.

SICA, Heitor. *Perspectivas atuais da "teoria geral do processo"*. Disponível em www.academia.edu

TALAMINI, Eduardo. *Novos aspectos da jurisdição constitucional brasileira: repercussão geral, força vinculante, modulação dos efeitos do controle de constitucionalidade e alargamento do objeto do controle direto*. Tese de Livre-Docência, São Paulo, USP, 2008, nº 3.18.7

VIEHWEG, Theodor. *Tópica e Jurisprudência: uma contribuição à investigação dos fundamentos jurídicos científicos*. Tradução da 5ª Ed. alemã, ver. e ampl., da Profª Kelly Susane Alflen da Silva. – Porto Alegre: Sergio Antonio Fabris Ed., 2008.

WEIDEMAIER, WMC. *Judging-lite: how arbitrators use and create precedent*. North Carolina Law Review. 2012; 90(4):1099

ZANETI JR, Hermes. *A constitucionalização do processo: o modelo constitucional da justiça brasileira e as relações entre processo e constituição*. 2ª Ed. rev., ampl., alterada – SP: Atlas, 2014.

Administação pública e arbitragem: uma perspectiva do princípio constitucional de eficiência

Francesco Conte

1. Introdução

A percepção de nossos dias retrata a insatisfação com o rendimento do mecanismo da jurisdição estatal. Aliás, semelhante fenômeno assume contornos quase universais.

Não por acaso se sustenta, aqui e alhures, que a justiça civil não acompanhou o passo do expressivo progresso científico do Processo Civil. O descompasso entre o mundo teórico-dogmático e a realidade forense é palmar e entra pelos olhos.

A dramática crise da jurisdição estatal mergulha raízes em causas de diferentes feições. Algumas hospedam-se em determinado ordenamento jurídico (por exemplo, *common law* ou *civil law*). Outras, ao contrário, são traços característicos de determinado país. Há ainda aquelas que assumem contornos gerais, compreendendo um conjunto de países.

Difusamente, cinco aspectos do colapso da jurisdição estatal podem ser elencados: 1) morosidade excessiva; 2) formalismo constrangedoramente exacerbado dos procedimentos processuais; 3) custo exorbitante; 4) deficiente utilização dos meios e instrumentos processuais, pelos diversos operadores do direito; 5) sobrecarga de serviço dos juízes; 6) notório déficit de efetividade da tutela jurisdicional, sobretudo do processo de execução ou da fase de efetivação ou de cumprimento de sentença.

Nessa moldura, irradiou-se a denominada Terceira Onda Renovatória do Direito Processual[1], sintetizada em novas facetas de acesso à justiça. Esta corrente, em meio a outras particularidades, preconiza a maximização do emprego dos chamados meios alternativos de resolução de conflitos (*Alternative Dispute Resolution – ADR's*), tais como: mediação, conciliação, arbitragem[2].

---

1 CAPPELLETTI, Mauro; GARTH, Bryant. Acesso à Justiça. Porto Alegre: Sergio Antônio Fabris Editor, 1988. Ano de edição: 2002. p. 67-73.

2 Para uma ampla visão do fenômeno dos novos enfoques de solução de conflitos, vide, também, CAPPELLETTI, Mauro. Os métodos alternativos de solução de conflitos no quadro do movimen-

O prestígio desses meios de solução de conflitos sociais é inversamente proporcional à ineficiência da jurisdição estatal[3], agravada pelo notório fenômeno da explosão de litigiosidade[4]. Novos desafios sugerem novos rumos, consistentes na adoção de múltiplas técnicas de composição de conflitos fora do ambiente da jurisdição estatal.

Nessa perspectiva, sob boa luz, o Novo Código de Processo Civil brasileiro (doravante NCPC), em seu art. 3º, § 1º, valoriza o emprego da arbitragem ("É permitida a arbitragem, na forma da lei.").

Na sociedade brasileira, em nível de solução dos conflitos intersubjetivos, vem se consolidando a cultura de utilização da arbitragem como plataforma de acesso à ordem jurídica adequada, justa e célere.

Tais meios, apesar da consagrada sigla ADR's, não configuram propriamente uma via "alternativa" à jurisdição estatal, antes atuam ao lado dela, sem substituí-la, como instrumentos de acesso à ordem jurídica justa. Trata-se de métodos compositivos adequados e complementares à jurisdição estatal, no sentido de que se somam reciprocamente dentro do sistema de formulação de solução para conflitos intersubjetivos, judicializados ou não[5]. Destinam-se, pois, a coadjuvar a jurisdição estatal no tratamento de conflitos e na concretização de valores comunitários, como, por exemplo, segurança, justiça, paz social.

A importância dos ADR's é tanto maior quando se tem em linha de consideração que dados do Conselho Nacional de Justiça revelam que 15% dentre 23,7 milhões de ações que, em 2014, foram ajuizadas retratam matéria tributária, previdenciária ou de Direito Público, todas áreas que envolvem a Administração Pública nas três esferas federativas – federal, estadual e municipal.

Agora bem, é nesse contexto dramático que se insere a atividade da Fazenda Pública em juízo, de um lado, com suas prerrogativas materiais e processuais legiti-

to universal de acesso à justiça. Revista de Processo, nº 74, vol. 19, p. 82-97, 1994, esp. p. 94: "Devemos estar conscientes de nossa responsabilidade; é nosso dever contribuir para fazer que o direito e os remédios legais reflitam as necessidades, problemas e aspirações atuais da sociedade civil; entre essas necessidades estão seguramente as de desenvolver alternativas aos métodos e remédios, tradicionais, sempre que sejam demasiado caros, lentos e inacessíveis ao povo; daí o dever de encontrar alternativas capazes de melhor atender às urgentes demandas de um tempo de transformações sociais em ritmo de velocidade sem precedente."

3 GRINOVER, Ada Pellegrini. A crise do Poder Judiciário. In: O processo em evolução. Rio de Janeiro: Forense Universitária, 1996, p. 22: "(...)visando à superação da crise estrutural do Judiciário, abre-se caminho, na vertente extrajudicial, para a revisitação de equivalentes jurisdicionais, como a auto e a heterocomposição, na busca de meios alternativos ao processo, capazes de evitá-lo"

4 Dados do Conselho Nacional de Justiça (Relatório Justiça em Números 2015) revelam que, dos 99,7 milhões de processos que tramitaram no Judiciário brasileiro no ano de 2014, 91,9 milhões encontravam-se no primeiro grau, o que corresponde a 92% do total. http://www.cnj.jus.br/programas-e-acoes/politica-nacional-de-priorizacao-do-1-grau-de-jurisdicao/dados-estatisticos-priorizacao. Acesso em 11.07.2016.

5 LOPES, Dulce; PATRÃO, Afonso. Lei de Mediação Comentada. Coimbra: Almedina, 2014. p. 6.

madas pelos interesses públicos (assim mesmo, no plural), e, de outro, os limites e as possibilidades de atuação de advogados públicos no processo judicial.

Nesse passo, são suficientes cinco indagações para introduzir o tema: afigura-se juridicamente possível o emprego da arbitragem, como método adequado de composição de litígios referenciados à Administração Pública? O princípio da supremacia do interesse público sobre o particular se erige em óbice intransponível ao juízo arbitral? A indisponibilidade do interesse público pela Administração representa obstáculo à submissão da Administração Pública à arbitragem? O princípio da legalidade administrativa configura impedimento ao compromisso arbitral? E, ainda, o que dizer do problema do princípio da publicidade versus confidencialidade da arbitragem?

2. Notas conceituais

A expressão Administração Pública é polissêmica, pois é maleável a mais de uma acepção. No tráfego jurídico, embasado em critério formal (orgânico ou subjetivo) identifica-se a expressão com um complexo de órgãos responsáveis por funções administrativas. Já em consonância com o critério material (objetivo), designa um complexo de atividades concretas e imediatas desempenhadas pelo Estado, orientadas pela juridicidade, em prol do atendimento das necessidades coletivas[6]. Portanto, Administração Pública (grafada em maiúsculas) significa Estado, ao passo que registrada em minúsculas (administração pública) indica atividade ou função administrativa[7].

Sob outro prisma, a locução Fazenda Pública designa, tradicionalmente, a Administração Pública (federal, estadual ou municipal) quando atua em juízo por qualquer de suas entidades estatais, por suas autarquias, fundações públicas ou por seus órgãos dotados de capacidade processual, pois seu erário é que suporta os encargos patrimoniais da demanda judicial[8], sendo irrelevante o tipo ou a matéria nela versada. Sedimentou-se para definir o Poder Público em Juízo. Pela praxe judiciária, ao invés de se indicar a entidade estatal que é parte no processo, emprega-se genericamente a expressão Fazenda Pública.

A dicção Fazenda Pública sintetiza a feição patrimonial ou financeira das pessoas jurídicas de direito público[9], sobretudo quando visualizadas sob a ótica de sua atuação judicial. Ou seja: é a personificação do Estado *lato sensu*, sob o prisma de suas implicações patrimoniais ou aspectos econômico-financeiros. Em suma: o Erário[10].

---

6 GASPARINI, Diogenes. Direito administrativo. 14ª ed. rev. – São Paulo : Saraiva, 2009. p. 43-44.

7 MEIRELLES, Hely Lopes. Direito administrativo brasileiro. 34ª ed. São Paulo : Malheiros, 2008.

8 MEIRELLES, Hely Lopes, op. cit., p. 732.

9 CUNHA, Leonardo Carneiro da. A fazenda pública em juízo. 10ª ed. São Paulo: Dialética, 2012. p. 15.

10 NERY JÚNIOR, Nelson. O Sistema do Processo Coletivo e o Interesse Público. In: SUNDFELD, Carlos Ari. Direito Processual Público: A Fazenda Pública em Juízo. 2ª ed. São Paulo: Malheiros. 2000. pp. 252-263, esp. p. 257.

O novo Código de Processo Civil brasileiro, ao longo de sua geografia, é generoso em utilizar a expressão Fazenda Pública, a par de consagrar suas prerrogativas jurídico-processuais. A ver: art. 85, §§ 3º, 5º e 7º; art. 91 e § 1º; art. 95, § 4º; art. 152, IV, b; art. 178, Parágrafo único; art. 534, e § 2º; art. 535; art. 616, VIII; art. 626, *caput*, e § 4º; art. 629; art. 654 e Parágrafo único; art. 700, § 6º; art. 701, § 4º; art. 722; art. 740, § 6º; art. 742. § 1º; art. 745, § 4º; art. 910 e § 2º; art. 1.021, § 5º; art. 1.026, § 3º; art. 1.059. Em alguns casos, no entanto, o Código de 2015 alude às espécies de Fazenda Pública: art. 100, Parágrafo único (estadual ou federal); arts. 633, 634 e 638 (estadual); art. 784, IX (União, Estados, Distrito Federal, Municípios).

Como é de conhecimento convencional, a solução de conflitos não é monopólio do Estado. Disso resulta que a arbitragem, ao flanco da jurisdição estatal, é, também, uma técnica heterocompositiva de solução adequada de conflitos. No quadrante da adjudicação, através da atuação de um terceiro (árbitro escolhido pelas partes), em regular procedimento, formular-se-á a norma jurídica concreta que deverá, impositivamente, disciplinar determinada situação controvertida. Tem-se o fenômeno da substitutividade, porque o poder de decidir o conflito é mutuado para o árbitro[11].

Semelhantes traços característicos da arbitragem têm o condão de extremá-la, por exemplo, da mediação, em cujo procedimento as próprias partes (autocomposição) tutelam seus interesses e posições e constroem solução reciprocamente aceitável para o litígio, visando pacificá-lo, mesmo em sistemas processuais constitucionalizados.

Os variegados conceitos de mediação circulam em torno de elementos constantes, invariáveis, como procedimento informal e voluntário, por meio do qual os litigantes buscam o auxílio de um terceiro neutro, independente e imparcial, cujo papel não é o de decidir a controvérsia, senão de auxiliar as partes na busca de solução consensual do conflito. A frustração do acordo faz cessar a atividade de conciliador[12].

Na arbitragem, ao contrário do que ocorre na jurisdição estatal, há restrições de ordem subjetiva (de pessoas) e objetiva (de matérias), além de ser desprovida de coercibilidade e de autoexecutoriedade. Um exemplo é oportuno para placitar o raciocínio: se o comando de uma sentença arbitral não é cumprido espontaneamente pela parte vencida, o árbitro não pode adotar medidas coercitivas para assegurar o cumprimento do julgado. Tanto é que a sentença arbitral, na eventualidade de seu inadimplemento, constitui título executivo judicial (CPC, art. 515, VII).

---

11 PINHO, Humberto Dalla Bernardina de. A mediação e a necessidade de sua sistematização no processo civil brasileiro. Revista Eletrônica de Direito Processual – REDP, vol. V, p. 63-94, Jan. 2010, esp. p. 70.

12 Tais notas essenciais da mediação exibem a virtude de diferenciá-la da arbitragem, vide, a propósito, PINHO, Humberto Dalla Bernardina de. Direito processual civil contemporâneo: teoria geral do processo. 4ª ed. São Paulo: Saraiva, 2012, v. 1. p. 44: "O juízo arbitral é uma modalidade de heterocomposição (julgamento do litígio por terceiro escolhido consensualmente pelas partes) também voltada à fixação de existência ou inexistência de um direito. Diferencia-se da conciliação porquanto esta, além de consistir em meio alternativo de autocomposição induzida, permite apenas que um terceiro imparcial conduza as partes a um acordo, nada mais podendo fazer se isso se mostrar inviável."

A arbitragem, *de lege lata*, configura modalidade de jurisdição, como, de resto, ressumbra do teor do § 2º do art. 19 da Lei 9.307, de 23.09.1996: "A instituição da arbitragem interrompe a prescrição, retroagindo à data do requerimento de sua instauração, ainda que extinta a arbitragem por ausência de jurisdição." (Incluído pela Lei nº 13.129, de 2015). Significa dizer que, no ordenamento jurídico brasileiro, não se pode sancionar o monopólio da função jurisdicional em favor dos juízes do Estado. Não se pode negar que, no âmbito da jurisdição privada, a decisão do árbitro, embora desprovido de *imperium*, em si e por si configura, substancialmente, ato de justiça.

A Lei 9.307, de 23.09.1996, em seu art. 31, reconheceu o caráter jurisdicional da arbitragem: "A sentença arbitral produz, entre as partes e seus sucessores, os mesmos efeitos da sentença proferida pelos órgãos do Poder Judiciário e, sendo condenatória, constitui título executivo." Insista-se em uma "jurisdicionalização" da arbitragem, porquanto à sentença arbitral foi, por lei, conferida eficácia análoga àquela da sentença proferida por um juiz togado do Estado[13].

A cláusula compromissória de arbitragem é convencionada antes do litígio, enquanto o compromisso arbitral tem lugar depois do mesmo. As partes podem pactuar uma arbitragem regulada pelo direito ou iluminada pela equidade, sendo certo que a arbitragem envolvendo a Administração Pública será exclusivamente de direito[14].

No procedimento arbitral, é concebível que as partes possam se conciliar. A autocomposição é gênero do qual a transação pode eventualmente ser espécie, na medida em que se afigura possível a conciliação sem transação (*v. g.*, renúncia do autor à pretensão sobre que se funda a arbitragem, reconhecimento jurídico pelo réu da procedência do pedido)[15].

O novo Código de Processo Civil brasileiro abre as portas para a arbitragem, como se verifica de um punhado de dispositivos: art. 3º, § 1º, art. 42, art. 69, § 1º, art. 189, IV, art. 237, IV, art. 260, § 3º, art. 267, *caput*, art. 337, X e § 6º, art. 337, §§ 5º e 6º, art. 359, art. 485, VII, art. 515, VII, art. 516, III, art. 960, § 3º, art. 1.012, IV, art. 1.015, III, art. 1.061.

---

13 VERDE, Giovanni. L'arbitrato e la giurisdizione ordinaria. In; Diritto dell'arbitrato rituale, a cura di Giovanni Verde, Seconda edizione. Torino: G. Giapjpichelli Editore. 2000. p.1-41, esp. p. 7: "Non ci è sembrato proficuo irrigidire la contrapposizione tra chi ritiene che l'arbitrato sia stato inserito nell'orbita della giurisdizione e chi, invece, ne esalta il legame con l'autonomia privata. Indiscutibile ed irrinunciabile ci pare il carattere privato dell'instituto; si tratta, però, di vedere quale sia la rilevanza che l'ordinamento è disposto a riconoscere al suo atto finale e come debba congegnare la disciplina del processo arbitrale in conformità con tale rilevanza.".

14 Lei nº 9.307, de 1996, art. 2º: "A arbitragem poderá ser de direito ou de eqüidade, a critério das partes. § 3° A arbitragem que envolva a administração pública será sempre de direito e respeitará o princípio da publicidade." (Incluído pela Lei nº 13.129, de 2015).

15 ALVES, Francisco Glauber Pessoa. A conciliação e a Fazenda Pública no direito brasileiro. Revista de Processo nº 187, vol. 35, p. 84-98, 2010, esp. p 85.

3. A classificação interesses públicos primários e secundários

Doutrina de boa linhagem classifica os interesses públicos em primários e secundários[16]. Os interesses públicos primários sintetizam as finalidades previstas na lei, em sentido amplo, as quais a Administração Pública deve perseguir e realizar. Os interesses públicos secundários (ou derivados) são aqueles de feição patrimonial ou financeira. Na colisão entre os interesses públicos primários e os secundários, aqueles hão de prevalecer.

Os interesses públicos densificam a própria razão de ser do Estado, vocalizam os valores preponderantes em certo tempo-espaço e se expressam nos fins que ao Estado cabe efetivar, como justiça, segurança, bem-estar social[17]. Caracterizam interesses da coletividade em seu complexo, como um todo. Em última análise, as atividades administrativas devem estar referenciadas à concreta realização dos interesses públicos e à produção de benefícios para a coletividade. Ou seja: a promoção do bem comum é a finalidade primordial da atuação administrativa[18].

Por seu turno, os interesses públicos secundários derivam de toda manifestação de vontade do Estado, enquanto pessoa jurídica[19]. Conformam, desse modo, interesses subjetivos ou, mais amplamente, patrimoniais. Identificam-se com o interesse do Erário, que é o de elevar ao máximo a arrecadação e minimizar as despesas. Descansam na administração e no controle das finanças públicas, com o escopo de nutrir o seu equilíbrio. Em suma, os interesses secundários são aqueles que, pelo só fato de o Estado ser sujeito de direitos, poderia titularizar como qualquer outra pessoa natural ou jurídica[20].

O Estado somente poderá legitimamente implementar seus interesses secundários (ou derivados) se e quando forem conformes aos seus interesses primários[21].

De outra parte, prestigiosa doutrina verbaliza que o regime jurídico de direito público que inspira a atividade administrativa assinala-se pelo princípio geral da supremacia e indisponibilidade do interesse público ou da finalidade pública. Semelhante

---

16 ALESSI, Renato. Sistema istituzionale del diritto amministrativo italiano. Milano: Giuffrè, 1953. p. 152.

17 BARROSO, Luís Roberto. Prefácio: O Estado contemporâneo, os direitos fundamentais e a definição da supremacia do interesse público. In: SARMENTO, Daniel (Org.). Interesses públicos versus interesses privados: desconstruindo o princípio da supremacia do interesse público. Rio de Janeiro: Lumen Juris, 2005. p. vii-xviii, esp. p. xiii.

18 COSTA, Regina Helena. As Prerrogativas e o Interesse da Justiça. In: SUNDFELD, Carlos Ari. Direito Processual Público: A Fazenda Pública em Juízo. 2ª ed. São Paulo: Malheiros. 2000. pp. 79-88, esp. p 80.

19 JUSTEN FILHO, Marçal. Curso de direito administrativo. 2ª ed. rev. e atual. – São Paulo : Saraiva, 2006. p. 39-40.

20 ALESSI, Renato, op. cit., p. 197.

21 MELLO, Celso Antônio Bandeira de. Curso de Direito Administrativo. 17ª ed. São Paulo: Malheiros. 2004. p. 57, 63.

prelação provém justamente da cura do interesse público e da busca do interesse geral pelo Estado[22].

A indisponibilidade é a pedra de toque dos interesses públicos, no exato sentido de que os interesses são públicos justamente porque são indisponíveis, não o contrário[23]. De todo modo, o critério relevante do direito administrativo é a supremacia e a indisponibilidade dos direitos fundamentais, já que, exemplificativamente, as ações estatais estão subordinadas à dignidade da pessoa humana, como valor universal. Nesse aspecto, os interesses públicos conformam o resultado da atividade decisória da Administração, não seu pressuposto[24].

De fato, a supremacia dos interesses públicos não se confina a uma ordem apriorística e estaticamente estabelecida; antes, à Administração Pública cabe analisar os interesses colidentes, balanceando-os, com base na proporcionalidade e à luz das especificidades do caso concreto. A presença do interesse público[25], não raro, é suscetível de se expressar, justamente, na prevalência do interesse particular.

A definição de "interesse público" é empreitada difícil, a principiar por sua natureza de conceito jurídico indeterminado (ou melhor: termos indeterminados de conceito jurídico), circunstância que inibe uma exatidão de conteúdo[26].

O interesse público não se confunde com o interesse estatal ou da Administração, enquanto pessoa jurídica, pois o Estado Constitucional Democrático de Direito é ferramenta de satisfação do interesse público.

Na vida do Estado Constitucional Democrático de Direito, os interesses públicos primários desfrutam de supremacia sobre o interesse privado e sua efetivação estará refratária ao critério de ponderação pelo intérprete, por consistir na melhor densificação possível na prática dos valores fundamentais e constitucionais. Diversamente, os interesses públicos secundários não gozam de primazia apriorística e abstrata relativamente ao interesse privado[27]. Na hipótese de abalroamento, podem ser objeto de juízo de ponderação, iluminado pela proporcionalidade (em seus três aspectos:

---

22 MEIRELLES, Hely Lopes, op. cit., p. 105-106.

23 JUSTEN FILHO, Marçal, op. cit., p. 44.

24 JUSTEN FILHO, Marçal, op. cit. p. 46.

25 Lei nº 9.784/99, em seu art. 2º, *caput*, estabelece: "A Administração Pública obedecerá, dentre outros, aos princípios da legalidade, finalidade, motivação, razoabilidade, proporcionalidade, moralidade, ampla defesa, contraditório, segurança jurídica, interesse público e eficiência." Por seu turno, o seu Parágrafo único, II, preceitua: "Nos processos administrativos serão observados, entre outros, os critérios de: II – atendimento a fins de interesse geral, vedada a renúncia total ou parcial de poderes ou competências, salvo autorização em lei;". Vide, no ponto, DI PIETRO, Maria Sylvia Zanella. Direito Administrativo / Maria Sylvia Zanella Di Pietro. 20ª ed. – São Paulo: Atlas, 2007. p. 61-62.

26 JUSTEN FILHO, Marçal, op. cit. p. 37.

27 BATISTA, Isabelle de. O princípio da supremacia do interesse público sobre o privado: uma análise à luz dos direitos fundamentais e do Estado Democrático de Direito. p. 55-71. *revista.tce.mg.gov.br/Content/Upload/Materia/1768.* Acesso em 20.06.2016, esp. p. 69.

análise de adequação, análise de necessidade e análise da proporcionalidade *stricto sensu*), à luz dos elementos fático-jurídicos relevantes para o conhecimento do caso concreto, na busca de solução otimizada dos interesses em jogo.

A definição do que sejam, *in concreto*, interesses públicos não está apenas no terreno de atribuição do administrador, embora lhe seja abonada uma margem de autonomia nesta atividade de determinação[28]. Os seus critérios de escolha ou de valoração devem ser justificados analiticamente, mediante o emprego de argumentos racionais e controláveis. É dizer: na concreta individuação do significado da expressão "interesse público" (termos indeterminados de conceito jurídico), a exigência de motivação, ao contrário do que pareceria à primeira vista, é tanto mais necessária quanto maiores forem as margens de discricionariedade do administrador, em suas pautas de valores ou opções valorativas[29].

Manipulações e desvirtuamentos no campo empírico do princípio da supremacia dos interesses públicos – releve-se o truísmo – não são razões suficientes para se sustentar sua desconstrução, senão que, ao contrário, dever-se-ia reconstruí-lo, afeiçoando-o à dinâmica social[30]. O problema não está exatamente no princípio da supremacia dos interesses públicos, mas em sua deformada aplicação empírica, no "mundo da vida".

Um passo à frente, os interesses públicos não são os interesses da Administração Pública ou do aparato administrativo. Assim vistas as coisas, o que se configura é a diferenciação alessiana entre "interesses públicos primários" e "interesses públicos secundários"[31].

Em estreita síntese, a indisponibilidade é o traço característico dos interesses públicos. O princípio da indisponibilidade dos interesses públicos não consente que a Administração Pública possa dispor ou impede mesmo renúncia a poderes que lhe foram confiados para tutelá-los[32]. O titular dos interesses públicos (primários e secun-

---

28 JUSTEN FILHO, Marçal, op. cit., p. 45: "Aliás, não é casual que a tese da supremacia e indisponibilidade do interesse público tenha de ser acompanhada da diferenciação entre interesse público primário e secundário.".

29 BARBOSA MOREIRA, José Carlos. A motivação das decisões judiciais como garantia inerente ao Estado de Direito. Temas de direito processual: segunda série. 1ª ed. São Paulo: Saraiva, 1980. p. 83-95, esp. p. 87-88.

30 BORGES, Alice Gonzalez. Supremacia do interesse público: Desconstrução ou reconstrução? RDE, nº 3, p. 137-153, 2006, esp. p. 139.

31 MELLO, Celso Antônio Bandeira de, op. cit., p. 63: "Poderia, portanto, ter o interesse secundário de resistir ao pagamento de indenizações, ainda que procedentes, ou denegar pretensões bem fundadas que os administrados lhe fizessem, ou de cobrar tributos ou tarifas por valores exagerados. Estaria, por tal modo, defendendo interesses apenas "seus", enquanto pessoa, enquanto entidade animada do propósito de despender o mínimo de recursos e abarrotar-se deles ao máximo. Não estaria, entretanto, atendendo ao interesse público, ao interesse primário, isto é, àquele que a lei aponta como sendo o interesse da coletividade: o da observância da ordem jurídica estabelecida a título de bem curar o interesse de todos."

32 JUSTEN FILHO, Marçal, op. cit., p. 36: "A indisponibilidade indica a impossibilidade de sacrifício ou transigência quanto ao interesse público, e é uma decorrência de sua supremacia.".

dários) é a sociedade em geral, o povo. O seu exercício dá-se através do Estado *lato sensu*.

4. O (pseudo) problema da indisponibilidade dos interesses da administração pública

Ao Estado, ante a indisponibilidade do direito subjetivo em disputa[33], alocada à base dos interesses públicos primários, inapropriáveis, não se defere, em regra, a possibilidade de praticar atos de disposição processual. Os direitos indisponíveis, seja pela natureza do objeto, seja pela qualidade das partes, não admitem, validamente, disposição, transação, renúncia, confissão[34].

Contudo, não se afigura correto tatuar de indisponíveis todas as questões que gravitam na órbita do Estado. De fato, os interesses da Fazenda Pública não se constituem em direitos indisponíveis, de sorte que, em determinadas situações autorizadas por lei, como derivativo da soberania popular, é-lhe franqueado praticar atos de disposição processual, pois que estão em jogo interesses de ordem meramente patrimonial ou financeira.

A Administração Pública não pode, por exemplo, firmar transação, salvo com autorização legal, pois que tal negócio jurídico envolve, por definição, direitos disponíveis (*v. g.*, relacionados a interesses patrimoniais ou financeiros do ente público), seja para evitar ou extinguir litígios[35]. Direitos disponíveis, ao ângulo da Fazenda Pública, galvanizando-se inúmeras concepções doutrinárias, são aqueles (i) de natureza patrimonial, que (ii) admitem, legitimamente, disposição, transação, renúncia, confissão, (iii) suscetíveis de espontâneo reconhecimento, prescindindo-se de cognição judicial.

A gestão dos interesses públicos secundários ou derivados, de cunho instrumental, referenciados à patrimonialidade, é realizada pelos entes federados e devem mesmo sua existência à atividade finalística de satisfação dos interesses públicos primários, como razão de ser do próprio Estado[36]. Os montantes financeiros arrecadados

---

33 PONTES DE MIRANDA, Francisco Cavalcanti. Comentários ao código de processo civil, tomo IV. -Rio de Janeiro: Forense, 2001. p. 202: "Direito indisponível é direito que não pode ser retirado das pessoas, quer pela alienação, quer pela renúncia, quer pela diminuição ou substituição do seu conteúdo.".

34 FIGUEIRA JÚNIOR, Joel Dias. Comentários ao Código de Processo Civil, v. 4, tomo II, São Paulo: Editora Revista dos Tribunais, 2001, p. 381.

35 PEREIRA, Hélio do Valle. Manual da fazenda pública em juízo. 2ª ed. rev., ampl. e atual. Rio de Janeiro: Renovar, 2006. p. 127: "Trata-se de assunto afeto à autonomia de cada entidade pública. A União pode legislar sobre o assunto, mas mediante leis federais (e não nacional!) – cabe-lhe regrar apenas a sua conduta, excluídos os demais entes federativos. A esses incumbirá, querendo, regulamentar o cabimento da transação no respectivo campo de atuação. Não se cuida de leis processuais, mas de direito administrativo.".

36 MOREIRA NETO, Diogo de Figueiredo. Mutações do Direito Administrativo. 2ª ed. Rio de Janeiro: Renovar, 2001. p. 228.

pela Fazenda Pública poderão ser empregados na consecução de políticas públicas referenciadas aos interesses primários (*v. g.*, educação, saúde, segurança pública).

Não seria despropositado dizer que a arbitragem, inobstante caracterizar um mecanismo adjudicatório, heterocompositivo, mergulha raízes, em sua gênese, numa dimensão consensual: a convenção arbitral[37]. Trata-se, desse modo, de instituto inspirado, também, pelo consensualismo. Na origem, a livre manifestação de vontade das partes, veiculada no compromisso arbitral, é condição indispensável à legitimidade do procedimento e do laudo arbitrais.

O *punctum dolens* do presente trabalho está em que se (i) os interesses patrimoniais e financeiros bem como as posições de vantagem titularizados pela Administração Pública não são indisponíveis, se (ii) inserem-se na categoria de interesses públicos secundários, se (iii) podem ser defendidos à maneira de qualquer outro sujeito, se (iv) podem ser objeto de disposição, desde que autorizado por lei formal, também poderão se submeter a procedimentos de arbitragem. Preponderantemente, o signo da patrimonialidade deverá permear a questão a ser posta no juízo arbitral[38].

No âmbito do ordenamento jurídico brasileiro, não há espaço para se invocar o princípio da indisponibilidade dos interesses públicos para excluir a Administração Pública do quadrante do juízo arbitral[39], bem como, sob outro prisma, do tratamento autocompositivo de conflitos através da mediação e da conciliação[40]. A indisponibili-

---

37 RODRIGUES, Marco Antonio. A fazenda pública no processo civil / Marco Antonio Rodrigues – São Paulo: Atlas, 2016. p. 390: "Por se tratar a arbitragem de método que envolve uma consensualidade ao menos no que se refere à escolha de tal via, o artigo 1º, parágrafo 2º, da Lei nº 9.307/96 estabeleceu, por coerência lógica, que a competência para celebração da convenção arbitral pertence ao mesmo agente competente para realizar acordos ou transações. Competirá a tal agente efetuar uma avaliação à luz dos princípios constitucionais da Administração Pública e dos interesses públicos envolvidos, a fim de decidir se é adequada a utilização da arbitragem na hipótese." Confira-se, também, FIAD, Leonardo. Arbitragem e administração pública. In: Direito Ambiental. Coord. Sergio Nelson Mannheimer. Revista de Direito da Associação dos Procuradores do Novo Estado do Rio de Janeiro. Rio de Janeiro: Lumen Juiris. 2006, p. 177-204, esp. p. 188, nota de rodapé nº 33.

38 GRAU, Eros Roberto. Arbitragem e contrato administrativo. Revista da Escola Paulista da Magistratura, v. 3, nº 2, julho/dezembro de 2002, p. 49-58, esp. p. 57-58: "Assim, é evidente que, quando se afirma que a arbitragem se presta a "dirimir litígios relativos a direitos patrimoniais disponíveis", isso não significa não possa a Administração socorrer-se dessa via visando ao mesmo fim. Pois não há qualquer correlação entre disponibilidade ou indisponibilidade de direitos patrimoniais e disponibilidade ou indisponibilidade do interesse público. (...) sempre que puder contratar, o que importa disponibilidade de direitos patrimoniais, poderá a Administração, sem que isso importe disposição do interesse público, convencionar cláusula de arbitragem.".

39 Importa registrar que o § 3º do art. 2º da Lei nº 9.307/1996, incluído pela Lei nº 13.129-2015, veda o julgamento por equidade na arbitragem envolvendo a Administração Pública ("será sempre de direito"), em obséquio ao princípio da legalidade (rectius, da juridicidade).

40 MENEZELLO, Maria D' Assunção C. O conciliador/mediador e o árbitro nos contratos administrativos, BDA – Boletim de direito administrativo, p. 825-829, dezembro/97. p. 825: "em nenhum momento, com a inclusão de cláusula de solução amigável de conflitos, olvida-se do princípio da indisponibilidade do interesse público. Muito ao contrário, ele se faz presente quando o admi-

dade que caracteriza os interesses públicos não representa, simetricamente, a indisponibilidade do processo judicial no conflito de interesses que envolva o Poder Público. Ventos cambiantes sugerem que, atenta ao princípio constitucional da eficiência, a Administração Pública pode (ou melhor: deve) buscar, justificadamente, o melhor método auto ou heterocompositivo para tutelar eficazmente os interesses da coletividade[41].

No Estado Constitucional Democrático de Direito, com a finalidade de se fortalecer a cidadania, surgem novos paradigmas de racionalidade a presidir a relação entre Estado e pessoas naturais e jurídicas. Nesse contexto, ao Estado incumbe, voluntariamente, ofertar o melhor e o mais eficiente exemplo de resolução de seus litígios, em juízo ou fora dele (*v. g.*, procedimento arbitral). É o governo da consensualidade, no qual as hipóteses de solução dos conflitos não são impostas, mas submetem-se, por exemplo, ao tratamento por meio de mediação e de conciliação.

No sistema jurídico brasileiro, antecipe-se, não há razão lógico-jurídica que autorize a exclusão da arbitragem no âmbito da Administração Pública; antes, os princípios constitucionais da eficiência, da economicidade e da justiça recomendam mesmo a adoção do procedimento arbitral, dentre outras razões, por sua evidente vantagem de presença de capacidade técnica especializada dos árbitros (*v. g.*, energia nuclear) e celeridade procedimental[42].

Insista-se no ponto: a celeridade e a aptidão técnica dos árbitros são dois fatores nada desprezíveis que militam em prol da opção da solução de conflitos do Poder Público pela via da arbitragem[43]; como também não é desprezível a projeção de redução da quantidade de demandas perante a jurisdição estatal[44].

---

nistrador público, na iminência de um conflito contratual o resolve tendo por balizas os princípios da economicidade, da razoabilidade, da motivação e principalmente da continuidade do serviço público, que vem a ser: resolver motivadamente o problema contratual da maneira mais econômica, sem deixar que os serviços públicos prestados à comunidade tenham qualquer solução de continuidade.".

---

41 RODRIGUES, Marco Antonio, op. cit., p. 370: "É preciso destacar que a indisponibilidade do direito não significa a indisponibilidade da ação: pode se estar diante de um interesse que deve ser cumprido independentemente de demanda judicial. A intervenção jurisdicional não é imprescindível em toda e qualquer relação de direito público. Dessa forma, pode-se afirmar que a indisponibilidade do interesse público não configura óbice à utilização de meios consensuais à solução de controvérsias ou à arbitragem. Ao contrário, tais mecanismos podem promover uma tutela mais adequada ao interesse público em jogo. (...) Pode-se afirmar, portanto, que a consensualidade na atividade administrativa é uma realidade no Estado contemporâneo, e atua como vetor na busca de maior eficiência do Poder Público, evitando, inclusive, posteriores questionamentos perante o Poder Judiciário.".

42 TÁCITO, Caio. Arbitragem nos litígios administrativos. RDA 210/114, p. 111-115, out./dez. 1997, esp. p. 115: "O acordo conducente ao procedimento arbitral, superando a delonga do rito judicial, favorece a celeridade na superação de litígios em benefício da dinâmica própria das relações econômicas, que o Estado venha a assumir como imperativo do interesse coletivo.".

43 NOGUEIRA, Erico Ferrari. A arbitragem e sua utilização na administração pública. Disponível em: www.agu.gov.br/page/download/index/id/692918. Acesso em: 9 nov. 2016.

44 JUSTEN FILHO, Marçal. Comentários à lei de licitações e contratos administrativos. 13ª ed. São Paulo: Dialética, 2009. p. 538 e 539.

O NCPC, em seu art. 3º, § 1º, preceitua: "Não se excluirá da apreciação jurisdicional ameaça ou lesão a direito. § 1º: É permitida a arbitragem, na forma da lei[45]."

Por seu turno, a Lei nº 9.307, de 1996, em seu art. 1º, §§ 1º e 2º, estabelece: "§ 1° A administração pública direta e indireta poderá utilizar-se da arbitragem para dirimir conflitos relativos a direitos patrimoniais disponíveis. § 2° A autoridade ou o órgão competente da administração pública direta para a celebração de convenção de arbitragem é a mesma para a realização de acordos ou transações." (Incluído pela Lei nº 13.129, de 2015)

Na presença de interesses secundários (ou derivados), ou de mera conveniência do aparelho estatal, as prerrogativas da Administração Pública inerentes ao primado dos interesses públicos sobre o interesse privado[46] não podem se constituir legitimamente em dique de contenção da arbitragem.

Como é cediço, a atividade administrativa está subordinada à lei (ou melhor: à juridicidade), de modo que, em relação aos interesses públicos secundários, poderá ocorrer disponibilidade sobre as matérias que sintetizam tais interesses, desde que haja autorização legislativa para a disposição, definidora de hipótese, procedimentos e critérios[47].

Os interesses públicos secundários têm natureza instrumental, no exato sentido de que existem para que os interesses públicos primários sejam satisfeitos. Ou seja: os interesses secundários da Administração Pública tendentes à arrecadação de recursos financeiros, tributários ou não, são de vital importância para a concreta realização dos interesses públicos primários. O Estado, apenas em relação aos interesses públicos secundários, poderá, mediante lei formal, autorizar sua disponibilidade, renúncia, composição.

Cumpre notar-se que, em relação à arbitragem – como meio de solução de controvérsias –, a Lei nº 9.307, de 23.09.1996, em seu art. 1º, estabelece: "As pessoas capazes de contratar poderão valer-se da arbitragem para dirimir litígios relativos a

45 É de se realçar que o Supremo Tribunal Federal, no julgamento do AgRg na SE 5.206/EP, sendo relator o Ministro Sepúlveda Pertence, j. 12.12.2001, DJ 30.04.2004, entendeu que a previsão de arbitragem na Lei nº 9.3071996 é constitucional.Vide, no ponto, MARINONI, Luiz Guilherme. Novo código de processo civil comentado / Luiz Guilherme Marinoni, Sérgio Cruz Arenhart, Daniel Mitidiero. São Paulo: Editora Revista dos Tribunais, 2015. p. 96-97.

46 MELLO, Celso Antônio Bandeira de, op. cit., p. 63.

47 CARVALHO FILHO, José dos Santos. Manual de direito administrativo. 27ª ed. – Rio de Janeiro : Lumen Juris, 2014. p. 1.013: "Não há dúvida de que o Estado há de ter cautela redobrada no que tange ao emprego dos recursos públicos, visto que estes se originam, em última instância, dos integrantes da coletividade. Entretanto, o sentido moderno do princípio da legalidade não implica a vedação para que o Estado celebre transações, sobretudo quando é a própria lei que o estabelece. Por outro lado, a indisponibilidade dos bens públicos significa apenas que o Poder Público não pode disponibilizar seus recursos com total liberdade, como o fazem os particulares em geral; mas, por outro lado, nada impede que os empregue dentro de parâmetros de necessidade, utilidade e razoabilidade, até porque semelhante atividade se configura como gestão dos interesses públicos, o que não se confunde com indisponibilidade.".

direitos patrimoniais disponíveis". No método da arbitragem privada[48], remarque-se, a decisão do litígio, vinculatória para as partes, é submetida a um terceiro imparcial sem identidade com o Estado-juiz.

O princípio da legalidade erige-se em condição necessária à utilização da arbitragem pelo Estado *lato sensu*. Disso resulta que, para a Administração Pública, o princípio da legalidade impõe-lhe só fazer o que é explicitamente franqueado por lei. De sorte que deve haver lei expressamente autorizando a prática da arbitrabilidade no ambiente público, e definindo seus limites e especificações[49].

Lei específica prevê a possibilidade de a Administração Pública submeter-se a procedimento de arbitragem[50] (arbitrabilidade subjetiva[51] e objetiva[52]) como meio de heterocomposição de controvérsias (arts. 1º, §§ 1º e 2º, e art. 2º, § 3º)[53].

---

48 I Jornada "Prevenção e solução extrajudicial de litígios" (22 e 23 de agosto de 2016 – Brasília – DF) – Realização: Centro de Estudos Judiciários do Conselho da Justiça Federal – Enunciado nº 81: "A conciliação, a arbitragem e a mediação, previstas em lei, não excluem outras formas de resolução de conflitos que decorram da autonomia privada, desde que o objeto seja lícito e as partes sejam capazes." Gize-se, a título ilustrativo, que outras técnicas de solução de controvérsias são empregadas, notadamente na *commom law*, como *mini-trial, rent-a-judge, basebal arbitration*.

49 MEDEIROS, Suzana Domingues. Arbitragem envolvendo o Estado no direito brasileiro. RDA 233, p. 71-101, jul./set. 2003, esp. p. 100-101: "No tocante à arbitrabilidade subjetiva, verificamos que o princípio da legalidade constitui um pressuposto necessário à utilização da arbitragem pelo Estado e entes da Administração Pública. Em razão desse princípio, a Administração, além de só poder fazer aquilo que não é vedado por lei, também só pode fazer o que é expressamente permitido por lei. Ou seja, não basta não haver lei impedindo, deve haver lei expressamente autorizando a prática da arbitragem." Cabe sublinhar que o Estado do Rio de Janeiro, pioneiramente, já sagrava no art. 21, XII, da Lei estadual nº 1.481, de 21.07.1989 (que dispõe sobre o regime das concessões de serviços e obras públicas), a previsão expresa de juízo arbitral para dirimir controvérsias administrativas.

50 GRINOVER, Ada Pellegrini. Arbitragem e prestação de serviços públicos. RDA 233, p. 377-385, jul./set. 2003, esp. p. 385: "Em suma, não deve pairar qualquer dúvida sobre a admissibilidade da arbitragem envolvendo a Administração e, com maior certeza, órgãos da Administração indireta.".

51 A arbitrabilidade *ratione personae* diz respeito à capacidade de determinada pessoa ser parte na resolução de controvérsia pela via arbitral, vide, no ponto, FIGUEIRA JÚNIOR, Joel Dias. Manual da arbitragem, Revista dos Tribunais, São Paulo, 1997. p. 107: "para que dúvidas não pairem, salientamos inexistir qualquer impedimento para que a União, os Estados ou os Municípios integrem uma relação arbitral.".

52 A arbitrabilidade *ratione materiae* concerne aos temas que podem ser postos à arbitragem, valendo notar, nessa perspectiva, MOREIRA NETO, Diogo de Figueiredo. Arbitragem nos contratos administrativos, RDA 209, Rio de Janeiro, jul./set./ 1997, esp. p. 85-86: "São disponíveis, nesta linha, todos os interesses e os direitos deles derivados que tenham expressão patrimonial, ou seja, que possam ser quantificados monetariamente e estejam no comércio, e que são, por esse motivo e normalmente, objeto de contratação que vise dotar a Administração, ou seus delegados, dos meios instrumentais de modo a que estejam em condições de satisfazer os interesses finalísticos que justificam o próprio Estado. A admissibilidade da arbitragem pelo Estado, como técnica social para dirimir disputas de interesses com particulares, fica, pois, necessariamente ligada ao conceito que se tenha da natureza jurídica desse instituto: ou como uma alternativa jurisdicional ou como uma obrigação contratual.".

53 MATTOS, Mauro Roberto Gomes de. Contrato Administrativo e a Lei de Arbitragem. RDA 223, p. 115-131, jan./mar. 2001, esp. p. 131: "A evolução dos tempos também faz eco no direito público,

Antecipe-se uma premissa essencialmente essencial deste trabalho: a indisponibilidade dos interesses públicos não significa a indisponibilidade do processo judiciário no conflito de interesses que envolva o Poder Público[54]. Daí promana que a Administração Pública pode (*rectius*, deve) buscar, justificadamente, o método, não necessariamente judicial, que se afigure mais eficiente para tutelar os interesses da coletividade.

Em semelhante contexto, sob boa inspiração, a Lei nº 13.140, de 26.06.2015, vem regular, também e expressamente, a heterocomposição de conflitos mediante arbitrabilidade no âmbito da Administração Pública, para solucionar conflitos concernentes a direitos patrimoniais disponíveis, sem que se possa dizer, com seriedade, que esteja dispondo ou renunciando ao interesse público[55]. Tem o sabor do óbvio que a pura e simples submissão de pretensão ao juízo arbitral não implica renúncia a ela pela Administração Pública. O direito material, porventura existente, permanece naturalmente incólume[56], porquanto não se está abdicando a coisa alguma, menos ainda desertando do dever de atendimento ao interesse público.

O devido processo arbitral há de observar parâmetros objetivos de desenvolvimento e de julgamento, afeiçoados às garantias fundamentais do processo justo (v. g., igualdade de tratamento entre as partes, independência e imparcialidade do árbitro, direito de defesa, contraditório, como bilateralidade da audiência das partes, direito à prova e à contraprova, proibição de utilização de provas ilicitamente adquiridas, motivação jurídica das decisões). A rigor, tais aspectos são sindicáveis e, portanto, suscetíveis de controle pelo Poder Judiciário.

---

onde a arbitragem permite que em determinados casos – em especial os que envolvem direitos disponíveis – possa haver composição, via juízo arbitral, entre o poder público e o ente privado. (...) Assim nasceu a nova oportunidade do Poder Público e o particular resolverem as suas desavenças na execução ou cumprimento do contrato administrativo através de um julgamento consensual, via juízo arbitral, nos casos declinados alhures e que correspondam a direitos disponíveis, sem que haja choque com o princípio da legalidade e o interesse público.".

54 I Jornada "Prevenção e solução extrajudicial de litígios" (22 e 23 de agosto de 2016 – Brasília – DF) – Realização: Centro de Estudos Judiciários do Conselho da Justiça Federal – Enunciado nº 60: "As vias adequadas de solução de conflitos previstas em lei, como a conciliação, a arbitragem e a mediação, são plenamente aplicáveis à Administração Pública e não se incompatibilizam com a indisponibilidade do interesse público, diante do Novo Código de Processo Civil e das autorizações legislativas pertinentes aos entes públicos.".

55 MELLO, Rafael Munhoz de. Arbitragem e Administração Pública. Revista Jurídica da Procuradoria-Geral do Estado do Paraná, Curitiba, nº 6 p. 47-81, 2015, esp. p. 59: "Ao recorrer à arbitragem para solucionar litígios que tenham por objeto direitos patrimoniais disponíveis, a Administração Pública não está dispondo do interesse público, e muito menos renunciando ao seu atendimento. Sob o ponto de vista material, a atividade desenvolvida por um juiz estatal em nada difere da desempenhada por um árbitro: ambos vão compor uma lide aplicando o direito positivo com observância das garantias inerentes ao devido processo legal – os árbitros não decidem por roleta-russa (...).".

56 TALAMINI, Eduardo. Arbitragem e parceria público-privada. In: TALAMINI, Eduardo; JUSTEN, Monica Spezia (coord.). Parcerias público-privadas – um enfoque multidisciplinar. São Paulo: Revista dos Tribunais, p. 333-358, 2005, esp. p. 334.

Deveras, mostra-se ultrapassada a visão segundo a qual, em relação à Administração Pública, seria atribuição exclusiva do Poder Judiciário dar solução para seus conflitos[57]. Tomem-se como exemplo controvérsias oriundas de contratos de concessão: o alto grau de complexidade técnica, as especificações do conflito e, decerto, os interesses de toda a coletividade reclamam agilidade na formulação de soluções inconciliável com a obrigatória utilização do Poder Judiciário. Indubitavelmente, o Judiciário é uma relevantíssima via de acesso à ordem jurídica justa, mas não é a única[58].

Há um sólido conjunto normativo acerca de atividades administrativas que têm previsões legais autorizativas, próprias e específicas, de submissão ao procedimento arbitral como meio de solução de controvérsias. A conferir: Lei nº 9.472/1997 (que dispõe sobre a organização dos serviços de telecomunicações e cria a ANATEL – Agência Nacional de Telecomunicações), art. 93, XV; Lei nº 9.478/1997 (que dispõe sobre a política energética nacional, as atividades relativas ao monopólio do petróleo, institui o Conselho Nacional e Política Energética e a Agência Nacional do Petróleo – ANP), art. 43, X; Lei nº 10.233/2001 (que dispõe sobre a reestruturação dos transportes aquaviário e terrestre, cria o Conselho Nacional de Integração de Políticas Públicas de Transporte, a Agência Nacional de Transportes Terrestres, a Agência Nacional de Transportes Aquaviários e o Departamento Nacional de Infraestrutura de Transportes), art. 35, XVI; Lei nº 4.418/2002 (Estatuto do BNDES), art. 9º, I; Lei nº 11.079/2004 (que institui normas gerais para licitação e contratação de parceria público-privada no âmbito da administração pública), art. 11, III; Lei nº 10.848/2004 (dispõe sobre a comercialização de Energia Elétrica), art. 4º, §§ 5º, 6º e 7º; Lei nº 8.987/1995 (que dispõe sobre o regime de concessão e permissão da prestação de serviços públicos previsto no art. 175 da Constituição Federal), com redação dada pela Lei nº 11.196/2005, art. 23-A.

Semelhante quadro normativo demonstra a inequívoca inclinação e evolução legislativa brasileira em prol da opção pelo juízo arbitral para a solução de controvérsias oriundas de relações jurídicas entre particulares e a Administração Pública, como seja, a arbitragem[59].

---

57 XAVIER, Marina Cusinato. Métodos alternativos de composição de lides e a Fazenda Pública. http://www.arcos.org.br/livros/estudos-de-arbitragem-mediacao-e-negociacao-vol2/quarta-parte-artigo-dos-alunos/metodos-alternativos-de-composicao-de-lides-e-a-fazenda-publica. Acesso em 08.06.2016.

58 GROTTI, Dinorá Musetti. A arbitragem e a Administração Pública. In: GUILHERME, Luiz Fernando do Vale de Almeida (coord.). Novos rumos da arbitragem no Brasil. São Paulo: Fiuza Editores, p. 145-168, 2004, esp. p. 153).

59 BARBOSA, Maiana Vaz do Amaral. A arbitragem na administração pública. Disponível em: www.egov.ufsc.br/portal/sites/default/files/anexos/20057-20058-1-PB.pdf. Acesso em: 9 nov. 2016: "Felizmente, porque a arbitragem é um procedimento dinâmico e eficiente, e, tem adquirido crescente importância no rol dos meios de resolução dos litígios, vez que possibilita solução mais rápida e adequada aos conflitos. Diante do exposto, percebe-se que a arbitragem não só é cabível como necessária para atingir a finalidade pública. E, em se tratando de direitos patrimoniais disponíveis, não somente é lícito e constitucional, mas é também recomendável aos interessados – diante do acúmulo de processos e do formalismo excessivo que têm gerado a lentidão das demandas judi-

De todo modo, ao ângulo da juridicidade, um dos vetores de definição do interesse público, o legislador brasileiro abonou, expressamente, o emprego da arbitragem pela Administração Pública. Por assim ser, não há espaço para dúvida razoável de que a arbitrabilidade se reveste de via adequada para o atendimento dos interesses públicos secundários.

Não é fadiga inútil identificar interesses públicos secundários (ou derivados), sintetizados em direitos patrimoniais ou financeiros disponíveis, titularizados pela Administração Pública, os quais são suscetíveis de submissão à arbitragem, no escopo de se dirimir o litígio. Aventuram-se algumas hipóteses envolvendo contratos de obras públicas, de parcerias público-privadas ou de concessões: (i) adimplemento ou não de obrigações contratuais de qualquer das partes ou anuentes, (ii) restabelecimento do equilíbrio econômico-financeiro do contrato, (iii) cálculo e aplicação de reajuste contratualmente estabelecido, (iv) acionamento dos mecanismos de garantia estipulados, (v) valor de indenização no caso de extinção do contrato[60].

Como visto, nos dias de hoje, não mais subsistem os óbices comumente erigidos ao juízo arbitral envolvendo as pessoas jurídicas de direito público[61], outrora consistentes nos princípios constitucionais da legalidade (*rectius*, juridicidade), da indisponibilidade do interesse público e da publicidade[62].

5. Prerrogativas processuais do estado em juízo

Há um conjunto de privilégios (ou melhor: prerrogativas) que informam a atividade processual do Poder Público[63]. Como já assinalado, a indisponibilidade é o traço característico dos interesses públicos: os interesses são matizados de públicos porque são indisponíveis, não o contrário.

---

ciais – abdicarem do direito ou do poder de ação e buscarem a composição do conflito por meio de sentença arbitral cujos efeitos sejam idênticos àquele das decisões prolatadas pelo Poder Judiciário.".

60 MELLO, Rafael Munhoz de, op. cit., p. 61. Confira-se, também, I Jornada "Prevenção e solução extrajudicial de litígios" (22 e 23 de agosto de 2016 – Brasília – DF) – Realização: Centro de Estudos Judiciários do Conselho da Justiça Federal – Enunciado nº 13: "Podem ser objeto de arbitragem relacionada à Administração Pública, dentre outros, litígios relativos: I – ao inadimplemento de obrigações contratuais por qualquer das partes; II – à recomposição do equilíbrio econômico-financeiro dos contratos, cláusulas financeiras e econômicas."

61 I Jornada "Prevenção e solução extrajudicial de litígios" (22 e 23 de agosto de 2016 – Brasília – DF) – Realização: Centro de Estudos Judiciários do Conselho da Justiça Federal – Enunciado nº 60: "As vias adequadas de solução de conflitos previstas em lei, como a conciliação, a arbitragem e a mediação, são plenamente aplicáveis à Administração Pública e não se incompatibilizam com a indisponibilidade do interesse público, diante do Novo Código de Processo Civil e das autorizações legislativas pertinentes aos entes públicos."

62 Sobre o ponto, consulte-se RODRIGUES, Marco Antonio, op. cit., p. 386-391.

63 NUNES, José de Castro. Da fazenda pública em juízo. Rio de Janeiro : Freitas Bastos, 1. ed., 1950. p. 286-289.

O novo Código de Processo Civil, em seus arts. 182 a 184, placitou a dignidade constitucional da Advocacia Pública (ou de Estado).

Em decorrência do costume judiciário, ao invés de se indicar a entidade estatal que é parte no processo, utiliza-se genericamente a expressão Fazenda Pública. A indisponibilidade dos interesses públicos justifica as prerrogativas jurídico-processuais da Fazenda Pública.

Nesse teor de ideias, há, pelo menos, cinco fatores de diferenciação da Fazenda Pública em juízo, razoáveis e legítimos: 1) tutela dos interesses públicos; 2) defesa do Erário; 3) número exorbitante de processos judiciais no acervo dos advogados públicos, os quais não podem selecionar as suas causas; 4) maior dificuldade de coleta de informações, sobretudo fáticas, necessárias à elaboração da defesa do Estado; e 5) melhor estruturação de defesas do Estado, evitando-se condenações injustificadas, em prejuízo do Erário, que impedissem investimentos em área prioritárias, como educação, saúde, segurança pública[64]. Há, portanto, razões sólidas para se discernir ou realizar semelhante *discrímen*, o qual depara justificação primária no próprio princípio constitucional da igualdade[65].

As principais prerrogativas processuais da Fazenda Pública, por força da própria atividade de tutelar os interesses públicos secundários, personificados no Erário, estão assim dispostas no NCPC: i) prazo em dobro para todas as suas manifestações processuais, independentemente de sua natureza (art. 183, *caput*); ii) intimação pessoal do advogado público (art. 183, *caput*), a ser configurada por variegadas maneiras: carga ou remessa de autos judiciais, no caso de processos físicos ou, não o sendo, por meio eletrônico (art. 183, § 1º); iii) honorários de sucumbência (art. 85, §§ 3º a 7º); iv) pagamento de despesas processuais ao final acaso vencida (art. 91, *caput*); v) reexame necessário (art. 496, I e II); vi) procedimento especial de execução por título judicial de quantia certa (arts. 534 e 535); vii) execução própria por título extrajudicial (art. 910); viii) dispensa de depósito prévio em ação rescisória (art. 968, § 1º); ix) multas processuais concernentes aos meios de impugnação de decisões judiciais, com pagamento ao final (agravo interno – art. 1.021, § 5º; embargos de declaração – art. 1.026, § 3º); x) restrições à concessão de tutela provisória (art. 1.059).

Demais disso, no tocante aos meios de satisfação do exequente da Fazenda Pública, têm-se: (i) requisições de pequeno valor (RPV), nos termos do art. 87, do Ato das Disposições Constitucionais Transitórias e art. 100, § 4º, da Constituição Federal, com variação entre 40 a 60 salários mínimos, de acordo com a capacidade econômica do ente federativo, e (ii) regime do precatório judicial (art. 100, caput e §§, da Constituição Federal), de liminar e de antecipação de tutela; restrições à execução provisória; impenhorabilidade.

---

64 CUNHA, Leonardo Carneiro da, op. cit., 32-33.

65 MORAES, José Roberto de Moraes. As prerrogativas e o interesse da Fazenda Pública. In: SUNDFELD, Carlos Ari. Direito Processual Público: A Fazenda Pública em Juízo. 2ª ed. São Paulo: Malheiros. 2000. pp. 66-78, esp. p. 72.

6. Seis aspectos específicos de análise

No Brasil de hodierno, à luz do desenvolvimento da normatividade, da doutrina e da jurisprudência, não há como se possa objetar a possibilidade de utilização da arbitragem pela Administração Pública.

De todo modo, é preciso desviar o olhar crítico para a identificação das peculiaridades que o procedimento arbitral oferece quando nele figurar a Administração Pública direta e indireta.

Parece bem passar em revista alguns traços característicos dessa arbitrabilidade envolvendo o Poder Público.

Menção à parte merece a questão de que, no procedimento arbitral, do qual participe ente público, não se afigura juridicamente possível a intervenção do Ministério Público. Ou seja: a arbitrabilidade, na espécie, é refratária ao preceito do art. 178, I, do NCPC: "O Ministério Público será intimado para, no prazo de 30 (trinta) dias, intervir como fiscal da ordem jurídica nas hipóteses previstas em lei ou na Constituição Federal e nos processos que envolvam: I – interesse público ou social;". Assim é por três razões: (i) a Lei nº 9.307, de 1996, não prevê semelhante intervenção do Ministério Público; (ii) o interesse que justifica a própria participação do Poder Público no juízo arbitral é de caráter disponível; e (iii) o NCPC não se aplica ao procedimento arbitral, nem subsidiariamente.

6.1. Sede da arbitragem

Para se aferir se a sentença arbitral é nacional ou estrangeira é importante se verificar qual é a sede (ou local) da arbitragem.

A Lei nº 9.307/1996, em seu art. 34, parágrafo único, preceitua: "considera-se sentença arbitral estrangeira a que tenha sido proferida fora do território nacional", sendo certo que seu reconhecimento ou sua execução, no Brasil, dependerá, unicamente, de homologação pelo Superior Tribunal de Justiça (art. 35, com a redação dada pela Lei nº 13.129/2015). *A contrario sensu*, considerar-se-á nacional a sentença arbitral proferida no Brasil[66].

Releva notar que a Lei nº 8.987, de 13.02.1995 (que dispõe sobre o regime de concessão e permissão da prestação de serviços públicos previstos no art. 175 da Constituição Federal), em seu art. 23-A, reza: "O contrato de concessão poderá prever o emprego de mecanismos privados para resolução de disputas decorrentes ou relacionadas ao contrato, inclusive a arbitragem, a ser realizada no Brasil e em língua portuguesa, nos termos da Lei nº 9.307, de 23 de setembro de 1996.[67]" (Incluído pela Lei nº 11.196, de 2005)

---

66 CARMONA, Carlos Alberto. Arbitragem e processo: um comentário à Lei nº 9.307/96. 2ª ed. rev., atual. e ampl. São Paulo: Atlas, 2006. p. 182 e ss.

67 MEDAUAR, Odete. Direito Administrativo Moderno. 13. ed., rev., São Paulo: Revista dos Tribunais, 2009. p. 334.

Nessa toada, a Lei nº 11.079, de 30.12.2004 (que institui normas gerais para licitação e contratação de parceria público-privada no âmbito da administração pública), em seu art. 11, inciso III, estabelece: "O instrumento convocatório conterá minuta do contrato, indicará expressamente a submissão da licitação às normas desta Lei e observará, no que couber, os §§ 3o e 4o do art. 15, os arts. 18, 19 e 21 da Lei no 8.987, de 13 de fevereiro de 1995, podendo ainda prever: III – o emprego dos mecanismos privados de resolução de disputas, inclusive a arbitragem, a ser realizada no Brasil e em língua portuguesa, nos termos da Lei no 9.307, de 23 de setembro de 1996, para dirimir conflitos decorrentes ou relacionados ao contrato."

Em suma, essas leis dispõem que as cláusulas compromissórias inseridas em contratos tais deverão estipular que a arbitragem terá sede no Brasil, vedando-se, por conseguinte, a eleição de outro país.

Por construção analógica, pode-se aplicar à generalidade dos contratos administrativos que tenham cláusula compromissória a regra insculpida no art. 55, § 2º, da Lei nº 8.666, de 21.06.1993 (que regulamenta o art. 37, inciso XXI, da Constituição Federal e institui normas para licitações e contratos da Administração Pública): " São cláusulas necessárias em todo contrato as que estabeleçam: § 2° Nos contratos celebrados pela Administração Pública com pessoas físicas ou jurídicas, inclusive aquelas domiciliadas no estrangeiro, deverá constar necessariamente cláusula que declare competente o foro da sede da Administração para dirimir qualquer questão contratual, salvo o disposto no § 6° do art. 32 desta Lei."

Em resumo, o "foro da sede da Administração" é, em linha de princípio, o competente "para dirimir qualquer questão contratual", sendo certo que a ressalva exibe o seguinte teor: "§ 6° O disposto no § 4° deste artigo, no § 1° do art. 33 e no § 2° do art. 55, não se aplica às licitações internacionais para a aquisição de bens e serviços cujo pagamento seja feito com o produto de financiamento concedido por organismo financeiro internacional de que o Brasil faça parte, ou por agência estrangeira de cooperação, nem nos casos de contratação com empresa estrangeira, para a compra de equipamentos fabricados e entregues no exterior, desde que para este caso tenha havido prévia autorização do Chefe do Poder Executivo, nem nos casos de aquisição de bens e serviços realizada por unidades administrativas com sede no exterior."

Não se desconhece a posição doutrinária que sustenta que a norma do art. 55, § 2º, da Lei nº 8.666/1993 teria interditado a arbitrabilidade em tema de contratos administrativos, pois, quando alude a "foro da sede da Administração", para "dirimir qualquer questão contratual", tenderia a uma necessária escolha pela jurisdição estatal[68].

Porém, não se pode placitar semelhante ponto de vista. E não se pode porque, transportada ao limite essa visão doutrinária, o art. 55, § 2º, vetaria até mesmo a so-

68 BARROSO, Luís Roberto. Sociedade de economia mista prestadora de serviço público. Cláusula arbitral inserida em contrato administrativo sem autorização legal. Invalidade. In: Revista de direito bancário, do mercado de capitais e da arbitragem. São Paulo: Revista dos Tribunais, vol. 19, p. 415-439, jan./mar. 2003, esp. p. 433.

lução amigável dos conflitos, pois toda e qualquer questão contratual haveria de ser solucionada no "foro da sede da Administração". Tal interpretação conduziria ao absurdo (*reductio ad absurdum*). O entendimento que mais se afina com a razoabilidade é o de que, uma vez posto o litígio à cognição do Poder Judiciário, o foro competente para processá-lo e julgá-lo será o da Administração. Daí não se segue necessariamente que todo e qualquer conflito precise ser submetido ao Poder Judiciário, e tão somente ao Judiciário[69].

De todo modo, o problema perdeu fôlego, porquanto a Lei nº 13.129, de 2015, inoculou na Lei nº 9.307, de 1996, autorização explícita para a Administração Pública direta e indireta lançar mão da arbitragem (art. 1º, § 1º: "A administração pública direta e indireta poderá utilizar-se da arbitragem para dirimir conflitos relativos a direitos patrimoniais disponíveis."). Por que assim é, doravante, o dispositivo do art. 55, § 2º, da Lei nº 8.666, de 1993, escapa de qualquer interpretação que lhe pretenda atribuir a condição de obstáculo ao acesso arbitral.

Seja como for, resumidamente, traçando-se um paralelo com o dispositivo do art. 55, § 2º, da Lei nº 8.666/1993, ter-se-á como local da arbitragem a sede da Administração. É certo que atos do procedimento arbitral podem ser praticados em outras paragens, se e quando indispensáveis ao seu satisfatório andamento. Não por acaso, a Lei nº 9.307, de 23.09.1996, em seu art. 11, I, ressoa: "Poderá, ainda, o compromisso arbitral conter: I – local, ou locais, onde se desenvolverá a arbitragem;".

A indispensabilidade de a sede da arbitragem ser no Brasil não interdita a possibilidade de se escolher câmara arbitral estrangeira para administrar o conflito e governar o procedimento arbitral, aplicando-se as cláusulas de seu regulamento. Na espécie, a câmara estrangeira não julgará a controvérsia e, por isso mesmo, não assume a função dos árbitros. A Administração Pública, desde que adredemente definido em seu compromisso arbitral, pode optar em ter a sua sede como local da arbitragem, mas que o conflito seja administrado pelas regras regulamentares de uma câmara situada no estrangeiro[70], bem como pela aplicação de regras internacionais[71].

6.2. Confidencialidade

No quadro do Estado Constitucional Democrático de Direito, os atos estatais (legislativos, administrativos, jurisdicionais) estão, em linha de princípio[72], iluminados

69 MELLO, Rafael Munhoz de, op. cit., p. 60, em especial nota de rodapé nº 26.

70 TALAMINI, Eduardo. Arbitragem e parceria público-privada, op. cit., p. 355.

71 I Jornada "Prevenção e solução extrajudicial de litígios" (22 e 23 de agosto de 2016 – Brasília – DF) – Realização: Centro de Estudos Judiciários do Conselho da Justiça Federal – Enunciado nº 11: "Nas arbitragens envolvendo a Administração Pública, é permitida a adoção das regras internacionais de comércio e/ou usos e costumes aplicáveis às respectivas áreas técnicas.".

72 Diz-se em linha de princípio, porque, no campo processual, há situações excepcionais naturalmente refratárias à publicidade, como defesa da intimidade ou interesse social (CF, arts. 5. e 93, IX), assegurando-se, de todo modo, a presença de partes e de seus advogados.

pelo princípio constitucional da publicidade (CF, art. 37, *caput*). Todas as funções estatais devem se pautar pela transparência em suas concretas atuações. Por assim ser, por exemplo, quando o Poder Público participar de tratamento consensual de controvérsia é de rigor a observância da cláusula de publicidade. É dizer: resta, excepcionalmente, afastada a confidencialidade (art. 2º, VII), a teor do disposto no art. 30, *caput*, ambos da Lei nº 13.140/2015 ("quando sua divulgação for exigida por lei").

Nessa perspectiva, ainda no exemplo, o preceito geral é o de que a sigilosidade não se subsume às técnicas consensuais de solução de litígios que abarquem o Poder Público[73]. Os interesses públicos têm o condão de fazer com que a regra do sigilo, *v. g.*, nos meios autocompositivos de resolução de conflitos envolvendo a Fazenda Pública, ceda o passo ao princípio constitucional da publicidade da atuação estatal. Veja-se, na esfera da Fazenda Pública, a regulamentação específica inserta no art. 30, § 4º, daquele diploma legal: "A regra da confidencialidade não afasta o dever de as pessoas discriminadas no *caput* prestarem informações à administração tributária após o termo final da mediação, aplicando-se aos seus servidores a obrigação de manterem sigilo das informações compartilhadas nos termos do art. 198 da Lei no 5.172, de 25 de outubro de 1966 – Código Tributário Nacional.".

Seja como for, é intuitivo que o afastamento da confidencialidade, enquanto estratégia prática e necessidade funcional dos ADR's, pode contribuir para a quebra de efetividade e de seriedade dos procedimentos de autocomposição de conflitos. Explica-se: no tratamento do litígio por meio de mediação, as informações relevantes, em sessão privada com o mediador, como estratégia de negociação, somente serão ministradas pelo contendor se e quando possam estar sob o manto da sigilosidade. A não ser assim, uma das partes poderia até mesmo obter posição de vantagem em futura ação judicial, através da utilização de informações e documentos fornecidos exclusivamente ao procedimento de mediação (o qual, no entanto, se frustrou).

Poder-se-ia dizer, por ofício de argumentação, que o sigilo do procedimento arbitral se erige em óbice ao uso da arbitragem pela Administração Pública, posto que incompatível com o princípio constitucional da publicidade consagrado no art. 37, *caput*, da Constituição Federal.

O argumento é mendaz, contudo.

Com efeito, a uma porque a sigilosidade não é elemento essencial do procedimento arbitral, mas acidental e sempre dependente de livre expressão de vontade das partes. Tal faculdade está fora do raio de ação legítima da Administração Pública, por força do princípio constitucional da publicidade (CF, art. 37, *caput*). Significa dizer que os procedimentos arbitrais nos quais figure a Administração Pública escapam da confidencialidade ou sigilosidade.

De fato, o legislador espancou qualquer dúvida ou hesitação a respeito do tema.

Reafirme-se que, no plano heterocompositivo, que a regra geral da confidencialidade não prospera, também, quando se trate de arbitragem envolvendo a

73 RODRIGUES, Marco Antonio, op. cit., p. 380.

Administração Pública, nos termos do art. 2º, § 3º, da Lei nº 9.307, de 23.09.1996: "A arbitragem que envolva a administração pública será sempre de direito e respeitará o princípio da publicidade[74]." (Incluído pela Lei nº 13.129, de 2015). Na espécie, a arbitragem "sempre de direito" está em sintonia com a juridicidade administrativa. Ou seja: a atividade administrativa, considerada em seu complexo, deverá estar alicerçada em preceito jurídico de caráter constitucional ou infraconstitucional. Nada obstante, a equidade, como método de formulação do direito[75], significa que o juiz-árbitro é livre para, caso a caso, prospectar a solução que melhor satisfaça as concepções morais e econômicas predominantes na sociedade em que opera, em um dado momento histórico[76].

Uma última observação ainda é pertinente para rematar este tópico e diz respeito ao fato de que a regra do art. 189, IV, do NCPC não se aplica, naturalmente, ao cumprimento de carta arbitral que envolva o Estado: "Art. 189. Os atos processuais são públicos, todavia tramitam em segredo de justiça os processos: IV – que versem sobre arbitragem, inclusive sobre cumprimento de carta arbitral, desde que a confidencialidade estipulada na arbitragem seja comprovada perante o juízo."

---

74 MELLO, Rafael Munhoz de, op. cit., p. 67: "Alguns regulamentos de câmaras de arbitragem já preveem que os processos envolvendo a Administração Pública não poderão ser sigilosos. É o caso do Regulamento da CAM-FIEP (art. 25) e do Regulamento da ARBITAC (art. 54, § 1º)." Vide, no ponto, I Jornada "Prevenção e solução extrajudicial de litígios" (22 e 23 de agosto de 2016 – Brasília – DF) – Realização: Centro de Estudos Judiciários do Conselho da Justiça Federal – Enunciado nº 4: "Na arbitragem, cabe à Administração Pública promover a publicidade prevista no art. 2., § 3., da Lei nº 9.307/1996, observado o disposto na Lei nº 12.527/2011, podendo ser mitigada nos casos de sigilo previstos em lei, a juízo do árbitro.".

75 CONTE, Francesco. Sobre a motivação da sentença no processo civil: Estado constitucional democrático de direito, discurso justificativo e legitimação do exercício da jurisdição / Francesco Conte; apresentação José Carlos Barbosa Moreira; prefácio Michele Taruffo. – 1ª ed. – Rio de Janeiro : Gramma, 2016. p. 590.

76 Acerca do sentido geral ou social da equidade, vide CALAMANDREI, Piero. Il significato costituzionale delle giurisdizioni di equità. In: CAPPELLETTI, Mauro (a cura di). Opere giuridiche. Napoli: Morano, 1965, v. 3. p. 3-51, esp. p. 21-22: "*Ma di equità si parla anche in un altro senso, che possiamo dire generale o sociale: quando, partendo da un sentimento di equità naturale che si ritiene comune a tutto un popolo in un dato momento storico, si condanna come contraria a questo sentimento una norma di diritto positivo, considerata in sè indipendentemente dalla sua applicazione ad una fattispecie concreta, e si mira con ciò a contrapporre ad essa in iure condendo un'altra norma generale ed astratta meglio corrispondente a quel sentimento comune. (...) Ora quando noi parliamo dei poteri di equità degli amichevoli compositori, diamo a questa parola lo stesso significato lato e comprensivo che le diamo quando diciamo appunto che il legislatore, nel formulare le sue leggi, deve obbedire all'equità: intendendo per equità quel complesso di fattori economici e morali, di tendenze e di aspirazioni vive nella coscienza di una certa società, di cui il legislatore tiene o dovrebbe tenere conto quando prepara una legge.*".

6.3. (Des)Necessidade de previsão no edital de licitação ou no contrato

O que se sustenta é a necessidade de autorização legislativa expressa de cada ente da Federação (*v. g.*, Estados-membros, Distrito Federal e Municípios), conquanto genérica, para que a respectiva Administração Pública possa acessar o juízo arbitral em suas disputas, seja com particulares, seja com entidades públicas de outras esferas de poder. Não se desconhece a posição doutrinária no sentido diametralmente oposto de que a ausência de autorização legislativa expressa não caracterizaria óbice à convenção de arbitragem pelas pessoas jurídicas de direito público[77].

Contudo, semelhante ponto de vista (ausência de autorização legislativa expressa não constituir impedimento ao acesso à arbitrabilidade pela pessoa jurídica de direito público), calcado apenas em princípios constitucionais (*v. g.*, eficiência, economicidade, justiça), vulnerabiliza o agente público, pelo alto grau de abstração dos princípios, tornando-o refém, por exemplo, de sofisticadas "interpretações jurídicas" do Ministério Público, em sede de ação de improbidade administrativa. Note-se bem que uma das hipóteses, amplamente abertas, autorizativas da propositura desta ação, é aquela contemplada no art. 11, *caput*, da Lei nº 8.429, de 1992: "Constitui ato de improbidade administrativa que atenta contra os princípios da administração pública qualquer ação ou omissão que viole os deveres de honestidade, imparcialidade, legalidade, e lealdade às instituições, e notadamente:". Decerto, o *parquet* alegará, anos e anos após, a ausência de lei específica e autorizativa prevendo a possibilidade de o ente público lançar mão do juízo arbitral ou que, na espécie, a arbitragem não se evidenciava o método mais eficiente para a resolução daquela controvérsia, ou ainda porque o Estado abdicou de suas prerrogativas processuais, pouco, ou nada, importando que o agente público demonstre, matematicamente, que a escolha de semelhante mecanismo preservou em coeficiente máximo o interesse público envolvido na disputa com o particular, em um juízo de proporcionalidade. Discutir teses jurídicas em um ambiente acadêmico, no mundo recôndito das ideias, é fascinante, mas, nos autos de uma ação de improbidade administrativa, no mundo de carne e osso, é catastrófico (naturalmente, para o agente público).

No âmbito da Administração Pública federal, a Lei nº 13.129, de 2015, injetou na Lei nº 9.307, de 1996, autorização expressa para a Administração Pública direta e indireta lançar mão da arbitragem (art. 1º, § 1º: "A administração pública direta e indireta poderá utilizar-se da arbitragem para dirimir conflitos relativos a direitos patrimoniais disponíveis.").

---

77 Assim, escudado na visão mais abrangente de juridicidade administrativa, RODRIGUES, Marco Antonio, op. cit., p. 387-388: "Diante disso, parece-nos que a ausência de autorização legislativa expressa não configurava impedimento ao pacto da arbitragem pelas pessoas jurídicas de direito público, se está se justificar no próprio ordenamento jurídico. Ademais, a Lei nº 9.307 nada dispunha sobre a questão. Por isso, a arbitragem poderia se justificar na eficiência, na economicidade e no próprio acesso a uma solução justa, que não decorre unicamente do Poder Judiciário."

É de rigor que semelhante disposição seja reproduzida no contexto de cada ente federativo[78]. Parece bem mencionar, a título ilustrativo, que no paradigmático "Caso Lage", no qual o Supremo Tribunal Federal reconheceu a constitucionalidade do juízo arbitral instituído para dirimir controvérsia entre a União Federal e os herdeiros de Henrique Lage, a arbitragem foi adredemente autorizada pelo Decreto-lei nº 9.521, de 26.07.1946, ato normativo com envergadura de lei[79]. Por exemplo: havendo lei específica de determinado Estado-membro da Federação, autorizativa de acesso ao juízo arbitral, a convenção de arbitragem não precisa estar ensartada no edital de licitação deste ente federativo ou mesmo no contrato firmado pela Administração Pública[80]. Significa dizer que se afigura juridicamente possível a opção pela arbitrabilidade quando já configurado o litígio, por meio da formalização de compromisso arbitral ou, ainda adredemente, através de aditivo ao contrato, nele inserindo uma cláusula compromissória, desde que haja previsão legislativa expressa, embora para a generalidade dos casos, no âmbito daquele ente federativo[81]. A utilização da via arbitral é tatuada pelo ordenamento jurídico, em casos tais, como a que exibe maior probabilidade de atender ao interesse público.

A juridicidade administrativa não se ergue como um anteparo à modalidade arbitral de solução de controvérsia.

No tocante à definição de cláusula compromissória, a Lei nº 9.307, de 1996, em seu art. 4º, *caput*, estatui: "A cláusula compromissória é a convenção através da qual as partes em um contrato comprometem-se a submeter à arbitragem os litígios que possam vir a surgir, relativamente a tal contrato." No que tange à demarcação do compromisso arbitral, o art. 9º, *caput*, prescreve: "O compromisso arbitral é a convenção através da qual as partes submetem um litígio à arbitragem de uma ou mais pessoas, podendo ser judicial ou extrajudicial." Vê-se, portanto, que a cláusula compromissória tem em mira litígios contingentes e futuros, ao passo que, no compromisso arbitral, o litígio concretamente já se configurou.

---

78 FIAD, Leonardo, op. cit. p. 182-183: "No caso da Administração Pública, ela própria gestora de interesses alheios, a possibilidade de disposição, e, por conseguinte, da utilização da via arbitral como meio de solução dos seus conflitos, apenas dar-se-á quando autorizada pelo ordenamento jurídico.".

79 FIAD, Leonardo, op. cit., p. 185.

80 I Jornada "Prevenção e solução extrajudicial de litígios" (22 e 23 de agosto de 2016 – Brasília – DF) – Realização: Centro de Estudos Judiciários do Conselho da Justiça Federal – Enunciado nº 2: "Ainda que não haja cláusula compromissória, a Administração Pública poderá celebrar compromisso arbitral".

81 PINTO, José Emilio Nunes. A arbitrabilidade de controvérsias nos contratos com o Estado e empresas estatais. Disponível em: http://www.migalhas.com.br. Acesso em: 5 dez. 2016: "Assim sendo, somos de opinião que inexiste qualquer princípio geral que, per se, impeça o Estado e suas empresas de participar de procedimentos arbitrais. Superado este obstáculo, entendemos, entretanto, que, por força do princípio da legalidade, a arbitrabilidade subjetiva esteja a depender de autorização legal.".

Mas não é só. Mesmo que o edital de licitação e o contrato indiquem a via judicial para dirimir eventuais controvérsias, ou mesmo sejam silentes, ainda assim as partes (Administração Pública e particular) não estarão tolhidas de legitimamente optar pela arbitragem[82]. Numa linha: a Administração Pública direta e indireta poderá utilizar a via arbitral para dirimir conflitos concernentes a direitos patrimoniais disponíveis, mesmo sem previsão no instrumento convocatório (o edital) e no respectivo contrato[83].

Merece menção à parte a escolha do árbitro a ser indicado pela Administração Pública. Tal eleição, juridicamente, independe de prévio procedimento licitatório, posto se configurar hipótese de inexigibilidade (Lei nº 8.666, de 1993, art. 25, II: "É inexigível a licitação quando houver inviabilidade de competição, em especial: II – para a contratação de serviços técnicos enumerados no art. 13 desta Lei, de natureza singular, com profissionais ou empresas de notória especialização...". O agente administrativo deverá, no caso concreto, justificar racionalmente a inexigibilidade de licitação. Antes e acima de tudo, a escolha do árbitro em casos tais deverá levar em conta sua notória especialização na matéria objeto do litígio, bem como, especialmente, a fidúcia que a Administração Pública nele assenta, nos termos do art. 13, *caput*, da Lei nº 9.307, de 1996[84].

Não se olvide que a escolha do árbitro pela Administração Pública deverá, naturalmente, reverenciar a norma contida no art. 14, *caput*, da Lei nº 9.307/1996: "Estão impedidos de funcionar como árbitros as pessoas que tenham, com as partes ou com o litígio que lhes for submetido, algumas das relações que caracterizam os casos de impedimento ou suspeição de juízes, aplicando-se-lhes, no que couber, os mesmos deveres e responsabilidades, conforme previsto no Código de Processo Civil."

6.4. Pagamento de custas e honorário dos árbitros

A isenção de que desfruta a Administração Pública, no que concerne à taxa judiciária e às custas processuais, não se aplica ao procedimento arbitral. Tais despesas exibem natureza diferente, pois que se trata de contraprestação que o Estado entrega ao órgão arbitral (árbitro e seus auxiliares) por força de serviços prestados em regime diverso da prestação do serviço público judiciário.

---

82 AMARAL, Paulo Osternack. Arbitragem e Administração Pública. Belo Horizonte: Fórum, 2012. p. 77-80. Em sentido diametralmente oposto, SALLES, Carlos Alberto de. Arbitragem nos contratos administrativos. Rio de Janeiro: Forense, 2011. p. 109.

83 MELLO, Rafael Munhoz de, op. cit., p. 71 e 72: "O projeto de lei nº 7.108/2014, que deu origem à já citada Lei nº 13.129/2015, pretendia restringir o uso da arbitragem às hipóteses em que houvesse previsão expressa "no edital e nos contratos da administração". Felizmente a restrição foi retirada do texto final aprovado no Senado Federal, demonstração inequívoca de que o legislador tampouco entende ser necessária a menção à arbitragem já no edital ou no contrato de que seja parte a Administração Pública.".

84 AMARAL, Paulo Osternack, op. cit., p. 75.

A Administração Pública, ante restrições de ordem orçamentária, poderá enfrentar entraves práticos e jurídicos em relação ao pagamento de custas da câmara de arbitragem e de honorários dos árbitros.

De sorte que uma vertente de solução desse problema é estatuir na cláusula compromissória que o pagamento das despesas concernentes ao procedimento arbitral, quando de sua instauração, será carregado primeiramente para o particular contratante com a Administração Pública (Lei nº 9.307/96, art. 11, V). Tocará a ele antecipar o numerário indispensável ao fluxo do procedimento (custas administrativas da câmara arbitral), como também o adiantamento de fração dos honorários devidos aos árbitros e, ao final, o restante de seus honorários, ainda que o procedimento seja instaurado por iniciativa da Administração Pública.

Ao fim e ao cabo do procedimento, o tribunal arbitral deverá deliberar sobre a responsabilidade das partes relativamente ao pagamento das despesas do procedimento, e, de acordo com o resultado da arbitragem, em caso de vitória do *ex adverso*, determinar que a Administração Pública lhe reembolse total ou parcialmente o que houver antecipado.

É fundamental que lei de cada ente da Federação, dentre outros aspectos, preveja que o particular deva antecipar o pagamento das taxas administrativas e honorários dos árbitros quando da instauração do procedimento arbitral.

Entrementes, na hipótese de a cláusula compromissória nada dispor a respeito, incumbirá à Administração Pública suportar a prestação inicial atinente às custas e aos honorários dos árbitros na extensão que lhe pertencer.

Não incide, na espécie, o preceito atinente à fixação de honorários sucumbenciais nas causas em que é vencida a Fazenda Pública (NCPC, art. 85, §3º). Trata-se, como visto, de matéria afeta ao compromisso arbitral (Lei nº 9.307/96, art. 11, V).

6.5. Prazos

Como já assinalado, o novo Código de Processo Civil, em seu art. 183 ("A União, os Estados, o Distrito Federal, os Municípios e suas respectivas autarquias e fundações de direito público gozarão de prazo em dobro para todas as suas manifestações processuais, cuja contagem terá início a partir da intimação pessoal."), outorga o benefício de prazo diferenciado em favor da Fazenda Pública.

Todavia, tal prerrogativa "de prazo em dobro para todas as suas manifestações processuais", típica do processo judicial, não se estende, naturalmente, ao procedimento arbitral.

Note-se que, mais amplamente, prevalece a ideia de que, em regra, as prerrogativas da Administração Pública em juízo não se estendem ao procedimento arbitral. A uma, porque não há previsão específica para tanto na Lei nº 9.307/96; a duas, porque é indispensável a observância das regras procedimentais avençadas pelos signatários da convenção arbitral ou, de modo subsidiário, pelo árbitro[85] (Lei nº 9.307/96: "art.

85 SICA, Heitor Vitor Mendonça. Arbitragem e Fazenda Pública. Disponível em: http://genjuridico.com.br/2016/03/24/arbitragem-e-fazenda-publica/. Acesso em: 01 nov. 2016: "(...) há que se

21. A arbitragem obedecerá ao procedimento estabelecido pelas partes na convenção de arbitragem, que poderá reportar-se às regras de um órgão arbitral institucional ou entidade especializada, facultando-se, ainda, às partes delegar ao próprio árbitro, ou ao tribunal arbitral, regular o procedimento. § 1º Não havendo estipulação acerca do procedimento, caberá ao árbitro ou ao tribunal arbitral discipliná-lo.").

Numa locução: as partes na arbitragem (inclusive a Administração Pública) têm liberdade para especificar as regras procedimentais adequadas às especificações do caso concreto. Podem, naturalmente, adotar regras de instituições arbitrais conhecidas ou criar regras próprias. O procedimento é flexível, no sentido de que, em linha de princípio, a arquitetura dos atos no procedimento é desenhada pelas partes[86]. Não por acaso se diz, recorrentemente, que a autonomia das partes representa a pedra de toque da arbitragem[87].

6.6. Reexame necessário

A sentença homologatória de acordo resultante de mediação ou de conciliação estará, em regra, sujeita à remessa necessária. De fato, o NCPC, em seu art. 496, em formulação cogente, preceitua: "Está sujeita ao duplo grau de jurisdição, não produzindo efeito senão depois de confirmada pelo tribunal, a sentença: I – proferida contra a União, os Estados, o Distrito Federal, os Municípios e suas respectivas autarquias e fundações de direito público; II – que julgar procedentes, no todo ou em parte, os embargos à execução fiscal." Na espécie, o juiz deve ordenar "a remessa dos autos ao tribunal e, se não o fizer, o presidente do respectivo tribunal avocá-los-á" (NCPC, art. 496, § 1º). Portanto, a remessa necessária denota condição de eficácia da sentença homologatória da solução consensual do litígio.

Sob outro ângulo de mirada, o chamado reexame necessário é inaplicável ao procedimento arbitral, seja tanto porque inexiste previsão na Lei nº 9.307/96, seja tanto porque o NCPC (bem como o CPC/73) não se aplica, nem mesmo subsidiariamente, ao procedimento arbitral, cuja regência resulta de regras indicadas pelas partes ou, em caso de omissão, por preceitos estabelecidos pelo árbitro (Lei nº 9.307/96, art. 21, *caput* e §1º).

---

acrescentar que essa prerrogativa também não se mostra inerente a todo processo envolvendo a Fazenda Pública. Tanto é que foi excluída em alguns casos (como nos Juizados Especiais Federais e da Fazenda Pública, *ex vi* do art. 9º da Lei nº 10.259/01 e do art. 7º da Lei nº 12.153/09, respectivamente).".

86 SALOMÃO, Wiliander França. A arbitragem na administração pública. Disponível em: http://www.ambito-juridico.com.br/site/index.php?n_link=revista_artigos_leitura&artigo_id=9627. Acesso em; 9 nov. 2016.

87 CARVALHO, Eliane e MATION, Gisela. Arbitragem e Administração Pública: novos desafios. Disponível em: http://www.migalhas.com.br/dePeso/16,MI224088,11049-Arbitragem+e+Administracao+Publica+novos+Desafios. Acesso em: 10 nov. 2016.

Demais disso, o procedimento arbitral é desenvolvido em instância única, circunstância que o torna infenso ao instituto do reexame necessário[88].

6.7. Regime de precatório

A prestação de natureza pecuniária decorrente de condenação imposta à pessoa jurídica de direito público, por força de sentença arbitral, deve ser solvida através do sistema de precatório?

A resposta positiva se impõe.

Com efeito, o precatório representa mecanismo para a inserção de verba no orçamento da entidade pública devedora e será expedido pelo juízo da execução[89].

A Constituição Federal, em seu art. 100, *caput* e § 5º, estabelece:

> "Art. 100. Os pagamentos devidos pelas Fazendas Públicas Federal, Estaduais, Distrital e Municipais, em virtude de sentença judiciária, far-se-ão exclusivamente na ordem cronológica de apresentação dos precatórios e à conta dos créditos respectivos, proibida a designação de casos ou de pessoas nas dotações orçamentárias e nos créditos adicionais abertos para este fim." (Redação dada pela Emenda Constitucional nº 62, de 2009).
> § 5º É obrigatória a inclusão, no orçamento das entidades de direito público, de verba necessária ao pagamento de seus débitos, oriundos de sentenças transitadas em julgado, constantes de precatórios judiciários apresentados até 1º de julho, fazendo-se o pagamento até o final do exercício seguinte, quando terão seus valores atualizados monetariamente." (Redação dada pela Emenda Constitucional nº 62, de 2009).

Como é cediço, o regime jurídico-constitucional do precatório judicial tem por fito assegurar a igualdade de tratamento entre os credores do ente público, em virtude de sentença judiciária transitada em julgado. Prestigiam-se a isonomia, a moralidade e a impessoalidade no trato com o Erário. A exigência constitucional, em sua gênese, exibia (e ainda exibe!) o escopo altamente moralizador de impedir favorecimentos pessoais indevidos e frustrar injustas perseguições ditadas por razões de caráter político-administrativo[90]. Busca-se, com semelhante sistemática, evitar que, por traços exclusivamente pessoais, credores mais recentes possam receber em detrimento daqueloutros mais antigos.

Os credores das pessoas jurídicas de direito público são classificados em rigorosa"ordem cronológica de apresentação dos precatórios e à conta dos créditos respectivos". O credor preterido em seu direito de precedência, ante a quebra e mu-

---

88 SICA, Heitor Vitor Mendonça, op. cit., "Por fim, não há uma imposição absoluta e inerente ao regime processual aplicável aos processos envolvendo a Fazenda Pública que todas as decisões a ela contrárias sejam necessariamente revistas em grau superior."

89 CUNHA, Leonardo Carneiro da. A fazenda pública em juízo. p. 289.

90 STF, AP 503, rel. min. Celso de Mello, j. 20.05.2010, DJe de 01.02.2013. In: A Constituição e o Supremo / Supremo Tribunal Federal. – 5ª ed. atual. até a EC 90/2015. – Brasília : STF, Secretaria de Documentação, 2016, vol. 2, p. 890.

tação daquela cronologia, ou na hipótese de "não alocação orçamentária do valor necessário à satisfação do seu débito", poderá requerer "o sequestro da quantia respectiva", nos termos do § 6º do art. 100 da Constituição Federal. Ademais, a fratura da ordem cronológica atrai, para o agente público transgressor do preceito constitucional, sanções nas esferas administrativa e disciplinar.

Releva notar que o art. 100 da Constituição Federal de 1988 não legitima a realização de acordo celebrado entre a pessoa jurídica de direito público e o credor, assim reconhecido por sentença arbitral, tendo em mira o pagamento de valores fora do sistema de precatório, ainda que, mediante transação, o credor abra mão de parcela substancial do seu crédito, resultando benefícios ao Erário por suposta economicidade. Tais considerações não podem sobrepujar a regra de isonomia de tratamento proclamada pelo art. 100, *caput*, da Constituição Federal.

A não ser assim, estar-se-á vulnerando a regra da expedição do precatório, a cronologia definida pelos Tribunais para pagamento das dívidas do Poder Público oriundas de sentença judiciária transitada em julgado, bem como o princípio da isonomia. A economicidade para o Erário, mesmo que houvesse *in concreto*, não teria o condão de afastar o princípio da isonomia. O pagamento, em casos tais, com ou sem vantagens para o Erário, contém o gérmen da inconstitucionalidade[91].

Os entes públicos estão incondicionalmente submetidos ao dever constitucional de observar o princípio que confere preferência jurídica a quem dispuser de precedência cronológica: "*prior in tempore, potior in iure*". Trata-se de direito subjetivo do jurisdicionado constitucionalmente garantido.

É digno de nota que, no labor interpretativo de se fixar o sentido teleológico e o alcance da regra contida no art. 100, *caput*, da Constituição Federal, a jurisprudência do Supremo Tribunal Federal se consolidou no sentido de considerar indispensável, mesmo em se tratando de crédito de natureza alimentícia, conquanto observando ordem cronológica própria, "a expedição de precatório, ainda que reconhecendo, para efeito do pagamento do débito fazendário, a absoluta prioridade da prestação de caráter alimentar sobre os créditos de índole comum." (STF, 2ª Turma, AC 254 QO, Rel. Min. Celso de Mello, j. 18.05.2004, DJe de 18.12.2009. Assim, também, RE 597.157 AgR, Rel. Min. Carmen Lúcia, j. 14.02.2012, 1ª Turma, DJe de 06.03.2012. In: A Constituição e o Supremo / Supremo Tribunal Federal. – 5ª ed. atual. até a EC 90/2015. – Brasília: STF, Secretaria de Documentação, 2016, vol. 2, p. 891).

---

91 STF, AP 503, rel. min. Celso de Mello, colhe-se do acórdão o seguinte excerto: "O comportamento da pessoa jurídica de direito público, que desrespeita a ordem de precedência cronológica de apresentação dos precatórios, deve expor-se às graves sanções definidas pelo ordenamento positivo, inclusive ao próprio sequestro de quantias necessárias à satisfação do credor injustamente preterido. Nem mesmo a celebração de transação com o poder público, ainda que em bases vantajosas para o erário, teria, na época em que ocorridos os fatos expostos na denúncia, o condão de autorizar a inobservância da ordem de precedência cronológica dos precatórios, pois semelhante comportamento – por envolver efetivação de despesa não autorizada por lei e por implicar frustração do direito de credores mais antigos, com evidente prejuízo para eles – enquadra-se no preceito incriminador constante do inciso V do art. 1. do DL 201/1967.".

A jurisdição estatal corresponde à atividade jurisdicional patrocinada e desenvolvida pelo Estado. Ademais, no momento presente, vai se consolidando, em sede doutrinária[92] e jurisprudencial[93], a ideia de jurisdição arbitral assentada no entendimento sobre a natureza jurisdicional da arbitragem. Não por acaso, o procedimento arbitral está incondicionalmente submetido às mesmas garantias materiais e instrumentais estabelecidas na Constituição Federal para o procedimento judicial[94].

No ordenamento jurídico brasileiro, além da jurisdição desempenhada pelo Estado (em linha de princípio, pelo Poder Judiciário), desponta a possibilidade de seu exercício por particular, pela via da arbitragem. Nessa toada, a Lei nº 9.307/1996, em seu art. 18, preceitua: "O árbitro é juiz de fato e de direito, e a sentença que proferir não fica sujeita a recurso ou a homologação pelo Poder Judiciário." Confere-se, pois, jurisdição a órgão não estatal, não integrante da estrutura material do Poder Judiciário[95].

A solução do conflito formulada pelo árbitro, através de sentença arbitral, em tudo e por tudo se equipara à sentença judicial, com análoga aptidão para, reflexamente, proporcionar paz social, com justiça, como escopo magno da jurisdição. É útil reafirmar que, nada obstante exercida por particular, autorizado pelo Estado, a arbitragem é dotada, intrinsecamente, de natureza jurisdicional[96].

A propósito, nunca é demais repetir: a jurisdição é função do Estado, expressão da sua soberania, mas o seu exercício não lhe é conferido com exclusividade.

Nesse teor de ideias, a Lei nº 9.307/1996, em seu art. 31, estabelece: "A sentença arbitral produz, entre as partes e seus sucessores, os mesmos efeitos da sentença pro-

---

92 VERDE, Giovanni, op. cit., p. 4-8. Assim, também, MEDINA, José Miguel Garcia. Novo código de processo civil comentado: com remissões e notas comparativas ao CPC/1973 / José Miguel Garcia Medina. – São Paulo: Editora Revista dos Tribunais, 2015.p. 77.

93 Confira-se, em meio a muitos outros, o aresto proferido pela Segunda Seção do E. Superior Tribunal de Justiça, no julgamento da CComp nº 11.230/DF, sendo Relatora a Ministra Nancy Andrighi, j. 08.05.2013.

94 CARNEIRO, Paulo Cezar Pinheiro. In: WAMBIER, Teresa Arruda Alvim. Breves comentários ao Novo Código de processo civil / Teresa Arruda Alvim Wambier ... [et al.], coordenadores. – São Paulo: Editora Revista dos Tribunais, 2015. p. 57-97, esp. p. 64: "Não por outra razão que também se exige no procedimento arbitral, tal como no processo judicial, a observância dos princípios do contraditório, da igualdade das partes, da imparcialidade dos árbitros e de seu livre convencimento, além da motivação do laudo arbitral, mesmo porque sua decisão produzirá os mesmos efeitos da sentença judicial.".

95 SHIMURA, Sérgio Seiji. In: WAMBIER, Teresa Arruda Alvim. Breves comentários ao Novo Código de processo civil / Teresa Arruda Alvim Wambier ... [et al.], coordenadores. – São Paulo: Editora Revista dos Tribunais, 2015. p. 1.319-1.336, esp. p. 1.327: "Confere jurisdição a órgão não estatal, não integrante do Poder Judiciário, pois não elencado no art. 92, CF. Conquanto exercente de poder jurisdicional, o árbitro fica privado de alguns poderes instrumentais ou coercitivos (exemplo: condução coercitiva de testemunhas, determinação de bloqueio de bens) (cf. Art. 21, § 4º, Lei 9.307). Nesses casos, o árbitro – e não a parte – deve dirigir-se ao juiz togado para que tais medidas sejam concedidas.".

96 CARMONA, Carlos Alberto, op. cit., p. 45-46. Contudo, prestigiosa doutrina não abona a tese da natureza jurídica jurisdicional da arbitragem, vide, por exemplo, MARINONI, Luiz Guilherme. Teoria geral do processo. 3ª ed. rev. e atual. São Paulo: Editora Revista dos Tribunais, 2008. v. 1. p. 150-156.

ferida pelos órgãos do Poder Judiciário e, sendo condenatória, constitui título executivo." Esta norma deve, com argumento de direito positivo, ser pensada no sentido de "jurisdicionalizar" a arbitragem. Ao flanco da tutela entregue pelo Estado coexistem outras formas de tutela, com relevância jurídica, como a arbitragem.

Como se vê, a solução ao conflito conferida pelo árbitro, por meio da sentença por ele emitida, a tudo se equipara à decisão judicial, com igual capacidade de proporcionar pacificação social, com justiça, escopo maior da jurisdição; não há diferença substancial entre a jurisdição estatal e a atividade desempenhada por meio da arbitragem. Em outros termos, mais diretos: a arbitragem, embora exercida por particular, pois a tanto autorizado pelo Estado, é dotada de natureza jurisdicional. A propósito, nunca é demais repetir: a jurisdição é função do Estado, expressão da sua soberania, mas o seu exercício não lhe é conferido com exclusividade.

A sentença arbitral não configura uma sentença judiciária, dês que não decorre de um órgão da estrutura do Poder Judiciário brasileiro, mas, em sua eficácia, é equiparada, por lei, a uma "sentença proferida pelos órgãos do Poder Judiciário", principalmente na perspectiva de se revestir do colorido de título executivo judicial, nos termos do art. 515, VII, do NCPC[97]. Ou seja: revela-se juridicamente apta para instaurar a fase de cumprimento de sentença que reconheça a exigibilidade de obrigação de pagar quantia certa pela Fazenda Pública, a teor do procedimento estabelecido nos art. 534 e 535 do NCPC.

Significa dizer que se deverá instaurar módulo de execução em face do ente público, a teor do disposto nos arts. 534 e 535 do NCPC. Ulteriormente, então, expedir-se-á precatório judicial (Constituição Federal, art. 100, *caput*).

Em semelhante perspectiva, se a sentença arbitral desfruta do *status* de sentença judicial e se a sentença judicial transitada em julgado que implique condenação do ente público ao pagamento de quantia certa está sujeita ao regime constitucional do precatório, a sentença arbitral, por simetria, também a ele deverá se submeter. A ser diferente, estar-se-ia reconhecendo à sentença arbitral, quando delibera, pecuniariamente, em desfavor de um ente público, um efeito interditado à própria sentença judiciária, que, em situação análoga, lhe serve de parâmetro de equiparação. Por raciocínio lógico primário, o apêndice não pode ser maior do que o corpo.

Daí descende que, se a sentença arbitral condenatória do ente público ao pagamento de prestação pecuniária é equiparada, em seus efeitos, à sentença judiciária, o regime jurídico de execução não pode ser menoscabado ou ser outro que não

97 MEDINA, José Miguel Garcia, op. cit., p. 804: "Embora a atividade desenvolvida pelo juízo arbitral seja considerada jurisdicional, falta-lhe *imperium*: "o juiz arbitral não detém os poderes inerentes ao *imperium*, ou seja, para ordenar ou efetuar modificações no 'plano dos fatos'" (Athos Carneiro, Arbitragem ... RT 839/129. De todo modo, "a sentença arbitral produz entre as partes e seus sucessores os mesmos efeitos da sentença judicial, constituindo, inclusive, título executivo judicial quando ostentar natureza condenatória" (STJ, SEC 4.516/EX, Rel. Ministro Sidnei Benetti, Corte Especial, j. 16.10.2013).".

aquele dos arts. 534 e 535 do NCPC, bem como do art. 100, *caput*, da Constituição Federal[98].

Há, porém, mais. O iter procedimental para a efetivação de sentença arbitral condenatória do Poder Público a prestação de natureza pecuniária, acima retratado, assenta-se, também, em preceito de legalidade orçamentária, máxime no tocante à vedação de assunção de obrigações sem prévia dotação orçamentária (Constituição Federal, art. 167, I e II).

Nesse quadrante, a Constituição Federal, em seu art. 100, § 5º, estabelece:

> "Art. 100 – *Omissis*
> § 5º É obrigatória a inclusão, no orçamento das entidades de direito público, de verba necessária ao pagamento de seus débitos, oriundos de sentenças transitadas em julgado, constantes de precatórios judiciários apresentados até 1º de julho, fazendo-se o pagamento até o final do exercício seguinte, quando terão seus valores atualizados monetariamente." (Redação dada pela Emenda Constitucional nº 62, de 2009).

Nessa moldura, a sentença arbitral condenatória não poderá determinar ou mesmo autorizar que o ente público efetue o pagamento imediato de prestação pecuniária, sem o procedimento constitucional do precatório ou da requisição de pequeno valor, conforme o caso[99].

Entrementes, não se desconhece a posição doutrinária que intenta perfurar a regra estampada acima, como quando o próprio ordenamento jurídico preveja a possibilidade de obrigação de cunho pecuniário imposta à pessoa jurídica de direito público, *ex vi* de sentença arbitral, "ser objeto de garantia por um fundo público ou privado[100]."

---

98 WILLEMAN, Flavio Araújo. Acordos administrativos, decisões arbitrais e pagamentos de condenações pecuniárias por precatórios judiciais. Revista de Direito da Procuradoria Geral do Estado do Rio de Janeiro. Vol. 64, p. 116-137, 2009, esp. p. 132-133: "(...)a regra será atribuir à sentença arbitral que impuser uma condenação pecuniária à Fazenda Pública às mesmas conseqüências oriundas de uma sentença judiciária com o mesmo objeto; isto é, a sentença arbitral reconhecerá um débito do Poder Público e um crédito do particular, mas dependerá, para sua satisfação, de ser submetida ao procedimento de execução especial previsto no art. 730 do Código de Processo Civil (no qual não será permitido à Fazenda Pública a rediscussão do mérito da decisão arbitral, mas somente a sua nulidade, nos termos do art. 32 da Lei Federal nº 9.307, de 23 de setembro de 199619), e, posteriormente, ao procedimento de expedição do precatório judicial a ser inscrito na ordem cronológica de pagamento, nos termos do art. 100 da Constituição Federal de 1988.".

99 CUNHA, Leonardo Carneiro da. A arbitragem e a administração pública. Disponível em: http://www.leonardocarneirodacunha.com.br/opiniao/opiniao-47-a-arbitragem-e-a-administracao-publica-2/. Acesso em: 01 nov. 2016: "Ao lado disso tudo, uma sentença arbitral que imponha uma condenação pecuniária ao Poder Público deve acarretar a expedição de precatório, em razão do que dispõe o art. 100 da Constituição Federal, regra que não pode ser afastada, ainda que se trate de arbitragem. Se a condenação for de pequeno valor, não se expede precatório, mas Requisição de Pequeno Valor – RPV, a ser paga em sessenta dias, nos termos da legislação de regência."

100 WILLEMAN, Flavio Araújo, op. cit., 133.

É o caso, por exemplo, da Lei federal nº 11.079, de 30.12.2004, que, regulando a contratação das Parcerias Público-Privadas, contempla, em seu art. 11, inciso III, o tratamento pela via do juízo arbitral para resolver controvérsias entre o Poder Público e o parceiro privado. Ademais, em seu art. 8º, previu a possibilidade de que as obrigações pecuniárias assumidas pelo ente público para com o parceiro privado sejam objeto de variegadas garantias (*v. g.*, fundos previstos em lei, que seriam geridos por uma entidade privada).

Abstraindo-se da inconstitucionalidade formal que inquina o art. 8º da Lei federal nº 11.079/2004, pois a matéria em tela (concessão de garantias por entes públicos e criação e funcionamento de fundos) está reservada à Lei Complementar, nos termos dos arts. 163, III, e 165, § 9º, da Constituição Federal, e, por isso mesmo, é refratária à disciplina por lei ordinária, e feita abstração de linha de argumentação tendente a jogar uma boia exegética para salvar o preceito legal em tela, o fato é que nem a lei (complementar ou ordinária, pouco importa) tampouco o contrato podem, validamente, na hipótese de sentença arbitral condenatória do ente público à prestação pecuniária, se sobrepor à Constituição Federal, notadamente aos seus arts. 100 e §§ e 167, I e II, seja em relação ao regime de precatório judicial, seja em relação à legalidade orçamentária.

Remarque o argumento: não se revela constitucional estabelecer em contrato administrativo (cláusula compromissória) ou mesmo em texto normativo infraconstitucional que sentença arbitral condenatória do ente público em prestação pecuniária possa ser liquidada à margem da Constituição, através de fundo criado para semelhante eventualidade. Em palavras pobres, a execução com figurino privado massacra a regra inserta no art. 100 da Constituição Federal, que remete incondicionalmente ao regime de precatório a execução de débitos das pessoas jurídicas de direito público, e estabelece a sua satisfação na rigorosa ordem cronológica de sua apresentação. Qualquer tentativa de se "furar a fila" ou de mitigar aquela ordem cronológica quer tanto em relação à sentença judiciária, quer quanto à sentença arbitral que, no plano de seus efeitos, a ela se equipara, implica iludir o regime constitucional do precatório[101].

Ponha-se em alto relevo que, em casos tais, na linha da indispensável expedição de precatório, o Decreto federal nº 8.465, de 08.06.2015 (que regulamenta o § 1º do art. 62 da Lei nº 12.815, de 05.06.2013, para dispor sobre os critérios de arbitragem para dirimir litígios no âmbito do setor portuário), em seu art. 12, e Parágrafo único, estabelece:

> "Art. 12. Em caso de sentença arbitral condenatória que imponha obrigação pecuniária contra a União ou suas entidades autárquicas, o pagamento se dará mediante a expedição de precatório ou de requisição de pequeno valor, conforme o caso.

101 SICA, Heitor Vitor Mendonça, op. cit., "Por outro lado, há que se reconhecer que eventual execução da sentença arbitral no tocante ao pagamento de quantia certa se realizará em juízo e, portanto, não poderá fugir do regime constitucional de precatórios (CF, art. 100)".

> Parágrafo único. Na hipótese de que trata o *caput*, o árbitro ou o presidente do colegiado de árbitros solicitará à autoridade judiciária competente a adoção das providências necessárias à expedição de precatório ou de requisição de pequeno valor, conforme o caso."

7. Breve visão da jurisprudência

Na jurisprudência brasileira, o *leading case* que admitiu a legitimidade de a Administração Pública participar de procedimento arbitral é o julgado do Supremo Tribunal Federal (Caso Lage), proferido em 1973, no Agravo de Instrumento nº 52.181/GB, sendo relator o Ministro Bilac Pinto. De fato, embora este julgamento pelo Plenário do STF tenha ocorrido muito tempo antes da Constituição Federal de 1988 e da Lei nº 9.307/1996, o Caso Lage é o precedente jurisprudencial mais importante no que toca à possibilidade de o Poder Público utilizar a arbitragem como mecanismo de solução de suas controvérsias.

Nessa esteira, é firme o entendimento do Superior Tribunal de Justiça no sentido de que a Administração Pública pode utilizar o juízo arbitral para buscar a solução de seus litígios.

São dignos de nota três casos.

Primeiro: Caso AES Uruguaiana – STJ, REsp nº 612.439/RS, Rel. Ministro João Otávio de Noronha – a Segunda Turma, por unanimidade de votos, reconheceu, em 2005, a validade e a eficácia de convenção de arbitragem inserta em contrato de compra e venda de energia elétrica celebrado entre sociedade de economia mista gaúcha, Companhia Estadual de Energia Elétrica – CEEE, e empresa privada, AES Uruguaiana Ltda.

O acórdão está encimado da seguinte ementa:

> "PROCESSO CIVIL. JUÍZO ARBITRAL. CLÁUSULA COMPROMISSÓRIA. EXTINÇÃO DO PROCESSO. ART. 267, VII, DO CPC. SOCIEDADE DE ECONOMIA MISTA. DIREITOS DISPONÍVEIS. EXTINÇÃO DA AÇÃO CAUTELAR PREPARATÓRIA POR INOBSERVÂNCIA DO PRAZO LEGAL PARA A PROPOSIÇAO DA AÇÃO PRINCIPAL.
>
> 1. Cláusula compromissória é o ato por meio do qual as partes contratantes formalizam seu desejo de submeter à arbitragem eventuais divergências ou litígios passíveis de ocorrer ao longo da execução da avença. Efetuado o ajuste, que só pode ocorrer em hipóteses envolvendo direitos disponíveis, ficam os contratantes vinculados à solução extrajudicial da pendência.
> 2. A eleição da cláusula compromissória é causa de extinção do processo sem julgamento do mérito, nos termos do art. 267, inciso VII, do Código de Processo Civil.
> 3. São válidos e eficazes os contratos firmados pelas sociedades de economia mista exploradoras de atividade econômica de produção ou comercialização de bens ou de prestação de serviços (CF, art. 173, 1º) que estipulem cláusula compromissória submetendo à arbitragem eventuais litígios decorrentes do ajuste."

O segundo: Caso Compagás – STJ, REsp nº 904.813/PR, Rel. Ministra Nancy Andrighi – a Terceira Turma remarcou, em 2011, aquele entendimento de validade e de eficácia de convenção de arbitragem celebrada por sociedade de economia mista.

O acórdão está sintetizado na seguinte ementa:

"PROCESSO CIVIL. RECURSO ESPECIAL. LICITAÇÃO. ARBITRAGEM. VINCULAÇÃO AO EDITAL. CLÁUSULA DE FORO. COMPROMISSO ARBITRAL. EQUILÍBRIO ECONÔMICO FINANCEIRO DO CONTRATO. POSSIBILIDADE.
(...)5. Tanto a doutrina como a jurisprudência já sinalizaram no sentido de que não existe óbice legal na estipulação da arbitragem pelo poder público, notadamente pelas sociedades de economia mista, admitindo como válidas as cláusulas compromissórias previstas em editais convocatórios de licitação e contratos.
6. O fato de não haver previsão da arbitragem no edital de licitação ou no contrato celebrado entre as partes não invalida o compromisso arbitral firmado posteriormente.
7. A previsão do juízo arbitral, em vez do foro da sede da administração (jurisdição estatal), para a solução de determinada controvérsia, não vulnera o conteúdo ou as regras do certame.
8. A cláusula de eleição de foro não é incompatível com o juízo arbitral, pois o âmbito de abrangência pode ser distinto, havendo necessidade de atuação do Poder Judiciário, por exemplo, para a concessão de medidas de urgência; execução da sentença arbitral; instituição da arbitragem quando uma das partes não a aceita de forma amigável.
9. A controvérsia estabelecida entre as partes – manutenção do equilíbrio econômico financeiro do contrato – é de caráter eminentemente patrimonial e disponível, tanto assim que as partes poderiam tê-la solucionado diretamente, sem intervenção tanto da jurisdição estatal, como do juízo arbitral.
10. A submissão da controvérsia ao juízo arbitral foi um ato voluntário da concessionária. Nesse contexto, sua atitude posterior, visando à impugnação desse ato, beira às raias da má-fé, além de ser prejudicial ao próprio interesse público de ver resolvido o litígio de maneira mais célere.
11. Firmado o compromisso, é o Tribunal arbitral que deve solucionar a controvérsia."

O terceiro caso: Agravo Regimental no Mandado de Segurança nº 2005/0212763-0, Rel. Ministro Luiz Fux, publicado no DJ 14.08.2006, cuja ementa é a seguinte:

"ADMINISTRATIVO. MANDADO DE SEGURANÇA. PERMISSÃO DE ÁREA PORTUÁRIA. CELEBRAÇÃO DE CLÁUSULA COMPROMISSÓRIA. JUÍZO ARBITRAL. SOCIEDADE DE ECONOMIA MISTA. POSSIBILIDADE. ATENTADO.
1. Mandado de segurança impetrado contra ato do Ministro de Estado da Ciência e Tecnologia, ante a publicação da Portaria Ministerial nº 782, publicada no dia 07 de dezembro de 2005, que anuiu com a rescisão contratual procedida pela empresa NUCLEBRÁS EQUIPAMENTOS PESADOS S/A – NUCLEP, com a ora impetrante, empresa TMC – TERMINAL MULTIMODAL DE COROA GRANDE -SPE – S/A.
2. Razões do pedido apoiadas nas cláusulas 21.1 e 21.2, do Contrato de Arrendamento para Administração, Exploração e Operação do Terminal Portuário e de Área Retroportuária (Complexo Portuário), lavrado em 16/12/1997 (fls.31/42), de seguinte teor:
"Cláusula 21.1 Para dirimir as controvérsias resultantes deste Contrato e que não tenham podido ser resolvidas por negociações amigáveis, fica eleito o foro da Comarca do Rio de Janeiro, RJ, em detrimento de outro qualquer, por mais privilegiado que seja.
Cláusula 21.2 – Antes de ingressar em juízo, as partes recorrerão ao processo de arbitragem previsto na Lei 9.307, de 23.09.06."
3. Questão gravitante sobre ser possível o juízo arbitral em contrato administrativo, posto relacionar-se a direitos indisponíveis.
4. O STF sustenta a legalidade do juízo arbitral em sede do Poder Público, consoante precedente daquela corte acerca do tema, *in "Da Arbitrabilidade de Litígios Envolvendo Sociedades de Economia Mista e da Interpretação de Cláusula Compromissória"*, publicado na Revista de

Direito Bancário do Mercado de Capitais e da Arbitragem, Editora Revista dos Tribunais, Ano 5, outubro – dezembro de 2002, coordenada por Arnold Wald, e de autoria do Ministro Eros Grau, esclarece às páginas 398/399 , *in litteris:*
"Esse fenômeno, até certo ponto paradoxal, pode encontrar inúmeras explicações, e uma delas pode ser o erro, muito comum, de relacionar a indisponibilidade de direitos a tudo quanto se puder associar, ainda que ligeiramente, à Administração."
Um pesquisador atento e diligente poderá facilmente verificar que não existe qualquer razão que inviabilize o uso dos tribunais arbitrais por agentes do Estado.
Aliás, os anais do STF dão conta de precedente muito expressivo, conhecido como "caso Lage", no qual a própria União submeteu-se a um juízo arbitral para resolver questão pendente com a Organização Lage, constituída de empresas privadas que se dedicassem a navegação, estaleiros e portos.
A decisão nesse caso unanimemente proferida pelo Plenário do STF é de extrema importância porque reconheceu especificamente "a legalidade do juízo arbitral, que o nosso direito sempre admitiu e consagrou, até mesmo nas causas contra a Fazenda." Esse acórdão encampou a tese defendida em parecer da lavra do eminente Castro Nunes e fez honra a acórdão anterior, relatado pela autorizada pena do Min. Amaral Santos.
Não só o uso da arbitragem não é defeso aos agentes da administração, como, antes é recomendável, posto que privilegia o interesse público,"(...) (grifou-se)
5 . Contudo, naturalmente não seria todo e qualquer direito público sindicável na via arbitral, mas somente aqueles conhecidos como " disponíveis ", porquanto de natureza contratual ou privada.
6 . A escorreita exegese da dicção legal impõe a distinção jusfilosófica entre o interesse público primário e o interesse da administração, cognominado "interesse público secundário". Lições de Carnelutti, Renato Alessi, Celso Antônio Bandeira de Mello e Min. Eros Roberto Grau.
7. O Estado, quando atestada a sua responsabilidade, revela-se tendente ao adimplemento da correspectiva indenização, coloca-se na posição de atendimento ao interesse público. Ao revés, quando visa a evadir-se de sua responsabilidade no afã de minimizar os seus prejuízos patrimoniais, persegue nítido interesse secundário, subjetivamente pertinente ao aparelho estatal em subtrair-se de despesas, engendrando locupletamento à custa do dano alheio.
8 . Deveras, é assente na doutrina e na jurisprudência que indisponível é o interesse público, e não o interesse da administração.
9. Nesta esteira, saliente-se que dentre os diversos atos praticados pela Administração, para a realização do interesse público primário, destacam-se aqueles em que se dispõe de determinados direitos patrimoniais, pragmáticos, cuja disponibilidade, em nome do bem coletivo, justifica a convenção da cláusula de arbitragem em sede de contrato administrativo.
10 . Nestes termos, as sociedades de economia mista encontram-se em situação paritária em relação às empresas privadas nas suas atividades comerciais, consoante leitura do artigo 173, 1º, inciso II, da Constituição Federal, evidenciando-se a inocorrência de quaisquer restrições quanto à possibilidade de celebrarem convenções de arbitragem para solução de conflitos de interesses, uma vez legitimadas para tal as suas congêneres.
11 . Destarte, é assente na doutrina que *"Ao optar pela arbitragem o contratante público não está transigindo com o interesse público, nem abrindo mão de instrumentos de defesa de interesses públicos, está, sim, escolhendo uma forma mais expedita, ou um meio mais hábil, para a defesa do interesse público. Assim como o juiz, no procedimento judicial, deve ser imparcial, também o árbitro deve decidir com imparcialidade. O interesse público não se confunde com o mero interesse da Administração ou da Fazenda Pública; o interesse público está na correta aplicação da lei e se confunde com a realização correta da Justiça."(grifou-se) (In* artigo intitulado "Da Validade de Convenção de Arbitragem Pactuada por Sociedade de Economia Mista", de autoria dos professores Arnold Wald, Athos Gusmão Carneiro,

Miguel Tostes de Alencar e Ruy Janoni Dourado, publicado na Revista de Direito Bancário do Mercado de Capitais e da Arbitragem, nº 18, ano 5, outubro-dezembro de 2002, página 418.)

12 . Em verdade, não há que se negar a aplicabilidade do juízo arbitral em litígios administrativos, em que presente direitos patrimoniais do Estado, mas ao contrário, até mesmo incentivá-la, porquanto mais célere, nos termos do artigo 23 da Lei 8987/95, que dispõe acerca de concessões e permissões de serviços e obras públicas, que prevê em seu inciso XV, entre as cláusulas essenciais do contrato de concessão de serviço público, as relativas ao "foro e ao modo amigável de solução de divergências contratuais".

13. Precedentes do Supremo Tribunal Federal: *SE 5206 AgR / EP, de relatoria do Min. SEPÚLVEDA PERTENCE, publicado no DJ de 30-04-2004 e AI. 52.191, Pleno, Rel. Min. Bilac Pinto. in RTJ 68/382 – " Caso Lage ".* Cite-se ainda *MS 199800200366-9, Conselho Especial, TJDF, J. 18.05.1999, Relatora Desembargadora Nancy Andrighi, DJ 18.08.1999.*

14 . Assim, é impossível desconsiderar a vigência da Lei 9.307/96 e do artigo 267, inc. VII, do CPC, que se aplicam inteiramente à matéria *sub judice*, afastando definitivamente a jurisdição estatal no caso dos autos, sob pena de violação ao princípio do juízo natural (artigo 5º, LII, da Constituição Federal de 1988).

15. É cediço que o juízo arbitral não subtrai a garantia constitucional do juiz natural, ao contrário, implica realizá-la, porquanto somente cabível por mútua concessão entre as partes, inaplicável, por isso, de forma coercitiva, tendo em vista que ambas as partes assumem o" risco "de serem derrotadas na arbitragem. Precedente: REsp nº 450881 de relatoria do Ministro Castro Filho, publicado no DJ 26.05.2003.

16. Deveras, uma vez convencionada pelas partes cláusula arbitral, será um árbitro o juiz de fato e de direito da causa, e a decisão que então proferir não ficará sujeita a recurso ou à homologação judicial, segundo dispõe o artigo 18 da Lei 9.307/96, o que significa dizer que terá os mesmos poderes do juiz togado, não sofrendo restrições na sua competência.

17. Outrossim, vige na jurisdição privada, tal como sucede naquela pública, o princípio do *Kompetenz-Kompetenz*, que estabelece ser o próprio juiz quem decide a respeito de sua competência.

18. Consequentemente, o *fumus boni iuris* assenta-se não apenas na cláusula compromissória, como também em decisão judicial que não pode ser infirmada por Portaria ulterior, porquanto a isso corresponderia verdadeiro "atentado" (art. 880 do CPC) em face da sentença proferida pelo Juízo da 42ª Vara Cível da Comarca do Rio de Janeiro."

8. Arbitragem e o princípio constitucional da eficiência administrativa

A advocacia pública experimentou, em sua linha evolutiva, significativas inovações, principalmente sob a ótica da eficiência administrativa (a qual deve contemplar a análise racional de meios e de resultados, economicidade, celeridade) e da autocomposição de litígios, com justiça material, por meio de solução erigida pelas próprias partes[102]. Desse modo, busca-se proteger, em última análise, a dignidade da pessoa humana e o interesse público em sentido amplo.

Onde não houver lei estadual ou municipal que autorize a autocomposição do litígio, tanto a mediação quanto a conciliação afigurar-se-ão inviáveis, pois o princípio

102 Assim, o trabalho intitulado "Supremacia do interesse público e celebração de acordos pelo poder público: Juizados especiais e eficiência administrativa." Disponível em: http://www.congressoanapealagoas. com.br/ site_media/ ... Acesso em 24 de junho de 2016.

da indisponibilidade do interesse público erige-se em óbice intransponível a que os advogados públicos, por deliberação própria, *sponte sua*, "disponham sobre os interesses deduzidos em juízo pela Fazenda Pública[103]". Não se pode confundir autonomia profissional ou técnica (existente) dos advogados públicos com autonomia funcional (inexistente)[104], donde a conclusão de que, sem autorização legislativa ou mesmo sem a chancela expressa e formal de seus superiores hierárquicos, não se revela legítimo ato de disposição ou de renúncia de interesses postos em juízo.

Tanto a indisponibilidade do interesse público como o princípio da supremacia do interesse público sobre o privado, tal como delineados linhas acima, não configuram óbices à realização de acordos e transações no âmbito judicial pela Fazenda Pública.

Na realidade, a Fazenda Pública deve resguardar e gerenciar os interesses patrimoniais e financeiros confiados à sua tutela com os melhores mecanismos e instrumentos ofertados pelo ordenamento jurídico. Tais interesses correspondem aos interesses públicos sob o prisma secundário.

Os interesses públicos primários (aqueles da sociedade difusamente, atinentes ao bem comum da coletividade, considerada em sua perspectiva de integralidade) não podem, ante a nota essencial da indisponibilidade, ser objeto de atos que impliquem disposição ou renúncia. Ao contrário, os interesses públicos secundários (que se resolvem em relações patrimoniais e, portanto, disponíveis) podem frequentar mesas de mediação/conciliação[105] em processos de natureza tributária da Fazenda Pública em juízo.

A Constituição Federal, em seu art. 37, *caput*, estabelece um elenco de princípios que hão ser observados pela "administração pública direta e indireta de qualquer dos Poderes da União, dos Estados, do Distrito Federal e dos Municípios", a qual "obedecerá aos princípios de legalidade, impessoalidade, moralidade, publicidade e eficiência (...)".

Sob a ótica da efetividade do processo judicial, é inegável que a realização dos interesses públicos implica aferir, no plano empírico, tanto a eficiência quanto a qualidade do acesso à justiça (ou melhor: do acesso à ordem jurídica justa), em atenção aos lídimos anseios dos jurisdicionados. A sociedade em geral tem legítimo interesse em que os mecanismos da justiça funcionem satisfatoriamente, produzam soluções adequadas e justas, e suas decisões se revistam de efetividade prática. A não ser assim, o acesso à Justiça seria uma garantia puramente formal e ilusória.

Noutros termos, no Estado Constitucional Democrático de Direito, o atendimento aos interesses públicos (primários ou secundários, pouco importa) está conexiona-

---

103 MADUREIRA, Claudio Penedo. A conciliação nos juizados da Fazenda Pública. Fórum Administrativo- FA, ano 1, nº 1, p. 42-53, marҫ. 2001. Belo Horizonte: Fórum, 2001, esp. p. 45-46.

104 STF, ADI nº 470, 01.07.2002.

105 PELICIOLI, Angela Cristina. Os Juizados Especiais da Fazenda Pública e o paradigma da indisponibilidade do interesse público. Tese apresentada durante o XXXVI Congresso Nacional de Procuradores de Estado. Maceió/AL. Disponível em: http://www.congressoanapealagoas.com.br/ site_media/ uploads/Tese_15.pdf. Acesso: 13.07.2016: "Esta distinção faz-se necessária para que se saiba qual interesse não pode ser objeto de conciliação – interesse público primário (indisponível) –, qual pode ser objeto de acordo – interesse público propriamente secundário (disponível) – e qual pode ser reconhecido judicialmente – interesse público impropriamente secundário.".

do necessariamente à eficiência da máquina judiciária e à qualidade da prestação da tutela jurisdicional[106], sem o que se estará jogando a confiança legítima da sociedade, dos administrados e dos jurisdicionados no cesto das coisas imprestáveis. Por assim ser, quando, num cálculo de proporcionalidade, a Administração Pública escolhe a via da autocomposição do conflito, ou a solução heterocompositiva no ambiente da arbitragem, está elegendo, bem vistas as coisas, uma forma mais adequada e célere para resguardar os próprios interesses públicos.

A Administração Pública, atrelada à juridicidade, pode resolver seus litígios de forma mais célere – com economia processual – e eficaz. Ademais, atrai várias outras vantagens: segurança, justiça. Nem se olvide que ao ente estatal cabe, primariamente, promover a paz social.

Não por acaso, diante desse arsenal de vantagens institucionais, vozes doutrinárias chegam ao limite de abonar à Administração Pública a possibilidade de manejar os meios alternativos de autocomposição de litígios (*v. g.*, transação), independentemente da existência de lei autorizativa do ente estatal envolvido[107], quando não haja gravame patrimonial ou financeiro para a Fazenda Pública[108].

Merece menção à parte o princípio constitucional da eficiência (CF, art. 37, *caput*, inserto pela EC nº 19, de 1998), ao qual, no quadrante republicano, todas as funções

---

106 SOUZA, Luciane Moessa de. Mediação de conflitos e administração pública. In: HALE, Durval; PINHO, Humberto Dalla Bernardina de; CABRAL, Trícia Navarro Xavier (Orgs.). O marco legal da mediação no Brasil. – São Paulo: Atlas, 2015. p. 209-230, esp. p. 211: "Os três grandes fundamentos jurídico-constitucionais para a adoção de métodos consensuais na resolução de conflitos em que se vê envolvido o Poder Público, seja na esfera administrativa, seja na esfera judicial, são: (a) o princípio do acesso à justiça (art. 5º, XXXV, da Constituição Federal), que exige a disponibilização de métodos adequados (sob os aspectos temporal, econômico e de resultados) de resolução de conflitos, não se subsumindo a uma simples garantia de acesso formal ao sistema judicial – princípio do qual decorre o também positivado princípio da razoabilidade na duração do processo administrativo e judicial (art. 5º, LXXIV); (b) o princípio da eficiência (art. 37, *caput*), que demanda sejam os conflitos resolvidos da forma que apresente a melhor relação entre custo e benefício, ou seja, menores custos, menos tempo, menos desgaste para a relação entre as partes e melhores resultados para ambas; (c) o princípio democrático, fundamento de nossa ordem constitucional (art. 1º), que decorre de o Estado não ser um fim em si mesmo e reclama, portanto, que, quando o Poder Público se veja envolvido em conflitos com particulares, ele se disponha, em primeiro lugar, a dialogar com estes para encontrar uma solução adequada para o problema.".

107 FIORENZA, Fábio Henrique Rodrigues de Moraes. Conciliação e administração pública. Jus Navigandi, Teresina, ano 15, nº 2594, 8 ago. 2010. Disponível em: <http://jus.uol.com.br/revista/texto/17131>. Acesso em: 24 jun. 2016.

108 Vide, nessa rota, Supremo Tribunal Federal. Agravo de instrumento nº 52.181-GB, Relator Ministro Bilac Pinto. RTJ 68/382-397. Vale destacar o seguinte excerto do voto: "(...) Quanto à necessidade de autorização legislativa para formalização da transação, expressa no pensamento, sempre respeitado, de Hely Lopes Meirelles – fls. 602-TJ tornar-se-á ela necessária apenas e quando se tais atos importarem renúncia de direitos, alienação de bens ou assunção de obrigações extraordinárias para o Município." No Brasil, semelhante decisão da Suprema Corte é comumente apontada como marco no desenvolvimento da participação do Estado em arbitragens privadas.

estatais (administrativa, legislativa e judiciária) estão incondicionalmente submetidas. Implica dizer que, ante o vetor da eficiência, os agentes públicos devem atuar de maneira idônea, racional, célere e eficaz, no escopo de produzir o melhor resultado praticamente possível à realização substancial das necessidades da coletividade. Além disso, no cálculo da eficiência, ao agente público cabe decerto analisar racionalmente meios e resultados, economicidade e celeridade.

Por assim ser, não seria despropositado sustentar que o princípio constitucional da eficiência há de inspirar e orientar, também, o agir probo da Administração Pública em juízo, tonificando a musculatura dos meios coadjuvantes de autocomposição consensual de conflitos, principalmente a mediação e a conciliação, nas hipóteses devidamente autorizadas por lei do ente estatal envolvido[109], bem como a via do juízo arbitral[110].

Há, porém, mais. O modelo de arbitrabilidade no tratamento de conflitos, ao ângulo do princípio constitucional da eficiência, na relação custo-benefício[111], e em consonância com hipóteses, procedimentos e critérios fixados em lei formal[112], implica significativa mitigação de desperdício de dinheiro público, pela redução de litigiosidade entre particular e Administração Pública. A atenuação do quantitativo de demandas judiciais contribuirá, também, para o melhor funcionamento da máquina jurisdicional, aliviada de formidável sobrecarga. Tudo a confluir para um melhor funcionamento da justiça civil.

O critério de especialização sugere, também, o acesso ao juízo arbitral. Permite-se que, em ambiente de alta complexidade técnica, como em tema de concessões, o litígio seja solucionado por um árbitro especialista na matéria controvertida, circunstância que, evidentemente, melhor realiza o interesse público[113], ao ângulo da adequação, celeridade e, ao fim e ao cabo, da eficiência[114].

---

109 CARVALHO FILHO, José dos Santos, op. cit., p. 1.013-1.014: "Cuida-se de inegável avanço, digno de aplausos, em ordem a permitir gestão operacional mais eficiente da Administração – exigida, diga-se de passagem, pelo princípio da eficiência (art. 37, CF).".

110 SALLA, Ricardo Medina. Arbitragem e Direito Público. Revista Brasileira de Arbitragem, nº 22, Porto Alegre: Síntese; Curitiba: Comitê Brasileiro de Arbitragem, p. 78-106, abr./jun. 2009, p. 81.

111 GUEDES, Jefferson Carús. Transigibilidade de interesses públicos: prevenção e abreviação de demandas da Fazenda Pública. Advocacia de estado, questões institucionais para a construção de um estado de justiça: estudos em homenagem a Diogo de Figueiredo Moreira Neto e José Antonio Dias Toffoli / coord. por Jefferson Carús Guedes, Luciane Moessa de Souza, 2009,p. 1-24, esp. p. 23: "A forma clássica de litigação da Fazenda Pública, com intensa e longa troca de manifestações opostas e de recursos e contra-recursos não atende mais ao interesse público, pois pode ampliar a condenação ou acrescer os valores (...).".

112 PAUMGARTTEN, Michele. Disposições finais. In: HALE, Durval; PINHO, Humberto Dalla Bernardina de; CABRAL, Trícia Navarro Xavier (Orgs.). O marco legal da mediação no Brasil. – São Paulo: Atlas, 2015. p. 231-274, esp. p. 270.

113 FIAD, Leonardo, op. cit. p. 188: "Supõe-se que a especialização e a celeridade, ditos atributos da arbitragem, possibilitem relações mais estáveis entre a Administração Pública e os particulares, evitando-se os longos embates judiciais que, com todas as suas vicissitudes, poderiam pôr em risco, por exemplo, a contitunidade ou a expansão de serviços públicos e o andamento de grandes obras de infra-estrutura financiadas pelo capital privado."

114 FIAD, Leonardo, op. cit. p. 190: "Não por outro motivo costuma-se estabelecer uma conexão entre

Assim vistas as coisas, a Administração Pública não está transigindo com os interesses públicos secundários, tampouco se despindo de ferramentas tendentes à sua defesa, senão que, ao revés, na premissa de concretização da justiça, busca adequadamente tutelá-los, através da escolha de meio mais hábil, técnico, célere e menos oneroso[115] consistente na arbitrabilidade[116].

Modernamente, o exercício das funções estatais à luz da juridicidade é necessário, mas não é suficiente. De fato, o desempenho (*v. g.*, no campo administrativo) deve transbordar para o terreno fértil da eficiência, com a produção de resultados positivos e satisfatórios para o adequado atendimento das necessidades primárias dos membros de certa sociedade.

O agir eficiente da Administração Pública abrange, de um lado, melhor modo de organizar, estruturar e disciplinar a Administração Pública, e, de outro, produtividade, economicidade, celeridade, no fito de se alcançarem resultados otimizados na prestação do serviço público. Ou seja: o Poder Público há de ofertar aos cidadãos serviços de qualidade, em menor tempo e com redução de custos[117].

Deveras, a Administração Pública prestigiará o agir eficiente ao se submeter à solução de conflitos utilizando-se de meio coadjuvante à tutela da jurisdição estatal, principalmente a arbitrabilidade. Há, por dizê-lo assim, conexão necessária entre a via da arbitragem, quando prevista pelo legislador ordinário, e o princípio constitucional da eficiência.

Algumas vozes doutrinárias encorajam a sustentar que, sem a mediação do legislador ordinário, à Administração Pública está franqueada a possibilidade de celebrar compromisso arbitral ordenhando a autorização diretamente do princípio da eficiência. Porém, nessa situação excepcional, a ausência de lei autorizativa do ente federado atrai para o agente público uma carga argumentativa mais robusta no que toca à justificação racional de sua opção pela via arbitral, com a demonstração de que, naquele caso específico, é o tratamento mais adequado e que melhormente densifica o interesse público[118].

---

os diplomas normativos que trazem a previsão da arbitragem e o princípio constitucional da eficiência (do qual decorrem o *princípio* da adequada prestação dos serviços públicos e seus congêneres). Dito de outra maneira: a arbitragem, *quando prevista pelo legislador*, traduz uma projeção específica – uma mediação densificadora – do princípio da eficiência." (Reforços gráficos no original).

---

115 CARMONA, Carlos Alberto, op. cit., p. 66.

116 DALLARI, Adilson Abreu. Arbitragem na concessão de serviço público. In: Revista trimestral de direito público. São Paulo: Malheiros, vol. 13, p. 5-10, 1996, esp. p. 8-9.

117 LOCKS, Juliane. O uso da arbitragem pela administração pública à luz dos princípios constitucionais do art. 37. Disponível em: *www3.pucrs.br/pucrs/files/uni/poa/direito/graduacao/tcc/tcc2/.../juliane_locks.pdf.* Acesso em: 9 nov. 2016.

118 FIAD, Leonardo, op. cit. p. 190, especialmente a nota de rodapé nº 41: "Com efeito, o altíssimo grau de abstração da expressão "princípio da eficiência" desautoriza a instituição da arbitragem (ou de algum modo de solução consensual de conflitos) a partir da sua mera invocação. Assim – ausente

9. Conclusão

A opção pelos métodos coadjuvantes de solução de conflitos (*v. g.*, mediação, conciliação, arbitragem) coaduna-se plenamente com a Administração Pública em juízo, ou fora dele.

A escolha pelo legislador da via arbitral representa mesmo uma projeção densificadora do princípio constitucional da eficiência (CF, art. 37, *caput*). É de rigor que cada ente federado edite sua lei autorizativa do uso daqueles meios coadjuvantes de composição de conflitos, máxime a arbitragem, com a salutar fixação de hipóteses, de procedimentos e de critérios.

Devem-se, antes e acima de tudo, distinguir os interesses públicos primários, atinentes à coletividade como um todo, dos interesses públicos secundários de feição puramente patrimonial e financeira. Os primeiros indisponíveis, ao passo que os segundos disponíveis, desde que haja lei autorizativa específica do ente federado envolvido, *v. g.*, no procedimento arbitral.

De fato, por qualquer ângulo que se examine a questão atinente à opção pela via arbitral envolvendo o Poder Público, não se vislumbra afronta aos princípios da supremacia dos interesses públicos sobre o interesse privado, da indisponibilidade, da inalienabilidade dos interesses públicos, da legalidade e da publicidade.

Para além de uma concepção meramente utilitarista, a jurisdição, inclusive no âmbito da arbitragem, há de cumprir o seu papel de produzir soluções para a justa composição da lide (heterocomposição). A regra de ouro da arbitragem é a confiança que as partes depositam nos árbitros e no procedimento arbitral.

A convenção de cláusula de arbitragem em sede de contrato administrativo e sua utilização pelo Poder Público são formas inequívocas de se reverenciar o interesse público, principalmente, reafirme-se, ao ângulo do princípio constitucional da eficiência, posto se evitar a crônica morosidade do Poder Judiciário, a par de contar na formulação da solução da controvérsia com árbitro (ou colegiado de árbitros) *expert* na questão objeto da arbitrabilidade.

Dispensam-se poderes mediúnicos para se afirmar que, no Brasil, a nova ossatura conferida ao instituto da arbitragem envolvendo o Poder Público e suas relações jurídicas com particulares terá o condão de oferecer melhor plataforma de segurança jurídica e, por isso mesmo, de atrair novos investimentos nacionais e estrangeiros, em benefício da sociedade considerada em seu complexo.

---

a autorização explícita – haverá que se demonstrar logicamente, levando-se em conta os pressupostos fáticos e normativos incidentes sobre a questão, as razões pelas quais a solução arbitral (ou consensual) é a que melhor atende ao interesse público. Em outra palavras: proceder-se-á, no caso específico, a um esforço argumentativo – objetivo, tanto quanto possível – com o fito de conferir substância ao princípio da eficiência, demonstrando-se, afinal, que a solução alvitrada pela Administração é a que melhor o concretiza.".

10. Referências

ALESSI, Renato. Sistema istituzionale del diritto amministrativo italiano. Milano: Giuffrè, 1953.

AMARAL, Paulo Osternack. Arbitragem e Administração Pública. Belo Horizonte: Fórum, 2012.

ALVES, Francisco Glauber Pessoa. A conciliação e a Fazenda Pública no direito brasileiro. Revista de Processo nº 187, vol. 35, p. 84-98, 2010.

BARBOSA, Maiana Vaz do Amaral. A arbitragem na administração pública. Disponível em: www.egov.ufsc.br/portal/sites/default/files/anexos/20057-20058-1-PB.pdf. Acesso em: 9 nov. 2016.

BARBOSA MOREIRA, José Carlos. A motivação das decisões judiciais como garantia inerente ao Estado de Direito. Temas de direito processual: segunda série. 1ª ed. São Paulo: Saraiva, 1980. p. 83-95.

BARROSO, Luís Roberto. Prefácio: O Estado contemporâneo, os direitos fundamentais e a definição da supremacia do interesse público. In: SARMENTO, Daniel (Org.). Interesses públicos versus interesses privados: desconstruindo o princípio da supremacia do interesse público. Rio de Janeiro: Lumen Juris, 2005. p. vii-xviii.

____. Sociedade de economia mista prestadora de serviço público. Cláusula arbitral inserida em contrato administrativo sem autorização legal. Invalidade. In: Revista de direito bancário, do mercado de capitais e da arbitragem. São Paulo: Revista dos Tribunais, vol. 19, p. 415-439, jan./mar. 2003.

BATISTA, Isabelle de. O princípio da supremacia do interesse público sobre o privado: uma análise à luz dos direitos fundamentais e do Estado Democrático de Direito. p. 55-71. *revista.tce.mg.gov.br/Content/Upload/Materia/1768.* Acesso em 20.06.2016.

BORGES, Alice Gonzalez. Supremacia do interesse público: Desconstrução ou reconstrução? RDE, nº 3, p. 137-153, 2006.

CALAMANDREI, Piero. Il significato costituzionale delle giurisdizioni di equità. In: CAPPELLETTI, Mauro (a cura di). Opere giuridiche. Napoli: Morano, 1965, v. 3. p. 3-51.

CAPPELLETTI, Mauro; GARTH, Bryant. Acesso à Justiça. Porto Alegre: Sergio Antônio Fabris Editor, 1988. Ano de edição: 2002.

____. Os métodos alternativos de solução de conflitos no quadro do movimento universal de acesso à justiça. Revista de Processo, nº 74, vol. 19, p. 82-97, 1994.

CARNEIRO, Paulo Cezar Pinheiro. In: WAMBIER, Teresa Arruda Alvim. Breves comentários ao Novo Código de processo civil / Teresa Arruda Alvim Wambier ... [et al.], coordenadores. – São Paulo: Editora Revista dos Tribunais, 2015. p. 57-97.

CARMONA, Carlos Alberto. Arbitragem e processo: um comentário à Lei nº 9.307/96. 2ª ed. rev., atual. e ampl. São Paulo: Atlas, 2006.

CARVALHO, Eliane e MATION, Gisela. Arbitragem e Administração Pública: novos desafios. Disponível em: http://www.migalhas.com.br/dePeso/16,MI224088,11049-Arbitragem+e+Administracao+Publica+novos+Desafios. Acesso em: 10 nov. 2016.

CARVALHO FILHO, José dos Santos. Manual de direito administrativo. 27ª ed. – Rio de Janeiro : Lumen Juris, 2014.

CONTE, Francesco. Sobre a motivação da sentença no processo civil: Estado constitucional democrático de direito, discurso justificativo e legitimação do exercício da jurisdição / Francesco Conte ; apresentação José Carlos Barbosa Moreira ; prefácio Michele Taruffo. – 1ª ed. – Rio de Janeiro : Gramma, 2016.

COSTA, Regina Helena. As Prerrogativas e o Interesse da Justiça. In: SUNDFELD, Carlos Ari. Direito Processual Público: A Fazenda Pública em Juízo. 2ª ed. São Paulo: Malheiros. 2000. pp. 79-88.

CUNHA, Leonardo Carneiro da. A arbitragem e a administração pública. Disponível em: http://www.leonardocarneirodacunha.com.br/opiniao/opiniao-47-a-arbitragem-e-a-administracao-publica-2/. Acesso em: 01 nov. 2016.

_____. A fazenda pública em juízo. 10ª ed. São Paulo: Dialética, 2012.

DALLARI, Adilson Abreu. Arbitragem na concessão de serviço público. In: Revista trimestral de direito público. São Paulo: Malheiros, vol. 13, p. 5-10, 1996.

FIAD, Leonardo. Arbitragem e administração pública. In: Direito Ambiental. Coord. Sergio Nelson Mannheimer. Revista de Direito da Associação dos Procuradores do Novo Estado do Rio de Janeiro. Rio de Janeiro : Lumen Juiris. 2006, p. 177-204.

FIGUEIRA JÚNIOR, Joel Dias. Comentários ao Código de Processo Civil, v. 4, tomo II, São Paulo: Editora Revista dos Tribunais, 2001.

_____. Manual da arbitragem, Revista dos Tribunais, São Paulo, 1997.

FIORENZA, Fábio Henrique Rodrigues de Moraes. Conciliação e administração pública. Jus Navigandi, Teresina, ano 15, nº 2594, 8 ago. 2010. Disponível em: <http://jus.uol.com.br/revista/texto/17131>. Acesso em: 24 jun. 2016.

DI PIETRO, Maria Sylvia Zanella. Direito Administrativo / Maria Sylvia Zanella Di Pietro. 20ª ed. – São Paulo: Atlas, 2007.

GASPARINI, Diogenes. Direito administrativo. 14ª ed. rev. – São Paulo : Saraiva, 2009.

GISMONDI, Rodrigo Altenburg Odebrecht Curi. Mediação Pública. Revista Eletrônica de Direito Processual – REDP, Vol. 13, p. 168-202, 2014.

GRAU, Eros Roberto. Arbitragem e contrato administrativo. Revista da Escola Paulista da Magistratura, v. 3, nº 2, julho/dezembro de 2002, p. 49-58.

GRINOVER, Ada Pellegrini. A crise do Poder Judiciário. In: O processo em evolução. Rio de Janeiro: Forense Universitária, 1996.

_____. Arbitragem e prestação de serviços públicos. RDA 233, p. 377-385, jul./set. 2003.

GROTTI, Dinorá Musetti. A arbitragem e a Administração Pública. In: GUILHERME, Luiz Fernando do Vale de Almeida (coord.). Novos rumos da arbitragem no Brasil. São Paulo: Fiuza Editores, p. 145-168, 2004.

GUEDES, Jefferson Carús. Transigibilidade de interesses públicos: prevenção e abreviação de demandas da Fazenda Pública. Advocacia de estado, questões institucionais para a construção de um estado de justiça: estudos em homenagem a Diogo de Figueiredo Moreira Neto e José Antonio Dias Toffoli / coord. por Jefferson Carús Guedes, Luciane Moessa de Souza, 2009, p. 243-272.

JUSTEN FILHO, Marçal. Comentários à lei de licitações e contratos administrativos. 13ª ed. São Paulo: Dialética, 2009.

____. Curso de direito administrativo. 2ª ed. rev. e atual. – São Paulo : Saraiva, 2006.

LOCKS, Juliane. O uso da arbitragem pela administração pública à luz dos princípios constitucionais do art. 37. Disponível em: *www3.pucrs.br/pucrs/files/uni/poa/direito/graduacao/tcc/tcc2/.../juliane_locks.pdf.* Acesso em: 9 nov. 2016.

LOPES, Dulce; PATRÃO, Afonso. Lei de Mediação Comentada. Coimbra: Almedina, 2014.

MADUREIRA, Claudio Penedo. A conciliação nos juizados da Fazenda Pública. Fórum Administrativo- FA, ano 1, nº 1, p. 42-53, març. 2001. Belo Horizonte: Fórum, 2001.

MARINONI, Luiz Guilherme. Novo código de processo civil comentado / Luiz Guilherme Marinoni, Sérgio Cruz Arenhart, Daniel Mitidiero. São Paulo: Editora Revista dos Tribunais, 2015.

____. Teoria geral do processo. 3ª ed. rev. e atual. São Paulo: Editora Revista dos Tribunais, 2008. v. 1.

MATTOS, Mauro Roberto Gomes de. Contrato Administrativo e a Lei de Arbitragem. RDA 223, p. 115-131, jan./mar. 2001.

MEDAUAR, Odete. Direito Administrativo Moderno. 13. ed., rev., São Paulo: Revista dos Tribunais, 2009.

MEDEIROS, Suzana Domingues. Arbitragem envolvendo o Estado no direito brasileiro. RDA 233, p. 71-101, jul./set. 2003.

MEDINA, José Miguel Garcia. Novo código de processo civil comentado: com remissões e notas comparativas ao CPC/1973 / José Miguel Garcia Medina. – São Paulo: Editora Revista dos Tribunais, 2015.

MENEZELLO, Maria D' Assunção C. O conciliador/mediador e o árbitro nos contratos administrativos, BDA – Boletim de direito administrativo, p. 825-829, dezembro/97.

MEIRELLES, Hely Lopes. Direito administrativo brasileiro. 34ª ed. Paulo : Malheiros, 2008.

MELLO, Celso Antônio Bandeira de. Curso de Direito Administrativo. 17ª ed. São Paulo: Malheiros. 2004.

MELLO, Rafael Munhoz de. Arbitragem e Administração Pública. Revista Jurídica da Procuradoria-Geral do Estado do Paraná, Curitiba, nº 6 p. 47-81, 2015.

MORAES, José Roberto de Moraes. As prerrogativas e o interesse da Fazenda Pública. In: SUNDFELD, Carlos Ari. Direito Processual Público: A Fazenda Pública em Juízo. 2ª ed. São Paulo: Malheiros. 2000. pp. 66-78.

MOREIRA NETO, Diogo de Figueiredo. Arbitragem nos contratos administrativos, RDA 209, Rio de Janeiro, jul./set./ 1997.

_______. Mutações do Direito Administrativo. 2ª ed. Rio de Janeiro: Renovar, 2001.

NERY JÚNIOR, Nelson. O Sistema do Processo Coletivo e o Interesse Público. In: SUNDFELD, Carlos Ari. Direito Processual Público: A Fazenda Pública em Juízo. 2ª ed. São Paulo: Malheiros. 2000. pp. 252-263.

NOGUEIRA, Erico Ferrari. A arbitragem e sua utilização na administração pública. Disponível em: www.agu.gov.br/page/download/index/id/692918. Acesso em: 9 nov. 2016.

NUNES, José de Castro. Da fazenda pública em juízo. Rio de Janeiro : Freitas Bastos, 1. ed., 1950.

PAUMGARTTEN, Michele. Disposições finais. In: HALE, Durval; PINHO, Humberto Dalla Bernardina de; CABRAL, Trícia Navarro Xavier (Orgs.). O marco legal da mediação no Brasil. – São Paulo: Atlas, 2015. p. 231-274.

PELICIOLI, Angela Cristina. Os Juizados Especiais da Fazenda Pública e o paradigma da indisponibilidade do interesse público. Tese apresentada durante o XXXVI Congresso Nacional de Procuradores de Estado. Maceió/AL. Disponível em: http://www.congressoanapealagoas. com.br/ site_media/ uploads/Tese_15.pdf. Acesso: 24.06.2016.

PEREIRA, Hélio do Valle. Manual da fazenda pública em juízo. 2ª ed. rev., ampl. e atual. Rio de Janeiro: Renovar, 2006.

PINHO, Humberto Dalla Bernardina de. A mediação e a necessidade de sua sistematização no processo civil brasileiro. Revista Eletrônica de Direito Processual – REDP, vol. V, p. 63-94, Jan. 2010.

_____. Direito processual civil contemporâneo: teoria geral do processo. 4ª ed. São Paulo: Saraiva, 2012, v. 1.

PINTO, José Emilio Nunes. A arbitrabilidade de controvérsias nos contratos com o Estado e empresas estatais. Disponível em: http://www.migalhas.com.br. Acesso em: 5 dez. 2016.

PONTES DE MIRANDA, Francisco Cavalcanti. Comentários ao código de processo civil, tomo IV. -Rio de Janeiro: Forense, 2001.

RODRIGUES, Marco Antonio. A fazenda pública no processo civil / Marco Antonio Rodrigues – São Paulo : Atlas, 2016.

SALLA, Ricardo Medina. Arbitragem e Direito Público. Revista Brasileira de Arbitragem, nº 22, Porto Alegre: Síntese; Curitiba: Comitê Brasileiro de Arbitragem, p. 78-106, abr./jun. 2009.

SALLES, Carlos Alberto de. Arbitragem nos contratos administrativos. Rio de Janeiro: Forense, 2011.

SALOMÃO, Wiliander França. A arbitragem na administração pública. Disponível em: http://www.ambito-juridico.com.br/site/index.php?n_link=revista_artigos_leitura&artigo_id=9627. Acesso em; 9 nov. 2016.

SHIMURA, Sérgio Seiji. In: WAMBIER, Teresa Arruda Alvim. Breves comentários ao Novo Código de processo civil / Teresa Arruda Alvim Wambier ... [et al.], coordenadores. – São Paulo: Editora Revista dos Tribunais, 2015. p. 1.319-1.336.

SICA, Heitor Vitor Mendonça. Arbitragem e Fazenda Pública. Disponível em: http://genjuridico.com.br/2016/03/24/arbitragem-e-fazenda-publica/. Acesso em: 01 nov. 2016.

SOUZA, Luciane Moessa de. Mediação de conflitos e administração pública. In: HALE, Durval; PINHO, Humberto Dalla Bernardina de; CABRAL, Trícia Navarro Xavier (Orgs.). O marco legal da mediação no Brasil. – São Paulo: Atlas, 2015. p. 209-230.

TÁCITO, Caio. Arbitragem nos litígios administrativos. RDA 210/114, p. 111-115, out./dez. 1997.

TALAMINI, Eduardo. A (in)disponibilidade do interesse público: Consequências processuais (composições em juízo, prerrogativas processuais, arbitragem e ação monitória). In: Revista de Processo, São Paulo, v. 128, p. 59-77, out. 2005.

____. Arbitragem e parceria público-privada. In: TALAMINI, Eduardo; JUSTEN, Monica Spezia (coord.). Parcerias público-privadas – um enfoque multidisciplinar. São Paulo: Revista dos Tribunais, p. 333-358, 2005.

VERDE, Giovanni. L'arbitrato e la giurisdizione ordinaria. In; Diritto dell'arbitrato rituale, a cura di Giovanni Verde, Seconda edizione. Torino : G. Giappichelli Editore. 2000.

XAVIER, Marina Cusinato. Métodos alternativos de composição de lides e a Fazenda Pública. http://www.arcos.org.br/livros/estudos-de-arbitragem-mediacao-e-negociacao-vol2/quarta-parte-artigo-dos-alunos/metodos-alternativos-de-composicao-de-lides-e-a-fazenda-publica. Acesso em 08.06.2016.

WILLEMAN, Flavio Araújo. Acordos administrativos, decisões arbitrais e pagamentos de condenações pecuniárias por precatórios judiciais. Revista de Direito da Procuradoria Geral do Estado do Rio de Janeiro. Vol. 64, p. 116-137, 2009.

Anulação da sentença arbitral nacional por violação da ordem pública

Humberto Santarosa de Oliveira

Sumário: 1. Considerações Iniciais. **2.** Ordem pública interna e ordem pública externa (internacional e transnacional). **3.** Ordem pública material e ordem pública processual. **4.** A necessidade de uma interpretação teleológico-sistemática para a anulação da sentença arbitral por violação da ordem pública na Lei 9.307. **5.** Conclusão. **6.** Referências bibliográficas.

1. Considerações Iniciais

A primeira leitura da Lei 9.307, notadamente em seu art. 32, revela que a violação da ordem pública não está elencada como um dos requisitos de impugnação judicial da sentença arbitral nacional. A nacionalidade da sentença precisa ser destacada porque, a mesma legislação, em seu art. 39, II, estabelece a ofensa da "ordem pública nacional" como critério impeditivo da homologação da sentença estrangeira[1] no Brasil.

A partir dos pontos acima, o que precisa ser questionado é a existência de coerência ou mesmo integridade – utilizando, aqui, os ensinamentos de Ronald Dworkin[2] – em um Ordenamento Jurídico que não permite a homologação de uma sentença arbitral estrangeira por violar a ordem pública, mas ao mesmo tempo, permite que as sentenças arbitrais nacionais sejam executadas com tal vício?

Certamente que uma simples resposta afirmativa ou negativa mostrar-se-ia traiçoeira, pois não revela as grandes nuances que o tema enseja. Também se pode dizer que os defensores de uma ou outra posição a respeito da anulação da sentença arbitral nacional por violação da ordem pública poderão ter uma "vitória de Pirro", pois mesmo que sua posição prevaleça não ficarão imunes ou salvaguardados de pesadas e fundadas críticas.

Não se tem dúvidas de que o juízo arbitral foi construído e precisa ser desenvolvido no espectro de uma ordem jurídica que confira "validade e eficácia (...) à conven-

---

1 De acordo com a Lei de Arbitragem (Lei 9.307/1996), é considerada sentença arbitral nacional a decisão proferida no território brasileiro (*contrario sensu* artigo 34). Consequentemente, sentença arbitral estrangeira será aquela proferida em outro território. O critério de definição eleito pelo legislador brasileiro, como se nota, foi puramente territorial.

2 DWORKIN. Ronald. *O Império do Direito.* Trad. Jefferson Luiz Camargo. São Paulo: Martins Fontes. 2007. p. 271-331. A ideia de direito como integridade, bem como suas nuances, é desenvolvida em OLIVEIRA, Humberto Santarosa de. *Motivação e Discricionariedade: as razões de decidir e o contraditório como elementos legitimadores da atuação judicial.* 2014. 187 f. Dissertação (Mestrado em Direito Processual) – Faculdade de Direito. Universidade do Estado do Rio de Janeiro, Rio de Janeiro.

ção pela qual as partes atribuem a árbitros a competência para decidirem os litígios suscitados"[3]. Ademais, nos parece que até mesmo nas arbitragens de equidade a ordem pública deva ser respeitada[4-5], mesmo porque "a equidade pressupõe o ordenamento jurídico"[6], não se permitindo aos julgadores decidirem fora das raias do Direito, ou daquilo que Kelsen denominava de moldura/quadro jurídico[7].

E apesar das questões destacadas suscitarem debates, que serão enfrentados nos tópicos posteriores para fundamentar a conclusão deste texto, é preciso compreender o termo "ordem pública".

---

3 CARAMELO, António Sampaio. Anulação de Sentença arbitral contrária à ordem pública. In *Revista de Arbitragem e Mediação*. São Paulo: RT, v. 32, jan-mar 2012, versão eletrônica.

4 No mesmo sentido, NERY JR, Nelson. Julgamento arbitral por equidade – Limites – Ordem pública e Constitucionalidade. *Soluções Práticas de Direito*. v. 5, 2014, p. 19-70, que assim destaca: "É dizer, ainda que se adote o posicionamento de se admitir o julgamento por equidade *contra legem*, em nenhuma hipótese pode-se admitir o julgamento por equidade contra *constitutionem*, nem contra a ordem pública. O julgamento arbitral por equidade, não autoriza o árbitro a decidir totalmente alheio à legislação vigente. Desse modo, ainda que se possa aceitar que o juízo arbitral profira decisões *contra legem*, tal amplitude decisória precisa ser limitada, afinal, nenhum julgamento por equidade poderia ser contrário aos preceitos contidos, por exemplo, em nossa Constituição Federal. A própria Lei da Arbitragem [LArb 2.º § 1.º] estabelece limites para o julgamento por equidade, que consistem na violação aos bons costumes e à ordem pública. Ou seja, a própria LArb já definiu em seu texto limites para o julgamento arbitral realizado por equidade.". Ainda sobre o tema, CARMONA, Carlos Alberto. Julgamento por equidade em arbitragem. In *Revista de Arbitragem e Mediação*. São Paulo: RT, v. 30, jul-set 2011, versão eletrônica, e também LEMES, Selma Ferreira. A arbitragem e a decisão por equidade no Direito Brasileiro e Comparado. In *Arbitragem – Estudos em Homenagem ao Prof. Guido Fernando da Silva Soares, In Memoriam*. Coord. Selma Ferreira Lemes, Carlos Alberto Carmona e Pedro Batista Martins. São Paulo: Atlas, 2007, p. 189-229, que em detalhado estudo, aponta, inclusive, a existência de controvérsia a respeito do ponto, muito em razão da volatilidade e imprecisão do conceito de "ordem pública".

5 A inexistência de oposição ou contradição entre equidade e legalidade, com vasta indicação bibliográfica, é bem destacada por CONTE, Francesco. *Sobre a motivação no processo civil* – Estado constitucional democrático de direito, Discurso justificativo e Legitimação do exercício da jurisdição. Rio de Janeiro: Gramma, 2016, notadamente em p. 590, quando assim expõe: "A equidade e a legalidade, como bem se compreende, configuram um tipo de valoração segundo o direito ou, caso se preferida, um tipo de interpretação jurídica.", e continua em p. 591, "Consente a verificação, em cada caso concreto, se a decisão consona com o Direito. Se assim é – e assim efetivamente o é – soaria como um rematado contrassenso exigir-se motivação em sentença ditada por juízo de equidade, no qual se não observa necessariamente o quadro jurídico-normativo estabelecido e inexiste um raciocínio jurídico (...), mas a consciência pessoal do julgador.", para então complementar em pp. 594-595, "Pode acontecer, e frequentemente acontece, que, em um tópico da sentença, o juiz formule raciocínio pautado em critério de equidade, (...). Todavia, o juízo equitativo não pode, em hipótese alguma, atentar contra a ordem pública.".

6 CAVALCANTI, Arthur José Faveret. *A estrutura lógica do direito*. Rio de Janeiro: Renovar, 1996, p. 278.

7 KELSEN, Hans. *Teoria Pura do Direito*. Trad. João Batista Machado. São Paulo: Martins Fontes, 2003, p. 388.

No ponto, verdade seja dita, a problemática não se encontra na conceituação do termo, que, por sua abstração, é igualmente vago[8]. Nas lições de Ricardo Ramalho Almeida, para quem o conceito de ordem pública tem muitas dimensões, para a arbitragem interessa a civilista e a internacionalista, assim definidas[9]:

> Para o civilista, a ordem pública limita a extensão da autonomia negocial, determinando o campo onde as normas cogentes do ordenamento jurídico tolhem a liberdade dos particulares, fora do qual estes podem pactuar o que melhor lhes aprouver. Para o internacionalista, por sua vez, a reserva da ordem pública pode: (i) excepcionar a aplicação da lei ou das regras de direito indicadas pela regra de conflitos, (ii) impedir a eficácia, no território nacional, de sentença estrangeira judicial ou arbitral que seja ofensiva à ordem pública do foro, ou ainda, em viés positivo, (iii) fazer incidir normas imperativas, que se pretendam aplicáveis independentemente da regra de conflitos (são as chamadas 'normas de aplicação imediata').

A despeito de pequenas diferenças semânticas entre os variados conceitos de ordem pública, a sua identificação e aplicação no caso concreto é o maior desafio, ou seja, é o seu enquadramento/subsunção na situação em análise o grande desafio do intérprete. E esta situação acaba se complicando num momento marcado pelo multiculturalismo, aliado a um cenário de mercado sem fronteiras, onde relações comerciais e jurídicas se multiplicam e se misturam, agregando outros vetores ao conceito.

Este viés da globalização traz à tona, por exemplo, a defesa da existência de uma ordem pública compartilhada por diferentes Estados Soberanos, tornando mais complexas as análises para aplicação e reconhecimento da ordem pública. Se a identificação de uma questão como violadora da ordem pública já é árdua no âmbito de um país continental como o Brasil, imagine esta mesma questão tendo sua análise dilatada para um país como os Estados Unidos da América.[10]

---

8 A respeito, António Menezes Cordeiro, assim define o termo: "A ordem pública constitui um fator sistemático de limitação da autonomia privada. Podemos alcança-la através de considerações muito simples. A autonomia privada é limitada por normas jurídicas imperativas. Todavia o sistema não inclui apenas normas, a retirar das fontes por interpretação: ele abrange, antes, também, princípios a construir pela Ciência Jurídica. Tais princípios correspondem a vectores não expressamente legislados, mas de funcionamento importante, podendo ser injuntivos.", em *Tratado de direito civil português – parte geral*. 3.ed. Coimbra: Almedina, 2005, tomo I, p. 700. E sobre o tema, merece atenção especial o apontamento de Jacob Dolinger, para quem Certos princípios têm mais força, mais eficácia quando mantidos discretamente. E, no caso da ordem pública, esta discrição ainda é mais importante, pois, como é sabido, ela é volúvel, altera-se com a mudança de costumes, de mentalidades, de interesses nacionais, e o que feria a ordem pública no passado pode não mais ferir hoje e vice-versa. Perdeu o legislador do século XXI a oportunidade de seguir a sábia orientação do legislador de oito décadas atrás, que estabelecera um regime que funcionou a pleno contento.", em A ordem pública internacional em seus diversos patamares. In *Revistas dos Tribunais*. São Paulo: RT, vol. 828, out. 2004, versão eletrônica.

9 ALMEIDA, Ricardo Ramalho. A anulação de sentença arbitrais e a ordem pública. In *Revista de Arbitragem e Mediação*. São Paulo: RT, v. 9, abr-jun 2006, versão eletrônica.

10 Apesar do questionamento ser meramente ilustrativo, a situação de fato ocorreu e foi objeto de recente análise por parte do Superior Tribunal de Justiça, que em julgamento da Sentença Estran-

Mas não é apenas a ordem pública material que importa ao tema. Não se pode olvidar que os procedimentos arbitrais também sofrem influxos de uma ordem pública processual, o que se infere da própria Convenção de Nova Iorque, notadamente em seu artigo V, 1 (b) e (d)[11]. A doutrina internacional também reconhece a existência de uma ordem pública processual nos procedimentos arbitrais[12].

No Brasil, é o art. 21, §2º, da Lei 9.307/96 quem estabelece as garantias fundamentais do processo na arbitragem. E apesar da existência de menção expressa a determinados direitos, a doutrina entende que o rol do referido dispositivo não é exaustivo, englobando o devido processo legal.[13]

Esses diferentes matizes do termo "ordem pública" merecerão algumas linhas neste trabalho, cujo conhecimento e entendimento são imprescindíveis para o desenvolvimento da defesa da possibilidade de anulação da sentença arbitral nacional por violação da ordem pública. Diga-se logo, não é pelo fato de se tratar de decisão arbitral nacional – ou seja, proferida no território brasileiro –, que o enfrentamento do tema ensejará apenas discussões inerentes ao Direito Pátrio, afinal, em arbitragem, a lei material aplicável ao conflito pode ser outra que não a nacional, bem como as próprias partes do litígio podem ser estrangeiros, inclusive sem qualquer tipo de ligação com o Brasil.

Diante de todas estas conjunturas, o objetivo é demonstrar que a ordem pública é sim condição de validade de toda e qualquer sentença arbitral, servindo de justificativa para sua anulação, independentemente de constar no rol previsto no art. 32, da Lei 9.307/96[14].

---

geira Contestada (SEC) nº 9.412-US, na qual se discutia a existência de violação da ordem pública brasileira de decisão arbitral proferida nos Estados Unidos e cuja legalidade teria sido referendada pelos tribunais norte-americanos. O julgado poderia ter sido um excelente laboratório para a discussão das diferentes nuances da ordem pública, todavia, o que se viu foi um lampejo da discussão, quando o Ministro Felix Fischer, relator e vencido no julgamento, que votava pela homologação da sentença estrangeira, após apresentação de substanciosas divergências apresentadas pelos Ministros João Otávio de Noronha, Nancy Andrigui e Herman Benjamim, trouxe à tona a ideia de ordem pública internacional e sua aplicabilidade no caso para referendar e homologar a sentença estrangeira. Todavia, como os argumentos apresentados pelo Ministro ocorreram em sede de ratificação de seu voto, o tema não foi discutido pelos demais julgadores, que seguiram a divergência inaugurada pelo Ministro João Otávio de Noronha, negando a homologação da sentença por violação da ordem pública interna. (SEC 9.412/EX, Rel. Ministro Felix Fischer, Rel. p/ Acórdão Ministro João Otávio de Noronha, Corte Especial, julgado em 19/04/2017, DJe 30/05/2017).

---

11 A convenção foi ratificada pelo Brasil em 23.07.2002, por meio do Decreto 4.311.

12 GAILLARD, Emmanuel; SAVAGE, John (Ed.). *Fouchard Gaillard Goldman on International Commercial Arbitration*. Editora Kluwer Law International: 1999, § 1257. p. 688-689.

13 DINAMARCO, Cândido Rangel. *A arbitragem na teoria geral do processo*. São Paulo: Malheiros, 2013, p. 55-56 e 242-243.

14 Segundo Ricardo Ramalho Almeida, a intenção dos responsáveis pela elaboração da Lei de Arbitragem (Carlos Alberto Carmona, Selma Ferreira Lemes e Pedro Batista Martins) foi justamente criar

2. Ordem pública interna e ordem pública externa (internacional e transnacional)

A complexidade na concretização do termo ordem pública não cinge-se, como se adiantou, a um problema nacional. A sua efetivação não é apenas um problema interno de cada país. A existência de relações jurídicas transnacionais é algo cotidiano e, consequentemente, as tensões e conflitos advindos destes relacionamentos também é um fato notório.

Na seara arbitral, a resolução de conflitos realizada fora do país pode ser regida por qualquer norma de direito material eleita pelas partes, inclusive a brasileira. Mas, pensando apenas no espectro da sentença estrangeira, caso não haja o cumprimento espontâneo da decisão e seja necessário o auxílio do Judiciário para sua execução forçada no Brasil, impõe que esta esteja em consonância com a ordem pública. Mas que ordem pública seria essa, interna ou internacional?

Apesar de a Lei 9.307/96, em seu art. 39, II, falar em ordem pública nacional, parcela da doutrina entende que não se pode perder de vista o caráter internacional da relação jurídica resolvida no conflito. Com esta premissa em mente, a interpretação ampliativa do conceito de ordem pública prevista no dispositivo legal, consequência natural seria o estreitamento das possibilidades de negativa da homologação da sentença estrangeira às hipóteses de violação à chamada ordem pública internacional[15]. O posicionamento destacado uma vez mais é concebido em razão de de a expressão "ordem pública nacional" ter sido inspirada na Convenção de Nova Iorque, motivo pelo qual à locução da norma brasileira impunha-se uma inteligibilidade para fora das raias do Direito Pátrio.

Mais do isso, nestes casos, por se tratarem de relações preponderantemente privadas e que ultrapassariam as fronteiras de um determinado país, entende-se que seria um contrassenso conferir proteção aos valores de um determinado ordenamento, cujas normas sequer teriam sido observadas na resolução do conflito. O ideal seria

---

um rol taxativo de anulação, com a exclusão da ordem pública do rol. A razão, segundo o autor seria a recusa em "deixar uma porta aberta de tão amplas possibilidades como a ordem pública, com o receio de que virtualmente todos os inconformismos viessem a desaguar no Poder Judiciário, sob a roupagem vaga e multiforme de "ofensa à ordem pública", em A anulação de sentença arbitrais e a ordem pública. In *Revista de Arbitragem e Mediação*. Op cit.. Como se verá posteriormente, é possível aceitar a validade desse argumento em razão do momento de implementação, todavia, não se pode admiti-lo no atual estágio de afirmação do instituto, quando imperioso a análise do conteúdo e da qualidade das decisões e instituto em si, o que perpassa, necessariamente, pelo enfrentamento de questões mais difíceis, como a própria permissão de anulação da sentença por violação da ordem pública.

15 Neste sentido, GASPAR, Renata Alvares. *Reconhecimento de sentenças arbitrais estrangeiras no Brasil*. São Paulo: Atlas, 2009; e ABBUD, André de Albuquerque Cavalcanti. *Homologação de sentenças arbitrais estrangeiras*. São Paulo: Atlas, 2008.

que a ordem pública albergasse um sentimento de valores compartilhado pelos países, tornando-a mais restrita que uma visão puramente interna.[16]

Como se intui, a definição dos direitos que compõe ordem pública internacional é mais difícil de ser aferida, pois representaria um nicho de valores e princípios dentro da própria concepção de ordem pública nacional. Em suma, a ordem pública internacional estaria *"confinada à violação de concepções verdadeiramente fundamentais de ordem pública no país interessado"*.[17]

Mas, não se crê que a simplicidade da fórmula efetivamente represente a definição da questão. Para além da dificuldade de encontrar e definir as normas que representariam uma ordem pública interna, com a qual se iniciaria uma nova busca sobre os princípios e as regras que comporiam a ordem pública internacional, ainda é possível defrontar-se com um novo obstáculo: as diferentes materializações e concepções da ordem pública internacional na visão dos mais variados intérpretes. Veja-se o problema, ao invés de se buscar um consenso sobre os princípios e valores mais basilares de todos os países, o que pode ocorrer é uma miscelânea de conceitos de "ordem pública internacional" na visão individualista de cada país.

Dentro deste espectro matemático de que a ordem pública interna contém a internacional – o qual não é indene de críticas –, entende-se mais relevante e produtivo a busca por valores transnacionais, que representados pelos *"princípios gerais de moralidade adotados por nações civilizadas"*[18], pudessem realmente simbolizar este espectro de proteção das partes em conflitos arbitrais, e cujo descumprimento ou violação fosse fundamento para impugnação da homologação da sentença.

A despeito de todas as nuances, o menor dos problemas acaba sendo a identificação de uma ordem pública interna, mesmo porque não pode haver dúvidas de que ela acaba por ser mais ampla, tendo *"aplicação nas relações desenvolvidas dentro do*

---

16 A respeito ver, VAN DEN BERG, Albert. The New York Convention of 1958: an overview, que assim ressalta: *"The distinction between domestic and international public policy means that what is considered to pertain to public policy in domestic relations does not necessarily pertain to public policy in international relations. According to this distinction, the number of matters considered as falling under public policy in international cases is smaller than that in domestic ones. The distinction is justified by the differing purposes of domestic and international relations."* Disponível em http://www.arbitration-icca.org/media/4/69405158666624/media012125884227980new_york_convention_of_1958_overview.pdf, acesso em 15 de agosto de 2017.

17 SANDERS, Pieter. *Commentary in 60 years of ICC Arbitration*, ICC Pub, Paris, 1984 *apud* HUNTER, Martin e CONDE E SILVA, Gui. SILVA, Gui Conde e, HUNTER, Martin. A ordem pública Transnacional e a sua operação nas Arbitragens Relativas a Investimentos. In *Arbitragem – Estudos em Homenagem ao Prof. Guido Fernando da Silva Soares, In Memoriam.* Coord. Selma Ferreira Lemes, Carlos Alberto Carmona e Pedro Batista Martins. São Paulo: Atlas, 2007. Ainda neste sentido, CARAMELO, António Sampaio. Anulação de Sentença arbitral contrária à ordem pública. Op. cit..

18 International Law -Association, *Report on the Sixty-Ninth Conference,* London, 2000, p. 345 *apud* HUNTER, Martin e CONDE E SILVA, Gui. A ordem púbica transnacional e a sua operação nas arbitragens relativas a investimentos. Op. cit.

próprio Estado, sujeitas à sua exclusiva jurisdição"[19]. Ademais, não se tem dúvidas de que cada Estado possui sua ordem de valores e princípios considerados integrantes da ordem pública.

O ponto de Arquimedes, assim, é saber se o fundamento da ordem pública interna pode ser utilizado para fins de impugnação de uma sentença arbitral nacional, quando ambas as partes também são brasileiras. E mais, em se admitindo a hipótese, careceria de perscrutar se ela também seria extensiva para a impugnação da sentença arbitral brasileira, mas cujos litigantes são pessoas estrangeiras.

E por mais que o escopo do presente trabalho não seja a exata e precisa definição dos conceitos de ordem pública – mas cuja diferenciação precisou-se pontuar –, o que se pretende resolver é se a noção de ordem pública deve ser utilizada como fundamento legítimo para impugnação das sentenças arbitrais nacionais – tanto para fins de anular, quanto para o caso de negar sua execução –, ciente de que, na prática internacional, a possibilidade de sua utilização é praticamente uníssona.

3. Ordem pública material e ordem pública processual

As classificações da ordem pública como interna, internacional e transnacional precisa, ainda, ser analisada sobre outro viés; trata-se da sua subdivisão em relação à substância e ao procedimento.

Na introdução do trabalho revelou-se que as dimensões civilista e internacionalista são as mais relevantes para a arbitragem[20], o que, obviamente, não exclui a importância do procedimento em si, cujos influxos e influência advém do direito processual.

Por mais que o processo arbitral se guie pela liberdade formal e pela escolha do procedimento pelas partes, a incluir, por exemplo, a definição do próprio idioma em que a arbitragem se desenvolverá, não se pode descurar de um mínimo de garantias processuais fundamentais às partes, notadamente aquelas inerentes ao *due process of law*.

A cláusula do devido processo legal representa a suma do que vem sendo denominado como a ordem pública processual. As principais normas inerentes ao instituto estão presentes nos mais variados regulamentos das principais câmaras de arbitragem existentes, a exemplificar, a Câmara de Comércio Internacional (CCI) prevê em seu

---

19 CARVALHO. Ricardo Aprigliano. *A ordem pública no direito processual civil*. Disponível em https://edisciplinas.usp.br/pluginfile.php/1900033/mod_resource/content/1/Aprigliano%20-%20Ordem%20p%C3%BAblica%20-%20vers%C3%A3o%20completa.pdf, último acesso em 20 de agosto de 2017.

20 Não se desconhece que a resolução dos conflitos por meio da arbitragem vai muito além de referidos temas, a título exemplificativo, nos Estados Unidos os litígios trabalhistas podem ser arbitrados, os quais também possuem elementos que integram a "ordem pública". Sobre o tema PARKER, Joan. Judicial Review of Labor Arbitration Awards: Misco and Its Impact on the Public Policy Exception. *The Labor Lawyer*, Vol. 4, nº 4 (Fall 1988), pp. 683-714. Entretanto, para fins de estabelecimento de premisas, direcionamos o nosso estudo para as duas dimensões citadas.

art. 22.4[21], a imparcialidade dos árbitros e a necessidade de tratamento equânime às partes, assegurando-lhes sempre o contraditório. Da mesma forma, as principais legislações sobre o tema, citando a título de ilustração a Lei-Modelo da UNCITRAL, estabelece uma série de direitos e deveres ligados ao procedimento[22] em seus artigos 18 a 27; da mesma forma, há a salutar previsão da Convenção de Nova Iorque, vide artigo V, 1 (b) e (d), conforme já detalhado alhures.

A importância da ordem pública processual também se corrobora com relatório apresentado pela *International Law Association,* que a enquadrou na definição global de "ordem pública", inclusive elencando uma série de normas que se classificariam como integrantes da *procedural public policy*[23].

No Brasil, a previsão também encontra guarida na doutrina e na própria Lei de Arbitragem, que em seu art. 21, §2º, estabelece que *"serão, sempre, respeitados (...) os princípios do contraditório, da igualdade das partes, da imparcialidade do árbitro e de seu livre convencimento."*. Apesar da específica menção de algumas normas procedimentais, a ordem pública processual não se esgota no rol destacado. Como destaca Cândido Rangel Dinamarco[24]:

> Um procedimento sujeito a flexibilizações não deixa, só por isso, de ser suficientemente seguro para as partes, desde que regularmente manipulado pelos árbitros, com observância da vontade expressa por aquelas e dos princípios e garantias constitucionais, particularmente os do due process e do contraditório (...).

E nesta mesma esteira, realmente não se pode fechar as portas da ordem pública processual, restringindo-as, *v.g.*, aos princípios elencados no referido dispositivo da lei de arbitragem brasileira. Há diversas normas processuais constitucionais que possuem grande relevância e importância, motivando seu enquadramento no conceito de ordem pública processual[25], mesmo porque teriam como fim não apenas a segurança jurídica, como também a própria isonomia entre as partes em conflito.

---

21 Para acessar o regulamento da CCI em Português, ver https://cdn.iccwbo.org/content/uploads/sites/3/2017/02/ICC-2017-Arbitration-and-2014-Mediation-Rules-portuguese-version.pdf.

22 Para acesso ao regulamento da Lei-Modelo, ver http://www.uncitral.org/pdf/english/texts/arbitration/ml-arb/07-86998_Ebook.pdf.

23 Sobre o ponto, ver MISTELIS, *Loukas*. "Keeping the Unruly Horse in Control" or Public Policy as a Bar to Enforcement of (Foreign) Arbitral Awards. *International Law FORUM du droit international*, 2, 2000, p. 248–253. Em fls. 251, o autor assim destaca: *"The Report also classifies the content of public policy as procedural or substantive."*, sendo que os exemplos das normas processuais que abarcariam a noção de ordem pública processual estão na nota 22, também em fls. 251, a saber: *"According to the report procedural categories include: (a) fraud / corrupt arbitral tribunal; (b) breach of natural justice / breach of due process; (c) lack of impartiality; (d) lack of reasons; (e) manifest disregard of the law; (f) manifest disregard of the facts; (g) res judicata; (h) annulment at place of arbitration."*.

24 In *A arbitragem na teoria geral do processo.* Op. cit. p. 55-56.

25 Escrevendo sobre o processo judicial, eis a definição de ordem pública processual de GRECO Leonardo. Os atos de disposição processual – primeiras reflexões. In: MEDINA, José Miguel Garcia et

Questão mais difícil, todavia, é destacar quais os princípios e as regras de direito processual poderiam ser classificados como internos e quais deles deveriam ser enquadrados no rol de garantias procedimentais internacionais e/ou transnacionais. Ainda que sem uma resposta uníssona, o que se pode dizer a respeito é que, por existir uma maior sintonia entre os juristas em relação ao *due process of law*, não se tem dúvidas que, em comparação com a ordem pública material, é mais tranquilo classificar e destacar um conteúdo mínimo de normas procedimentais levando em conta os mais diferentes Estados Soberanos[26].

É justamente por ser mais volátil que a análise da ordem pública material foi deixada, propositadamente, para ser minudenciada ao final. Primeiro, porque é o direito material quem efetivamente garante algo para as partes no processo; ele é o próprio objeto definido nos conflitos – como bem se sabe, o processo é instrumento a favor do direito material –, ou seja, é o verdadeiro direito a ser protegido quando de sua declaração pelo árbitro.[27]

Segundo, porque, por ser o próprio mérito do litígio entre as partes, sua observância e identificação acaba por adentrar pelo arenoso terreno da revisão meritória da decisão arbitral. Mas, não se pode negar a importância de seu estudo, mesmo porque, a possibilidade de anulação da sentença arbitral por violação da ordem pública – foco deste trabalho –, não cinge-se apenas às falhas do procedimento, mas, acima de tudo, nos próprios erros de direito dos árbitros.

al. (Coord.). *Os poderes do juiz e o controle das decisões judiciais*: estudos em homenagem à Professora Teresa Arruda Alvim Wambier. São Paulo: RT, 2008. p. 290-304: "Esmiuçando o que seria a ordem pública processual, A preservação da observância dos princípios e garantias fundamentais do processo é o que me ocorre denominar de ordem pública processual. Já me referi a essa noção quando tratei das nulidades absolutas, no meu livro sobre Execução, como o conjunto de requisitos dos atos processuais, impostos de modo imperativo para assegurar a proteção de interesse público precisamente determinado, o respeito a direitos fundamentais e a observância de princípios do devido processo legal, quando indisponíveis pelas partes.".

26 A despeito da afirmação, no recente julgamento da Sentença Estrangeira Contestada nº 9.412-US, o Superior Tribunal de Justiça negou a homologação de uma sentença estrangeira por violação da ordem pública, notadamente em razão da falta de imparcialidade do árbitro presidente de um tribunal arbitral constituído em Nova Iorque. Na visão do Tribunal brasileiro, o fato de o árbitro integrar banca de advogados e ter, em tese, defendido interesses de uma das partes da arbitragem em outras demandas, inclusive com o recebimento de honorários, no curso das arbitragens, já se configuraria sua parcialidade. O fato é que este mesmo argumento já havia sido analisado por duas instâncias judiciais norte-americanas, para quem a imparcialidade somente se configuraria com a prova da parcialidade, ou seja, a ciência do conflito ao presidir um tribunal arbitral e seu escritório atuar na defesa de uma das partes. Como se vê, não há dúvidas de que a imparcialidade é uma garantia de todos os procedimentos de resolução de conflitos, o problema é a sua conceituação e entendimento.

27 Não se ignora que a arbitragem pode ser chamada para dirimir questão processual (seu mérito seria a questão processual), mas por se tratar de casos excepcionais, estes não serão levados em consideração.

E foi justamente visando esta questão que a *International Law Association*, na Conferência Realizada em Nova Deli, ano de 2002, estabeleceu recomendações a respeito do conteúdo desta ordem pública material[28].

Porém, as recomendações mencionadas acima não representariam as únicas possibilidades de reconhecimento da ordem pública material. O espectro de princípios que as abrange é volátil, e a sua definição depende do próprio momento em que analisado.[29]

De toda forma, é possível elencar algumas normas que comporiam esse conteúdo da ordem pública material, inclusive em sua dimensão internacional. É o que apresenta Antonio Sampaio Caramelo[30], que assim sistematiza a questão:

> Diversos autores referem os seguintes princípios como integrando a "ordem pública internacional" dos respectivos Estados, constituindo a sua violação fundamento de anulação de sentenças proferidas em arbitragens (internacionais ou internas) aí sediadas: (a) o princípio pacta sunt servanda; (b) o princípio da boa fé; (c) a proibição do abuso de direito; (d) o princípio da proporcionalidade; (e) a proibição das medidas discriminatórias ou espoliadoras; (f) a protecção dos civilmente incapazes; (g) a proibição das vinculações perpétuas; (h) a proibição de indenizações punitivas em matéria cível; (i) as normas legais destinadas a proteger os contratantes mais fracos.

Já em nível nacional, e observando a dimensão civilista, não se pode deixar de atentar para o Código responsável pela compilação de direitos que regulam a vida dos particulares, que possui diversas menções à necessidade de preservação da ordem pública.

Nestes termos, tem-se o art. 20, que sofreu interpretação conforme a Constituição em razão da Ação Direta de Constitucionalidade nº 4815 (declarar a inexigibilidade do consentimento da pessoa biografada relativamente a obras biográficas literárias ou audiovisuais), e que reforçou a necessidade de observância da ordem pública para fins

---

28 Estas recomendações foram destacadas por SCHERER, Matthias. *The recongnition of Transnational Substantive Rules by Courts in Arbitral Matters*. Disponível em http://www.lalive.ch/data/publications/msc_recognition_transnational_2005.pdf, último acesso em 25 de agosto de 2017, a saber: *"Recommendation 1(d):The international public policy of any State includes: (i) fundamental principles, pertaining to justice or morality, that the State wishes to protect even when it is not directly concerned; (ii) rules designed to serve the essential political, social or economic interests of the State, these being known as 'lois de police' or 'public policy rules'; and (iii) the duty of the State to respect its obligations towards other States or international organisations."* e *"Recommendation 1(e): An example of a substantive fundamental principle is prohibition of abuse of rights. (...) An exemple of public policy rule is anti-trust law. An example of an international obligation is a United Nations resolutions imposing sanctions. Some rules, such as those prohibiting corruption, fall into more than one category."*.

29 Neste sentido, *"It is submitted that this classification, although it has merits, may not be universally accepted as it emerges from case law in a limited number of countries. Further, public policy has by its very nature, a dynamic character, so that any classification may crystallise public policy at a certain period of time but not ad infinitum."*, em MISTELIS, *Loukas*. "Keeping the Unruly Horse in Control" or Public Policy as a Bar to Enforcement of (Foreign) Arbitral Awards. Op cit. p. 251-252.

30 CARAMELO, Antonio Sampaio. *Op. Cit*. versão eletrônica.

de limitação de direitos; o art. 122, que revela a validade *prima facie* dos negócios jurídicos, a não ser que contrários à lei, à ordem pública e aos bons costumes; o art. 1.125, direcionado para as sociedades dependentes de autorização, e que permite ao Poder Executivo *"cassar a autorização concedida a sociedade nacional ou estrangeira que infringir disposição de ordem pública"*; e, ainda, o art. 2.035 que, incluído nas disposições finais e transitórias do Código, condiciona a validade dos negócios e demais atos jurídicos à sua não contrariedade aos *"preceitos de ordem pública, tais como os estabelecidos por este Código para assegurar a função social da propriedade e dos contratos"*.

Mas, veja que a lei brasileira – observe-se que neste momento se volta os olhos para a ordem pública interna – não especifica ou qualifica o conteúdo da ordem pública citada em seu texto. A sua utilização como conceito jurídico indeterminado permite, assim, uma maior divagação na sua especificação, admitindo, inclusive, a observância e inserção de outras normas jurídicas em sua categoria, tudo a depender da análise do caso concreto – na exata medida de caracterizá-la como um *"dynamic character"*, ou seja, *"any classification may crystallise public policy at a certain period of time but not ad infinitum."*.[31]

E tanto é assim, que no Brasil chega-se a falar em um "princípio da supremacia da ordem pública"[32], cujos principais objetivos seriam a limitação da autonomia da vontade, a impossibilidade do interesse particular prevalecer sobre o interesse público, além de servir como uma cláusula geral de condição de validade do poder de contratar pelas partes.

Apesar das previsões legais expressas da ordem pública como condicionante da validade dos negócios jurídicos, conforme destacado pelos artigos 122 e 2.035, do Código Civil, é premente que sua visão seja abrangente, e não restritiva. Exemplificando, a proibição do enriquecimento sem causa, art. 844[33] do Código Civil, poderia ser encarada como um preceito de ordem pública, ainda que sem previsão expressa neste sentido. O argumento justifica-se pelo fato de ser cristalizado no Brasil que os negócios jurídicos são iluminados pela boa-fé e lealdade desde os primeiros momentos da constituição do contrato (fase pré-contratual), até o momento posterior à sua conclusão e cumprimento (fase pós-contratual)[34]. E assim sendo, não se poderia admitir que uma das partes se beneficiasse de outrem sem qualquer razão/justificativa para tanto.

Por fim, mas não menos importante, é preciso destacar que a previsão de observância da ordem pública está prevista até mesmo na Lei de Introdução às normas do

---

31 Em MISTELIS, *Loukas*. "Keeping the Unruly Horse in Control" or Public Policy as a Bar to Enforcement of (Foreign) Arbitral Awards. Op cit. p. 251-252.

32 GONÇALVES, Carlos Roberto. *Direito civil brasileiro*: contratos e atos unilaterais. São Paulo: Saraiva, 2012.

33 A despeito da opinião, parece que o Superior Tribunal de Justiça não comunga com o entendimento acima, pelo menos no que tange ao reconhecimento de sentenças arbitrais estrangeiras, vide decisão prolatada na SEC 9.412-US.

34 Sobre o tema, MARTINS-COSTA, Judith. *A boa-fé no direito privado: critérios para a sua aplicação.* São Paulo: Marcial Pons, 2015, p. 418-437.

Direito Brasileiro, conforme redação do art. 17, segundo a qual "*as leis, atos e sentenças de outro país, bem como quaisquer declarações de vontade, não terão eficácia no Brasil, quando ofenderem a soberania nacional, a ordem pública e os bons costumes*", o que demonstra/corrobora seus influxos por todo o ordenamento jurídico brasileiro, inclusive para institutos sem menção expressa ao termo.

A situação também não é diferente nos mais variados países, os quais também visualizam a relação da ordem pública com normas de direito falimentar, concorrencial, mercado financeiro, regras de proteção ao consumidor[35], a demonstrar sua importância não apenas no espectro do ordenamento jurídico de cada país, considerados como soberanos, mas também na sua análise como instituto internacionalmente reconhecido.

4. A necessidade de uma interpretação teleológico-sistemática para a anulação da sentença arbitral por violação da ordem pública na Lei 9.307

Pelo que se descreveu nos tópicos anteriores, parece não haver dúvidas de que os árbitros, quando diante de casos que são contrários à ordem pública internacional, podem deixar de observar os argumentos suscitados pelas partes.[36] Por óbvio que a nulidade ou inexequibilidade da decisão, quando judicializada, é uma consequência lógica. O ponto é descortinar se este mesmo raciocínio é aplicável para a ordem pública interna e as sentenças arbitrais nacionais.

Há resistência em aceitar o argumento de que as sentenças nacionais poderiam ser nulificadas por contrariar a ordem pública interna. Afirma-se que, se a homologação da sentença estrangeira por violação da ordem pública somente poderia ser rejeitada sob condições bastante restritas, ou seja, apenas quando a "*sentença comprometa, de forma concreta e insuportável, as concepções essenciais de direito e de justiça prevalentes no foro*"[37], tal hipótese, para o ajuizamento de ação anulatória contra a sentença arbitral nacional, seria ainda mais restrita, justamente por não existir previsão na lei de arbitragem a respeito.[38]

Ainda que respeitado, o argumento não convence. A ausência da ordem pública no rol do art. 32 da Lei de Arbitragem não pode ser vista como um empecilho ao seu reconhecimento como causa de anulação da sentença arbitral. Ela é uma hipótese vá-

---

35 CARAMELO, Antonio Sampaio. *Op. Cit.* versão eletrônica.

36 Neste sentido, GAILLARD, Emmanuel; SAVAGE, John (Ed.). *Fouchard Gaillard Goldman on International Commercial Arbitration.* Op cit. p. 860-861: "*There is no doubt that arbitrators are entitled to disregard the provisions of the governing law chosen by the parties where they consider those provisions to be contrary to international public policy. Even if the arbitrators are extremely reluctant in practice to disregard the provisions of the governing law on such a ground, such a possibility is generally acknowledged even by those commentators who attach the most weight to the principle of party autonomy.* In virtually every country, an award can be set aside or denied recognition if it is contrary to international public policy"

37 ALMEIDA, Ricardo Ramalho. A anulação de sentenças arbitrais e a ordem pública. Op. Cit..

38 *Idem.*

lida, seja por ser fator de afirmação do sistema legal dos próprios Estados Soberanos, seja por ser um pressuposto de constituição da arbitragem (nos termos do art. 2º, §1º, da Lei 9.307/96[39]).

A própria doutrina reconhece que as previsões elencadas na Lei de Arbitragem não excluem da apreciação do Poder Judiciário outras hipóteses de revisão da sentença arbitral, ou seja, *"apesar das legislações dos Estados-membros do MERCOSUL apresentarem listas com motivos precisos, nada faz concluir que elas possuem um caráter taxativo."*.[40]

De nada adiantaria a ordem pública ser vista como o pilar de sustentação da arbitragem – além de ser fundamento do próprio Direito –, podendo inclusive nulificar a própria cláusula compromissória que atente contra seu objeto, se não se pudesse decretar a nulidade da decisão arbitral por sua violação.

Indo além, apesar de não estar estabelecido de forma expressa na lei que as sentenças arbitrais nacionais não podem ser nulificadas ou ter sua exigibilidade contestada, isso não quer dizer que referido permissivo seja extraído de uma interpretação sistemático-teleológica da própria Lei 9.307/96. Ora, de nada adianta uma previsão legal que exige respeito à ordem pública (art. 2º, §1º), se não é possível combatê-la, caso necessário.

E neste sentido, ainda que muitos defensores entendam pela necessidade de restringir a utilização da ordem pública como critério de anulação das decisões arbitrais, não há uma exclusão de seu uso para tal fim. É recorrente encontrar argumentos no sentido de que em *"situações absurdas, teratológicas, prima facie ofensivas aos mais comezinhos sentimentos de juridicidade"*, a servir de exemplo os princípios integrantes do acesso à justiça, seriam aptos a *"justificar tal interpretação que é mais conforme à Constituição."*[41], permite-se a impugnação da decisão arbitral por violar a ordem pública.

Carlos Alberto Carmona, integrante da comissão de juristas que elaborou a lei de arbitragem também já se mostrou favorável à anulação da sentença arbitral por violação da ordem pública.[42] Da mesma forma, Pedro Batista Martins, outro jurista

---

39 "Art. 2º A arbitragem poderá ser de direito ou de eqüidade, a critério das partes. § 1º Poderão as partes escolher, livremente, as regras de direito que serão aplicadas na arbitragem, desde que não haja violação aos bons costumes e à ordem pública. (...)"

40 LEE, João Bosco. *Arbitragem internacional comercial nos países do Mercosul*. 1. ed., 2ª tir. Curitiba: Juruá. 2003, p. 206. Em sentido contrário, entendendo tratarem-se de hipóteses taxativas CARREIRA ALVIM, José Eduardo. *Tratado geral da arbitragem interno.* Belo Horizonte: Mandamentos, 2000, p. 476.

41 ALMEIDA, Ricardo Ramalho. *Arbitragem comercial internacional e ordem pública.* Rio de Janeiro: Renovar, 2005, p. 268/269.

42 "Concluo que não teria cabimento que o legislador se preocupasse em repelir ataques à ordem pública vindos de laudos proferidos no exterior, mantendo aberto o flanco às sentenças arbitrais nacionais. A perplexidade aumentaria ainda mais num sistema como o nosso — ancorado na simplicidade do art. 34 da Lei de Arbitragem —, onde basta que um laudo seja proferido no território

que compôs a comissão, salienta que *"se há controle da ordem pública em atos e sentenças de outro país, penso que a ratio juris está, justamente no fato de que o mesmo controle se impõe no Brasil."*[43]

E se a doutrina, a jurisprudência[44] e próprias legislações internacionais[45] têm sólidos fundamentos e pacífico entendimento quanto à possibilidade de nulidade

---

brasileiro para que seja considerado nacional. Em outras palavras: se o legislador não levasse em consideração, como causa de anulação da sentença arbitral (nacional), a violação à ordem pública, todas as arbitragens certamente viriam a dar em território nacional (todos os atos seriam praticados no exterior e apenas a sentença arbitral seria proferida no Brasil, o que tornaria a sentença arbitral — *ab absurdo* — imune a qualquer ataque por força de ofensa à ordem pública!). O argumento (*ad terrorem*, sem dúvida) serve para pôr à mostra a conseqüência de tentar evitar o reconhecimento do óbvio: o sistema arbitral brasileiro é coerente, de tal sorte que tanto as sentenças arbitrais nacionais quanto as sentenças arbitrais estrangeiras estão sujeitas à mesma condição geral de validade, qual seja, não atentar contra a ordem pública. (...) A possibilidade de impugnar a sentença arbitral que ofenda a ordem pública corresponde à melhor interpretação dos valores preservados na Carta Constitucional", em CARMONA, Carlos Alberto. *Arbitragem e Processo – um Comentário à Lei 9.307/96*, 2ª ed., São Paulo: Atlas, 2006, p. 334. É a mesma posição defendida em "Arbitragem, Prescrição e Ordem Pública. In *Revista de Arbitragem e Mediação*. vol 30, jul-set/2011", versão eletrônica.

---

43 De forma completa, assim destaca o jurista: "Aliás, nesse particular, a regra é a isonomia. E, se assim é, caso não se permita a anulação de decisões que, flagrantemente, violem a ordem pública, estaremos adotando no Brasil dois pesos e duas medidas para a sentença proferida no exterior e aquela exarada em nossa jurisdição. Isso porque o art. 39 da Lei Marco Maciel veda a homologação de decisão estrangeira que viole a ordem pública [...]. Se assim é, parece-me inaceitável que se controle a ordem pública em sentenças estrangeiras e o mesmo não aconteça naquelas exaradas em nossa própria jurisdição. Afinal, se há controle da ordem pública em atos e sentenças de outro país, penso que a ratio juris está, justamente no fato de que o mesmo controle se impõe no Brasil. (...) Enfim, a ordem pública extraordinária e fundamental, enraizada, efetiva e concreta, uma vez manifestamente infringida, obviamente violada, permite que se integre às hipóteses de nulidade da decisão arbitral". MARTINS, Pedro Batista. Normas e princípios aplicáveis aos árbitros. In *Aspectos fundamentais da Lei de arbitragem*, Rio de Janeiro: Forense, 1999, p. 320.

44 Sobre a anulação da sentença arbitral por violação da ordem pública transnacional e internacional, ver HUNTER, Martin; CONDE E SILVA. Gui. Op. Cit., bem como CARAMELO, Antonio Sampaio. Op. Cit. e ainda SCHERER, Matthias. *The recongnition of Transnational Substantive Rules by Courts in Arbitral Matters*. Disponível em http://www.lalive.ch/data/publications/msc_recognition_transnational_2005.pdf, último acesso em 25 de agosto de 2017. Sedimentando a questão: "*In virtually every country, an award can be set aside or denied recognition if it is contrary to international public policy. This is acknowledged by arbitration statutes, as well as by international treaties. Most significantly, in all countries which have ratified the 1958 New York Convention, an award contravening the requirements of international public policy can be refused recognition and enforcement Art. V(2)(b)*", em GAILLARD, Emmanuel; SAVAGE, John (Ed.). *Fouchard Gaillard Goldman on International Commercial Arbitration*. Op. cit.. p. 861.

45 BARROCAS, Manoel Pereira. *Comentários ao projecto de nova Lei de Arbitragem Voluntária preparado pela APA*. Disponível em http://arbitragem.pt/projectos/lav-2011/comentarios-lav-05-05-09--manuel-barrocas.pdf, assim, destaca: "*Constituiria, sem dúvida, pois, uma cláusula de salvaguarda importante incluir a violação da ordem pública entre os fundamentos da anulação.*

da sentença arbitral por violação da ordem pública, não haveria razões para negar o cabimento da ação anulatória da sentença arbitral nacional com este fundamento, mesmo que inexistente dispositivo expresso na lei.

O simples fato de o Brasil ser signatário da Convenção de Nova York (Decreto nº 4.311, de 23/07/2002), com a consequente obrigação de aderir aos parâmetros estabelecidos pela UNCITRAL – dentre os quais as previsões que estabelecem as regras dos tribunais arbitrais e suas decisões –, também se coloca como fundamento a legitimar a recusa de validade da sentença arbitral nacional, por violação da ordem pública, pois há previsão expressa em seus dispositivos – destaque-se que a Lei Modelo foi adotada por mais de 70 (setenta) países.[46]

A ordem pública, que abraça as normas que buscam empreender a coerência e coesão necessária de qualquer sistema jurídico, certamente é hipótese de anulação da sentença arbitral, mesmo sem estar prevista de forma expressa na Lei 9.307/96. E esta aplicabilidade não pode jamais se restringir à denominada ordem pública internacional, ainda mais quando se está diante da sentença arbitral nacional, cujo resultado interessa, em maior medida, ao próprio país prolator da decisão.

É justamente por isso que Irineu Strenger entende que, independentemente do Direito eleito pelas partes, *"em qualquer hipótese deve ser pesquisada a validade da decisão em face da ordem pública do país cujo Direito preside a relação jurídica."*[47] É que, insiste-se, se a ordem pública representa os valores mais relevantes de um ordenamento jurídico, não se pode permitir o cumprimento de uma decisão que seja contrária às normas mais substanciais do Estado Soberano em que se pretende executá-la. A doutrina internacional não pensa diferente, Mauro Rubino-Sammartano defende que *"when the parties choose the applicable law, the arbitrators are to apply also its domestic public policy even if the parties have instructed the arbitrator that the public policy of such a law should not be applied."*[48]

Assim, embora as regras previstas no art. 32 da lei de arbitragem sintetizem os preceitos que o legislador considerou indispensáveis para preservação da higidez do processo arbitral, isso não significa que estejam excluídos da apreciação judicial a afronta aos preceitos de ordem pública.

Isso mesmo sucede, aliás, no direito francês (art. 1484 (6.º) do CPC), alemão (art. 1059 (2b) do ZPO), italiano (art. 829 (a) do CPC), holandês (art. 1065 (le) do CPC), espanhol (art. 41 (lf) da Lei de Arbitragem), etc.".

46 CARAMELO, António Sampaio. *Op. Cit.*

47 STRENGER, Irineu. Aplicação de normas de ordem pública nos laudos arbitrais. In *Revista dos Tribunais. São Paulo: RT, vol. 606, 1986..*

48 RUBINO-SAMMARTANO, Mauro. *International Arbitration – Law and Practice.* Kluwer Law International, 2001, p. 533. E o autor continua, *"This conclusion seems correct even if it not unanimous. (...) The arbitrator will then use his best efforts to avoid a breach of the rules of internacional public policy of the state where the arbitration takes place, and if possible also of the state where the recognition of the award will clearly be sought".*

E se os árbitros têm por obrigação observar não apenas a ordem pública internacional, mas também aqueles princípios basilares de cada Estado em que seja possível a execução da decisão arbitral, parece lógico que na hipótese de efetiva violação da ordem pública interna, pode-se negar validade à sentença nacional. Sobre a questão, ainda a doutrina estrangeira:

> *Were they to have regard only for the effectiveness of the award, the arbitrators would take into account international public policy as understood in countries where the award is likely to be enforced. However, in our opinion the arbitrators' approach should not be restricted in such away. Further, as the basis of their power to decide a dispute is derived not from the law of a single country, but from those of all jurisdictions willing to recognize an award under certain conditions, arbitrators hearing an international dispute cannot confine themselves to applying one particular conception of international public.*[49]

Não se pode admitir, assim, que a aceitação da anulação da sentença arbitral nacional por violação da ordem pública sugeriria um enfraquecimento da arbitragem, por permitir os mais variados argumentos de impugnação dos pronunciamentos arbitrais. Se assim fosse, o mesmo argumento deveria ser usado para a negativa de cumprimento da sentença por violação da ordem pública internacional, afinal ambas têm a mesma natureza – e como se viu, a legislação e doutrina estrangerias são praticamente pacíficas quanto à possibilidade.

Entende-se, ainda, e conforme já adiantado, que não prospera o argumento (*ad terrorem*) – muito utilizado por aqueles contrários à possibilidade de anular a sentença nacional por violação da ordem pública – calcado no suposto risco de permitir a revisão do mérito da sentença arbitral pelo Judiciário; este sim capaz de colocar em xeque a eficácia e a própria funcionalidade da arbitragem.

Em resposta, ainda que a indefinição em abstrato do conceito de ordem pública possa, sim, revelar uma possível invasão do mérito da sentença arbitral, não se trata de ameaça ruim, mas um aperfeiçoamento necessário do sistema. Aliás, se há este receio em relação à ordem pública interna, o mesmo deveria ser estendido para a ordem pública internacional, cuja volatilidade conceitual também é fator de risco para as sentenças arbitrais que podem ser impugnadas sob referido argumento.

Parece que a doutrina já vem aceitando que a sentença arbitral pode ser alvo de anulação por erro de direito, o que, todavia, somente ocorreria em situações excepcionais, e sob certos e específicos requisitos[50] – no caso a violação da ordem pública

---

49 GAILLARD, Emmanuel; SAVAGE, John (Ed.). *Fouchard Gaillard Goldman on International Commercial Arbitration*. Op. cit. p. 862.

50 Neste sentido, VERÇOSA, Fabiane. *A aplicação errônea do Direito pelo árbitro: uma análise à luz do Direito Brasileiro e Estrangeiro*. Curitiba: CRV. 2015, que assim sustenta em fl. 193: "Destarte, sustentamos que a aplicação errônea, pelo árbitro, do Direito Brasileiro ao fundo do litígio poderia conduzir, no Brasil, à anulação ou ao não reconhecimento da sentença arbitral (se doméstica no primeiro caso ou se estrangeira, no segundo), desde que o *efetivo resultado* de tal aplicação errônea contrarie a ordem pública brasileira.". Em sentido semelhante, DELUIGGI, Marco. O controle

interna. Esta tendência acaba ganhando força se observar que o poder judiciário inglês segue as previsões do *Arbitration Act* de 1996, o qual em sua *section 69*, tem expressa previsão de possibilidade da revisão do mérito da decisão arbitral pelas Cortes judiciais[51] – e ninguém pode negar que Londres é um dos mais importantes centros de arbitragem no mundo.

O que importa é a maturidade do próprio instituto da arbitragem. A maior ou menor amplitude das possibilidades de revisão da sentença arbitral não pode ser o referencial para avaliar a credibilidade da arbitragem como meio de resolução de conflito. Os critérios para referida avaliação devem ser a qualidade dos pronunciamentos e a confiança na instituição. E isto passa, necessariamente, em permitir que as decisões sejam revistas quando afrontosas à ordem pública interna, por se tratar de normas fundantes do próprio ordenamento jurídico em que prolatada a decisão.

Uma outra objeção ao reconhecimento da impugnação da sentença arbitral nacional por violação da ordem pública seria a prévia ciência das partes, já que a ordem pública não estaria elencada no rol do art. 32 da Lei 9.307/96. Mas, quando partes contratantes escolhem a arbitragem, o fazem elegendo toda a sistemática legal; mais do que isso, elas não renunciam à aplicação do Ordenamento Jurídico.

Assim, respeitar os preceitos de ordem pública não é apenas um dever legal dos árbitros, mas é uma expectativa que pode ser legitimamente atribuída às partes, pois é o próprio art. 2º, §1º, da Lei, que lhes resguarda a impossibilidade de "violação aos bons costumes e à ordem pública" pelo Tribunal Arbitral, e isto independentemente do direito aplicado.

Por tudo o que se expôs, e retomando sempre à noção de que a ordem pública interna é a *"cláusula de salvaguarda do conjunto de princípios básicos de justiça material e processual arrogados como fundamentais, (...) inderrogáveis pela autonomia das partes, (...)"*[52], não é cabível refutar a sua utilização como motivo de impugnação da sentença arbitral nacional, ainda mais no atual cenário que praticamente universalizou o entendimento de que a arbitram tem caráter jurisdicional, a revelar sua obrigação de dar concretude aos valores, normas e princípios mais basilares do Ordenamento Jurídico brasileiro.

de conformidade da sentença arbitral estrangeira à ordem pública material: a contribuição da experiência francesa e internacional para a prática brasileira. In *Revista Brasileira de Arbitragem*. São Paulo, nº 20, out a dez/2008.

51 O *Arbitration Act* está disponível para consulta em http://www.legislation.gov.uk/ukpga/1996/23/contents.

52 MOREIRA, João Ilhão. O não reconhecimento de sentenças arbitrais internacionais no fórum de execução por violação da ordem pública. Perspectiva do direito português. In *Revista de Arbitragem e Mediação*. São Paulo: RT, v. 41, abr-jun 2014, versão eletrônica.

5. Conclusão

A despeito de uma ausência de definição estática e segura sobre o conceito de ordem pública, viu-se que a sua previsão é corrente nas mais variadas legislações internacionais, além de ser costumeiramente tratada e enfrentada pela doutrina, permitindo-se, assim, sua utilização como fundamento para impugnação da sentença arbitral.

A leitura demonstrou ainda que a ordem pública tem por função ser a válvula de escape do sistema arbitral, que pode e deve ser visto com muita parcimônia, mas também com a devida expectativa, mesmo porque é preciso respeitar as normas fundantes de cada ordenamento jurídico.

Neste sentido, não prosperam as críticas à sua utilização como motivo para anulação da sentença arbitral nacional, mesmo porque a falta de previsão legal ou o risco de enfraquecimento da arbitragem como meio de resolução de conflitos, não podem servir de subterfúgio e proteção para um instituto cujo o poder de dizer o direito – sua natureza jurisdicional –, é cada vez mais evidente, tendo plena aceitação em sede doutrinária e jurisprudencial.

Respeitar as mais basilares normas de um ordenamento jurídico, nas quais a ordem pública interna se enquadra, é função de todos os aplicadores, incluindo árbitros e juízes. Não se pode admitir que apenas decisões judiciais tenham a obrigação de seguir a ordem pública; a sentença arbitral tem o mesmo dever, e na hipótese de não respeitada, pode e tem que ser desafiada, afinal é equivalente ao pronunciamento judicial.

É justamente por tais argumentos que se defendeu a possibilidade de impugnação da sentença arbitral nacional por violação da ordem pública interna, mesmo porque é inadmissível negar execução a uma sentença estrangeira que contrarie a ordem pública, mas permitir que a decisão proferida em solo pátrio tenha destino diferente e possa ser cumprida e acatada pelo simples fato de inexistir um dispositivo legal que a preveja como causa de nulidade. Se é condicionante, se é princípio fundante da própria decisão do árbitro, não é adequado negar validade ao pronunciamento arbitral violador de ordem pública interna.

6. Referências bibliográficas

ABBUD, André de Albuquerque Cavalcanti. *Homologação de sentenças arbitrais estrangeiras*. São Paulo: Atlas, 2008.

ALMEIDA, Ricardo Ramalho. A anulação de sentença arbitrais e a ordem pública. In *Revista de Arbitragem e Mediação*. São Paulo: RT, v. 9, abr-jun 2006.

BARROCAS, Manoel Pereira. *Comentários ao projecto de nova Lei de Arbitragem Voluntária preparado pela APA*. Disponível em http://arbitragem.pt/projectos/lav-2011/comentarios-lav-05-05-09--manuel--barrocas.pdf.

CARAMELO, António Sampaio. Anulação de Sentença arbitral contrária à ordem pública. In *Revista de Arbitragem e Mediação*. São Paulo: RT, v. 32, jan-mar 2012.

CARMONA, Carlos Alberto. *Arbitragem e Processo – um Comentário à Lei 9.307/96*, 2ª ed., São Paulo: Atlas, 2006.

__________. Julgamento por equidade em arbitragem. In *Revista de Arbitragem e Mediação*. São Paulo: RT, v. 30, jul-set 2011.

__________. Arbitragem, Prescrição e Ordem Pública. In *Revista de Arbitragem e Mediação*. vol 30, jul-set/2011.

CARVALHO. Ricardo Aprigliano. *A ordem pública no direito processual civil*. Disponível em https://edisciplinas.usp.br/pluginfile.php/1900033/mod_resource/content/1/Aprigliano%20-%20Ordem%20p%C3%BAblica%20-%20vers%C3%A3o%20completa.pdf.

CARREIRA ALVIM, José Eduardo. *Tratado geral da arbitragem interno*. Belo Horizonte: Mandamentos, 2000.

CAVALCANTI, Arthur José Faveret. *A estrutura lógica do* direito. Rio de Janeiro: Renovar, 1996, p. 278.

CONTE, Francesco. *Sobre a motivação no processo civil* – Estado constitucional democrático de direito, Discurso justificativo e Legitimação do exercício da jurisdição. Rio de Janeiro: Gramma, 2016.

CORDEIRO, Antonio Menezes. *Tratado de direito civil português* – parte geral. 3.ed. Coimbra: Almedina, 2005, tomo I.

DELUIGGI, Marco. O controle de conformidade da sentença arbitral estrangeira à ordem pública material: a contribuição da experiência francesa e internacional para a prática brasileira. In *Revista Brasileira de Arbitragem*. São Paulo, nº 20, out a dez/2008, p. 7-37.

DINAMARCO, Cândido Rangel. *A arbitragem na teoria geral do processo*. São Paulo: Malheiros, 2013.

DOLINGER, Jacob. A ordem pública internacional em seus diversos patamares. In *Revistas dos Tribunais*. São Paulo: RT, vol. 828, out. 2004.

DWORKIN. Ronald. *O Império do Direito*. Trad. Jefferson Luiz Camargo. São Paulo: Martins Fontes. 2007.

GASPAR, Renata Alvares. *Reconhecimento de sentenças arbitrais estrangeiras no Brasil*. São Paulo: Atlas, 2009.

GAILLARD, Emmanuel; SAVAGE, John (Ed.). *Fouchard Gaillard Goldman on International Commercial Arbitration*. Editora Kluwer Law International: 1999.

GONÇALVES, Carlos Roberto. *Direito civil brasileiro*: contratos e atos unilaterais. São Paulo: Saraiva, 2012.

GRECO Leonardo. Os atos de disposição processual – primeiras reflexões. In: MEDINA, José Miguel Garcia et al. (Coord.). *Os poderes do juiz e o controle das decisões judiciais*: estudos em homenagem à Professora Teresa Arruda Alvim Wambier. São Paulo: RT, 2008. p. 290-304.

HUNTER, Martin e CONDE E SILVA, Gui. SILVA, Gui Conde e, HUNTER, Martin. A ordem pública Transnacional e a sua operação nas Arbitragens Relativas a Investimentos. In *Arbitragem – Estudos em Homenagem ao Prof. Guido Fernando da Silva Soares, In Memoriam*. Coord. Selma Ferreira Lemes, Carlos Alberto Carmona e Pedro Batista Martins. São Paulo: Atlas, 2007.

KELSEN, Hans. *Teoria Pura do Direito*. Trad. João Batista Machado. São Paulo: Martins Fontes, 2003, p. 388.

LEMES, Selma Ferreira. A arbitragem e a decisão por equidade no Direito Brasileiro e Comparado. In *Arbitragem – Estudos em Homenagem ao Prof. Guido Fernando da Silva Soares, In Memoriam*. Coord. Selma Ferreira Lemes, Carlos Alberto Carmona e Pedro Batista Martins. São Paulo: Atlas, 2007, p. 189-229.

MARTINS, Pedro Batista. Normas e princípios aplicáveis aos árbitros. In *Aspectos fundamentais da Lei de arbitragem*. Rio de Janeiro: Forense, 1999.

MARTINS-COSTA, Judith. *A boa-fé no direito privado: critérios para a sua aplicação*. São Paulo: Marcial Pons, 2015.

MISTELIS, Loukas. "Keeping the Unruly Horse in Control" or Public Policy as a Bar to Enforcement of (Foreign) Arbitral Awards.*International Law FORUM du droit international,* 2, 2000, p. 248–253.

MOREIRA, João Ilhão. O não reconhecimento de sentenças arbitrais internacionais no fórum de execução por violação da ordem pública. Perspectiva do direito português. In *Revista de Arbitragem e Mediação*. São Paulo: RT, v. 41, abr-jun 2014.

NERY JR, Nelson. Julgamento arbitral por equidade – Limites – Ordem pública e Constitucionalidade. *Soluções Práticas de Direito*. v. 5, 2014, p. 19-70.

OLIVEIRA, Humberto Santarosa de. *Motivação e Discricionariedade: as razões de decidir e o contraditório como elementos legitimadores da atuação judicial*. 2014. 187 f. Dissertação (Mestrado em Direito Processual) – Faculdade de Direito. Universidade do Estado do Rio de Janeiro, Rio de Janeiro.

PARKER, Joan. Judicial Review of Labor Arbitration Awards: Misco and Its Impact on the Public Policy Exception. *The Labor Lawyer*, Vol. 4, nº 4 (Fall 1988), pp. 683-714.

RUBINO-SAMMARTANO, Mauro. *International Arbitration – Law and Practice*. Kluwer Law International, 2001.

SCHERER, Matthias. *The recongnition of Transnational Substantive Rules by Courts in Arbitral Matters*. Disponível em http://www.lalive.ch/data/publications/msc_recognition_transnational_2005.pdf.

VAN DEN BERG, Albert. The New York Convention of 1958: an overview. Disponível em http://www.arbitration-icca.org/media/4/69405158666624/media012125884227980new_york_convention_of_1958_overview.pdf.

VERÇOSA, Fabiane. *A aplicação errônea do Direito pelo árbitro: uma análise à luz do Direito Brasileiro e Estrangeiro*. Curitiba: CRV. 2015.

Arbitrabilidade cautelar e monopólio estatal da coerção: revisitando a titularidade do *ius imperium* no Estado Contemporâneo

Marcelo Barbi

Sumário: 1. Introdução. **2.** Premissa falsa n° 1: o monopólio estatal da jurisdição. **3.** Premissa falsa n° 2: o monopólio estatal do uso da força. **4.** Da Jurisdição Arbitral Executiva. **5.** Das Medidas Coercitivas Arbitrais. **6.** Ação anulatória da decisão arbitral executória. **7.** Conclusão. **8.** Referências bibliográficas.

1. Introdução

A consolidação do processo arbitral no Brasil se deparou com dificuldades e ainda passa por obstáculos oriundos das mais diversas fontes. Antes da Lei 9.307/96, os principais entraves para a sua implementação decorriam da exigência de homologação do laudo arbitral e de uma jurisprudência refratária à execução específica da cláusula compromissória vazia quando uma das partes se refutasse a celebrar o compromisso. Não havia nenhum óbice a que, nos termos do art. 639 do CPC/73, se prestasse tutela específica da obrigação de fazer pactuada, mas prevaleceu a posição no sentido de que o inadimplemento resultaria em condenação por perdas e danos, os quais eram, em verdade, de dificílima apuração. Também desprovida de base legal era a exigência imposta pelo Supremo Tribunal Federal de dupla homologação do laudo arbitral estrangeiro, o que apenas veio a ser corrigido com a LA.

Dentre as reticências em relação à arbitragem provenientes das fontes normativa, jurisprudencial ou cultural, adotar-se-á como objeto de estudo um dogma – preconizado seja por arbitralistas, seja por processualistas; seja por jurisdicionalistas, seja por contratualistas – que impede a efetividade prática da tutela arbitral, a saber, a ausência de poderes de coerção e de império das instituições arbitrais.

É moeda corrente na doutrina que, dentre os elementos que compõem o poder jurisdicional, o árbitro possui os de *cognitio*, *vocatio* e *notio*, mas seria desprovido de *coertio* e *executio*. Aliás, é precisamente com base nesse argumento que muitos buscam infirmar o caráter jurisdicional da arbitragem. Afirma-se que, sem a plenitude cumulativa desses predicados, não se pode falar em verdadeiro exercício de jurisdição. Essa é, conforme resultará claro no próximo tópico, uma ideia tributária da concepção que vislumbra o Estado como detentor do monopólio jurisdicional. Desmistificar esse argumento não demandará tanto esforço, pois essa exclusividade nunca existiu a não ser no imaginário da filosofia política do Estado Liberal. Há, porém, outro passo – esse sim de maior fôlego –, que carecerá de maior labor argumentativo, qual seja, a existência de um monopólio estatal do uso legítimo da força.

Para aqueles que refutam a natureza jurisdicional da arbitragem, é inafastável a conclusão de que o árbitro não pode atuar praticamente, no mundo físico, os seus provimentos cautelar, coercitivo e executivo. É por essa razão, entre outras, que a discussão a respeito da natureza jurídica da arbitragem, a despeito de tão longínqua quanto rebarbativa, não é nada bizantina. A afirmação de que o processo arbitral é uma espécie de processo jurisdicional é, portanto, uma premissa necessária – conquanto não suficiente – para que se possa responder à indagação acerca da validade da atribuição de poder de autoridade ao árbitro. Cuida-se, aqui, não da competência declaratória para emissão de medida cautelar – inarredável à luz das alterações que a Lei 13.129/05 imprimiu na LA –, senão da competência para a execução prática desse provimento. Uma coisa é apreciar a juridicidade da pretensão assecuratória e decretá-la. Outra, bem distinta, é ser dotado de poder para ordenar os atos de força necessários à transformação da realidade.

O que se pretende de peculiar neste ensaio, assim, (i) é analisar se o fato de a câmara arbitral não integrar organicamente a esfera do Poder Público lhe suprime os poderes necessários para fazer executar as suas decisões pela força; (ii) se, *de lege lata*, o árbitro não pode atuar medidas coercitivas indiretas à revelia da colaboração do juízo estatal; (iii) se, *de lege ferenda*, é constitucional a desjudicialização – no sentido se retirada da esfera estatal – dos poderes de autoridade necessários à efetivação prática do comandos arbitral.

2. Premissa falsa n° 1: o monopólio estatal da jurisdição

O enfrentamento da polêmica referente à natureza jurídica da arbitragem é, direta ou indiretamente, encontrado em qualquer texto que verse sobre essa forma de solução heterocompositiva de conflitos. E isso por uma razão óbvia: sem se estabelecer a sua inserção dentro das categorias fundamentais do direito é impossível conhecer a fundo um instituto jurídico. Dessa forma, é imprescindível que se descortine se a arbitragem detém natureza contratual ou jurisdicional.

Para tanto, é necessário que se fixe, de antemão, o conceito de jurisdição. Essa é, porém, uma das tarefas mais árduas da processualística, pois se trata de categoria forjada à época da fase autonomista do processo, na qual o Estado, a sociedade, os direitos carentes de tutela e os conflitos de interesse detinham uma feição substancialmente distinta da hodierna. Não há, assim, uma definição *a priori* de jurisdição, pois se trata de instituto atemporal, anterior à própria formação do Estado Moderno. A variabilidade, aqui, é a tônica marcante, razão pela qual um *aggiornamento* conceitual é mais do que necessário.

A esse quadro se soma outra dificuldade digna de relevo.

Por conhecidas razões, a influência da doutrina italiana na dogmática nacional é acachapante. E, para nossa desventura, pode-se afirmar sem qualquer exagero que na Itália o desenvolvimento dos institutos que compõem a trilogia processual (ação – processo – jurisdição) não recebeu qualquer contribuição relevante desde a metade do século XX. Aquele que se detém a pesquisar o conceito de jurisdição adotado na moderna doutrina italiana – e a desfortuna apenas se agrava em solo pátrio – não terá dificuldades em realizar o seguinte diagnóstico: (i) adoção expressa de uma definição tradicional; (ii) uso de jogo linguístico para travestir de originalidade um conceito já assente; (iii) e, por fim, a concepção de um *pot-pourii* de posições objetivistas, subjetivistas, procedimentais e sancionatórias que partem de antagônicas premissas da relação Estado-sociedade.

Nessa linha de exposição, vale salientar, ainda que sem qualquer aprofundamento teórico, as dez principais teorias que se formaram a respeito do conceito de jurisdição: (i) É a atividade mediante a qual se tutela o direito subjetivo, isto é, promove a reintegração do direito ameaçado ou violado (Manfredini; Simoncelli; Fazzalari); (ii) É a atividade estatal incumbida da atuação do direito objetivo (Chiovenda; Mandrioli); (iii) Consiste na atividade com a qual o Estado procura diretamente a satisfação dos interesses tutelados pelo direito (Alfredo Rocco); (iv) Não tem conteúdo substancial, caracterizando-se pela qualidade/natureza do órgão que a exerce (Andolina; Vignera; Verde); (v) A pedra de toque do ato jurisdicional é a coisa julgada (Allorio; Calamandrei); (vi) A jurisdição tem por finalidade a justa composição da lide, entendida esta como o conflito de interesses qualificado pela resistência oposta a uma pretensão (Carnelutti); (vii) A jurisdição tem por escopo a resolução de um conflito entre vontades subjetivas ou normas objetivas (Mortara); (viii) A característica própria da jurisdição consiste em aplicar sanções (Redenti; Luiso); (ix) A jurisdição consiste na atividade mediante a qual o Estado, intervindo em virtude de demanda dos particulares, sujeitos de interesses jurídicos protegidos, se substitui a esses na atuação da norma que lhes tutela (Ugo Rocco); (x) A sua função é acertar em casos concretos uma relação jurídica de direito substancial incerta ou controvertida (Jellinek).

Fácil perceber que os critérios classificatórios utilizados são os mais variados: finalismo-objetivo; finalismo-subjetivo; formal; estrutural-procedimental; orgânico. Mas, para além dessa distinção, é importante visualizar que essas definições estão divorciadas das virtualidades da jurisdição no Estado contemporâneo. Por quê? Porque a realidade mudou, assim como as necessidades de tutela. Porque novos direitos foram reconhecidos. Porque formas antes inimagináveis de lesão dos interesses foram aventadas. Porque se diagnosticou a crise do conceito de direito subjetivo. Porque a teoria geral do direito, assim como a constitucionalização do direito processual, refundaram o significado de institutos processuais clássicos, os quais, doravante, devem ser lidos ao lume da pauta axiológica constitucional. Porque, enfim, a sociedade, o Direito, o Estado e, notadamente, os interesses, são outros.

A polêmica conceitual, a necessidade de sua releitura[1] e os desafios contemporâneos não obstam a tomada de posição acerca da natureza jurisdicional da arbitragem, a qual é amplamente majoritária na atualidade.[2] É sabido que a tese contratualista

---

1 PINHO, Humberto Dalla Bernardina. STANCATI, Maria Martins Silva. A ressignificação do princípio do acesso à Justiça à luz do art. 3.º do CPC/2015. *Revista de Processo* vol. 254, abr./2016, p. 24.

2 DINAMARCO, Cândido Rangel. *A Arbitragem na Teoria Geral do Processo*. São Paulo: Malheiros, 2013, p. 37; CARMOMA, Carlos Alberto. *Arbitragem e Processo. Um comentário à Lei n° 9.307/96.*

assomava timidamente em solo pátrio antes da Lei da Arbitragem, quando o instituto tinha contornos distintos daquele que veio a prevalecer. Mas, hodiernamente – notadamente após a Lei 13.129/05 e o Novo Código de Processo Civil –, esse entendimento se tornou ainda mais rarefeito. Veja-se que essas alterações legislativas tiveram como escopo reforçar a natureza jurisdicional da arbitragem através do: (i) reconhecimento da arbitrabilidade subjetiva da Administração Pública Direta e Indireta (art. 1º, § 1°, LA); (ii) outorga de forma e figura de juízo ao pedido de cooperação com o juízo estatal mediante a carta arbitral (art. 22-C, LA); (iii) revogação da suspensão do processo arbitral quando surgir prejudicial obrigatória que verse direitos indisponíveis carentes de apreciação *incidenter tantum* (art. 25, LA); (iv) reconhecimento do princípio da kompetenz-kompetenz (art. 485, VII, NCPC).[3]

Bem vistas as coisas, a arbitragem se adequa a todas as dez principais definições clássicas de jurisdição elencadas, à exceção, é claro, dos excertos que colorem esta última com o timbre da estatalidade. Aliás, o argumento central que esteia a posição contratualista da arbitragem se assenta no suposto fato de que o Estado possui o mo-

3ª Ed. São Paulo: Atlas, 2009, pg. 26; FIGUEIRA JÚNIOR, Joel Dias. *Arbitragem, Jurisdição e Execução*. São Paulo: RT, 1999, p. 21; GUERRERO, Luis Fernando. *Os Métodos de Solução de Conflitos e o Processo Civil*. São Paulo: Atlas, 2015, p. 95; COSTA, Nilton César Antunes da. *Poderes do Árbitro*. São Paulo: RT, 2002, p. 58; KROETZ, Tarcisio Araújo. *Arbitragem: conceito e pressupostos de validade de acordo com a Lei nº 9.307196*. São Paulo: RT, 1997, p. 21; ALVIM, José Eduardo Carreira. *Comentários à Lei de Arbitragem*. Rio de Janeiro: Lumen Juris, 2002, p. 31; COMOGLIO, Luigi Paolo; FERRI, Corrado, TARUFFO, Michele. *Lezioni sul processo civile. Il processo ordinário di cognizione*. 5ª ed., Bologna: Il Mulino, 2011, p. 126; GERAIGE NETO, Zaiden. *O princípio da inafastabilidade do controle jurisdicional*. São Paulo: RT, 2003, p. 64; RICCI, Edoardo. La funzione giudicanti degli arbitri e l'efficacia del lodo. Un grand arrêt della Corte Costituzionale. *Rivista di Diritto Processuale* n° 2, abr.-jun./2002, p. 368; PUCCI, Adriana Noemi. Juiz e Árbitro. In: ______. *Aspectos atuais da Arbitragem*. Rio de Janeiro: Forense, 2001, p. 6; AMARAL, Paulo Osternack. Vantagens, desvantagens e peculiaridades da arbitragem envolvendo o Poder Público. In: PEREIRA, César Augusto Guimarães; TALAMINI, Eduardo. (coords.) *Arbitragem e Poder Público*. São Paulo: Saraiva, 2010, p. 329; YARSHELL, Flávio Luiz. Ainda sobre o caráter subsidiário do controle jurisdicional estatal da sentença arbitral. *Revista de Arbitragem e Mediação* vol. 50, jul.-set./2016, p. 156; GONÇALVES NETO, Francisco. Convenção de arbitragem e renúncia da jurisdição estatal. *Revista de Direito Privado* n° 15, jul.-set./2003, p. 204/205; NASCIMBENI, Asdrubal Franco. Os meios extrajudiciais de solução de conflitos como forma adequada de pacificação social e a tendência à desjudicialização. *Revista de Arbitragem e Mediação* vol. 52, jan.-mar/2017, p. 237; RIVAS, Adolfo Armando. El arbitraje según el derecho argentino. *Revista de Processo* n° 45, jan.-mar./1987, p. 72; ROMÃO, Dalila. Arbitragem e Administração Pública em Portugal. *Revista de Arbitragem e Mediação* vol. 22, jul.-set./2009, p. 199; BONATO, Giovanni. Panorama da arbitragem na França e na Itália. *Revista Brasileira de Arbitragem* nº 43, jul.-set./2014, p. 70.

3 APRIGLIANO, Ricardo de Carvalho. Jurisdição e Arbitragem no Novo Código de Processo Civil. In: MELO, Leonardo de Campos; BENEDUZI, Renato Resende. *A Reforma da Arbitragem*. Rio de Janeiro: Forense, 2016, p. 251.

nopólio da jurisdição, de modo que a sentença arbitral possuiria a natureza contratual da convenção de arbitragem.[4]

É impressionante, a propósito, como essa doutrina fez escola.[5] Costuma-se repeti-la sem qualquer divagação crítica, como se ela fora um dogma do direito processual. Mas basta ter as lentes postas na historicidade do processo para que esse dogma se transforme em *doxa*.

De fato, antes da formação do Estado Moderno havia uma pluralidade de jurisdições concorrentes no mesmo espaço, com enorme dificuldade de delimitação da competência de cada qual. Ao lado da jurisdição real, sobrelevava a eclesiástica, a qual se exercia para uma gama de assuntos vinculados a um sacramento, como, *v.g.*, casamento e sucessão.[6] Com igual pujança se destacava a jurisdição baronal, com âmbito de competência precipuamente territorial para regular os conflitos surgidos no âmbito do feudo. Com o crescimento dos burgos, os tribunais municipais também ganharam lugar de destaque, disciplinando precipuamente as relações de comércio travadas dentro das cidades comerciais.

Veja-se que não se trata apenas de um pluralismo normativo, com fontes formais díspares do Estado com competência para criar o Direito, senão de uma efetiva pluralidade de jurisdições no mesmo âmbito territorial.[7] Nesse sentido, veja-se que, de acordo com Diogo Leite de Campos: "Em Portugal, até o século XVI, a administração da justiça era levada a cabo por uma rede difusa de pessoas, de organizações sociais, de centros de interesse".[8]

Interessante observar que essa citação faz referência a um Estado que sempre conseguiu manter um significativo grau de concentração de poder nas casas reais, à diferença dos demais países europeus que, logo após a queda do Império Romano

---

4 Giuseppe Chiovenda é o mais notório paladino dessa posição (*Principii di Diritto Processuale Civile*. 3ª ed. Napoli: Jovene Editore, 1965, p. 301). A propósito, destaque-se que a sua explanação acerca do laudo arbitral como o elemento lógico que "non ha altro valore se non di preparazione dell'atto di volontà, con cui il giudice formula la volontà della legge, e in cui l'atto giurisdizionale, la sentenza, consiste" é de um artificialismo sem igual. (*Istituzioni di Diritto Processuale Civile*. Vol. 1. 2ª Ed. Napoli: Jovene Editore, 1947, p. 70).

5 MARQUES, José Frederico. *Instituições de Direito Processual Civil*. 4ª Ed. Rio de Janeiro: Forense, 1971, Vol. 1, p. 223; GASPAR, Renata Alvares. *Reconhecimento de sentenças arbitrais estrangeiras no Brasil*. São Paulo: Atlas, 2009, p. 110; MACHADO SEGUNDO, Hugo de Brito. *Processo Tributário*. 9ª Ed. São Paulo: Atlas, 2017, p. 48; PUGGINA, Márcio Oliveira. Arbitragem ou jurisdição privada? *Revista da AJURIS* nº 69, mar./1997, p. 360/361; BARROS, Marco Antonio de. Jurisdição e juizado arbitral. *Revista dos Tribunais* vol. 738, abr./1997, p. 56.

6 SILVA, Octacílio Paula. Ética do Magistrado à luz do direito comparado. São Paulo: RT, 1994, p. 73/74.

7 GROSSI, Paolo. *A Ordem Jurídica Medieval*. São Paulo: Martins Fontes, 2000, p. 245/246.

8 CAMPOS, Diogo Leite de. A Arbitragem Voluntária, Jurisdição típica do Estado-dos-Direitos e dos-cidadãos. In: ______; MARTINS, Ives Gandra da Silva; MENDES, Gilmar Ferreira (coords.). *A Evolução do Direito no Século XXI. Estudos em Homenagem ao Prof. Arnoldo Wald*. Coimbra: Ed. Almedina, 2007, p. 50.

do Ocidente em 476, se transformaram em uma colcha de retalhos na qual havia uma pluralidade de centros decisórios autônomos. É por essa razão que R. C. Van Caenegem afirma ao analisar o período da Alta Idade Média que, antes da codificação napoleônica, "as jurisdições haviam proliferado, algumas dependentes da Igreja, outras dos grandes proprietários", concluindo, após, no sentido de que "essa variedade e fragmentação na organização da justiça (se é que se pode chamá-la de organização) durou até o fim do *ancien régime*".[9]

Com a formação do Estado Moderno nos séculos XVI/XVII, a composição difusa dos conflitos sociais foi sendo, paulatinamente, substituída por uma composição centralizada, uma vez que consultava aos interesses do monarca – e não se pode olvidar que o Estado Moderno antes de liberal foi absolutista –, que os órgãos encarregados de aplicar o Direito estivessem submetidos diretamente ao seu jugo. Nesse momento o que se observou foi a privatização da administração da justiça, pois esta não era vista como uma função do Estado, senão como uma prerrogativa da Coroa, que a delegava às pessoas livremente escolhidas pelo Rei.[10]

A efetiva publicização da jurisdição ocorreu apenas em uma quadra histórica posterior, é dizer, quando o poder público se submeteu ao princípio da legalidade e assumiu as vestes de Estado de Direito. Mas não se pode confundir publicização com exclusividade. O fato de a jurisdição ter sido incorporada pelo Estado como uma de suas funções precípuas – ao lado da administração e da legislação – não significa que esta atividade tenha sido suprimida de outras instâncias extraestatais.

Para afastar o *riduzionismo giurisdizionalista* segundo o qual "solo il sovrano e i suoi delegati possono *ius dicere*",[11] breves referências à jurisdição indígena, comunitária, internacional e eclesiástica são ilustrativas.

Nos Estados Unidos da América, de acordo com o *Indian Civil Rights Act* de 1968, o Poder Judiciário está proibido de rever as decisões adotadas pelos tribunais indígenas em qualquer caso cível. Quando se trata de matéria penal, admite-se o controle apenas mediante a estrita via do *habeas corpus*.[12] Na América Latina, os artigos 149 e 190 das Constituições, respectivamente, do Peru e da Bolívia, reconhecem expressamente a jurisdição das comunidades indígenas e campesinas. Não se pode olvidar, ainda, que à luz do art. 231 da Constituição Federal de 1988, a Justiça Estadual de Roraima afirmou no *Caso Denilson* que a sanção penal de banimento e prestação de serviços comunitários imposta pela comunidade aborígene em virtude de homicídio

---

9 *Uma Introdução Histórica ao Direito Privado*. São Paulo: Martins Fontes, 2000, p. 14 e 36.

10 ALBUQUERQUE, Mário Pimentel. *O Órgão Jurisdicional e a sua função. Estudos sobre a ideologia, aspectos críticos e o controle do Poder Judiciário*. São Paulo: Malheiros, 1997, p. 129.

11 PUNZI, Carmine. Dalla crisi del monopolio statale della giurisdizione al superamento dell'alternativa contrattualità-giurisdizionalità dell'arbitrato. *Rivista di Diritto Processuale* vol. 69,n° 1, 2014, p. 8.

12 *Santa Clara Pueblo v. Martinez*, 436 U.S. 49 (1978).

praticado por indígena contra seu irmão impediria a persecução estatal sob pena de *bis in idem*.[13]

No que diz respeito às cortes comunitárias, é nítido o desligamento da jurisdição do arcabouço institucional do Estado. Conforme aduz Clèmerson Merlin Clève, o poder das instituições comunitárias é explicado a partir de diversas teorias, "seja a partir de delegação, transferência, ou cessão de competências, seja do compartilhamento de poderes soberanos".[14] Giancarlo Montedoro, por sua vez, afirma que na atualidade "la sovranità si deterritorializza", pois o Estado não é mais o *locus* privilegiado de formação e aplicação do direito.[15]De toda forma, o que se observa é, conforme aduz Carmine Punzi, a crise "delle coordinate sovranità-territorio-giurisdizione, nelle quali si fondava appunto il dogma della statualità della giurisdizione e la postulazione del principio della giurisdizione quale emanazione esclusiva della sovranità".[16]

Os tribunais internacionais também se colocam como mais um anteparo à subsistência da versão estatalista da jurisdição. E nem se diga que, no caso, é imprescindível um ato prévio de delegação de *imperium*, ou, ainda, a assunção de uma obrigação oriunda de um tratado internacional. A erosão da jurisdição doméstica é uma consequência de um complexo de fatores correlacionados à globalização,[17] e pode se dar, inclusive, sem qualquer consentimento estatal, tal como se deu com os Tribunais *ad hoc* criados pelo Conselho de Segurança da ONU para a ex-Iugoslávia e Ruanda.

A respeito das cortes eclesiásticas, destaque-se que a expansão do cristianismo remonta ao século II, quando, por interesses políticos, foi reconhecido como credo oficial pelo Império Romano. Surgiu, nessa quadra histórica, o princípio da dupla obediência ("A César o que é de César, e a Deus o que é de Deus"), com uma constante indefinição acerca do campo de incidência de cada qual. E, deveras, é apenas com o Iluminismo e o processo de secularização do Estado que haverá a construção de um sistema de outorga de jurisdição centralizado, autorreferenciado e independente da força teologal.

---

13 SILVEIRA, Edson Damas da. CAMARGO, Serguei Aily Franco de. Jurisdição indígena e o afastamento do direito de punir por parte do Estado Brasileiro: notas a respeito de um precedente amazônico. *Revista da AGU* v. 15, nº 03, jan.-mar./2017, p. 22.

14 CLÈVE, Clèmerson Merlin. Direito Constitucional, Novos Paradigmas, Constituição Global e Processos de Integração. In: SAMPAIO, José Adércio Leite (coord.). *Quinze anos de Constituição*. Belo Horizonte: Del Rey, 2004, p. 413.

15 MONTEDORO, Giancarlo. Il regime processuale dell'atto nazionale anticomunitario. I poteri del giudice nel contenzioso implicante l'applicazione del diritto dell'EU. *Rivista Italiana di Diritto Pubblico Comunitario* fasc. 6, 2011, p. 1.395.

16 PUNZI, Carmine. *Dalla crisi del monopolio statale della giurisdizione...*, p. 3. Em sentido semelhante: BOCCAGNA, Salvatore. L'arbitrato al tempo della "degiurisdizionalizzazione" (riflessioni sull'art. 1 del D.L. 12 settembre 2014, nº 132). *Rivista dell'Arbitrato* n° 4, 2016, p. 582, nota de rodapé n° 2.

17 "Il terzo effetto della globalizzazione è quello di um notevole indebolimento dell'idea di uma giustizia offerta o meglio imposta dallo Stato". (BIAVATI, Paolo. Deroghe alla giurisdizione statuale e fungibilità dei sistemi giudiziari. *Rivista Trimestrale di Diritto e Procedura Civile* nº 2, jun./2009, p. 529).

Sem embargo, o sistema de cortes rabínicasdo Estado de Israel demonstra que não se pode dissociar em absoluto a fé do *iudicium*. Ainda que os *batei din*estejam, de um modo geral, integrados ao Poder Judiciário israelense e, por conseguinte, subordinados à Suprema Corte de Justiça, existem *batei din* particulares que não se sujeitam ao ordenamento estatal, de maneira que o processo realizado em tais tribunais equipara-se ao arbitral rabínico.[18]

Assentada a emancipação do modelo estatal-jurisdicionalista, pois a jurisdição é um fenômeno pré-estatal e extraestatal, de modo que inexiste um monopólio do *ius dicere*, é preciso investigar se existem razões para que o exercício da coerção seja exclusivo do Estado.

3. Premissa falsa n° 2: o monopólio estatal do uso da força

Desde a publicação da Lei-Modelo da UNCITRAL em 1985, é amplamente reconhecida pelos tratados internacionais e leis domésticas a competência declaratória dos árbitros para a decretação de medidas coercitivas. De fato, é corrente o entendimento de que não faria sentido atribuir ao árbitro jurisdição para decidir o mérito do conflito, mas lhe subtrair os meios de assegurar a frutuosidade ou o resultado útil da sentença arbitral.[19]

Discute-se, ainda, se as partes podem estipular na convenção de arbitragem disposição que derrogue a competência dos árbitros para a apreciação de tutela de urgência. E, à vista da fonte convencional da arbitragem e da magnitude atribuída ao princípio da autonomia da vontade em sede arbitral, doutrina majoritária,[20] pactos internacionais[21] e legislações nacionais[22] autorizam os contratantes a suprimir os poderes cautelares do árbitro.

---

18 LEVITATS, Isaac. Bet Din and Judges. In: SKOLNIK, Fred (coord.) *Encyclopaedia Judaica*. 2ª ed. Detroit: Thomson Gale, 2007, Vol. 3, p. 523/524.

19 As exceções mais notórias são o art. 39 do *Arbitration Act* ingles, o qual condiciona o exercício do poder cautelar à expressa previsão na convenção ("The parties are free to agree that the tribunal shall have power to order on a provisionalbasis any relief which it would have power to grant in a final award. (4) Unless the parties agree to confer such power on the tribunal, the tribunal has no suchpower") e o art. 818 do *Codice di Procedura Civile* italiano, que suprime essa competência ("Art. 818: Gli arbitri non possono concedere sequestri, né altri provvedimenti cautelari, salva diversa disposizione di legge"). A exceção referida na lei se dá para a suspensão de decisão assemblear em conflito societário.

20 A favor: CARMOMA, Carlos Alberto. *Arbitragem e Processo...*, p. 326; TALAMINI, Eduardo. *Arbitragem e a Tutela Provisória no Código de Processo Civil de 2015...*, p. 301; CAHALI, Francisco José. Medidas de urgência na arbitragem e o novo regulamento do CAM-CCBC. *Revista de Arbitragem e Mediação* n° 33, abr.-jun./2012, p. 273. Contra: HOFFMAN, Paulo. *Arbitragem: algumas dúvidas processuais práticas...*, p. 311; VILELA, Marcelo Dias Gonçalves. Reflexões sobre a Tutela Cautelar na Arbitragem. *Revista Brasileira de Arbitragem* nº 7, jul.-set./2005, p. 34.

21 I.C.C. Arbitration Rules, art. 20.

22 Lei de Arbitragem Voluntária portuguesa (Lei n° 63/2011, art. 20); Ley de Arbitraje Espanhola (Lei n° 60/2003, art. 23); ZPO alemã, § 1.041.1.

Ocorre que, a despeito do entendimento de que compete ao árbitro apreciar o cabimento de providência cautelar em virtude da impossibilidade de fragmentação dos poderes cognitivo e assecuratório, a doutrina é praticamente unânime no sentido de que lhe falta o *ius imperium* para realizar no plano dos fatos a sua decisão. Ou seja, o árbitro não teria o poder de constrição do juiz estatal, de sorte que seria imprescindível a cooperação do Poder Judiciário para garantir a efetividade prática da medida coercitiva deferida em sede arbitral.[23]

Nesse passo da exposição, é corrente a alusão aos cinco elementos que compõem o poder jurisdicional – *notio, vocatio, iudicium, coertio* e *executio* – para, após, se afirmar que os árbitros não detêm os dois últimos, de modo que não podem impor suas próprias decisões coativamente.[24] Na verdade, esse fracionamento da jurisdição tem como fundamento o fato – que se dá por provado – de que apenas o Estado, único ente dotado de soberania, poderia legitimamente usar da força e praticar atos materiais de coerção.

Para além das recorrentes exposições meramente descritivas dessa clivagem entre as competências declaratória e executiva, por vezes se encontra uma tomada de posição acerca da conveniência, utilidade e constitucionalidade da atribuição ao árbi-

---

23 COSTA, Nilton César Antunes da. *Poderes do Árbitro...*, p. 92; FIGUEIRA JÚNIOR, Joel Dias. *Arbitragem, Jurisdição e Execução...*, p. 254; VALENÇA FILHO, Clávio de Melo. *Poder Judiciário e sentença arbitral. De acordo com a Nova Jurisprudência Constitucional*. Curitiba: Juruá, 2008, p. 48; GASPAR, Renata Alvares. *Reconhecimento de sentenças arbitrais estrangeiras...*, p. 110; COLE, Tony (coord.). *Legal Instruments and Practice of Arbitration in the EU*. European Union, Brussels, 2014, p. 50. Disponível em <http://www.europarl.europa.eu/studies>; POZNANSKI, Bernard G. Nature and Extent of an Arbitrator's Powers in International Commercial Arbitration. *Journal Of International Arbitration* n° 4, 1987, p. 95; TALAMINI, Eduardo. *Arbitragem e a Tutela Provisória no Código de Processo Civil de 2015...*, p. 289; LEMES, Selma M. Ferreira. Anotações sobre a nova Lei de Arbitragem. *Revista de Arbitragem e Mediação* vol. 47, out.-dez./2015, p. 42; PITOMBO, Eleonora Coelho. Arbitragem e o Poder Judiciário: aspectos relevantes. In: GUILHERME, Luiz Fernando do Vale de Almeida (coord.) *Aspectos Práticos da Arbitragem*. São Paulo: Quartier Latin, 2006, p. 111; BERMUDES, Sérgio. Medidas coercitivas e cautelares no processo arbitral. In: MARTINS, Pedro A. Batista; GARCEZ, José Maria Rossani. (coords). *Reflexões sobre Arbitragem. In memoriam do Desembargador Cláudio Vianna de Lima*. São Paulo: Ed. Ltr, 2002, p. 280; CAHALI, Francisco José. *Medidas de urgência na arbitragem...*, p. 279; CARNEIRO, Athos Gusmão. Arbitragem. Cláusula compromissória. Cognição e *imperium*. Medidas cautelares e antecipatórias. *Civil Law* e *Common Law*. Incompetência da justiça estatal. *Revista dos Tribunais* vol. 839, set./2005, p. 134; BARROCAS, Manuel Pereira. Processo arbitral correto ou guerrilha arbitral? O mau exemplo de maus profissionais. *Revista da Ordem dos Advogados* vol. 4. out.-dez./2012, p. 1.089; CÂMARA, Alexandre Freitas. Das relações entre a arbitragem e o Poder Judiciário. *Revista Brasileira de Arbitragem* nº 6, abr.-jun./2005, p. 19; VILELA, Marcelo Dias Gonçalves. *Reflexões sobre a Tutela Cautelar na Arbitragem...*, p. 35; TEIXEIRA, Sávio de Figueiredo. Arbitragem como meio de solução de conflitos no âmbito do Mercosul e a imprescindibilidade da Corte Comunitária. Revista Jurídica n° 236, jun./1997, p. 23. CARAMELO, Antònio Sampaio. Da condução do processo arbitral. Comentário aos arts. 30 – 38. Revista da Ordem dos Advogados vol.II/III, abr.-set./2013, p. 736.

24 PUCCI, Adriana Noemi. *Juiz e Árbitro...*, p. 5; RIVAS, Adolfo Armando. *El arbitraje según el derecho argentino...*, p. 72.

tro do poder de satisfazer no mundo sensível o seu comando. De acordo com Vinícius de Andrade Prado, "é inevitável concluir que o poder de coerção deva ser buscado no Poder Judiciário" tendo em vista que "arbitragem e Judiciário compõem um mesmo sistema, uma única jurisdição".[25] Para Gilberto Giusti, a Lei 9.307/96 é "prudente"[26] ao subtrair do árbitro o poder de força física. Em sentido mais contundente, afirma Fernando da Fonseca Gajardoni que somente a jurisdição estatal é competente para a execução de medidas executivas "posto que adoção de prática diversa implicaria manifesta violação ao próprio estado de direito e à exclusividade estatal para a execução dos atos de força".[27] Por fim, Nilton César Antunes da Rocha sustenta que o uso da força física pela jurisdição privada "desfiguraria, por completo, o instituto da arbitragem".[28] Pois bem.

O de que se trata, enfim, é de perquirir se o Estado detém o monopólio legítimo da violência ou se, em determinadas circunstâncias e sob o seu controle, agentes privados podem implementar no mundo fático decisões jurisdicionais. E o que mais chama a atenção nessa investigação é que os juristas que afirmam a impossibilidade de o árbitro exercer o poder de império não fazem qualquer referência a Max Weber, indubitavelmente um marco referencial da sociologia política e que cunhou uma das mais clássicas definições de Estado.

De acordo com Weber, a formação do Estado Moderno teve início através da ação do Príncipe, o qual, paulatinamente, expropriou dos agentes privados os poderes de tributação, cunhagem de moedas e de organização de um exército particular.[29] O Estado, portanto, consubstancia uma associação política que centralizou o sistema de dominação na medida em que "teve êxito ao buscar monopolizar o uso legítimo da força física como meio de domínio dentro de um território, e com essa finalidade, o Estado combinou os meios materiais de organização nas mãos de seus líderes, e expropriou todos os funcionários autônomos dos estamentos, que antes controlavam esses meios por direito próprio".[30]

Sem embargo, Weber é expresso ao cindir os conceitos de titularidade e de exercício da violência legítima. Aquela, sim, é exclusiva do Estado dentro do território que

---

25 PRADO, Vinícius de Andrade. Medidas cautelares no processo arbitral. In: AZEVEDO, André Gomma de. *Estudos em Arbitragem, Mediação e Negociação*. Brasília: Brasília Jurídica, 2002, p. 193.

26 GIUSTI, Gilberto. O árbitro e o juiz: Da Função Jurisdicional do Árbitro e do Juiz. *Revista Brasileira de Arbitragem* nº 5, jan.-mar./2005, p. 12.

27 GAJARDONI, Fernando da Fonseca. Aspectos fundamentais de processo arbitral e pontos de contato com a jurisdição estatal. *Revista de Processo* n° 106, abr.-jun./2002, p. 202.

28 *Poderes do Árbitro...*, p. 94.

29 "A compulsory political association with continuous organization will be called a 'state' if and in so far as its administrative staff successfully upholds a claim to the monopoly of the legitimate use of physical force in the enforcement of its order". (WEBER, Max. *The Theory of Social and Economic Organization*. Trad. A. M. Henderson e Talcott Parsons. New York: The Free Press, 1964, p. 154).

30 WEBER, Max. *Ensaios de Sociologia*. Trad. Waltensir Dutra. 3ª ed. Rio de Janeiro: Zahar Editores, 1974, p. 103.

lhe serve de base material. O emprego da coerção, porém, pode se dar diretamente através da burocracia estatal ou mediante delegação a agentes privados, desde que o Estado assuma o poder de controlá-lo.[31] O Estado, assim, é a única fonte do direito de usar a força física, mas pode, em situações de necessidade ou de conveniência, reconhecer a legitimidade da violência empregada por particulares.

Por razões de necessidade, ou melhor, em virtude da impossibilidade de se fazer presente em todos os momentos em que se confrontam as pretensões dos cidadãos, admite-se a autotutela em hipóteses excepcionais, tais como o direito de retenção (arts. 578, 644, 1.219, CC), o desforço imediato (art. 1.210, CC), o direito de cortar ramos de árvores limítrofes que ultrapassem a extrema do prédio (art. 1.283, CC) e a legítima defesa (art. 24, CP).

Atendendo a critérios políticos de conveniência, é cada vez mais recorrente no direito comparado a delegação do poder de efetivação dos títulos executivos judicial e extrajudicial a agentes privados que atuam em colaboração com o Poder Judiciário. Trata-se, conforme assevera Flávia Pereira Ribeiro, de duas das principais tendências do sistema de justiça europeu, quais sejam, a desjudicialização e a privatização da execução, sendo que aquela ocorre "porque se retirou do juiz funções que antes lhe estavam acometidas", ao passo que esta se dá "porque se transferiu a atividade para um agente de execução, que não é funcionário público, mas um profissional liberal".[32]

É interessante destacar que a tese da desjudicialização[33] parte da premissa de que a tutela executiva – a despeito de sua natureza jurisdicional – pode ser delegada para órgãos paraestatais. Não há qualquer violação ao direito de acesso à justiça porque se garante que, no caso de insurgência em face dos atos adotados pelos agentes de execução, haverá o controle *a posteriori* pelo Estado. Dessa forma, o Poder Judiciário sempre poderá dizer a última palavra sobre os conflitos decorrentes da atuação dos particulares responsáveis pelos atos de penhora, avaliação, expropriação, pagamento e extinção do módulo satisfativo. Trata-se, é claro, de fenômeno que admite múltiplas particularidades, mas que já é uma realidade em Portugal, França, Alemanha, Itália, Bélgica, Holanda, Grécia, Luxemburgo entre outros países.

Caso interessante é o Serviço Público de Cobrança Forçada existente na Suécia (*Kronofogdemyndigheten*), onde, ao revés de se delegar para agentes privados as diligências executivas, é um órgão administrativo independente do Judiciário que possui a

---

31 "Especificamente, no momento presente, o direito de usar a força física é atribuído a outras instituições ou pessoas apenas na medida em que o Estado o permite". (WEBER, Max. *Ensaios de Sociologia...*, p. 98).

32 RIBEIRO, Flávia Pereira. *Desjudicialização da Execução Civil*. São Paulo: Saraiva, 2013, p. 129.

33 José Lebre de Freitas sustenta que não se trata de uma autêntica *desjudicialização*, "no sentido de admitir execuções sem processo judicial", senão de uma *desjurisdicionalização*, no sentido de entregar o processo executivo a entidades de natureza privada, "circunscrevendo a intervenção judicial aos casos em que, dentro do processo executivo, por via de contestação ou oposição, se gerassem litígios carecidos de decisão". (FREITAS, José Lebre de. Agente de execução e Poder Jurisdicional. *Revista Themis* n° 7, 2003, p. 21).

incumbência de executar as dívidas públicas ou privadas. Esse órgão possui autonomia face ao juiz estatal para especificar como os atos materiais de cobrança serão efetivados *in concreto*,[34] mas, no caso de ilegalidade, admite-se recurso para o Judiciário.[35-36]

Igualmente digno de relevo é o caso português, onde desde a década de noventa sucessivas reformas no processo civil tiveram como objetivo afastar o juiz estatal das diligências executivas.[37] Dessa forma, atos como citação, notificação, publicação, penhora, avaliação e venda de bens foram atribuídos ao agente de execução, o qual é livremente nomeado pelo exequente e pode ser um solicitador de execução, oficial de justiça ou advogado privado.[38] O juiz, assim, se desincumbe da direção formal do processo executivo, cabendo-lhe uma função de tutela *a posteriori* quando a sua intervenção for requerida pelas partes.

Se a difusão do poder de autoridade no cenário europeu concentra-se nas diligências executivas, no continente norte-americano o reconhecimento de que o uso da força está desatrelado do paradigma da estatalidade é igualmente assente. No item anterior foi destacado que as tribos indígenas detém jurisdição cível e penal para inú-

---

34 "Another way of drawing the borderline between the courts and the enforcement authorities concerns the restrictions for the courts not to give instructions about the enforcement. The enforcement authorities have the competence to decide how and when to carry a judgment into effect. If, nevertheless, a court gives instructions, the enforcement authority has the right to disregard it". (JACOBSSON, Ulla. Enforcement Proceedings in Sweden. *Revue Hellénique de Droit International* n° 50, 1997, p 490).

35 "If a party is unwilling to accept the manner in which the enforcement authority is effectuating the judgment or order of a district court or appellate court, then he may appeal against it at the appellate court or Supreme Court respectively. The higher court has to reexamine the basis for the enforcement authority's decision, which may result in alteration of the lower court's judgment or order. It may therefore be urgent to stay the execution". (Idem, p. 497).

36 De acordo com Gláucia Mara Coelho, também é essa a realidade nos Estados Unidos da América e na Inglaterra: Notas sobre a execução de decisão judicial que determina o pagamento de quantia nos EUA e na Inglaterra. *Revista Magister de Direito Civil e Processual Civil* n° 43, jul.-ago./2011, *passim*.

37 "A evolução revela a tendência para a progressiva circunscrição da intervenção judicial. Assim, se no regime anterior ao DL n° 38/2003 o juiz tinha a direcção do processo (aplicando-se o art. 265) e devia ordenar a penhora, a venda ou o pagamento e ainda a extinção da instância executiva, a reforma da acção executiva veio a reduzir a intervenção judicial, num movimento ora finalizado com o abandono da fórmula *poder geral de controlo do processo*". (BRITO, José Alves de. Inovações introduzidas ao estatuto do agente de excução pelo DL nº 226/2008, de 20/11 (simplificação da acção executiva*). Revista Scientia Ivridica* nº 317, jan.-mar./2009, p. 166/167). No mesmo sentido: REGO, Carlos Lopes do. As funções e o estatuto processual do agente de execução e seu reflexo no papel dos demais intervenientes no processo executivo. *Revista Themis* n° 9, 2004, p. 48; COELHO, Gláucia Mara. Direito Processual Civil Português. In: CRUZ E TUCCI, José Rogério. (coord.) *Direito Processual Civil Europeu Contemporâneo*. São Paulo: Lex Editora, 2010, p. 325.

38 Código de Processo Civil de 2013, art. 719.º: "1 – Cabe ao agente de execução efetuar todas as diligências do processo executivo que não estejam atribuídas à secretaria ou sejam da competência do juiz, incluindo, nomeadamente, citações, notificações, publicações, consultas de bases de dados, penhoras e seus registos, liquidações e pagamentos".

meras matérias. Mas não é só, pois também estão dotadas de um aparato policial apto a fazer valer a força física dentro de seus limites territoriais. Com efeito, de acordo com Seth Fortin, "absent restrictions accomplished through treaty, or clear statutory limitations created by Congress, Indian tribes retain their inherent military powers -especially the portion of the military power necessary to exclude unwanted parties and maintain order within their own territory".[39]

De toda sorte, é nodal sublinhar que o mito do monopólio estatal da violência legítima não mais se sustenta, pois se admite a delegação do poder de império para agentes extraestatais. E essa constatação é fundamental para que se possa caminhar no sentido de que os árbitros podem, sim, praticar os atos necessários à concretização de medidas cautelares e executivas.

4. Da Jurisdição Arbitral Executiva

Nessa linha de convicções, é possível afirmar que o fato de a Lei de Arbitragem denegar aos árbitros poder para exercer atos de força é uma escolha política adotada dentro de um âmbito de discricionariedade legislativa.[40] Não existe qualquer monopólio constitucional de jurisdição, assim como não há qualquer disposição na Lei Maior impedindo que o Estado delegue a agentes privados a realização de atos de coerção. O que o art. 5º, inc. XXXV dispõe é que o Poder Legislativo não pode obstar a apreciação jurisdicional do conflito de interesses, mas não há qualquer exigência de que os atos de execução forçada sejam levados a termo por funcionários públicos.

Com efeito, se o árbitro pode dizer definitivamente o direito no caso concreto – sendo certo que sua decisão não pode ser analisada no mérito em eventual impugnação ao cumprimento de sentença arbitral, ação anulatória ou processo de homologação de sentença arbitral estrangeira –, não há razão para que o direito positivo subtraia às partes o poder de atribuir ao árbitro competência para, em um segundo momento, implementar o comando que prolatou.[41] Quando se tem em linha de perspectiva que o módulo executivo é o calcanhar de Aquiles da justiça estatal, esse "ponto de estrangulamento do procedimento arbitral"[42] se torna ainda mais alarmante, pois o Estado, na verdade, admite apenas uma fuga parcial a um sistema de administração de justiça notoriamente reconhecido como ineficiente.[43]

---

39 The Unextinguished Militia Power of Indian Tribes. *American Indian Law Journal* vol. 2, 2013, p. 239.

40 CARMOMA, Carlos Alberto. Árbitros e juízes: guerra ou paz? In: ______; MARTINS, Pedro A. Batista. LEMES, Selma M. Ferreira. *Aspectos fundamentais da Lei de Arbitragem*. Rio e Janeiro: Forense, 1999, p. 425.

41 HOFFMAN, Paulo. *Arbitragem: algumas dúvidas processuais práticas*..., p. 315.

42 MARTINS, Pedro A. Batista.*Da ausência de poderes coercitivos*..., p. 369.

43 NASCIMBENI, Asdrubal Franco. *Os meios extrajudiciais de solução de conflitos*..., p. 241/242.

Esse fracionamento da jurisdição arbitral apequena o instituto e viola o *princípio da equiparação da Arbitragem à Justiça do Estado*,[44] o qual, sem pretender uma equivalência absoluta entre essas distintas modalidades de jurisdição – o que seria um disparate à vista das distintas fontes de legitimação de cada qual –, sustenta que, observados os limites objetivos e subjetivos da convenção, deve-se buscar a máxima efetividade da tutela arbitral.

Se o processo arbitral é, nitidamente, mais consensualizantedo que o estatal, não há razão para se impedir que instituição arbitral previamente cadastrada perante o Banco Central possa, diretamente e sem qualquer intermediação oficial, penhorar eletronicamente ativos financeiros do devedor. Ou determinar a penhora no rosto dos autos de processo em curso, assim como promover a avaliação e expropriação de um bem imóvel penhorado, satisfazer materialmente o exequente e declarar finda a execução. Tendo em vista a fonte convencional dos poderes jurisdicionais do árbitro, é imprescindível que as partes delimitem, de antemão, quais atos expropriatórios que poderão ser levados a efeito dentro do processo arbitral e quais careceram de colaboração do Poder Judiciário.[45]

Há, porém, dois limites que devem ser observados.

Em razão dos confins subjetivos da convenção arbitral, eventual medida que acarrete intervenção na esfera jurídica de terceiros demandará apreciação do Estado. A impossibilidade de vincular terceiros à decisão do árbitro – axioma que está à base do art. 22, § 2°, LA – decorre do fato de que estes não outorgaram ao juiz privado qualquer poder jurisdicional, de modo que apenas o juízo estatal, cuja legitimidade prescinde de base volitiva, poderá determinar medidas coercitivas e executivas que lhe tangenciem.[46] Em síntese: apenas as pessoas que firmaram a convenção arbitral se submetem à jurisdição arbitral, pois, conforme leciona Clávio de Melo Valença Filho, "não existe árbitro além dos limites da convenção de arbitragem".[47]

Nessa toada, as partes podem convencionar que, caso se faça necessária uma medida conservativa durante o processo arbitral, o imóvel objeto de disputa será objeto de sequestro cautelar, cabendo ao árbitro determinar diretamente ao oficial do

---

44 BARROCAS, Manuel Pereira. Algumas notas sobre medidas cautelares no direito comparado da arbitragem. *Revista da Ordem dos Advogados* vol. 2. abr.-jun/2011, p. 491.

45 A *Ley de Arbitraje y Mediacion* do Equador de 1997 prevê expressamente a possibilidade de as partes atribuírem jurisdição executiva ao árbitro em seu art. 9°: *"Para la ejecución de las medidas cautelares, los árbitros siempre que las partes así lo estipularen en el convenio arbitral, solicitarán el auxilio de los funcionarios públicos, judiciales, policiales y administrativos que sean necesarios sin tener que recurrir a juez ordinario alguno del lugar donde seencuentren los bienes o donde sea necesario adoptar las medidas"*.

46 "As the arbitrator's authority over the parties to the proceedings essentially arises from his power of decision-making in favour of or against a party, an arbitrator has no authority, contractual or otherwise, over third parties". (POZNANSKI, Bernard G. *Nature and Extent of an Arbitrator's Powers...*, p. 103).

47 *Poder Judiciário e sentença arbitral...*, p. 24.

Registro Geral de Imóveis a constrição sobre o bem. Todavia, esse ato não poderá ser executado caso tenha ocorrido a alienação do objeto litigioso no curso do processo, eis que, nessa hipótese, o árbitro simplesmente não é dotado de qualquer poder para interferir na esfera do comprador.

Para além desse limite decorrente do princípio da relatividade contratual, deve-se atentar para as hipóteses em que a Constituição Federal estabelece que o juízo estatal detém o poder de dizer não a última, senão a *primeira palavra* sobre a pretensão. Cuida-se, decerto, de situações excepcionais em que, à vista da magnitude do bem litigioso, previu-se uma *reserva judicialabsoluta* – que sequer pode ser exercida pelas Comissões Parlamentares de Inquérito –, tais como no caso de interceptação telefônica (CF, art. 5º, XII), decretação da prisão (CF, art. 5º, LXI) e ingresso em residência domiciliar (CF, art. 5º, XI).[48]

Assim, para a legítima concretização de atos relacionados a essas franquias constitucionais, é imprescindível ordem emanada de magistrado investido no cargo segundo as regras de organização judiciária, de modo que se, em um conflito relacionado à ação de despejo, as partes convencionarem o poder do árbitro para expedir mandado de despejo diretamente ao oficial de justiça, essa cláusula é nula. Deverá o oficial negar o pedido de cooperação e, caso assim não o faça, pode a parte prejudicada se insurgir mediante a propositura de ação anulatória da decisão arbitral.

5. Das Medidas Coercitivas Arbitrais

Importante ressaltar que, malgrado prevalente o entendimento no sentido de que falece ao árbitro *ius imperium*, determinadas medidas coercitivas já podem ser praticamente efetivadas sem qualquer intermediação estatal. É o caso, *v.g.*, lembrado por Pedro A. Batista Martins, da Comissão de Arbitragem da Bolsa de Cereais de São Paulo, a qual impõe a pena de expulsão às partes que descumprem as suas decisões. Outro ato intimidatório que pode ser adotado consiste no impedimento da parte inadimplente em participar de outras arbitragens na entidade arbitral, ou, ainda, a divulgação de tal fato ao mercado e a outras instituições arbitrais, o que gera uma grave lesão na imagem comercial do recalcitrante.[49]

No âmbito das cortes regionais, a adoção de medidas indiretas de coerção é amplamente adotada como técnica de implementação de decisões contra os Estados que descumprem as decisões internacionais. Veja-se, a título exemplificativo, o art. 65 da Convenção Americana de Direitos Humanos, o qual possibilita que a Corte Interamericana de Direitos Humanos inclua a sentença desacatada no seu relatório anual apresentado à Assembleia Geral da OEA.

Dessa forma, resulta claro que nem toda providência coercitiva pressupõe o exercício do poder de autoridade para a sua implementação. A decisão arbitral de susta-

48 MS 23.452, Rel. Min. Celso de Mello, Tribunal Pleno, j. 16/09/1999.

49 *Da ausência de poderes coercitivos e cautelares...*, p. 367/368.

ção de protesto ou, no âmbito dos conflitos societários, de suspensão dos efeitos das deliberações da companhia, são dotadas de natureza autoexecutiva e prescindem de qualquer ato de força. Ainda que medidas indiretas pessoais (prisão) e patrimoniais (multa) careçam de comportamentos invasivos para a sua satisfação, há inúmeros atos que os árbitros podem adotar aptos para, por si só, influir eficazmente no juízo de conveniência do devedor acerca do adimplemento.

6. Ação anulatória da decisão arbitral executória

É remansoso o entendimento de que o processo arbitral adota o princípio da irrecorribilidade em separado das decisões interlocutórias, concentrando em uma única via, e após a prolação da sentença, a insurgência da parte inconformada. Nesse contexto, vícios relacionados à arbitrabilidade (objetiva e subjetiva), à convenção, ao procedimento e à sentença devem ser impugnados mediante ação anulatória ou impugnação ao cumprimento da sentença (art. 33, LA).

Sem embargo, é imprescindível que essa regra seja temperada. Sempre que houver julgamento de mérito, total ou parcial, da pretensão cautelar ou da cognitiva, é preciso que se franqueie o controle pelo Poder Judiciário.

Veja-se que, na hipótese de sentença arbitral parcial, o § 1° do art. 33 da LA estabelece que a ação anulatória deverá ser proposta no prazo de até 90 dias após o recebimento da notificação da respectiva sentença.[50] Essa lógica também deve ser aplicada no caso de tutela provisória cautelar ou satisfativa, pois em ambas há julgamento de mérito. No primeiro caso, o mérito da pretensão assecuratória. No segundo, há uma antecipação do julgamento da própria pretensão cognitiva.[51]

De acordo com Fernando da Fonseca Gajardoni, as medidas de urgência deferidas pela instituição arbitral não são passíveis de "recurso ao juízo estatal, salvo mandado de segurança das decisões absolutamente teratológicas".[52] Não parece ser esse, porém, o melhor entendimento. A uma, porque fomenta o uso do mandado de segurança contra decisão jurisdicional. A duas, porque a restrição cognitiva da via mandamental pode estiolar uma fiscalização que demande dilação probatória. E, a três, porque teratologia é um conceito plurissignificativo que pode ensejar instabilidade na tutela provisória arbitral.

Por essas razões, a melhor solução é aquela alvitrada por Paulo Cezar Pinheiro Carneiro, para quem as decisões cautelares arbitrais podem se sujeitar imediatamente

---

50 À semelhança do que prevê o art. 827 do Codice di Procedura Civile: "*Il lodo che decide parzialmente il merito della controversia è immediatamente impugnabile* (...)".

51 Nesse sentido, o art. 23 da *Ley de Arbitraje* Espanhola (Lei n° 60/2003): "2. A las decisiones arbitrales sobre medidas cautelares, cualquiera que sea la forma que revistan, les serán de aplicación las normas sobre anulación y ejecución forzosa de laudos".

52 *Aspectos fundamentais de processo arbitral*..., p. 203. Igualmente: DINAMARCO, Cândido Rangel. *A Arbitragem na Teoria Geral do Processo*..., p. 235; HOFFMAN, Paulo. *Arbitragem: algumas dúvidas processuais práticas*..., p. 314, nota de rodapé n° 37.

à ação anulatória, "nas mesmas condições em que a sentença arbitral se sujeite a tal (art.33)".[53] Esse controle, portanto, não pode adentrar o mérito da tutela provisória, devendo-se cingir à verificação do respeito aos preceitos de ordem pública, da regularidade da convenção de arbitragem e das formalidades da decisão. Nessa linha, permanece com a instituição arbitral a competência para aferir a presença dos pressupostos para o deferimento da tutela de urgência, assim como para a determinação dos atos de força necessários à sua efetivação.

Por fim, sublinhe-se que admitir a ação anulatória das decisões interlocutórias de urgência, dentro dessas restritas balizas, ao invés de fomentar uma indevida *judicialização da arbitragem*,[54] estimula a delegação de poderes de *coercio* e *imperium* aos árbitros, pois se sabe de antemão que eventual ilegalidade será coibida pelo Estado.

7. Conclusão

Preceitua o artigo 29 da LA que, proferida a sentença, dá-se por finda a arbitragem. No início da década de noventa, a cultura arbitral brasileira era sobremaneira imberbe, de modo que o exaurimento da jurisdição privada após a aplicação da norma jurídica ao caso litigioso sem a necessidade de homologação estatal consubstanciou um grande passo. Mas, hoje, é preciso ir além.

Nessas últimas duas décadas, o processo civil foi virado pelo avesso. A previsão da tutela antecipada revolucionou o regime dos provimentos urgentes. A filosofia da ordinariedade foi suplantada pela técnica da sumarização. O sincretismo esmaeceu o purismo procedimental. A coisa julgada deixou de transformar o quadrado em redondo. Os meios alternativos de resolução de litígios ingressaram na farmacologia do acesso à justiça. Os precedentes vinculantes ganharam lugar de destaque na motivação decisória. E, no que diz respeito àqueles que têm um direito carente de tutela, foram-lhe concedidos poderes para autorregrar, de acordo com seus interesses, a melhor forma de prestação da tutela jurisdicional.

A renúncia à processualidade estatal é um direito fundamental da cidadania em um Estado que prestigia a dignidade do cidadão. Uma das formas mais genuínas de respeito é o reconhecimento de que o outro possui aptidão para, no exercício de sua autonomia de vontade, projetar o que é melhor para si. Dessa forma, atribuir às partes o poder de escolha de um agente privado para a prática de atos de constrição – atos sempre sujeitos ao escrutínio do Estado – não deveria despertar o temor habermasiano da *refeudalização da esfera pública*. Empoderar as partes é fortalecer a sociedade civil, tributar a democracia, e, portanto, um compromisso inadiável do processualista.

---

53 Aspectos Processuais da Lei de Arbitragem. *Revista Forense* vol. 339, ago.-set./1997, p. 139.

54 VALENÇA FILHO, Clávio de Melo. *Poder Judiciário e sentença arbitral*..., p. 52.

8. Referências bibliográficas

ALBUQUERQUE, Mário Pimentel. *O Órgão Jurisdicional e a sua função. Estudos sobre a ideologia, aspectos críticos e o controle do Poder Judiciário*. São Paulo: Malheiros, 1997.

ALVIM, José Eduardo Carreira. *Comentários à Lei de Arbitragem*. Rio de Janeiro: Lumen Juris, 2002.

AMARAL, Paulo Osternack. Vantagens, desvantagens e peculiaridades da arbitragem envolvendo o Poder Público. In: PEREIRA, César Augusto Guimarães; TALAMINI, Eduardo. (coords.) *Arbitragem e Poder Público*. São Paulo: Saraiva, 2010.

APRIGLIANO, Ricardo de Carvalho. Jurisdição e Arbitragem no Novo Código de Processo Civil. In: MELO, Leonardo de Campos; BENEDUZI, Renato Resende. *A Reforma da Arbitragem*. Rio de Janeiro: Forense, 2016.

BARBI, Celso Agrícola. Cumprimento judicial de cláusula compromissória na Lei 9.307/96 e outras intervenções do Judiciário na arbitragem privada. *Revista dos Tribunais* vol. 749, mar./1998.

BARRAL, Welber. Arbitragem e Jurisdição. In: CASELLA, Paulo B. (coord.) *Arbitragem. Lei brasileira e praxe internacional*. 2ª Ed. São Paulo: LTr, 1999.

BARROS, Marco Antonio de. Jurisdição e juizado arbitral. *Revista dos Tribunais* vol. 738, abr./1997.

BARROCAS, Manuel Pereira. Algumas notas sobre medidas cautelares no direito comparado da arbitragem. *Revista da Ordem dos Advogados* vol. 2. abr.-jun/2011.

_______. Processo arbitral correto ou guerrilha arbitral? O mau exemplo de maus profissionais. *Revista da Ordem dos Advogados* vol. 4. out.-dez./2012.

BERMUDES, Sérgio. Medidas coercitivas e cautelares no processo arbitral. In: MARTINS, Pedro A. Batista; GARCEZ, José Maria Rossani. (coords). *Reflexões sobre Arbitragem. In memoriam do Desembargador Cláudio Vianna de Lima*. São Paulo: Ed. Ltr, 2002.

BIAVATI, Paolo. Deroghe alla giurisdizione statuale e fungibilità dei sistemi giudiziari. *Rivista Trimestrale di Diritto e Procedura Civile* nº 2, jun./2009.

BOCCAGNA, Salvatore. L'arbitrato al tempo della "degiurisdizionalizzazione" (riflessioni sull'art. 1 del D.L. 12 settembre 2014, nº 132). *Rivista dell'Arbitrato* n° 4, 2016.

BONATO, Giovanni. Panorama da arbitragem na França e na Itália. *Revista Brasileira de Arbitragem* nº 43, jul.-set./2014.

BRITO, José Alves de. Inovações introduzidas ao estatuto do agente de execução pelo DL nº 226/2008, de 20/11 (simplificação da acção executiva). *Revista Scientia Ivridica* nº 317, jan.-mar./2009.

CAENEGEM, R. C. Van. *Uma Introdução Histórica ao Direito Privado*. São Paulo: Martins Fontes, 2000.

CAHALI, Francisco José. Medidas de urgência na arbitragem e o novo regulamento do CAM-CCBC. *Revista de Arbitragem e Mediação* n° 33, abr.-jun./2012.

CÂMARA, Alexandre Freitas. Das relações entre a arbitragem e o Poder Judiciário. *Revista Brasileira de Arbitragem* nº 6, abr.-jun./2005.

CAMPOS, Diogo Leite de. A Arbitragem Voluntária, Jurisdição típica do Estado-dos-Direitos e dos-cidadãos. In: ______; MARTINS, Ives Gandra da Silva; MENDES, Gilmar Ferreira (coords.). *A Evolução do Direito no Século XXI. Estudos em Homenagem ao Prof. Arnoldo Wald*. Coimbra: Ed. Almedina, 2007.

CARAMELO, Antònio Sampaio. Da condução do processo arbitral. Comentário aos arts. 30 – 38. *Revista da Ordem dos Advogados* vol.II/III, abr.-set./2013.

CARMOMA, Carlos Alberto. *Arbitragem e Processo. Um comentário à Lei n° 9.307/96*. 3ª Ed. São Paulo: Atlas, 2009.

______. Árbitros e juízes: guerra ou paz? In: ______; MARTINS, Pedro A. Batista. LEMES, Selma M. Ferreira. *Aspectos fundamentais da Lei de Arbitragem*. Rio e Janeiro: Forense, 1999.

CARNEIRO, Athos Gusmão. Arbitragem. Cláusula compromissória. Cognição e *imperium*. Medidas cautelares e antecipatórias. *Civil Law* e *Common Law*. Incompetência da justiça estatal. *Revista dos Tribunais* vol. 839, set./2005.

CARNEIRO. Paulo Cezar Pinheiro. Aspectos Processuais da Lei de Arbitragem. *Revista Forense* vol. 339, ago.-set./1997.

CHIOVENDA, Giuseppe. *Istituzioni di Diritto Processuale Civile*. Vol. 1. 2ª Ed. Napoli: Jovene Editore, 1947.

______. *Principii di Diritto Processuale Civile*. 3ª ed. Napoli: Jovene Editore, 1965.

CLÈVE, Clèmerson Merlin. Direito Constitucional, Novos Paradigmas, Constituição Global e Processos de Integração. In: SAMPAIO, José Adércio Leite (coord.). *Quinze anos de Constituição*. Belo Horizonte: Del Rey, 2004.

COELHO, Gláucia Mara. Direito Processual Civil Português. In: CRUZ E TUCCI, José Rogério. (coord.) *Direito Processual Civil Europeu Contemporâneo*. São Paulo: Lex Editora, 2010.

______. Notas sobre a execução de decisão judicial que determina o pagamento de quantia nos EUA e na Inglaterra. *Revista Magister de Direito Civil e Processual Civil* n° 43, jul.-ago./2011.

COLE, Tony (coord.). *Legal Instruments and Practice of Arbitration in the EU*. European Union, Brussels, 2014. Disponível em <http://www.europarl.europa.eu/studies>.

COSTA, Nilton César Antunes da. *Poderes do Árbitro*. São Paulo: RT, 2002.

DINAMARCO, Cândido Rangel. *A Arbitragem na Teoria Geral do Processo*. São Paulo: Malheiros, 2013.

FIGUEIRA JÚNIOR, Joel Dias. *Arbitragem, Jurisdição e Execução*. São Paulo: RT, 1999.

FORTIN, Seth. The Unextinguished Militia Power of Indian Tribes. *American Indian Law Journal* vol. 2, 2013.

FREITAS, José Lebre de. Agente de execução e Poder Jurisdicional. *Revista Themis* n° 7, 2003.

GAJARDONI, Fernando da Fonseca. Aspectos fundamentais de processo arbitral e pontos de contato com a jurisdição estatal. *Revista de Processo* n° 106, abr.-jun./2002.

GASPAR, Renata Alvares. *Reconhecimento de sentenças arbitrais estrangeiras no Brasil*. São Paulo: Atlas, 2009.

GERAIGE NETO, Zaiden. *O princípio da inafastabilidade do controle jurisdicional*. São Paulo: RT, 2003.

GIUSTI, Gilberto. O árbitro e o juiz: Da Função Jurisdicional do Árbitro e do Juiz. *Revista Brasileira de Arbitragem* nº 5, jan.-mar./2005.

GONÇALVES NETO, Francisco. Convenção de arbitragem e renúncia da jurisdição estatal. *Revista de Direito Privado* n° 15, jul.-set./2003.

GROSSI, Paolo. *A Ordem Jurídica Medieval*. São Paulo: Martins Fontes, 2000.

GUERRERO, Luis Fernando. *Os Métodos de Solução de Conflitos e o Processo Civil*. São Paulo: Atlas, 2015.

HOFFMAN, Paulo. Arbitragem: algumas dúvidas processuais práticas quando o juízo estatal é chamado a intervir. In: JOBIM, Eduardo; MACHADO, Rafael Bicca (coords). *Arbitragem no Brasil. Aspectos jurídicos relevantes*. São Paulo: Quartier Latin, 2008.

JACOBSSON, Ulla. Enforcement Proceedings in Sweden. *Revue Hellénique de Droit International* n° 50, 1997.

KROETZ, Tarcisio Araújo. *Arbitragem: conceito e pressupostos de validade de acordo com a Lei nº 9.307196*. São Paulo: RT, 1997.

LEMES, Selma M. Ferreira. Anotações sobre a nova Lei de Arbitragem. *Revista de Arbitragem e Mediação* vol. 47, out.-dez./2015.

LEVITATS, Isaac. Bet Din and Judges. In: SKOLNIK, Fred (coord.) *Encyclopaedia Judaica*. 2ª ed. Detroit: Thomson Gale, 2007, Vol. 3.

MACHADO SEGUNDO, Hugo de Brito. *Processo Tributário*. 9ª Ed. São Paulo: Atlas, 2017.

MARQUES, José Frederico. *Instituições de Direito Processual Civil*. Vol. 1. 4ª Ed. Rio de Janeiro: Forense, 1971.

MARTINS, Pedro A. Batista. Da ausência de poderes coercitivos e cautelares dos árbitros. In: CARMOMA, Carlos Alberto; LEMES, Selma M. Ferreira; ______. *Aspectos fundamentais da Lei de Arbitragem*. Rio e Janeiro: Forense, 1999.

MONTEDORO, Giancarlo. Il regime processuale dell'atto nazionale anticomunitario. I poteri del giudice nel contenzioso implicante l'applicazione del diritto dell'EU. *Rivista Italiana di Diritto Pubblico Comunitario* fasc. 6, 2011.

NASCIMBENI, Asdrubal Franco. Os meios extrajudiciais de solução de conflitos como forma adequada de pacificação social e a tendência à desjudicialização. *Revista de Arbitragem e Mediação* vol. 52, jan.-mar/2017.

PINHO, Humberto Dalla Bernardina; STANCATI, Maria Martins Silva. A ressignificação do princípio do acesso à Justiça à luz do art. 3.º do CPC/2015. *Revista de Processo* vol. 254, abr./2016.

PITOMBO, Eleonora Coelho. Arbitragem e o Poder Judiciário: aspectos relevantes. In: GUILHERME, Luiz Fernando do Vale de Almeida (coord.) *Aspectos Práticos da Arbitragem*. São Paulo: Quartier Latin, 2006.

POZNANSKI, Bernard G. Nature and Extent of an Arbitrator's Powers in International Commercial Arbitration. *Journal of International Arbitration* n° 4, 1987.

PRADO, Vinícius de Andrade. Medidas cautelares no processo arbitral. In: AZEVEDO, André Gomma de. *Estudos em Arbitragem, Mediação e Negociação*. Brasília: Brasília Jurídica, 2002.

PUCCI, Adriana Noemi. Juiz e Árbitro. In: ______. *Aspectos atuais da Arbitragem*. Rio de Janeiro: Forense, 2001.

PUGGINA, Márcio Oliveira. Arbitragem ou jurisdição privada? *Revista da AJURIS* nº 69, mar./1997.

PUNZI, Carmine. Dalla crisi del monopolio statale della giurisdizione al superamento dell'alternativa contrattualità-giurisdizionalità dell'arbitrato. *Rivista di Diritto Processuale* vol. 69,n° 1, 2014.

REGO, Carlos Lopes do. As funções e o estatuto processual do agente de execução e seu reflexo no papel dos demais intervenientes no processo executivo. *Revista Themis* n° 9, 2004.

RIBEIRO, Flávia Pereira. *Desjudicialização da Execução Civil*. São Paulo: Saraiva, 2013.

RICCI, Edoardo. La funzione giudicanti degli arbitri e l'efficacia del lodo. Un grand arrêt della Corte Costituzionale. *Rivista di Diritto Processuale* n° 2, abr.-jun./2002.

RIVAS, Adolfo Armando. El arbitraje según el derecho argentino. *Revista de Processo* n° 45, jan.-mar./1987.

ROMÃO, Dalila. Arbitragem e Administração Pública em Portugal. *Revista de Arbitragem e Mediação* vol. 22, jul.-set./2009.

SILVA, Jonny Paulo da. A Regulamentação Paranaense Acerca da Atuação do Juiz de Direito no Processo Arbitral, no que diz Respeito à Condução de Testemunhas e Execução de Medidas Coercitivas e Cautelares. *Revista Brasileira de Arbitragem* nº 3, jul.-set./2004.

SILVA, Octacílio Paula. Ética do Magistrado à luz do direito comparado. São Paulo: RT, 1994.

SILVA, Paula Costa e. A arbitrabilidade de medidas cautelares nos Direitos Português e Brasileiro. *Revista Brasileira de Arbitragem* nº 4, out.-dez./2004.

SILVEIRA, Edson Damas da. CAMARGO, Serguei Aily Franco de. Jurisdição indígena e o afastamento do direito de punir por parte do Estado Brasileiro: notas a respeito de um precedente amazônico. *Revista da AGU* v. 15, nº 03, jan.-mar./2017.

TALAMINI, Eduardo. Arbitragem e a Tutela Provisória no Código de Processo Civil de 2015. *Revista de Arbitragem e Mediação* vol. 46, jul.-set./2015.

TEIXEIRA, Sávio de Figueiredo. Arbitragem como meio de solução de conflitos no âmbito do Mercosul e a imprescindibilidade da Corte Comunitária. *Revista Jurídica* n° 236, jun./1997.

VALENÇA FILHO, Clávio de Melo. *Poder Judiciário e sentença arbitral. De acordo com a Nova Jurisprudência Constitucional*. Curitiba: Juruá, 2008.

______. Tutela Judicial de Urgência e a Lide Objeto de Convenção de Arbitragem. *Revista Brasileira de Arbitragem* nº 7, jul.-set./2005.

VILELA, Marcelo Dias Gonçalves. Reflexões sobre a Tutela Cautelar na Arbitragem. *Revista Brasileira de Arbitragem* nº 7, jul.-set./2005.

WEBER, Max. *Ensaios de Sociologia*. Trad. Waltensir Dutra. 3ª ed. Rio de Janeiro: Zahar Editores, 1974.

WEBER, Max. *The Theory of Social and Economic Organization*. Trad. A. M. Henderson e Talcott Parsons. New York: The Free Press, 1964.

YARSHELL, Flávio Luiz. Ainda sobre o caráter subsidiário do controle jurisdicional estatal da sentença arbitral. *Revista de Arbitragem e Mediação* vol. 50, jul.-set./2016.

Árbitro de emergência

Paula Menna Barreto Marques

Sumário: 1. Introdução. **2.** O acesso à justiça e as tutelas provisórias. **2.1.** O acesso à justiça. **2.2.** A tutela efetiva e adequada. **3.** Tutelas provisórias pré-arbitrais. **3.1.** A revisão da decisão do Poder Judiciário pelo Tribunal arbitral. **4.** Os árbitros de Emergência. **4.1.** A inexistência de conflito entre a previsão do art. 22-A e o Regimento da Câmara Arbitral. **4.2.** A previsão na cláusula arbitral. **4.3.** Regimento Interno da Instituição Arbitral **5.** Conclusão. **6.** Referências bibliográficas.

1. Introdução

As tutelas provisórias visam proteger o resultado futuro do processo, seja garantindo o processo em si, seja garantindo o seu resultado útil, de maneira permitir que a tutela final seja efetiva[1] e adequada[2], em atenção aos princípios do acesso à justiça e inafastabilidade da jurisdição.

A natural demora do provimento final, seja ele Judicial ou Arbitral, gera insatisfações, tanto práticas quanto jurídicas, as quais devem ser minimizadas com a utilização de um provimento sumário[3] como instrumento de eficácia concreta dos direitos e garantias fundamentais do processo justo[4].

É nesse contexto que surgem as tutelas provisórias que, se por um lado, aceleram o provimento, de forma a torná-lo efetivo, de outro, prestigiam as demais garantias fundamentais processuais, permitindo que as partes exponham suas razões e produzam os meios de prova necessários para que o julgador conheça, de forma plena e exauriente, do mérito da causa.

---

1 José Roberto dos Santos Bedaque define processo efetivo como "aquele que, observado o equilíbrio entre os valores segurança e celeridade, proporciona às partes o resultado desejado pelo direito material" (BEDAQUE, José Roberto dos Santos. Efetividade do processo e técnica processual. 3ª ed. São Paulo: Malheiros, 2010, p. 49).

2 O professor Cândido Rangel Dinamarco fala em *processo civil de resultados*. A expressão é utilizada exatamente para refletir a ideia de que o processo deve ser útil a quem tem razão, portanto "o processo vale pelos resultados que produz na vida das pessoas ou grupos, em relação a outras ou aos bens da vida." (DINAMARCO, Cândido Rangel. Instituições de direito processual civil, V. I, Malheiros, 7ª edição, revista. São Paulo, 2013, p. 110-112).

3 "Pela tutela sumária entende-se o conjunto de procedimentos caracterizados pela simplificação e redução das suas fases, dos requisitos, da forma e dos prazos dos atos processuais, instituídos com a finalidade de facilitar o acesso à Justiça e acelerar a obtenção do seu resultado" (GRECO, Leonardo. Cognição sumária e coisa julgada. Revista Eletrônica de Direito Processual, v. X).

4 GRECO, Leonardo. Estudos de direito processual. Campos dos Goytacazes: Ed. Faculdade de Direito de Campos, 2005, p. 225-287.

No Brasil, o instituto, até por sua importância, passou por inúmeras reformas já sob a égide do Código de Processo Civil de 1973 e, mais recentemente, do novo Código de Processo Civil de 2015.

Com a expectativa de melhorar o tratamento das providências cautelares e antecipadas, de forma a sistematizar os procedimentos, com as suas diferenças e semelhanças, o CPC/15 impõe uma nova estrutura para a tutela do direito, nas hipóteses de urgência ou evidência.

Pelo novo regime, as tutelas provisórias, que podem ser formuladas de forma incidente ou antecedente, se subdividem em evidência e urgência, essa última com natureza cautelar ou antecipada.

A aplicabilidade desses novos institutos na arbitragem ainda vem se sedimentando na prática e na doutrina.

No presente estudo, analisaremos a questão do chamado Árbitro de Emergência, que nada mais é do que o terceiro responsável pela analise da tutela antecipada, antecedente à instauração do tribunal arbitral.

O tema é de suma relevância, considerando-se especialmente a escolha das partes de submissão do conflito à arbitragem, excluindo-se do Poder Judiciário o poder decisório sobre a questão, mesmo as tutelas provisórias.

Verificaremos, assim, a compatibilização do instituto com os princípios informativos do processo, bem como as previsões de algumas das principais Câmaras Arbitrais para a sua utilização.

2. O acesso à justiça e as tutelas provisórias

A tutela provisória se enquadra na chamada "terceira onda do acesso à justiça" difundida por Mauro Cappelletti[5], de busca de tutela diferenciada.

A tutela provisória, abrangendo a tutela de urgência e a tutela de evidência, vem prevista nos artigos 295 a 311 do novo Código de Processo. De fato, suas respectivas características devem ser lidas a partir das normas e garantias fundamentais do processo justo, previstas nos artigos 1º ao 15 do NCPC e nas cláusulas de pedra da Constituição, que são verdadeiros vetores normativos[6].

Como delineado, o regramento da tutela provisória consolida o que a doutrina já sustentava antes mesmo da reforma de 1994[7].

---

5 Nesse sentido, Mauro Cappelletti defende que os meios alternativos de solução de conflito se inseririam como resposta ao obstáculo processual do acesso à Justiça, enquadrando-se nos casos em que o processo litigioso tradicional poderia não ser a forma mais indicada para a vindicação efetiva de direitos. CAPPELLETTI, Mauro [s/ indicação de tradutor], Os métodos alternativos de solução de conflitos no quadro do movimento universal de acesso à justiça, *Revista de Processo*, v. 74, São Paulo: Revista dos Tribunais, 1994, p. 82-97.

6 CARNEIRO, Paulo Cesar Pinheiro. Breves comentários ao Novo Código de Processo Civil/ Teresa Arruda Alvim Wambier... et al. Coordenadores – São Paulo: Editora Revista dos Tribunais, 2015, p. 58-87.

7 FUX, Luiz. *Tutela de Segurança e Tutela de Evidência (Fundamentos da tutela antecipada)*. São Paulo: Saraiva, 1996

No que diz respeito especificamente à arbitragem, a Lei nº 9.307/96 prevê, em seu Capitulo IV-A, introduzido recentemente pelas alterações trazidas pela Lei nº 13.129/15, alguns regramentos para a concessão das tutelas cautelares e de urgência (arts. 22-A e 22-B).

Abaixo, faremos uma breve introdução sobre o acesso à justiça e a necessidade de garantia de uma tutela efetiva e adequada.

2.1. O acesso à justiça

O acesso efetivo à justiça pressupõe, seguindo o que defendem Cappelletti e Garth, a completa "igualdade de armas", garantindo-se que as diferenças entre as partes sejam afastadas, por completo, para perfeita apreciação dos méritos jurídicos da questão posta. Citam, entre os obstáculos a essa igualdade utópica, (i) as custas judiciais, (ii) a possibilidade das partes, (iii) o problema dos interesses difusos[8].

Nessa mesma linha, o mestre carioca Barbosa Moreira[9] dissertava também sobre os aspectos sociais da efetividade, analisada a partir de dois vieses (a) quando o processo se mostre capaz de veicular aspirações da sociedade como um todo, permitindo-lhes a satisfação por meio da Justiça, (b) o processo que consinta aos membros menos afortunados a persecução judicial de seus interesses, em pé de igualdade. Cabe ao Juiz, deste modo, dirigir o processo de forma a imprimir efetividade social ao processo.

O professor Paulo Cesar Pinheiro Carneiro, em sua brilhante tese para sua titularidade de Teoria Geral do Processo na UERJ[10], disserta sobre os princípios que informam o acesso à justiça, quais sejam, acessibilidade, operosidade, utilidade e proporcionalidade.

O professor define acessibilidade por existência de sujeitos aptos a estar em juízo, sem óbices de natureza financeira, de forma a efetivar os direitos individuais e coletivos. Pressupõe o efetivo direito à informação, legitimação adequada e impossibilidade de que o custo financeiro seja um impedidor.

Operosidade, por sua vez, diz respeito à possibilidade de que as pessoas envolvidas atuem da forma mais produtiva possível, para assegurar o efetivo acesso.

A utilidade, conceituada como a necessidade de se assegurar ao vencedor tudo aquilo que ele tem direito a receber (direito material), da forma mais rápida e proveitosa possível, com o menor prejuízo para o vencido. A utilidade se relaciona, assim, com a instrumentalidade do processo e sua efetividade.

---

8 CAPELLETTI, Mauro. GARTH, Bryant, colab. Acesso à Justiça. Tradução de Ellen Grace Northfleet. Porto Alegre, Fabris, 1988.

9 BARBOSA MOREIRA, José Carlos. Por um processo socialmente efetivo. Revista de Processo. São Paulo, v. 27, nº 105, p. 183-190, jan./mar.

10 CARNEIRO, Paulo Cesar Pinheiro. Acesso à Justiça: Juizados Especiais Cíveis e Ação Civil Pública. Uma nova sistematização da Teoria Geral do Processo. Editora Forense. 1999.

Por último, a proporcionalidade se relaciona com as inúmeras escolhas que permeiam a atividade judicial, seja de interpretação, incidência de normas ou princípios. Deve ser utilizada pelo magistrado na análise de todos os demais princípios que regem o acesso à justiça.

Diversas das ideias sustentadas por Paulo César Pinheiro Carneiro, em sua tese, foram impressas no novo Código de Processo Civil, tais como a inversão dinâmica do ônus probatório, o microssistema coletivo, o estimulo à conciliação, mediação e arbitragem, além da exigência de um comportamento colaborativo entre as partes e o juiz.

Transpondo a questão do acesso à justiça para a dinâmica das tutelas provisórias, este se relaciona diretamente com a necessidade de acesso adequado (e não mais ilimitado como já sustentado anteriormente por parte da doutrina).

Deve-se analisar a forma de concessão da tutela jurisdicional[11] da melhor maneira possível, e com o menor custo, garantindo-se ao titular do direito exatamente aquilo que lhe cabe.

É nesse contexto que as tutelas provisórias ganham relevância.

De fato, o direito deve garantir ao seu titular tudo aquilo que lhe é devido, no menor tempo possível, sob pena de não se tornar efetivo.

O mestre italiano, Piero Calamandrei, destacava que *"entre fazer bem mas tardiamente e fazer logo, com o risco de fazer mal, a tutela cautelar decide-se por fazer logo, assumindo o risco de errar, relegando o problema do bem e do mal para as formas tranquilas do procedimento ordinário"*[12].

Entretanto, essa técnica de sumarização da cognição vem sempre na contramão da ordinarização, com a possibilidade plena de cognição.

Ambos os valores devem ser sempre contrabalançados, criando-se um equilíbrio entre a celeridade e os princípios do processo justo, em especial o contraditório.

Assim, a sumarização da cognição não pode ser transformada em um meio atípico e generalizado de tutela jurisdicional, devendo decorrer de opção concreta do Legislador, visando a atender aos valores constitucionalmente previstos de celeridade e efetividade.

2.2. A tutela efetiva e adequada

Na mesma linha do acesso à justiça acima destacado, nos Estados Unidos, a partir do século XX, iniciou-se um movimento de expansão dos denominados meios adequados de solução de conflito, os quais foram recebendo reconhecimento legal (dentre eles, mas não só, a mediação e a arbitragem).

---

11 Aqui defenderemos um conceito amplo de jurisdição, no qual se enquadra também a arbitragem e a mediação e conciliação.

12 CALAMANDREI, Piero. *Introducción al estúdio sistemático de las providencias cautelares.* Buenos Aires, EBA, 1945, p. 43.

Em Países da chamada *civil law*, essa modificação se deu somente no final do século XX, com o aumento exponencial dos processos e o surgimento de políticas públicas de estimulo à adoção da conciliação, mediação e arbitragem.

No Brasil, há muito, iniciou-se um movimento de incentivo aos denominados "meios alternativos de solução de conflito" (ADR´s[13]), de forma a estimular a autocomposição.

No que diz respeito à conciliação, a Justiça do Trabalho, desde sua criação, com as juntas de conciliação, foi a vanguardista na criação desse tipo de iniciativa.

Seguindo essa mesma ideia, o antigo Código de Processo Civil (1973), em sua redação original, previa a realização de conciliação na audiência do procedimento ordinário. Também na alteração de 1994, com a nova redação dada ao artigo 331, posteriormente modificada pela Lei 10.444/02, determinou-se a realização de audiência conciliatória nas ações que versam sobre direitos que admitem transação.

Os Juizados de Pequenas Causas, indo ainda mais além, foram criados seguindo a ideia de que a conciliação devia ser buscada sempre que possível.

No caso da mediação, a primeira iniciativa legislativa data do fim do século passado – Projeto de Lei nº 4.827/98, o qual restou arquivado em 2006.

Em 2010, o Conselho Nacional de Justiça, criado através da Emenda Constitucional nº 45/2004, editou a Resolução nº 125, com a implementação definitiva do chamado sistema multiportas[14].

Trata-se da criação de verdadeira política pública de tratamento adequado de conflito, com um claro estimulo à autocomposição.

É nesse contexto legislativo que foi promulgado, em 2015, o Novo Código de Processo Civil, que trouxe um claro prestígio aos meios adequados de resolução de conflito, em especial a conciliação, mediação e arbitragem.

No que concerne à arbitragem[15], suas raízes datam de período tão antigo que se tem notícia até mesmo na Mitologia grega[16]. Carlos Alberto Carmona, em sua tese de doutorado, leciona que "a arbitragem era já conhecida e praticada na antiguidade, tanto para a solução de controvérsia no âmbito do direito interno como também para

---

13 *Alternative Dispute Resolution.*

14 Sobre o tema e para aprofundamento da matéria PINHO, Humberto Dalla Bernardina de [organizador]. *Teoria Geral da Mediação à luz do Projeto de Lei e do Direito Comparado*, Rio de Janeiro: Lumen Juris, 2008.

15 A arbitragem, apesar de se encontrar entre os meios mais usuais de solução extrajudicial de conflito, se enquadra como instrumento heterocompositivo, no qual se atribui a um terceiro (no caso o árbitro) a capacidade para decidir, de forma definitiva, determinado conflito surgido. A decisão será imposta às partes (solução adjudicada), mesmo que contrária aos seus interesses.

16 A Mitologia grega cita o episódio em que Zeus nomeou um terceiro imparcial, o príncipe troiano Páris (árbitro) para resolver a disputa de qual das Deusas (Atena, Hera ou Afrodite) ganharia o "pomo de ouro da mais bela" (Homero). In Ilíada, trad. Odorico Mendes, Rio de Janeiro/São Paulo/Porto Alegre: W. M. Jackson, 1950. Clássicos Jackson, vol. XXI.

a solução de controvérsia entre cidades-estado da Babilônia, cerca de 3.000 anos antes de Cristo"[17].

Apesar de ter ficado relegado por um tempo[18], hoje o instituto encontra-se bastante fomentado, especialmente por sua proveitosa experiência internacional.

No Brasil, apesar de suas antigas previsões[19], a edição da Lei nº 9.307, de 1996, veio como um marco determinante, regulamentando e difundindo a matéria, que atualmente encontra-se em verdadeira ascensão no País.

Pesquisa recente mostra que a arbitragem cresceu 47% (quarenta e sete por cento) entre os anos de 2010 e 2013[20], envolvendo, a maior parte dos conflitos, matéria societária.

A consolidação da arbitragem no Brasil se deu, especialmente, pelo prestígio dado pelos nossos Tribunais na utilização deste instituto, conferindo eficácia às sentenças e às convenções arbitrais[21].

É nesse contexto de vertiginoso crescimento do instituto e fortalecimento de suas bases que é imprescindível analisar-se a questão das tutelas provisórias, sedimentando um cenário para pacificação do tema, sempre em atenção os princípios constitucionais e a ideia de acesso adequado à justiça.

3. Tutelas provisórias pré-arbitrais

Destacada acima a importância das tutelas provisórias e a necessidade de compatibilização de sua utilização com os demais princípios processuais, passa-se, a seguir, a verificar o caso específico das tutelas provisórias pré-arbitrais[22].

---

17 CARMONA, Carlos Alberto. A arbitragem no Código de Processo Civil brasileiro. Dissertação de doutorado, São Paulo, USP, 1990, p – 33.

18 Pontes de Miranda, em seus Comentários ao Código de Processo Civil, chegou a sustentar que o juízo arbitral é "primitivo, regressivo mesmo, a que pretendem volver, por atração psíquica a momentos pré-estatais, os anarquistas de esquerda e os de alto capitalismo". Pontes de Miranda, Francisco Cavalcanti, in Comentários ao Código de Processo Civil. Rio de Janeiro, Ed. Forense, 1977, tomo XV, p – 344.

19 A Constituição do Império, as Ordenações do Reino e ainda o Código Comercial de 1850 fazem referência expressa ao instituto. Para aprofundamento do tema, MACIEL, Marco, in Pronunciamento em comemoração aos 10 anos da Lei 9.307/96. Revista de Arbitragem e Mediação. Nº 9. Ano III. São Paulo, abr.-jun. 2006.

20 A pesquisa Arbitragem em Números e Valores de 2010 a 2013, da advogada Selma Lemes, tomou por base dados de seis câmaras de arbitragem: Centro de Arbitragem da AMCHAM – Brasil; Centro de Arbitragem da Câmara de Comércio Brasil-Canadá Câmara de Mediação, Conciliação e Arbitragem de São Paulo – CIESP/FIESP; Câmara de Arbitragem do Mercado; Câmara de Arbitragem da Fundação Getúlio Vargas e Câmara de Arbitragem Empresarial Brasil (http://www.conjur.com.br/2014-abr-10/casos-arbitragem-brasil-crescem-47-quatro-anos-aponta-pesquisa).

21 Sobre o tema vale destaque ao julgamento do Pedido de Homologação de Sentença Estrangeira (SE) nº 5206, no qual, após suscitar a inconstitucionalidade de alguns artigos da Lei de Arbitragem, o STF, por maioria de votos, decidiu pela constitucionalidade da Lei.

22 As tutelas provisórias concedidas após a formação do Tribunal Arbitral não serão objeto desse estudo.

As chamadas tutelas provisórias pré-arbitrais são tutelas que visam garantir um direito (seja ele antecipado ou cautelar) antes da instituição do tribunal arbitral. Tratam-se de casos excepcionais em que a eventual demora na formação do tribunal poderá acarretar no perecimento do direito que se visa resguardar, não podendo a parte aguardar a sua instauração[23].

A doutrina e jurisprudência já vinham, há muito, aceitando a sua ocorrência e criando "saídas" para essa questão, visto que a parte não poderia ser prejudicada pela demora na instituição do tribunal arbitral.

Criou-se, com isso, duas alternativas: (i) a figura do árbitro de emergência; e (ii) a possibilidade de a parte recorrer ao Poder Judiciário para ver a sua tutela apreciada provisoriamente.

No que diz respeito ao primeiro ponto, alguns regimentos de Câmaras Arbitrais criaram o denominado árbitro de emergência, cuja incumbência seria justamente a de analisar os pedidos de tutela em casos urgentes, nos quais a iminência do perecimento do direito poderia prejudicar a parte requerente.

Veja-se que essa possibilidade parece muito mais adequada, na medida em que, além de resguardar o acesso adequado e efetivo da parte à justiça, garante que a questão seja apreciada por um árbitro, nomeado pelas partes previamente ou escolhido pela Câmara Arbitral na forma do seu regulamento (reserva de jurisdição arbitral).

Isto porque, há de se ter em mente que as partes, ao celebrarem a cláusula compromissória, pactuaram, exercendo a autonomia de suas vontades, que eventual litígio seria resolvido, não pelo Poder Judiciário, mas, sim, por árbitros, por meio do procedimento arbitral.

Assim, em razão da referida cláusula, o Poder Judiciário não tem mais jurisdição para resolver o mérito de eventual litígio, de modo que, caso uma das partes, não observando tal cláusula, ajuíza uma ação perante o poder judiciário, a outra poderá alegar a cláusula, forçando o reconhecimento da incompetência do judiciário para resolver o litígio.

Entendemos, portanto, que nas hipóteses em que há previsão de exclusão expressa da competência do Poder Judiciário para apreciar as tutelas provisórias[24] ou mesmo

---

23 Antes da alteração da Lei, debatendo as controvérsias havidas a época, Arnoldo Wald: "As medidas cautelares prévias à instauração do juízo arbitral, que encontram fundamento no principio da efetividade da tutela jurisdicional, são, hoje, aceitas pela doutrina nacional e estrangeira e pela jurisprudência, sendo, ainda, expressamente previstas nas regras da UNCITRAL, (...). Elas tem o objetivo precípuo de garantir a eficácia da futura arbitragem a ser instaurada." (WALD, Arnaldo. Cabimento de medidas cautelares preparatórias perante o Poder Judiciário antes de instaurado o juízo arbitral. Revisa de Direito Bancário e do Mercado de Capitais, São Paulo, ano 8, nº 27, p. 160-163, jan. –mar. 2005).

24 A contrário senso, Cahali entende que as partes não podem excluir, por convenção, a competência do Poder Judiciário para apreciação das medidas de urgência, sob pena de violação do principio do acesso à justiça (CAHALI, Francisco Jose. Curso de arbitragem: mediação : conciliação : resolução CNJ 125/2010. 5ª ed. revista e atualizada, de acordo com a Lei 13.129/2015 (reforma da lei de arbitragem). Com a Lei 13.140/2015 (Marco Legal da Mediação) e o Novo CPC. São Paulo: Editora Revista dos Tribunais, 2015.

referência ao árbitro de emergência ou instituição cujo regulamento o preveja de forma obrigatória, as partes não poderão submeter os seus pedidos ao Poder Judiciário.

Nesses casos, é imprescindível que a questão seja resolvida pelo árbitro de emergência, a quem compete, com exclusividade, a apreciação da medida liminar[25], como será melhor abordado nos próximos itens.

Quanto ao segundo ponto, nas hipóteses em que não há o arbitro de emergência ou se as partes excluírem expressamente a possibilidade do árbitro de decidir tal questão[26], o art. 22-A da Lei nº. 9.307/1996, alterada pela Lei de Reforma da Arbitragem (Lei n 13.129, de 2015), previu expressamente a possibilidade de que as partes recorressem ao judiciário para obter essa tutela, enquanto o tribunal arbitral não encontrasse formado.

Trata-se, portanto, de uma exceção à regra de jurisdição arbitral exclusiva, de forma a garantir pleno acesso à ordem jurídica.

Caio Cesar Vieira Rocha ressalta que "com isso, estabelece-se a competência subsidiária do Poder Judiciário com relação ao juízo arbitral, de modo a limitar o âmbito da atuação da jurisdição estatal e conciliar o direito de ação constitucionalmente assegurado aos cidadãos com o pacto de submissão do litigio à arbitragem"[27].

De acordo como art. 22-A, da Lei nº. 9.307/1996, "antes de instituída a arbitragem, as partes poderão recorrer ao Poder Judiciário para a concessão de medida cautelar de urgência"[28].

---

25 Sergio Luiz de Almeida Prado defende que "em relação às medidas de urgência decretadas no Poder Judiciário, enquanto não instaurada a arbitragem, poderia haver certo temor quando a providência supra tiver natureza de antecipação da tutela. Isso porque o juiz estatal ao conhecer da matéria, eventualmente, estaria invadindo a competência jurisdicional do árbitro. Entretanto, esse receio não se justifica, pois a cognição realizada pelo juízo estatal se limita exclusivamente na verificação dos requisitos que autorizariam a decretação da medida de urgência apta para afastar o dano que incide sobre o direito material a ser apurado. (...) Portanto, o juízo estatal não invade a competência do árbitro por se tratar de um procedimento rápido e simplificado para disciplinar provisoriamente uma situação, enquanto não se instaura a arbitragem. A atuação do Poder Judiciário nesse caso atua como defesa do direito contra o dano iminente."

26 Cahali, escrevendo sobre o novo Regulamento dp CAM/CCBC: "A liberdade de escolha, nos limites da lei, é sem dúvida um dos principais atrativos da arbitragem. Podem as partes, segundo sua conveniência e/ou estratégia comercial, disciplinar questões relevantes quanto a eventual conflito, dentre elas as relativas às medidas de urgência na arbitragem, provimentos estes cujo impacto na seara fática, pelas suas características, é incontestável. (...) Dessa forma, por convenção das partes, pode ser retirada da jurisdição arbitral a autoridade para apreciar e decretar medidas cautelares, coercitivas e antecipatórias. Caso assim se tenha pactuado, as medidas de urgência, evidenciados os seus requisitos mesmo no curso da arbitragem, deverão ser direcionadas ao Poder Judiciário, em situação e, que haverá convivência dos juízos arbitral e estatal, cada qual com a sua parcela limitada de jurisdição para a tutela do direito das partes." (CAHALI, Francisco Jose. Medidas de urgência na arbitragem e o novo Regulamento do CAM/CCBC. Revista de Arbitragem e Mediação. Nº 33, 2012).

27 ROCHA, Caio Cesar Vieira. Medidas cautelares e urgentes na arbitragem: nova disciplina normativa. In Arbitragem e mediação: a reforma da legislação brasileira. Caio Cesar Vieira Rocha, Luis Felipe Salomão (coordenação). 2ª ed. rev. e atual. São Paulo: Atlas, 2017.

28 A inclusão do artigo 22-A na Lei de Arbitragem através de sua Lei de reforma seguiu a linha do que já vinha sendo defendido em sede doutrinária e jurisprudencial, seguindo o precedente do Superior Tribunal de Justiça, no julgamento do Recurso Especial 1.297.974/RJ, cuja relatoria ficou

A *means legis* desse dispositivo legal é justamente a de garantir que, em casos excepcionais, nos quais as partes precisem uma tutela de urgência, em que aguardar a instituição do tribunal arbitral possa resultar em dano irreparável ou de difícil reparação, não fiquem desemparadas. Assim, esse artigo, sobretudo, resguarda o procedimento arbitral, complementando-o e dando tranquilidade para as partes que optarem pelo mesmo de que situações extremas e excecionais não ficaram desassistidas, nem que para isso seja necessário recorrer-se ao Poder Judiciário.

Cabe ressaltar que o poder judiciário analisará, única e exclusivamente, a presença dos requisitos da concessão da medida urgente requerida, ou seja, analisará o *fumus boni iures* e o *periculum in mora*. Com isso, será realizada apenas uma cognição sumária, superficial. Até porque, não é demais salientar, a cognição exauriente só caberá aos árbitros, quando instituído o tribunal arbitral.

Nesse passo, como forma de evitar que a parte utilize o requerimento de tutela de urgência para burlar a cláusula compromissória, o Parágrafo Único do mencionado artigo 22-A, institui que "Cessa a eficácia da medida cautelar ou de urgência se a parte interessada não requerer a instituição da arbitragem no prazo de 30 (trinta) dias, contado da data de efetivação da respectiva decisão.".

Assim, obriga-se a parte que requereu a medida a requerer a instituição, em 30 (trinta) dias, contados da efetivação da medida, do tribunal arbitral, evitando-se o dano irreparável ou de difícil reparação da parte, e, ao mesmo tempo, resguardando-se o próprio procedimento arbitral.

Desse modo, requerido a medida ao Poder Judiciário, a parte deverá (sob pena de perda da eficácia dos efeitos da tutela) requerer a instauração do tribunal arbitral, a quem caberá, como será abordado a seguir, realizar nova analise sobre o pedido antecipatório, podendo alterá-lo ou, até mesmo, modifica-lo inteiramente.

3.1. A revisão da decisão do Poder Judiciário pelo Tribunal arbitral

Consoante abordado acima, a decisão que analisa o requerimento de medida urgente decorre de uma análise sumária e superficial, independentemente de esta ter sido proferida por um árbitro de emergência ou por um juiz togado.

Por outro lado, a decisão definitiva de mérito decorrete de uma análise exauriente, ou seja, muito mais profunda. Convém ressaltar que essa decisão definitiva só é proferida após o exercício da ampla defesa, do contraditório e, sobretudo, produção probatória. Com isso, ao se analisar o mérito, se tem muito mais elementos do que se tinha quando do julgamento da medida urgente.

---

a cargo da eminente Ministra Nancy Andrigh, assim ementado: "1. Arbitragem. Medida cautelar. Competência. Juízo Arbitral não constituído. 2. Na pendencia da constituição do Tribunal Arbitral, admiteOse que a parte se socorra do Poder Judiciário, por intermédio de medida de natureza cautelar, para assegurar o resultado útil da arbitragem". Nessa mesma linha, STJ, Conflito de Competência 111.230/DF, 2a seção, Relatora Min. Nancy Andrigh.

Dessa forma, dúvidas não há acerca da viabilidade de sobrepor-se uma análise sumária à uma exauriente, possibilitando ao árbitro (assim como os Juízes estatais), a modificação e revogação da decisão proferida em sede de tutela provisória.

Contudo, uma questão que se mostra importante de ser analisada diz respeito à alteração da decisão proferida pelo Poder Judiciário por outra decisão que aprecie a questão liminar, ainda em sede de cognição sumária.

De fato, em atenção à clausula compromissória, caberá sempre ao tribunal arbitral a competência para analisar e reanalisar a tutela provisória, concedendo-a, modificando-a, ou, ate mesmo, revogando-a[29].

Com isso, o tribunal arbitral poderá, sempre, rever a decisão de tutela urgente, seja esta proferida por árbitro de emergência ou pelo poder judiciário.

Sobre o tema, vale destacar a lição de Paulo Osternack Amaral[30], segundo o qual "a partir do momento em que as partes investiram (no âmbito da autonomia da vontade) o árbitro de poderes para decidir todas as questões derivadas de determinada relação contratual, não merece razoável que esse julgador – que é de confiança das partes, geralmente especialista na matéria objeto do litígio e que está em contato com amplo material probatório no processo arbitral – não possa rever a decisão proferida (de forma precária, provisória e urgente) pelo Judiciário, quer está impedido de analisar o mérito da controvérsia.".

Deste modo, instaurado o tribunal arbitral, a jurisdição sobre o conflito passa a ser dos árbitros, cabendo a estes a apreciação sobre o objeto do pedido antecipado ao Poder Judiciário, na forma do art. 22-B da LArb.

Diante disso, não se pode negar a possibilidade do tribunal arbitral de rever a decisão de medida urgente, sob pena de subverter-se a lógica processual, sobrepondo uma análise sumária sobre uma exauriente, bem como de invalidar o próprio compromisso arbitral.

4. Os árbitros de emergência

Conforme já salientado, antes mesmo da introdução do art. 22-A, na Lei 9.307/1996, diversos regimentos internos de Câmaras Arbitrais já previam o denominado árbitro de emergência, a quem caberia, exclusivamente, apreciar medidas urgentes, quando o tribunal arbitral ainda não estivesse constituído.

Nessas hipóteses, há previsão de um procedimento cautelar pré-arbitral, no qual instituem-se regras para formulação do pedido às Câmaras Arbitrais, anteriormente à instituição do tribunal.

---

29 Carmona, analisando a questão, destaca que nas hipóteses em que o Juiz togado decretar medidas urgentes antes da instituição da arbitragem, essa "será novamente analisada pelos árbitros tão logo seja instituída a arbitragem para manter, modificar ou cassar a decisão judicial (CARMONA, Carlos Alberto. Arbitragem e processo: um comentário à Lei n 9.307/96. 3ª ed. rev., atual. e ampl. São Paulo: Atlas, 2009, p. 330).

30 AMARAL, Paulo Osternanack; Arbitragem – Estudos sobre a lei m. 13.129, de 26-5-2015, organizados por Francisco José Cahali, Thiago Rodovalho e Alexandre Freire. Editora Saraiva, pag. 470.

Por óbvio, o árbitro de emergência não julgará o mérito do litígio, cabendo-lhe tão somente a apreciação da medida urgente.

Assim, não há qualquer conflito de ordem prática que impeça o seu cabimento, a não ser que haja disposição expressa ou acordo das partes nesse sentido.

Impõe-se analisar, portanto, a viabilidade e os critérios necessários para a sua regular utilização.

4.1. A inexistência de conflito entre a previsão do art. 22-A e o Regimento da Câmara Arbitral

É importante esclarecer que o artigo 22-A, incluído pela Lei nº. 13.129/2015, não conflita com os regimentos das Câmaras Arbitrais que estabelecem os árbitros de emergência.

De fato, alguns autores defendem que a previsão no regimento interno apenas criaria uma alternativa para parte, a qual poderia escolher, alternativamente, entre requerer a medida urgência ao árbitro de emergência ou ao Poder Judiciário[31].

Entretanto, conforme destacado acima, entendemos que nos casos em que há previsão regimental que estabeleça o árbitro de emergência, o Poder Judiciário não seria mais competente para apreciar a tutela de urgência, afastando, pois, a aplicação do mencionado artigo 22-A, de modo a prevalecer o regimento interno da Câmara Arbitral escolhida pelas partes.

Nessa linha, Flávio Luiz Yarshell e Lucas Britto Meijas, afirmam que "Ainda, diante de eventual urgência, partes e juízes também devem ter em mente a figura do árbitro de emergência, já prevista no regulamento de um dos mais tradicionais centros de arbitragem (CCI), e difundida internacionalmente. (...) Havendo árbitro que possa imediatamente socorrer a parte, deve o Juiz estatal se afastar da controvérsia, restringindo-se, em regra, apenas ao eventual uso da força. Isso sempre dependerá, é claro, do exame do caso, se constatado que, mesmo com a previsão do árbitro de emergência, a situação é tão premente que impede o seu acionamento, então haverá de se admitir a intervenção judicial."[32]

Com todas as vênias ao primeiro entendimento, as partes, ao estabelecerem o árbitro de emergência pela cláusula arbitral ou ao optarem por seguirem o regulamento de Câmara Arbitral que o preveja, não objetivam criar uma via alternativa para

---

31 Vale destacar a lição de Paulo Osternack Amaral, no sentido de que "Caso as partes tenham convencionado um procedimento específico para fazer frente à situação de urgência anterior à arbitragem – tal como a previsão de um "árbitro de emergência" ou um procedimento "pré-arbitral" –, poderão optar por ingressar no Poder Judiciário ou seguir o procedimento emergencial que elegeram. O objetivo de tal estipulação é conferir às partes uma opção adicional para solucionar uma situação de urgência. " (AMARAL, op. Cit., p. 468)

32 YARSHELL, Flávio Luiz e MEIJAS, Lucas Britto – Estudos sobre a lei m. 13.129, de 26-5-2015, organizados por Francisco José Cahali, Thiago Rodovalho e Alexandre Freire. Editora Saraiva, pag. 243/244.

a solução do conflito, mas, sim, afastar também a possibilidade do requerimento de tutela provisória da jurisdição do Poder Judiciário.

Diante disso, não existe um conflito entre o artigo 22-A, da LArb e os regimentos internos das Câmaras Arbitrais. Ambos devem ser interpretados de forma complementar, facultando-se a parte o ingresso no Poder Judiciário nas hipóteses em que não há previsão acerca do árbitro de emergência, de forma a garantir o amplo acesso à justiça e à jurisdição.

4.2. A previsão na cláusula arbitral

Os árbitros de emergência, conforme já afirmado, podem ser previstos tanto na própria cláusula arbitral, quanto pelo regimento interno da Câmara Arbitral escolhida.

Assim, as partes podem estabelecer, na própria cláusula arbitral, o árbitro que será o competente para apreciar as medidas de urgências. Esse mecanismo, de escolher por meio da cláusula arbitral, é o utilizado nas denominadas arbitragens *ad hoc*.

Nas arbitragens *ad hoc*, cabe ressaltar, as partes não seguem necessariamente o regimento interno de nenhuma Câmara Arbitral, estabelecendo as suas próprias regras procedimentais.

Essa modalidade de arbitragem assemelha-se, em parte, ao negócio jurídico processual, previsto no artigo 191, do novo Código de Processo Civil.

Por outro lado, nas arbitragens institucionais, nas quais as partes decidem por aderir a um regulamento previamente estabelecido de uma determinada Instituição Arbitral, as partes podem, eventualmente, afastar a incidência da parte do regimento, determinando, por exemplo, a exclusão da apreciação das medidas antecipadas pelo árbitro de emergência.

Nesses casos, conforme colocado no item anterior (4.1), caberá ao Poder Judiciário a apreciação da tutela provisória antecedente à formação do tribunal, na forma prevista pela LArb.

Pelo exposto, verifica-se que a redação da cláusula arbitral é de suma relevância, de forma a resguardar as partes de eventuais problemas futuros quanto à competência para a apreciação das tutelas provisórias urgentes.

4.3. Regimento Interno da Instituição Arbitral

Como exposto largamente, além da possibilidade de previsão na própria cláusula arbitral, as partes podem valer-se dos regulamentos internos das Câmaras Arbitrais.

Esse método, na prática, acaba sendo mais utilizado, na medida em que já há previsão de todo o procedimento para as tutelas pré-arbitrais, sem necessidade de acordo entre as partes litigantes.

Como exemplo, cite-se o Regulamento da Câmara de Comércio Internacional (CCI), que estabelece o seguinte, no seu artigo 29:

> A parte que necessitar de uma medida urgente cautelar ou provisória que não possa aguardar a constituição de um tribunal arbitral ("Medidas Urgentes") poderá requerer tais medidas nos termos das Regras sobre o Árbitro de Emergência dispostas no Apêndice V. Tal

solicitação só será aceita se recebida pela Secretaria antes da transmissão dos autos ao tribunal arbitral nos termos do artigo 16 e independentemente do fato de a parte que requerer a medida já ter apresentado seu Requerimento de Arbitragem.

Na mesma linha, a Câmara de Arbitragem do Comércio – BM&F-BOVESPA, em seu artigo 5.1.1, prevê o árbitro de apoio, cuja competência é de decidir as eventuais medidas urgentes.

Por outro lado, o Regimento Interno da Câmara de Arbitragem Empresarial do Brasil dispõe que, sendo necessária alguma medida urgente, quando não instituído o tribunal arbitral, a parte deverá requerê-la ao poder judiciário[33].

Pelos exemplos acima destacadas, verifica-se que são diversas as previsões regimentais, prevendo procedimentos diferenciados para a questão do árbitro de emergência, o que demanda atenção das partes e de seus advogados na escolha da Instituição.

5. Conclusão

A utilização da via arbitral cresceu vertiginosamente nos últimos anos. Esse avanço se deu não só pelas inúmeras alterações legislativas citadas ao longo do texto, como também pelo prestígio conferido pelas Tribunais estatais ao instituto.

Essa tendência só demonstra que a relação estabelecida entre o Poder Judiciário e a jurisdição arbitral só tende a progredir. Nesse mesmo sentido são as previsões de cooperação entre os dois entes jurisdicionais.

Assim como a importância conferida as sentenças arbitrais, as tutelas provisórias também ganham grande relevância, em especial diante das modificações ocorridas nas principais legislações procedimentais.

Se num primeiro momento chegou-se a questionar até mesmo a competência dos árbitros para conceder tais medidas[34], hoje devemos repensar a necessidade de concessão das medidas pré-arbitrais pelos juízes togados, em especial nos casos em que há previsão de árbitro de emergência.

A submissão de todo o conflito, inclusive as eventuais tutelas provisórias urgentes, parece atender ao intuito pretendido pelas partes quando da formulação da cláusula arbitral, com o afastamento completo da jurisdição estatal.

Somente seria viável, portanto, a apreciação pelo Poder Judiciário nas hipóteses em que as partes expressamente previssem nesse sentido ou na inexistência de outra previsão regimental ou contratual dispondo de modo diverso.

---

33 "9.2 Enquanto não instalado o Tribunal Arbitral, as partes poderão requerer medidas cautelares ou antecipatórias de mérito à autoridade judicial competente. Neste caso, a parte deverá, imediatamente, dar ciência do pedido à CAMARB. O Tribunal Arbitral, tão logo constituído, poderá reapreciar o pedido da parte, ratificando ou modificando, no todo ou em parte, a medida deferida pela autoridade judicial.".

34 Para aprofundamento na controvérsia, remetemos ao livro de Carlos Alberto Carmona (CARMONA, op. Cit., p. 324, nota de rodapé)

Essa ideia respeita a ideia de acesso adequado à justiça, em atendimento aos princípios constitucionais.

6. Bibliografia

AMARAL, Paulo Osternanack. *Arbitragem – Estudos sobre a lei nº 13.129*, de 26-5-2015. Organizado por Francisco José Cahali, Thiago Rodovalho e Alexandre Freire. Editora Saraiva.

BEDAQUE, José Roberto dos Santos. *Efetividade do processo e técnica processual*. 3ª ed. São Paulo: Malheiros, 2010.

CAHALI, Francisco José. *Curso de Arbitragem: mediação, conciliação, resolução CNJ 125/2010*. 5ª ed. revista e atualizada, de acordo com a Lei 13.140/2015 (marco legal da mediação) e o Novo CPC. São Paulo: Editora Revista dos Tribunais, 2015.

CAHALI, Francisco Jose. Medidas de urgência na arbitragem e o novo Regulamento do CAM/CCBC. *Revista de Arbitragem e Mediação*. Nº 33, 2012.

CALAMANDREI, Piero. *Introducción al estúdio sistemático de las providencias cautelares*. Buenos Aires, EBA, 1945.

CAPPELLETTI, Mauro [s/ indicação de tradutor]. Os métodos alternativos de solução de conflitos no quadro do movimento universal de acesso à justiça. *Revista de Processo*, v. 74, São Paulo: Revista dos Tribunais, 1994, p. 82-97.

CAPPELLETTI, Mauro. GARTH, Bryant, colab. *Acesso à Justiça*. Tradução de Ellen Grace Northfleet. Porto Alegre, Fabris, 1988.

CARMONA, Carlos Alberto. *Arbitragem e Processo, um comentário à Lei 9.307/96*. 3ª ed. rev., atual. e ampl. São Paulo, Atlas, 2009.

__________. *A arbitragem no Código de Processo Civil brasileiro*. Dissertação de doutorado, São Paulo, USP, 1990.

CARNEIRO, Paulo Cesar Pinheiro. *Breves comentários ao Novo Código de Processo Civil*. Teresa Arruda Alvim Wambier *et al*. Coordenadores – São Paulo: Editora Revista dos Tribunais, 2015, p. 58-87.

__________. *Acesso à Justiça: Juizados Especiais Cíveis e Ação Civil Pública. Uma nova sistematização da Teoria Geral do Processo*. Editora Forense. 1999.

DINAMARCO, Cândido Rangel. *A arbitragem na teoria geral do processo*. São Paulo, Malheiros, 2013.

__________. Instituições de direito processual civil, V. I, Malheiros, 7ª edição, revista. São Paulo, 2013.

FUX, Luiz. *Tutela de Segurança e Tutela de Evidência (Fundamentos da tutela antecipada)*. São Paulo: Saraiva, 1996.

GRECO, Leonardo. *Cognição Sumária e Coisa Julgada*. Revista Eletrônica de Direito Processual, v. X.

__________. Garantias Fundamentais do Processo: o Processo Justo. *Os princípios da Constituição de 1988*, 2ª ed., Ed. Lumen Juris, Rio de Janeiro, 2006.

__________. Limitações probatórias no processo civil. *Revista Eletrônica de Direito Processual*. 4/2009.

__________. *Estudos de direito processual*. Campos dos Goytacazes: Ed. Faculdade de Direito de Campos, 2005.

MACIEL, Marco, Pronunciamento em comemoração aos 10 anos da Lei 9.307/96. *Revista de Arbitragem e Mediação*, nº 9. Ano III. São Paulo, abr.-jun. 2006.

MOREIRA, José Carlos Barbosa. Miradas sobre o processo civil contemporâneo. In *Temas de Direito Processual – Sexta Série*. São Paulo: Saraiva, 1997.

__________. Notas sobre o problema da efetividade do processo. In *Temas de Direito Processual – Terceira Série*. São Paulo: Saraiva, 1987.

__________. Efetividade do processo e técnica processual. In *Temas de Direito Processual – Sexta Série*. São Paulo: Saraiva, 1997.

BARBOSA MOREIRA, José Carlos. Por um processo socialmente efetivo. *Revista de Processo*. São Paulo, v. 27, nº 105, p. 183-190, jan./mar.

PINHO, Humberto Dalla Bernardina de [organizador]. *Teoria Geral da Mediação à luz do Projeto de Lei e do Direito Comparado*. Rio de Janeiro: Lumen Juris, 2008.

PONTES DE MIRANDA, Francisco Cavalcanti. *Comentários ao Código de Processo Civil*. Rio de Janeiro, Ed. Forense, 1977, tomo XV.

ROCHA, Caio Cesar Vieira. Medidas cautelares e urgentes na arbitragem: nova disciplina normativa. In *Arbitragem e mediação: a reforma da legislação brasileira*. Caio Cesar Vieira Rocha, Luis Felipe Salomão (coordenação). 2ª ed. rev. e atual. São Paulo: Atlas, 2017.

WALD, Arnaldo. Cabimento de medidas cautelares preparatórias perante o Poder Judiciário antes de instaurado o juízo arbitral. *Revisa de Direito Bancário e do Mercado de Capitais*, São Paulo, ano 8, nº 27, p. 160-163, jan. – mar. 2005.

YARSHELL, Flávio Luiz e MEIJAS, Lucas Britto. *Estudos sobre a lei nº 13.129, de 26-5-2015*. Organizado por Francisco José Cahali, Thiago Rodovalho e Alexandre Freire. Editora Saraiva.

O parágrafo 1º do artigo 489 do código de processo civil de 2015 é aplicável ao procedimento arbitral?

Paulo Cezar Pinheiro Carneiro Filho

Sumário: 1. A hipótese. **2.** Premissas necessárias. **3.** O Código de Processo Civil de 2015 e as garantias fundamentais do processo a serem observadas no procedimento arbitral. **4.** As hipóteses previstas no parágrafo 1º do artigo 489 do novo CPC. **5.** Conclusão. **6.** Referências bibliografias.

1. A hipótese

A observância do parágrafo 1º do artigo 489 do CPC de 2015[1] pelos magistrados, ao proferir suas sentenças, gerou discussão antes mesmo de o Código entrar em vigor, quando, por exemplo, a Escola de Formação e Aperfeiçoamento da Magistratura lançou cinco enunciados – do 9º ao 13º –, relativizando a aplicação das hipóteses contidas no referido parágrafo. Esta forte controvérsia tem um porquê, tem uma lógica, uma boa parte dos juízes não quer sofrer limitações no seu poder jurisdicional, prefere exercê-lo sem observar o roteiro previsto no referido parágrafo. Para aqueles que têm contato quase diário com decisões, sentenças e acórdão, torna-se cristalinamente vi-

---

1 Art. 489. São elementos essenciais da sentença:
"1 – o relatório, que conterá os nomes das partes, a identificação do caso, com a suma do pedido e da contestação, e o registro das principais ocorrências havidas no andamento do processo; 1º Não se considera fundamentada qualquer decisão judicial, seja ela interlocutória, sentença ou acórdão, que:
I – se limitar à indicação, à reprodução ou à paráfrase de ato normativo, sem explicar sua relação com a causa ou a questão decidida;
II – empregar conceitos jurídicos indeterminados, sem explicar o motivo concreto de sua incidência no caso;
III – invocar motivos que se prestariam a justificar qualquer outra decisão;
IV – não enfrentar todos os argumentos deduzidos no processo capazes de, em tese, infirmar a conclusão adotada pelo julgador;
V – se limitar a invocar precedente ou enunciado de súmula, sem identificar seus fundamentos determinantes nem demonstrar que o caso sob julgamento se ajusta àqueles fundamentos;
VI – deixar de seguir enunciado de súmula, jurisprudência ou precedente invocado pela parte, sem demonstrar a existência de distinção no caso em julgamento ou a superação do entendimento.
2º – No caso de colisão entre normas, o juiz deve justificar o objeto e os critérios gerais da ponderação efetuada, enunciando as razões que autorizam a interferência na norma afastada e as premissas fáticas que fundamentam a conclusão.
3º – A decisão judicial deve ser interpretada a partir da conjugação de todos os seus elementos e em conformidade com o princípio da boa-fé.(Novo Código de Processo Civil – Lei 13105, de 16 de março de 2015)

sível a não observância do roteiro traçado pelo novo CPC. Neste cenário, pergunta-se: o parágrafo 1º do artigo 489 do CPC de 2015 seria aplicável ao procedimento arbitral?

Ora, se em uma leitura mais apressada e descomprometida, o novo CPC, em seu artigo 15, deixaria evidente a inaplicabilidade do Código ao procedimento arbitral, quando determinou que, "na ausência de normas que regulem processos eleitorais, trabalhistas ou administrativos, as disposições deste Código lhes serão aplicadas supletiva e subsidiariamente." Como então, seria possível obrigar o árbitro a seguir o roteiro imposto pelo parágrafo 1º do artigo 489, se o Código só seria aplicável de forma supletiva e subsidiária aos processos eleitorais, trabalhistas ou administrativos? Ora, se inúmeros juízes buscam se esquivar da aplicação do parágrafo 1º do artigo 489, como se exigir a observância deste parágrafo pelos árbitros em campo em que prevalece a vontade das partes, permitindo, até mesmo, que os árbitros decidam por equidade?

A fim de respondermos à pergunta, torna-se necessária a fixação de algumas premissas no próximo capítulo, para no capitulo subsequente, respondermos a questão e, no último capítulo, examinarmos as hipóteses previstas no parágrafo 1º, do artigo 489, do CPC de 2015.

Por fim, a fim de delimitarmos os limites do presente artigo, examinaremos apenas a aplicação do parágrafo 1º do artigo 489 do CPC de 2015 aos procedimentos arbitrais com a observância da lei brasileira, não cabendo, aqui, o exame a outras questões atinentes à fundamentação das decisões, bem como o exame do artigo 26 da Lei nº 9307/96, que abarca os requisitos obrigatórios da sentença arbitral.

2. Premissas necessárias

A arbitragem como meio alternativo de resolução de conflitos pressupõe a escolha conjunta das partes envolvidas pelo procedimento. Sob esta ótica, ao se exigir o consenso das partes em conflito, o procedimento arbitral passa a ser visto como uma decisão socialmente mais bem aceita, ao se retirar do monopólio estatal a solução do conflito de interesses, forte nos "valores da democracia participativa", possibilitando, assim, às partes envolvidas solucionarem sua pretensão resistida de interesses em um ambiente em que se busca um menor grau de "agressividade ou beligerância"[2].

---

2 Neste sentido, se posiciona Candido Rangel Dinamarco: " A longa tradição da jurisdição estatal como o centro natural de solução dos conflitos, sendo cultivada por muitos séculos a ideia do monopólio da jurisdição pelo Estado, leva o jurista a qualificar a arbitragem como meio alternativo de solução de conflitos (alternative dispute resolution), não um meio primário. Uma adequada percepção do sistema como um todo, associada a uma perspectiva histórica dos institutos, permite até que se vejam de um modo um pouco diferente as relações entre a jurisdição estatal e a arbitral, porque é socialmente mais conveniente resolver os conflitos mediante um prévio entendimento entre as partes, dispondo-se estas a aceitar a solução a ser fornecida por um sujeito da escolha de ambas. Convencionar a realização de uma arbitragem é assumir uma atitude menos belicosa do que recorrer desde logo à última ratio representada pela provocação do exército da jurisdição pelos juízes togados. Vistas assim as coisas, a arbitragem não deixa de ser um meio alternativo, porque depende do concreto consenso dos sujeitos conflitados, mas aparece também como uma

A função jurisdicional não pode ser confundida com a natureza jurisdicional da arbitragem, porque o procedimento arbitral não se equipara a função jurisdicional, monopólio do Estado, no qual este impõe a sua vontade através da coerção se necessário. Todavia, o artigo 3º do CPC de 2015, ao prever que "não se excluirá da apreciação jurisdicional ameaça ou lesão a direito", permite a arbitragem na forma da lei. Ao permitir a arbitragem na forma da lei, ou seja, em observância aos preceitos determinados na lei nº 9.307/96, o artigo 515, inciso VII, do novo Código elenca a sentença arbitral dentre os títulos executivos judiciais e o artigo 31 do mesmo diploma legal estabelece que a sentença arbitral gera, entre às partes e seus sucessores, os mesmos efeitos jurídicos da sentença proferida pelos órgãos do Poder Judiciário.

E não é só. Apesar de os árbitros não terem poder de coerção, ou seja, poder para efetivar suas medidas, os árbitros poderão solicitar, forte no parágrafo 4º do artigo 22 da lei nº 9.307/96, medidas cautelares aos juízes togados através de carta arbitral na forma do artigo 237, IV do CPC de 2015. Até porque, o artigo 18 da lei nº 9.307/96 equipara o árbitro ao juiz, não sujeitando, inclusive, a sentença arbitral à homologação judicial. Em suma, apesar de o procedimento arbitral não se confundir com a função jurisdicional, monopólio do Estado, o qual poderá impor pela força a sua decisão, o exame de inúmeros dispositivos da lei nº 9.307/96 e do CPC de 2015 só comprova a natureza jurisdicional do procedimento arbitral[3-4]

solução socialmente mais conveniente. " As vantagens geralmente atribuídas à arbitragem incluem a celeridade, a economia, o conhecimento específico do prolator da decisão sem possibilidade de recurso"(Marcos Sherman) – e a tais vantagens é imperioso acrescer a do menor grau de agressividade ou beligerância esperada das partes na arbitragem, as quais são estritamente vinculadas por um superlativo dever de boa-fé, ou de lealdade processual, de maior intensidade que dever de lealdade inerente aos processos judiciais. Não sem uma gota de cinismo, também se aponta entre as vantagens da arbitragem a defesa contra possíveis riscos fiscais da publicidade dos negócios e da contabilidade das partes (Carnelutti) – riscos esses suscetíveis de neutralização pela confidencialidade que pode cercar os processos arbitrais (infra, n.17). A seu propósito escreveu Calamandrei precioso ensaio, sugestivamente denominado *O processo civil sob o pesadelo fiscal*. Nesse quadro ganha vulto a consciência da legitimidade social e política da arbitragem, exaltada com consistente idealismo em obra recente de Pedro Batista Martins. Ao combater o dogma do monopólio judiciário da jurisdição, esse reverenciado arbitralista põe em destaque os valores da democracia participativa, afirmando enfaticamente que não há, no Estado de direito moderno, lugar para " a exclusividade desse poder do Estado no que tange à concretização da justiça". Em tempos modernos essa ideia da exclusividade estatal vai sendo desgastada pela crescente consciência da legitimidade político-social da arbitragem como meio de solução de conflitos atuado pelas forças da própria sociedade, independentemente da interferência do Estado. Esse é um quadro no qual, em certa medida, "sobressai a atuação da Nação sobre a do Estado"" (Dinamarco, Cândido Rangel, "Arbitragem na teoria geral do processo"- Editora Malheiros, 2013, pgs: 31//33).

3 O artigo 114 da Constituição Federal, em seus parágrafos 1 e 2 consagra a arbitragem, em nível constitucional, no campo da competência da justiça do trabalho como meio alternativo de solução de conflitos.

4 Para Leonardo Greco, salvo na arbitragem por equidade, os árbitros exercem função jurisdicional: "Em princípio, salvo na arbitragem por equidade, os árbitros, apesar de escolhidos pelas partes,

A arbitragem como meio alternativo de resolução de conflito em virtude de sua natureza jurisdicional, inserindo-se na teoria geral do processo, reveste-se de todos os princípios e garantias do devido processo legal consagrados pela Constituição. Segundo sustenta Cândido Dinamarco, o artigo 21, parágrafo 2º, da Lei de Arbitragem, seria desnecessário, já que para o procedimento arbitral observar e seguir o devido processo legal, obrigatoriamente, os princípios do contraditório, da igualdade das partes, da imparcialidade e do livre convencimento deverão ser observados. [5-6]

Em outras palavras, a natureza jurisdicional da arbitragem abrange "todos os contornos do chamado processo justo". [7] Nesta linha de ideias, caso a convenção de

---

exercem a função jurisdicional que pertence originariamente ao Estado, a partir do monopólio jurisdicional preconizado pelo Iluminismo, a tal ponto que a lei brasileira equipara a decisão arbitral à sentença judicial, como título executivo judicial, conferindo-lhe ainda imutabilidade da coisa julgada, típica das decisões estatais." (GRECO, Leonardo – A Influencia dos precedentes judiciais na arbitragem, trabalho ainda não publicado. A palestra foi realizada no ciclo de debates sobre o tema, promovido pela OAB/RJ e pela Associação brasileira dos Estudantes de Arbitragem – Abearb).

---

5 Artigo 21. "A arbitragem obedecerá ao procedimento estabelecido pelas partes na convenção de arbitragem, que poderá reportar-se às regras de um órgão arbitral institucional ou entidade especializada, facultando-se, ainda, às partes delegar ao próprio árbitro, regular o procedimento".
2º Serão, sempre, respeitados no procedimento arbitral os princípios do contraditório, da igualdade das partes da imparcialidade do árbitro e de seu convencimento. (Lei nº13.129 de 2015).

6 "Chega a ser dispensável, além de incompleta, a disposição contida no art.21, parágrafo 21, da Lei de Arbitragem, segundo a qual "serão sempre respeitados no procedimento arbitral os princípios do contraditório, da igualdade das partes, da imparcialidade do árbitro e de seu livre convencimento. Com ou sem essa disposição, todos os princípios e garantias do processo, contidos na Constituição Federal, aplicam-se inexoravelmente ao juízo arbitral por força própria, sendo inócua uma disposição infraconstitucional como essa. O Código de Processo Civil não contém essa explicita remissão ao plano constitucional e a ninguém ocorre sustentar que ele não seja comandado pelos princípios e normas inerentes à tutela constitucional do processo. Por outro lado, e pela mesma razão, é de total irrelevância a não inclusão da garantia do *due process* naquele dispositivo, porque essa cláusula constitucional se impõe por si própria ao processo arbitral tanto quanto ao estatal e quanto a todas as atividades daqueles que exercem algum poder sobre esferas jurídicas alheias. A garantia constitucional do devido processo legal constitui um *polo de convergência* de todos os demais princípios e garantias enunciados pela Constituição Federal" Dinamarco, Cândido Rangel, "Arbitragem na teoria geral do processo"- Editora Malheiros, 2013, fl.25).

7 – Nas palavras de Leonardo Greco:" Quanto a essas garantias, acho razoável, como o faz Cândido Dinamarco, dar ao artigo 21, parágrafo 2º, da Lei da Arbitragem uma interpretação que abranja todos os contornos do chamado processo justo. Diz ele que é inócuo o art.21, parágrafo 2º, da Lei da Arbitragem. "Com ou sem essa disposição, todos os princípios e garantias do processo, contidos na Constituição Federal, aplicam-se inexoravelmente ao juízo arbitral por força própria". E, referindo-se aos fundamentos da ação anulatória: "É de total irrelevância a não inclusão da garantia do *dueprocess* naquele dispositivo, porque essa cláusula constitucional se impõe por si própria ao processo arbitral tanto quanto ao estatal e quanto a todas as atividades daqueles que exercem algum poder sobre esferas jurídicas alheias". No mesmo sentido já haviam se manifestado outros grandes processualistas, como Francesco Carelutti e Loic Cadiet". (GRECO, Leonardo – A Influencia dos precedentes judiciais na arbitragem, trabalho ainda não publicado. A palestra foi realizada no ciclo de debates sobre o tema, promovido pela OAB/RJ e pela Associação brasileira dos Estudantes de Arbitragem – Abearb).

arbitragem com a aplicação da lei brasileira venha a afastar a observância dos princípios contidos no parágrafo 2º, do artigo 21, da Lei de Arbitragem, os árbitros deixarão de observar a convenção, já que, obrigatoriamente, deverão observar as regras do processo justo incutidas no parágrafo 2º do artigo 21 da Lei de Arbitragem, como os princípios do contraditório, da igualdade das partes, da imparcialidade e do seu livre convencimento.[8]

3. O Código de Processo Civil de 2015 e as garantias fundamentais do processo a serem observadas no procedimento arbitral

Com a inserção no atual Código de Processo Civil, no capítulo das normas fundamentais do processo, dos deveres de boa-fé e de cooperação, assim como do dever do juiz em zelar pela observância do princípio da isonomia, que se resume na obrigação dos magistrados em tratar os desiguais na exata medida da sua desigualdade e aplicar o ordenamento buscando o escopo político social da norma e, assim, da própria prestação jurisdicional, como também a positivação do contraditório participativo, com desdobramento na proibição das decisões-surpresa e na positivação do dever do juiz em decidir através do seu livre convencimento consistentemente motivado, pode-se afirmar que todos esses instrumentos passaram a compor o que se chama de devido processo legal.

A inserção do contraditório participativo, do princípio da cooperação e do dever dos magistrados em decidir segundo seu livre convencimento devidamente motivados, alocados no devido processo legal como normas fundamentais, merecem destaque. Até porque o Código de 73 já previa o dever de o juiz zelar pela observância do princípio da isonomia (artigo 125, inciso I, do CPC de 1973), como também já sancionava o comportamento ímprobo da parte litigante de má-fé, ao exigir o comportamento dos personagens do processo pautados na boa-fé (artigos 14, 17 e 18 do CPC de 1973).

Quanto ao dever do magistrado em aplicar a norma atendendo à sua função político-social e, assim, prestar a jurisdição sob esse prisma, o artigo 5º da Lei de

---

8 Neste sentido: "É a natureza jurisdicional da arbitragem que permite a aplicação de princípios processuais mesmo que não haja tal previsão na convenção de arbitragem ou no termo de arbitragem, conclusão essa que também é possível, destaque-se, quando se entende que a arbitragem possui natureza híbrida. Após tratar da natureza híbrida da arbitragem, Selma Ferreira Lemes considera que isso "autoriza invocar os mesmos princípios jurídicos e corolários informadores do processo judicial, a fim de que se garanta a tutela jurídica efetiva" na arbitragem. Ademais, consoante leciona Cândido Rangel Dinamarco, a arbitragem está submetida à teoria geral do processo, razão pela qual, sem descurar das peculiaridades do instituto, pode-se dizer que isso também explica o porquê de os princípios processuais se aplicarem ao processo arbitral. É nesse contexto que os princípios processuais aplicáveis à arbitragem assumem papel fundamental, como o princípio do contraditório, o princípio da igualdade das partes, o princípio da imparcialidade do árbitro, o princípio do livre convencimento, o princípio da inadmissibilidade das provas ilícitas, além de muitos outros explícita e implicitamente previstos, especialmente em tempos de consagração do chamado modelo constitucional de processo. (Fichtner, Jose Antonio, e outros, Novos Temas de Arbitragem, FGV Editora, 2014, págs 26 e 27).

Introdução às Normas do Direito Brasileiro (LINDB – Decreto-Lei nº 4.657/1942)[9] é expresso, já regulando o tema.

O devido processo legal apresenta dupla dimensão. Sob seu aspecto formal, o princípio se refere à forma pela qual a ordem judicial, o ato administrativo, o regulamento e/ou a lei devem ser executados. Sob esse prisma, o devido processo legal se resume a um conjunto de procedimentos que deve ser seguido pelo Estado em face dos seus administrados.[10]

Sob o manto do contraditório participativo, hoje, o cidadão tem direito de exigir do Estado, antes que este exerça o seu direito de punir, a instauração de um diálogo sincero, dentro do possível, considerando que o processo, na sua origem, germina uma disputa entre autor e réu, em busca da prestação jurisdicional mais célere e efetiva possível. Neste ponto, considerando que o juiz é o sujeito imparcial da relação jurídica processual, caberá a ele papel de destaque na metodologia imposta pelo dever de colaboração, agora, inserido no devido processo legal.

O devido processo legal também deve ser visto pela sua dimensão substancial, que surgiu nos EUA. O conceito de *substantial due process* foi aplicado pela primeira vez no julgamento *"Dred Scott"*, quando se buscou anular uma lei violadora de direitos fundamentais. O devido processo legal substancial permite a anulação de atos do Poder Executivo e do Poder Legislativo que sejam irrazoáveis, servindo como importante meio de controle da legalidade dos atos da Administração Pública.[11]

Quanto ao conteúdo, o devido processo legal, como instrumento a garantir o acesso à justiça através de um processo justo,[12] abarca as garantias da inafastabilidade da tutela jurisdicional, do devido processo legal, sob seu aspecto formal e material, do contraditório, da ampla defesa, da isonomia e da fundamentação das decisões.

---

9 "Na aplicação da lei, o juiz atenderá aos fins sociais a que ela se dirige e às exigências do bem comum".

10 A este respeito, Leonardo Greco afirma que "o conteúdo da tutela jurisdicional efetiva como direito fundamental, minudenciando em uma série de regras mínimas a que se convencionou chamar de garantias fundamentais do processo, universalmente, acolhidas em todos os países que instituem a dignidade da pessoa humana como um dos pilares do Estado Democrático de Direito. (...) esse conjunto de garantias pode ser sintetizado nas denominações devido processo legal, adotada nas Emendas 5º e 14º da Constituição americana, ou processo justo, constante da Convenção Europeia de Direitos Humanos e do recém reformado artigo 111 da Constituição italiana." (GRECO, Leonardo. Garantias fundamentais do processo: o processo justo. In: Revista Juris poiesis, v. 6, p. 3-50, 2004).

11 CASTRO, Carlos Roberto Siqueira. *O devido processo legal e os princípios da razoabilidade e da proporcionalidade.* Rio de Janeiro: Forense, 2006, 4. ed., p. 36.

12 Leonardo Greco define o processo justo como aquele "que trata as partes com dignidade, confere ao juiz o poder de, sem prejuízo da sua celeridade, dosar os prazos de acordo com as necessidades defensivas da parte, que variam em função das circunstâncias da causa e as imposições do próprio direito material. Impossibilitada de praticar o ato no prazo que lhe for conferido por motivo alheio à sua vontade, deve a parte ter esse prazo prorrogado ou devolvido, independentemente da imprevisibilidade ou imprevisão do fato impeditivo. (GRECO, Leonardo. O princípio do contraditório. *Estudos de Direito Processual.* Campos dos Goytacazes: Editora Faculdade de Direito de Campos, 2005, p. 549).

As garantias do processo são individuais ou estruturais, conforme se relacionem à proteção dos direitos e interesses subjetivos de cada uma das partes, ou às condições prévias de que os Tribunais devem se revestir. De qualquer maneira, como explica Greco, as garantias estruturais não deixam de funcionar como garantias individuais no curso da relação jurídica processual. O contraditório e a ampla defesa são classificados como garantias individuais.[13] A observância ao princípio da isonomia e o dever do juiz em motivar suas decisões são classificados como garantias estruturais.[14-15]

É evidente que há íntima relação entre o contraditório participativo, o dever de cooperação e o direito das partes a uma fundamentação exauriente, em consonância com o exposto no parágrafo 1º do artigo 489 do CPC, como ferramentas a serem utilizadas pelos personagens do processo e, principalmente, pelo juiz, que, ao dar efetividade às garantias individuais e estruturais do procedimento, estará modelando o processo e o transformando em um processo justo, garantindo o acesso à justiça às partes, forte no princípio da isonomia e, garantindo, assim, também, a distribuição da justiça, encartada em uma sentença justa, ou seja, correta e honesta na linha preconizada pelo CPC e, conforme demonstrado no capitulo antecedente, aplicável ao procedimento arbitral.

Nesta linha de ideias, o legislador de 2015 andou bem ao garantir, aos personagens do processo, a metodologia de trabalho alicerçada na cooperação decorrente do contraditório participativo. Aqui, vale destacar a existência, para o magistrado, com também para os árbitros, dos deveres de esclarecimento, prevenção, consulta e auxílio e, para as partes, os deveres de esclarecimento, lealdade e proteção, que modelam a participação dos sujeitos do processo em busca de uma prestação jurisdicional encartada e impressa em uma sentença consistentemente motivada, em observância ao parágrafo 1º do artigo 489 do CPC de 2015.

---

13 Leonardo Greco arrola dez garantias individuais: acesso amplo à justiça por todos os cidadãos, imparcialidade do juiz, ampla defesa, direito dos pobres, aqui incluído o direito à isenção de custos e ao patrocínio gratuito, juiz natural, inércia, contraditório, oralidade, coisa julgada e renuncia à tutela jurisdicional. (GRECO, Leonardo. Garantias fundamentais do processo: o processo justo. ob. cit., p. 3-14).

14 Para Leonardo Greco, as garantias estruturais do processo civil seriam impessoalidade da jurisdição, permanência da jurisdição, independência dos juízes, procedimento legal, flexível e previsível, publicidade, motivação das decisões, igualdade concreta, inexistência de obstáculos ilegítimos, efetividade qualitativa, legalidade estrita no exercício do poder de coerção, prazo razoável para a solução do conflito, duplo grau de jurisdição, respeito à dignidade humana. (GRECO, Leonardo. Garantias fundamentais do processo: o processo justo. ob. cit., p. 15-28).

15 "No âmbito de jurisprudência formada na aplicação da Convenção Europeia dos Direitos do Homem, tem sido entendido que o princípio da equidade, consagrado no seu artigo 6, postula, por um lado, *a igualdade das partes* (princípio do contraditório e princípio da igualdade de armas) e, por outro, os direitos à comparência pessoal das partes em certos casos ou circunstâncias, à *licitude da prova* (do meio de prova de o obter) e à *fundamentação da decisão.* Também *o princípio da publicidade,* como garantia da transparência do exercício da função jurisdicional, me parece constituir emanação do princípio da equidade." (FREITAS, José Lebre de. *Introdução ao Processo Civil:* conceito e princípios gerais à luz do novo Código. Coimbra: Coimbra Editora, 2013, 3. ed., p. 123-124).

À medida que ocorre a dilatação dos poderes do juiz, através de uma metodologia encartada na cooperação e colaboração, o legislador passa a exigir fundamentação mais exauriente deste magistrado com mais poderes ao decidir e julgar. Nada mais equilibrado.

A ligação indissociável entre o contraditório efetivo, a sentença justa e o princípio da cooperação foram expostos por Edoardo Ricci em artigo publicado no livro em homenagem aos 75 anos do professor José Carlos Barbosa Moreira. O professor italiano sustenta que o contraditório apresenta três facetas. A primeira foi evidenciada por Barbosa Moreira em seu artigo *"A motivação das decisões judiciais como garantia inerente ao Estado de Direito"*, no qual o autor já pregava o contraditório como um direito de influência em um ambiente de cooperação.

A segunda faceta do contraditório seria a possibilidade de garantir a sentença justa no caso concreto. Já a terceira forma de se interpretar o princípio do contraditório deve ser examinada sob o enfoque da colaboração entre as partes e o juiz, até mesmo como um verdadeiro princípio, tudo a garantir a observância ao princípio da isonomia.[16]

Barbosa Moreira, no artigo mencionado, já em 1977 sustentava que o dever do juiz em motivar suas decisões decorreria dos artigos 131 e 458 do CPC de 1973. Na conclusão de seu artigo, o mestre sugeria ao legislador elevar o referido direito à garantia constitucional, o que só ocorreu onze anos depois, com a promulgação da Constituição de 1988, em seu artigo 93, inciso IX. Interessante observar que o dever de fundamentar emergia do artigo 458 do CPC de 1973, que, agora, veio a ser substituído pelo artigo 489 do CPC de 2015.[17]

A partir da segunda metade do século XVIII, é que começou a generalizar-se, nas legislações ocidentais, a exigência de que os juízes declarem as suas razões de decidir. A motivação das decisões judiciais, com vistas a efetivar o controle do poder jurisdicional dos magistrados quanto à sua imparcialidade e à legalidade de sua decisão, passa a ser vista como garantia dos jurisdicionados ao exercício do contraditório. Trata-se de garantir o direito das partes de serem ouvidas e de verem as suas razões examinadas por um juiz imparcial, que aplica a lei ao caso concreto de forma

---

16 RICCI, Edoardo F.. Princípio do contraditório e questões que o juiz pode propor de ofício. In: FUX, Luiz; NERY JUNIOR., Nelson; WAMBIER, Teresa Arruda Alvim (Coord.). *Processo e Constituição:* estudos em homenagem ao Professor José Carlos Barbosa Moreira. São Paulo: Revista dos Tribunais, 2006, p. 495-499.

17 "A motivação das decisões judiciais, como expressão da "justificação formal" dos atos emanados do Poder a que compete, por excelência, a tutela da ordem jurídica e dos direitos subjetivos, constitui garantia inerente ao Estado de Direito. O princípio de que as decisões judiciais devem ser motivadas aplica-se aos pronunciamentos de natureza decisória emitidos por qualquer órgão do Poder Judiciário, seja qual for o grau de jurisdição, sem exclusão dos que possuam índole discricionária ou se fundem em juízos de valor livremente formulados. É conveniente a inclusão, na Constituição da República, de dispositivo que consagre em termos expressos o princípio da obrigatoriedade da motivação." (MOREIRA, José Carlos Barbosa. A motivação das decisões judiciais como garantia inerente ao Estado de direito. In: *Temas de Direito Processual.* 2ª Série. São Paulo: Saraiva, 1977, 2. ed, p. 95).

racional. Assim, é dever do magistrado demonstrar a aplicação da norma, no caso concreto, aos seus jurisdicionados, em uma sentença consistentemente motivada.[18]

No Estado de Direito, qualquer intromissão do Estado na esfera de terceiros deve ser justificada, até porque a Administração Pública encontra-se circunscrita ao império da lei e, assim, deve se justificar, demonstrando que a sua decisão está assegurando o respeito à ordem jurídica, porque se funda na lei, conforme se extrai da fundamentação exposta pelo juiz, agente do Estado ao decidir. A fim de garantir a implementação do dever de fundamentar pelo Estado de Direito, a cooperação dos personagens no curso da relação processual, através de um diálogo constante e contínuo, é essencial, como ferramenta de trabalho imprescindível para aqueles que trabalham em busca de um processo justo.[19]

O contraditório participativo e o princípio da cooperação, como garantias fundamentais do jurisdicionado a essa nova metodologia de trabalho, se empregados com boa técnica, poderão servir como ferramentas de ouro para se colocar em funcionamento o procedimento do processo justo. Sem sombra de dúvidas, o juiz e o árbitro passam a ter mais poderes nesta nova metodologia de trabalho, já que eles passam a ser obrigados a se comunicar com a parte, participando de todo o curso da relação processual ativamente, avisando às partes, alertando autor, réu e outros personagens do drama processual, se valendo do princípio da adaptação e, para isto, passam a ter o dever de fundamentação de suas decisões bem mais exauriente do que se comparado com o CPC de 1973. Dirão, então, que o CPC criou a figura do juiz ativista? À luz do procedimento arbitral, chancelou a atuação mais ativa dos árbitros?

Para responder a pergunta, o precioso artigo de Moacyr Amaral Santos, "Contra o processo autoritário", tem grande valia. Neste trabalho, o processualista paulista, citando Machado Guimarães, ilustra o juiz ativista na figura do Führer do processo, como "um representante soberano e ativo, no intuito de assegurar a paz social, e, portanto, um dos mais importantes executores da vontade do Führer" para, em seguida, demonstrar que essa visão publicista do processo entrelaça-se com o conceito de autoridade, concluindo que, para o legislador, a concepção publicista e a concepção de autoridade do processo seriam expressões equivalentes.

Todavia, a fim de buscar o equilíbrio entre um juiz ativo e as garantias dos jurisdicionados, o professor, comentando o CPC de 1939, sugere que o legislador, reforçan-

---

18 MOREIRA, José Carlos Barbosa. A motivação das decisões judiciais como garantia inerente ao Estado de direito.In: *Temas de Direito Processual.* 2ª Série. ob. cit., p. 83-84, 86-88.

19 "Nosso olhar dirige-se, neste momento, do Estado, em sua plenitude, é preocupação constante e instante dos advogados brasileiros. A consecução de tal objetivo exige, sem dúvida, a reforma profunda das instituições sob que vivemos. Mas a nossa pregação não pode diluir-se em genéricas e vagas declarações de princípios. Somos convocados a contribuir com sugestões específicas e concretas para a grande tarefa de reconstrução de uma ordem jurídica que atenda aos anseios do País. Incumbe a cada qual trazer o seu admículo, modesto que seja, para dar forma visível e precisa ao ideal comum". (MOREIRA, José Carlos Barbosa. A motivação das decisões judiciais como garantia inerente ao Estado de direito. In: *Temas de Direito Processual.* 2ª Série. ob. cit., p. 94).

do, embora, os poderes do juiz na direção do processo, condicionou o exercício deste poder à conformação com as normas processuais, o que redunda na negação do poder discricionário, que caracteriza o juiz autoritário, sugerindo que a saída seria todo o poder ao juiz, mas condicionado o seu exercício ao dever de motivação das decisões O perigo não decorre do poder discricionário, mas da sonegação ao conhecimento das partes dos motivos determinantes da atitude do juiz.[20]

O CPC de 2015 parece que seguiu os conselhos do professor da USP, ao trilhar o caminho publicista, através do alargamento dos poderes do julgador. Contudo, buscando tentar encontrar o equilíbrio, o legislador passou a exigir maior controle da atividade do juiz ao decidir, agora, como personagem principal de uma comunidade de trabalho, com amplos poderes. Todavia, o contraponto a estes amplos poderes se encontra no dever dos magistrados em utilizar o seu livre convencimento devidamente motivado, em observância ao parágrafo 1º do artigo 489 do CPC, que passou a exigir uma decisão substancialmente fundamentada.[21]

José Rogério Cruz e Tucci, em artigo também intitulado *"Contra o processo autoritário"*, escrevendo sobre o atual CPC, no mesmo sentido de Amaral Santos, afirma que ampliação dos poderes, com a dilatação dos poderes de um juiz proativo, não implica na instituição de um juiz Führer, já que, como frisado, a dilatação dos poderes judiciais de direção e instrução deve ser sempre equacionada com as garantias constitucionais do processo, a permitir que as partes possam participar – cooperando com o juiz, em constante contraditório – de todos os rumos que o procedimento venha a trilhar, por força de decisão judicial, incluindo-se, aí, por óbvio, toda a atividade relacionada à produção da prova.[22]

O contraditório participativo, atrelado ao princípio da cooperação, são garantias fundamentais de um processo com cores publicistas ao se exigir uma participação mais intensa do juiz em uma comunidade de trabalho. Todavia, ao se exigir do juiz o dever absolutamente exauriente de fundamentação de suas decisões, através do seu livre convencimento, agora, consistentemente motivado à luz do parágrafo 1º, do

---

20 SANTOS, Moacyr Amaral. Contra o processo autoritário. In: *Revista da Faculdade de Direito da Universidade de São Paulo*, vol. 54, nº 2, 1959, p. 212-229.

21 No mesmo sentido se manifestou, ainda, Juan Montero Aroca, ao reconhecer amplos poderes para que o juiz busque perseguir a vontade material e objetiva no processo através da produção da prova de ofício, desde que se expliquem as bases ideológicas para a determinação da prova. Neste sentido: "Hoje, ninguém se soma a essas bases ideológicas de modo claro, mas o certo é que seguem sendo registradas manifestações doutrinárias e práticas onde se defende que a prova deve perseguir a verdade *material* ou *objetiva, e* com esse fim o juiz deve poder determinar provas de ofício; nessas situações, seria conveniente que fossem explicadas publicamente quais são as bases ideológicas das quais partiram". (AROCA, Juan Montero. Prova e verdade no processo civil – contributo para o esclarecimento da base ideológica de certas posições pretensamente técnicas. In: DIDIER JUNIOR, Fredie; NALINI, José Renato; RAMOS, Glauco Gumerato (org.). *Ativismo Judicial e Garantismo Processual.* ob. cit., p. 523).

22 TUCCI, José Rogério Cruz e. Contra o processo autoritário.In: *Revista de Processo.* RePro, v. 40, n. 242, p. 47-65, abr. 2015.

artigo 489, o CPC parece que encontrou o equilíbrio entre um juiz proativo, que se vê, contudo, obrigado a observar as garantias de seus jurisdicionados, delineadas pela lei através da motivação das suas decisões. No mesmo sentido, segundo Cruz e Tucci, esses poderes do julgador estão condicionados a normais processuais que exigem do magistrado ou árbitro as suas razões de decidir de forma pormenorizada, o que evitará o arbítrio e a tirania do tribunal ou do painel arbitral.[23]

Concluindo, como buscamos demonstrar ao longo deste capítulo, o dever do juiz em fundamentar sua decisão, agora, com um novo roteiro encartado no parágrafo 1º do artigo 489 do CPC de 2015, assim como o princípio do contraditório participativo, elevado à garantia fundamental do processo, estão intimamente ligados, funcionando a exigência da motivação das decisões de forma consistentemente motivada como um contraponto à amplitude dos poderes do magistrado e, assim, sendo indissociáveis na metodologia de trabalho de um processo justo, até porque são garantias fundamentais do processo e, assim, aplicáveis ao procedimento arbitral, já que o parágrafo 1º, do artigo 21, da Lei de Arbitragem, exige a observância dos princípios do contraditório, agora, participativo, e do livre convencimento, hoje, devidamente motivado. O principio do contraditório participativo e o livre convencimento devidamente motivado passam, desta forma, a compor e abarcar o devido processo legal, o que, sob o enfoque da motivação das decisões, encontra-se regulado no artigo 93, inciso IX da Constituição Federal de 1988 e no artigo 489 do CPC.[24]

4. As hipóteses previstas no parágrafo 1º do artigo 489 do novo CPC

Barbosa Moreira, em trabalho publicado em 1999, quando desembargador da 5ª Câmara Cível do TJ/RJ, então conhecida como "vitrine do tribunal", não só por contar

---

23 "Nesta linha de raciocínio, numa notável palestra de Moacyr Amaral Santos, hoje adormecida, infere-se que a ampliação dos poderes do juiz, em especial, aqueles de direção do processo, de modo a assegurar andamento rápido da causa, nada tem de autoritário, se a atuação judicial não produzir qualquer prejuízo à defesa dos litigantes. Invocando lição de Pontes de Miranda, ressalta Amaral Santos, que a direção supõe arbítrio, porém esse arbítrio é limitado pelas regras técnicas que dispõem sobre a sucessão de atos procedimentais; ou seja, no exercício da direção do processo, o juiz poderá imprimir-lhe celebridade que se coaduna com o desenvolvimento regular das fases processuais, na conformidade da sua disciplina legal, pois, do contrário, do desrespeito da direção a esta disciplina, resultará prejuízo à defesa dos interessados. De tal modo, ampliando-se embora os poderes do juiz na direção do processo, o legislador deve condicionar o exercício destes à conformação com as normas processuais, o que redunda na negação da discricionariedade, que caracteriza o juiz autoritário. De outra parte, a ingerência e atuação do juiz na direção do processo, a dar-lhe uma alma atualizada com a doutrina publicística, tem, entretanto, que se acomodar aos princípios cardeais do processo de natureza dispositiva." (TUCCI, José Rogério Cruz e. Contra o processo autoritário. ob. cit., p. 52-53).

24 A motivação das decisões no Código passa a ser a "última garantia processual (...), que tem o valor de uma garantia de fechamento do sistema" nas palavras Luigi Ferrajoli. Já que funciona como um contraponto para equilibrar o sistema do novo CPC, a permitir uma atuação mais ativa do juiz. (FERRAJOLI, Luigi; *Direito e Razão: Teoria do Garantismo Penal*. São Paulo: Revista dos Tribunais, 2006, p. 573).

com a presença do mestre, mas com nomes como Miguel Pachá e Humberto Manes, que viriam a ser presidentes daquele tribunal, publicou artigo apontando aquilo que as sentenças submetidas à apreciação da corte pecavam por falta ou por excesso. Como aluno oriundo da Escola de Direito Processual de Copacabana, fundada pelo insuperável professor, na esteira das lições deixadas por Luiz Machado Guimarães, com muita satisfação observo que a genialidade do professor lhe permitiu prever quase todas as hipóteses tipificadas pelo parágrafo 1º do artigo 489 do CPC, conforme examinaremos pontualmente.

Alexandre Freitas Câmara sustenta que o parágrafo 1º do artigo 489 do CPC tem como objetivo evitar simulacro de fundamentação.[25-26] O referido parágrafo passou a exigir do magistrado uma fundamentação verdadeira, constitucionalmente legítima. Assim, em homenagem ao contraditório substancial, as partes têm o direito de saber se os seus argumentos foram considerados.[27]

---

25 " ... afirmações como 'presentes os requisitos, defere-se a medida', ou 'indefere-se por falta de amparo legal' não são verdadeiras fundamentações, porque não justificam as decisões. Por que se podem considerar presentes os requisitos? E que requisitos são esses? O que significa 'falta de amparo legal'? Há alguma vedação? Onde está proibido? Por que ela se aplica ao caso? Nenhuma dessas perguntas é respondida por fundamentações simuladas, fictícias, como as que foram indicas acima," (CÂMARA, Alexandre Freitas. *O Novo Processo Civil Brasileiro.* ob. cit., p. 275).

26 O discurso tautológico como expostos no exemplo ora listados, como explica Taruffo, foge à logicidade e valoratividade do raciocínio do juiz, já que a "lógica do juiz" bifurca, necessariamente, em lógica do juízo, que significa racionalidade da escolha valorativa, e lógica da motivação, ou seja, justificação na escolha: "Também sobre o problema específico dos juízos de valor, portanto, a "lógica do juiz" bifurca-se necessariamente em lógica do juízo, que significa racionalidade da escolha valorativa, e lógica da motivação, que significa justificação dessa escolha. Entre essas duas "lógicas", assim como acontece em um plano mais geral, não existe uma relação de necessária correspondência, mas uma ligação assimétrica. É, de fato, impossível reduzir a uma estrutura unitária a escolha de valor e a sua justificação, seja porque a um juízo de valor formulado em conformidade com cânones racionais não necessariamente se segue uma justificação lógica, seja porque a presença de uma justificação logicamente correta não necessariamente pressupõe a formulação de um juízo de valor elaborado segundo cânones racionais." (TARUFFO, Michele, ABREU, Rafael; MITIERO, Daniel; RAMOS, Vitor de Paula (trad.)). *A Motivação da sentença civil*. São Paulo: Marcial Pons, 2015, p. 145).

27 "É que, sendo a decisão construída em contraditório, através da comparticipação de todos os sujeitos do processo, torna-se absolutamente fundamental que a decisão judicial comprove que o contraditório foi observado, com os argumentos deduzidos pelas partes e os suscitados de ofício pelo juiz, todos eles submetidos ao debate processual, tendo sido considerados na decisão. Sempre vale recordar que um dos elementos formadores do princípio do contraditório é o direito de ver argumentos considerados (que na doutrina alemã chama de *Recht auf Berücksichtingung*). Pois só se poderá saber, no caso concreto, se os argumentos da parte foram levados em consideração na decisão judicial – e, portanto, se o contraditório substancial foi observado – pela leitura dos fundamentos da decisão. (...) É perfeitamente possível comparar os incisos do art. 489, parágrafo 1º – que indicam o que deve constar na decisão judicial para que ela seja tida por válida – com os incisos do art. 319 (que indicam os requisitos mínimos para que uma petição inicial seja apta a viabilizar o regular desenvolvimento do processo). Ambos esses dispositivos são "roteiros", um a

A primeira regra que deverá ser observada pelo juiz está contida no inciso I do parágrafo 1º do artigo 489 do CPC, que impõe ao magistrado a proibição de "se limitar à indicação, à reprodução ou à paráfrase de ato normativo, sem explicar sua relação com a causa ou a questão decidida". O juiz ou o arbitro não pode simplesmente repetir a lei a título de fundamentação. Na verdade, o julgador tem que estabelecer a "conexão" da norma citada com o caso decidido.[28-29]

---

ser seguido por juízes, outro a ser observado por advogados. E do mesmo modo como advogados bem capacitados não precisam ler o art. 319 acada vez que vão elaborar uma petição inicial, juízes adequadamente capacitados não precisarão ler o disposto no parágrafo 1º do art. 489 a cada vez que forem proferir uma decisão. O que se quer com tal dispositivo é, tão somente, evitar decisões ineptas, absurdamente não fundamentadas." (CÂMARA, Alexandre Freitas. *O Novo Processo Civil Brasileiro.* ob. cit., p. 275-276).

---

28 A este respeito, vale citar a lição de José Carlos Barbosa Moreira: "Como deve o juiz comportar-se diante de tais expressões? Evidentemente não basta que ele afirme ter o réu cometido o homicídio por motivo torpe: seria mera repetição do texto legal. Cumpre que o juiz concretize o conceito para a espécie que está sob seu exame. É preciso descer à realidade concreta, a fim de explicar por que é torpe o motivo que impeliu o agente à prática da infração. Isso naturalmente pressupõe que se esclareça a acepção do adjetivo "torpe"; não, todavia, em termos genéricos e abstratos, mas tendo em vista a hipótese em foco." (MOREIRA, José Carlos Barbosa. O que deve e o que não deve figurar na sentença. ob. cit., p. 120). Sobre o tema, Teresa Arruda Alvim Wambier aduz que "Em consonância com o art. 486, parágrafo 1º, I do projeto, considera-se não haver fundamentação em qualquer decisão judicial se esta, pura e simplesmente, repetir a lei, com outras palavras, sem estabelecer expressa conexão da norma citada com o caso concreto decidido. Assim, se na decisão se diz: a decisão é x, porque a norma diz y, esta decisão carece de fundamentação, pois não se fez o link entre o texto da lei dito de outra forma – e os fatos da causa." (WAMBIER, Teresa Arruda Alvim. Peculiaridades da fundamentação das decisões judiciais no Brasil – a nova regra nem é assim tão nova... In: JOBIM, Marco Félix; RIBEIRO, Darcy Guimarães (org.). *Desvendando o Novo CPC.* Porto Alegre: Livraria do Advogado, 2015, p. 160). Humberto Teodoro Junior, no mesmo sentido, afirma que "não basta a indicação da lei que seria aplicável ao caso concreto, tampouco a transcrição do enunciado da norma em que se fundamenta o julgado. É essencial que o juiz explique o motivo da escolha da norma." (THEODORO JUNIOR, Humberto. *Curso de Direito Processual Civil.* Vol. I. ob. cit., p. 1045).

29 Leonardo Carneiro da Cunha cita interessante exemplo a fim de demonstrar a aplicação deste inciso: "Para que se possa visualizar a hipótese, imagine-se, por exemplo, o caso de um sujeito que não sabe ler e escrever e que, ainda assim pretende obter judicialmente habilitação para conduzir veículo automotor. Não estará fundamentada a sentença que julgar improcedente o pedido e se limite a dizer: "a pretensão não encontra amparo legal, não estando respaldada no "Código de Trânsito Brasileiro", que afirme 'a pretensão merece ser indeferida, por não estar de acordo com o art.140 do CTB' ou, ainda, que transcreva o dispositivo e diga: 'por isso, merece ser rejeitada a pretensão'. A sentença só estará devidamente fundamentada, se assim disser: 'o autor pretende obter habilitação para conduzir veículo automotor. O autor, entretanto, não sabe ler e escrever. Logo, não é possível acolher pleito, pois saber ler e escrever é um dos requisitos exigidos pelo art. 114 do Código de Trânsito Brasileiro, mais especificamente no seu inc. II'". (CUNHA, Leonardo José Carneiro da. Art. 489. In: DANTAS, Bruno; DIDIER JUNIOR., Fredie; TALAMINI, Eduardo; WAMBIER, Teresa Arruda Alvim (org.). *Breves comentários ao Novo Código de Processo Civil.* São Paulo: Revista dos Tribunais, 2015, p. 1232).

Por fim, é importante sublinhar que mesmo em casos simples, como, por exemplo, a conciliação das partes ou da extinção da execução por quitação do débito, a mera transcrição da regra aplicável não será suficiente, o julgador terá que concretizar o conceito à espécie que está sob sua jurisdição, ou seja, demonstrar porque esta regra se aplica ao caso concreto, no molde do roteiro traçado pelo CPC[30].

Já o inciso II do parágrafo 1º do artigo 489 proíbe o juiz de empregar conceitos jurídicos indeterminados, sem explicar o motivo concreto de sua incidência. Como explica Barbosa Moreira, ao criticar o emprego dos conceitos juridicamente indeterminados sem a devida fundamentação pelos magistrados no seu visionário artigo, o inciso II poderá se confundir com o inciso I, já que o legislador se utiliza de conceitos juridicamente indeterminados nos textos legais. Ora, uma decisão sem fundamentação, ao mesmo tempo, que se limita à reprodução do texto legal, justamente por reproduzir um conceito juridicamente indeterminado, acaba não explicando o motivo concreto de sua incidência.[31]

A indeterminação de um conceito, é importante frisar, é apenas aparente. Afinal, quando da aplicação do conceito ao caso em tela, ele será determinado em específico para aquele caso. Os conceitos jurídicos indeterminados, em verdade, são conceitos determináveis, cuja definição, entretanto, é postergada, pelo legislador, ao caso concreto, tornando a legislação mais adaptável a uma sociedade em constante mudança.[32] Trata-

30 No mesmo sentido se manifesta Alexandre Freitas Câmara: "Assim é que, nos termos dos já citados parágrafo 1º do art. 489, não se considera fundamentada a decisão que "se limitar à indicação, à reprodução ou à paráfrase de ato normativo, sem explicar sua relação com a causa ou a questão decidida" (art. 489, parágrafo 1º, I). Deste modo, decisões judiciais que nada mais fazem do que indicar o dispositivo legal, sem apresentar uma justificativa para sua incidência no caso concreto (algo como "art. X, defiro", ou como "art. Y da Lei Z, indefiro") devem ser reputadas nulas por ausência de fundamentação. Também a decisão que se limita a reproduzir o texto normativo (como, por exemplo, uma decisão em que se lesse algo como "Havendo elementos que evidenciam a probabilidade do direito e o perigo de dano ou o risco ao resultado útil ao processo, defiro a tutela de urgência", por exemplo) é inválida e deve ser cassada. Considera-se, ainda, nula por vício de fundamentação a decisão que nada faz além de parafrasear o texto do ato normativo (como no caso em que se dissesse algo como "presentes o fumus boni iuris e o periculum in mora, defiro a tutela de urgência"). Pois é evidente que pronunciamentos assim não estão fundamentados mesmo, e devem ser considerados nulos." (CÂMARA, Alexandre Freitas. *O Novo Processo Civil Brasileiro*. ob. cit., p. 277).

31 MOREIRA, José Carlos Barbosa Moreira. O que deve e o que não deve figurar na sentença. In: *Temas de Direito Processual.* 8ª Série. ob. cit., p. 119.

32 "O fenômeno da textualização normativa aberta busca atender à necessidade de construção de enunciados normativos de tipicidade e alcance amplo e flexível que se amoldem mais facilmente ao caso concreto e acompanhem a inevitável evolução social e valorativa que se dá com o passar do tempo. O texto normativo composto por conceitos indeterminados tende a durar mais tempo, atendendo a um número maior de casos, presentes e futuros: tende a adaptar-se mais facilmente a novas realidades; tende, enfim, e justamente por isso, a propiciar um ganho normativo ao sistema jurídico, em termos de justiça e coesão. "Um bom exemplo é a expressão "meios de comunicação idôneos". Norma que contenha esta expressão já disse respeito ao telegrama, ao telex, ao fax; hoje significa Facebook, e-mail. etc." (DIDIER JUNIOR, Fredie; OLIVEIRA, Rafael Alexandria de; BRAGA, Paula Sarno. *Decisão Judicial.* Salvador: JusPODIVM, 2015, p. 330).

se de maneira de construção do Direito que é necessária diante da grande complexidade da sociedade atual, sendo certo que fórmulas fechadas ao legislar, tão comuns em idos do século passado, estavam se mostrando insuficientes para atender aos anseios da contemporaneidade.[33]

Ainda, destacamos que um conceito indeterminado não se confunde com uma cláusula geral. Por exemplo, o interesse social, para fins de desapropriação. O Poder Público, ao desapropriar um bem, deve justificar por quais razões se justifica a existência do interesse social naquele caso concreto. Entretanto, o efeito somente poderá ser um: a declaração de utilidade pública do bem e a consequente desapropriação. Por sua vez, em uma cláusula geral, o que há é a adoção, pelo ordenamento, de valores elevados, cuja carga axiológica influi na escolha do conteúdo e nos seus efeitos. Por exemplo, a dignidade da pessoa humana (art. 1, III, Constituição), enquanto cláusula geral, pode tanto atingir o conteúdo de determinadas relações jurídicas, bem como os efeitos oriundos destas relações, sem que atinja, propriamente, o seu conteúdo.[34]

O inciso III do artigo 489 veda que o julgador invoque motivos que se prestariam a justificar qualquer outra decisão. Em verdade, estamos diante de uma não deci-

---

33 A este respeito, se manifestou Teresa Arruda Alvim Wambier: "Houve visível alteração no método de legislar, no mundo todo, nos últimos tempos. O direito positivo vem apresentando, cada vez mais frequentemente, regras menos minuciosas, mas abrangentes, cujos limites não são mais claros (fuzzy). A complexidade das sociedades contemporâneas, a tendência no sentido de que o direito discipline quase de forma integral a vida em sociedade e o crescente acesso à justiça exigiram do legislador normas intencionalmente menos precisas. Estas regras jurídicas intencionalmente menos minuciosas e mais abertas, flexíveis, habitualmente contém conceitos vagos e, ocasionalmente, trazem cláusulas gerais, que são expressões também vagas e marcadamente carregadas de conteúdo axiológico, pois incorporam princípios." (WAMBIER, Teresa Arruda Alvim. Peculiaridades da fundamentação das decisões judiciais no Brasil – a nova regra nem é assim tão nova... In: JOBIM, Marco Félix; RIBEIRO, Darcy Guimarães (org.). *Desvendando o novo CPC*. ob. cit., p. 160-161).

34 "Os enunciados normativos estão repletos desses conceitos vagos: "tempo razoável" (art. 6º, CPC), "bem comum" (art. 8º, V, CPC), "excessivamente onerosa" e "extrema vantagem" (art. 478, Código Civil), "proceder de modo temerário" (art. 80, V, CPC), "interesses públicos" (art. 178, I, e art. 947, parágrafo, ambos do CPC), "preço vil"(art. 891, CPC),"grande repercussão social" (art. 947, CPC), "repercussão geral" (art. 102, parágrafo 3º, CF), dentro de outros exemplos. Em outras palavras, no enunciado que contém conceito indeterminado, só há escolha de conteúdo (sentido) a ser atribuído ao termo vago, nas cláusulas gerais, há discricionariedade e poder de escolha não apenas de conteúdo (sentido a ser atribuído aos termos vagos que a compõem) como também de efeitos. São exemplos de cláusulas gerais o devido processo legal (art. 5º, LIV, CF), a cláusula geral do abuso do direito exequente (art. 805, CPC), a cláusula geral da boa fé-processual (art. 5º, CPC), cláusula geral de adequação do processo e da decisão em jurisdição voluntária (art. 723, p. único, CPC), cláusula geral de equidade no procedimento dos juizados especiais (art.6º, Lei nº 9099/1995).etc." (DIDIER JUNIOR, Fredie; OLIVEIRA, Rafael Alexandria de; BRAGA, Paula Sarno. *Decisão Judicial*. ob. cit., p. 330-331).

são: a fundamentação que a tudo serve, em verdade, a nada serve.[35-36] Trata-se, como mencionado neste trabalho, na esteira de Alexandre Freitas Câmara, de simulacro de decisão judicial.

O motivo que se presta a justificar qualquer decisão é aquele que, independentemente do ramo do Direito envolvido, poderia servir de fundamento para o caso[37]. Por exemplo, o princípio da dignidade da pessoa humana, tão mencionado na doutrina e jurisprudência, se não conjugado a outras regras e princípios, pode justificar praticamente qualquer espécie de decisão judicial ou arbitral, de qualquer ramo do Direito, seja para a procedência, seja para a improcedência do pleito autoral. O julgador, desta maneira, deve se explicar, não sendo necessário à parte consultar uma sibila para desvendar o pensamento do magistrado.

Por fim, importante sublinhar que o inciso III do artigo 489 do CPC também poderá ser confundido com o inciso I do mesmo artigo. Tudo dependerá da intepretação

---

35 "Invocar motivos que prestariam a justificar qualquer outra decisão (inciso III): é o que comumente ocorre quando o juiz, por exemplo, defere uma liminar, afirmando tão somente que estão presentes os pressupostos legais. Ao julgador cabe justificar o seu posicionamento, de maneira clara e precisa, não podendo, simplesmente, proferir uma decisão "padrão", ou "estereotipada." (THEODORO JÚNIOR, Humberto. *Curso de Direito Processual Civil.* Vol. I. ob. cit., p. 1046).

36 "Outra exigência já não respeita à extensão da motivação, mas à sua profundidade. Evitem–se referências genéricas e não justificadas, do tipo: "a prova produzida pelo autor não convence". Com isso o juiz de maneira alguma se desincumbiu do dever de motivar: ele tem de explicar por que não pareceu convincente a prova produzida pelo autor. Analogamente, quando o juiz afirma: "as alegações do réu não ficaram comprovadas", ele precisa demonstrar que isso realmente aconteceu; se as provas produzidas pelo réu não o convenceram, que ele exponha os motivos pelos quais não ficou convencido. Exemplo de erro muito comum é o de afirmações como "indefiro-a liminar por falta dos pressupostos legais". Dizer isso ou nada dizer é praticamente a mesma coisa. Cumpre justificar o asserto de que os pressupostos legais não estão presentes. A mera alusão à respectiva falta não é satisfatória. Decisão desse teor não está motivada" (MOREIRA, José Carlos Barbosa. O que deve e o que não deve figurar na sentença. In: *Temas de Direito Processual.* 8ª Série. ob. cit., p. 121). No mesmo sentido, mencionando o mesmo texto, Ana de Lourdes Coutinho Silva: "Decisões como "Indefiro a liminar por falta de pressupostos legais", para Barbosa Moreira, são comuns, mas equivocadas, pois "dizer isso ou nada dizer é praticamente a mesma coisa", pela falta de justificativa da afirmação de que os pressupostos legais não estariam presentes e, consequentemente, da indispensável motivação". (SILVA, Ana de Lourdes Coutinho [et. al.]; CARMONA, Carlos Alberto (coord.). *Coleção Atlas de Processo Civil. Motivação das Decisões judiciais.* ob. cit. p. 157).

37 "A motivação tem conteúdo substancial e não meramente formal. É bastante comum o operador do direito deparar-se, no seu dia-a-dia, com decisões do tipo "presentes os pressupostos legais, conceda a tutela provisória", ou simplesmente "defiro o pedido do autor porque em conformidade com as provas produzidas nos autos", ou ainda "indefiro o pedido, por falta de amparo legal". Essas decisões não atendem à exigência da motivação. Trata-se de tautologias ou, numa irreverente imagem trazida por Teresa Wambier, trata-se de "decisão judicial tipo "vestidinho preto" – que exatamente por isso, não se pode considerar fundamentada. O magistrado tem necessariamente quer dizer por que entendeu presentes ou ausentes os pressupostos para a concessão ou denegação da tutela provisória; tem que dizer de que modo as provas confirmam os fatos alegados pelo autor (e também por que asa provas produzidas pela parte contrária não convenceram). Em outras palavras, o julgador tem que "ingressar no exame da situação concreta posta à sua decisão, e não limitar-se a repetir os termos da liei, sem dar as razões do seu convencimento." (DIDIER JUNIOR, Fredie; OLIVEIRA, Rafael Alexandria de; BRAGA, Paula Sarno. *Decisão Judicial.* ob. cit., p. 334-335).

do leitor. Ora, no exemplo formulado, a decisão poderá invocar um ato normativo, já invocado em outras decisões, e que se prestaria a justificar qualquer decisão, sem explicitar sua relação com a causa. Neste exemplo, a decisão malfere os incisos I e III do parágrafo 1º do artigo 489 do CPC.

O inciso IV do parágrafo 1º do artigo 489 do CPC determina que o juiz ou árbitro enfrente todos os argumentos deduzidos no processo capazes de, em tese, infirmar a conclusão adotada pelo julgador. O que o Código exige é que o magistrado, ao decidir em determinado sentido (por exemplo, pela improcedência do pedido) enfrente os argumentos que seriam capazes de fazê-lo decidir em sentido oposto.

Não há necessidade de enfrentamento de todos os argumentos levantados pelos litigantes no curso da fase postulatória. Até porque, como se sabe, muitíssimos fundamentos são trazidos pelas partes, nos mais das vezes totalmente desconectados das provas pré-constituídas e colhidas no curso da instrução. Tal conduta desleal, que deve ser combatida, eis que o Código positivou a boa-fé como norma fundamental (art. 5º, CPC), é muito comum entre aqueles litigantes que não postulam de maneira séria, mas, ao revés, buscam tumultuar o processo. O magistrado deve, desta forma, além de reprimir a ausência de boa-fé objetiva, enfrentar apenas os argumentos relevantes e sérios,[38] hábeis a permitir a solução da controvérsia, e que possuam estrita pertinência com o caso em tela. Felizmente, na arbitragem, esta prática não é usual.

É importante esclarecer, ainda, que haverá situações que o julgador, ao decidir de determinada forma, não terá como examinar outras alegações. Como exemplo, o acolhimento de preliminar de ilegitimidade, que prejudica o exame de todos os outros fundamentos apresentados pelas partes, ou o reconhecimento da prescrição. Consequentemente, o exame da alegação de pagamento ficará prejudicado, já que a pretensão foi anteriormente fulminada.[39]

O inciso visa coibir uma espécie de seleção artificial e caprichosa em matéria probatória pelo julgador[40] que, ao escolher as provas coletadas que julga hábeis à for-

38 "Passemos à motivação de direito. O juiz deve ter como lema examinar todas as questões de direito relevantes, e só essas. Há casos em que a parte invoca normas inteiramente estranhas à causa, alude à Declaração universal dos Direitos do Homem a propósito de simples despejo. Esse tipo de questões o juiz está autorizado a desprezar. Não me refiro a questões infundadas, senão apenas às impertinentes, e, portanto, irrelevantes. Fora aí, o juiz deve resolver todas as questões, ainda que para rejeitar as alegações dos litigantes, desde que a solução possa, em tese, influir na decisão." (MOREIRA, José Carlos Barbosa. O que deve e o que não deve figurar na sentença. In: *Temas de Direito Processual.* 8ª Série. ob. cit., p. 121).

39 CUNHA, Leonardo José Carneiro da. Art. 489. In: DANTAS, Bruno; DIDIER JUNIOR., Fredie; TALAMINI, Eduardo; WAMBIER, Teresa Arruda Alvim (org.). *Breves Comentários ao Novo Código de Processo Civil.* ob. cit., p. 1235.

40 "Não enfrentar todos os argumentos deduzidos no processo capazes de, em tesem infirmar a conclusão adotada pelo julgador (inciso IV): o juiz tem o dever de enfrentar as alegações das partes e confrontá-las com o caso concreto e a legislação, principalmente aquelas que lavariam a uma conclusão diversa. A fundamentação incompleta, para o NCPC, não é admissível. É o que se passa quando o juiz se limita a mencionar as provas que conformam sua conclusão, desprezando as demais como se fosse possível uma espécie de seleção artificial e caprichosa em matéria probatória". (THEODORO JÚNIOR, Humberto. *Curso de Direito Processual Civil.* ob. cit., p. 1046).

mação de seu convencimento, não enfrenta os argumentos das partes no que tange aos elementos probatórios mencionados pelas partes e que seriam aptos à reversão da decisão. Este fato, inclusive, é muito comum na prática forense, já que o magistrado, já convencido, tende a repelir aquilo que lhe desagrada e, se podendo, deixando de enfrentar aquilo que não tem como ser enfrentado de forma a não ferir à lógica e o bom senso. E, geralmente, os argumentos que mais desagradam aos magistrados são aqueles que o colocam nu juntamente com a sua tese.

O referido artigo, em resumo, cristaliza o contraditório participativo.[41] Afinal, o julgador deverá demonstrar, ao responder as partes, que as ouviu. Somente através da fundamentação da decisão, respondendo a todas as alegações relevantes das partes, é que o juiz demonstrará e comprovará que escutou as razões dos demandantes, expostas em contraditório, e, diante delas e dos elementos de prova colhidos no curso da instrução, decidiu em determinado sentido.[42-43]

Os incisos V e VI do parágrafo 1º do artigo 489 do CPC, por sua vez, como regra de conduta aos magistrados, têm acentuada importância, se consideramos a filosofia do

---

41 "É, ainda, nula por falta de fundamentação a decisão que "não enfrentar todos os argumentos deduzidos no processo capazes de, em tese, infirmar a conclusão adotada pleo julgador" (art. 489, parágrafo 1º, IV). Este é um elo de ligação esta já tantas vezes afirmada neste estudo. Como deve ser sempre lembrado, o princípio do contraditório assegura aos sujeitos interessados no resultado do processo o direito de participar com influência na formação do seu resultado (além de assegurar que não haverá decisões-surpresa). Pois este direito de participação com influência não se resume à garantia de que as partes poderão manifestar-se ao longo do processo ("direito de falar"), mas também – e principalmente – à garantia de que serão ouvidas ("direito de ser ouvido", *right to be heard*). Em outros termos, significa isto que as partes do processo têm o direito à consideração de seus argumentos (*Recht auf Berücksichtingung*). Pois só será possível fiscalizar a atuação do juiz – a quem cabe, nos termos do art. 7º, "zelar pelo efetivo contraditório" –, verificando-se se houve efetiva participação das partes, em contraditório, na formação do resultado do processo se todos os argumentos pela parte deduzidos no processo, e que sejam (ao menos em tese) capazes de levar a resultado que `parte favoreça, tiverem sido examinados." (CÂMARA, Alexandre Freitas. *O Novo Processo Civil Brasileiro*. ob. cit., p. 279).

42 "Não se trata, em absoluto, de exigir que o juiz ou tribunal respondam a um "questionário". Trata-se, isto sim, de mostrar ao juiz o seu dever, que é de o de OUVIR as partes, o que deve demonstrar ter feito na fundamentação da sentença. São os contornos da noção contemporânea do principio do contraditório e nada mais. O contraditório não se resume à atividade das partes, no sentido de terem a oportunidade de afirmar e demonstrar o direito que alegam ter. Elas têm o direito de ser ouvidas! De fato, o contraditório só tem sentido se se supõe a existência de um observador neutro, no sentido de imparcial que assista ao diálogo entre as partes (alegações + provas) para, depois; decidir. O momento adequado para o juiz demonstrar que participou do contraditório é a fundamentação da decisão. As partes têm de ver consideradas as alegações, ainda que estas não sejam acolhidas se se tratar de alegações, que poderiam ter levado a uma decisão diferente daquela que foi proferida". (WAMBIER, Teresa Arruda Alvim. Peculiaridades da fundamentação das decisões judiciais no Brasil – a nova regra nem é assim tão nova... In: JOBIM, Marco Félix; RIBEIRO, Darcy Guimarães (org.). *Desvendando o Novo CPC*. ob. cit., p. 163).

43 Nesta linha de ideias, Taruffo explica que o exame das questões relevantes também tem desdobramento no campo da prova, ao criticar o exame da prova apenas da parte vencedora pelo do juiz: "questo, perô é um buon método per chi voglia tentare di stabilire la verità non scaturisce solo dalle prove favorevoli all ' esistencia di quel fatto, ma anche – e soprattutto – dal confronto tra prove favorevoli e prove contrarie" (TARUFFO, Michele. *A motivação da sentença civil*. ob. cit., p. 173-174).

CPC, quando objetivou garantir a segurança jurídica através do fortalecimento e aplicação dos precedentes.[44] Taruffo sustenta que as sentenças das cortes constitucionais aparecem mais fortemente ligadas a escolha de princípios e valores.[45]

O inciso V do parágrafo 1º do artigo 489 do CPC veda ao juiz que se limite a invocar precedente ou enunciado de súmula, sem identificar seus fundamentos determinantes nem a demonstrar que o caso em análise se ajusta àqueles fundamentos.

Em especial, com o advento do instituto da súmula vinculante, introduzido em nosso Direito pela EC 45/2004, a qual introduziu o art. 103-A da Constituição, os precedentes vêm ganhando bastante força em nosso ordenamento e, consequentemente, no processo arbitral, que tem natureza jurisdicional.[46] Se, de um lado, há maior

---

44 E, como adverte Alexandre Freitas Câmara, "exige-se que na fundamentação das decisões judiciais sejam levados a sério os procedentes, tanto nos casos em que eles são palicados, como nas hipóteses em que a eles se nega aplicação. É o que se obtém com a interpretação dos incisos V e VI deste art. 489, parágrafo 1º." (CÂMARA, Alexandre Freitas. *O Novo Processo Civil Brasileiro*. ob. cit., p. 280).

45 Prossegue o autor: "Segue-se daí que as exigências em exame subsistem a propósito das decisões dos juízes ordinários tanto quanto gravam as decisões dos órgãos da justiça constitucional. De outra parte, a menos no que tange à situação italiana, o efeito coarctante e reduticvo à ideologia silogística da motivação teve – e tem ainda hoje – maior difusão e intensidade e, portanto, uma maior eficácia condicionante no plano a "política da jurisprudência", exatamente na praxe da motivação existente entre os órgãos da justiça ordinária. Na primeira linha, aparecem razões teóricas e delimitações de fonte normativa. Do ponto de vista teórico, toda asserção do juiz é passível de justificação mediante argumentos que reenviam a outras asserções, que igualmente, de seu turno, podem ser justificadas do mesmo modo. Abre-se assim a possibilidade de um *regressus ad infintum* ao longo de cadeias (potencialmente) ilimitadas de passagens justificativas (eventualmente postas sobre a pluraridade de planos metajustificativos, em especial quando se trata de justificação extralegal), o que é claramente incompatível com a necessidade prática de que a motivação seja declinada em um discurso "finito" na forma e limitado no conteúdo." (TARUFFO, Michele. *A motivação da sentença civil*, ob. cit., p. 266).

46 Não se trata, entretanto, de fenômeno recente. José Carlos Barbosa Moreira, antes da Emenda, já alertava que "há juízes que se dão por satisfeitos com dizer que a jurisprudência se orienta neste ou naquele sentido. A menos que alguma norma legal a declare suficiente, com semelhante referencia o juiz não se desincumbe do dever de motivar. É claro que ele deve levar em conta a jurisprudência, sem prejuízo da possibilidade, que em princípio tem, de discordar da orientação predominante, mas em qualquer caso tem de expor as razões pelas quais adere ou não adere a ela. (...) Outra prática desaconselhável é o excesso de adjetivos. Uma sentença dever conter principalmente substantivos. Depois de rascunhada a sentença, é com que o juiz a releia e risque todos os adjetivos supérfluos. Cumpre, sobretudo, que ele se abstenha de adjetivar pejorativamente, sem necessidade, o comportamento de qualquer das partes. A sentença já vai, por força, desagradar pelo menos a uma delas. Não é preciso carregar nas tintas, aumentando o desgosto do litigante vencido. Isso parece ocorrer principalmente em matéria penal e no direito de família. Há juízes que, ao condenar o réu, acham necessário humilhá-lo, espezinhá-lo, com palavras ofensivas. Ora, o réu já ficará suficientemente pesaroso com a condenação; não há por que agravar esse pesar por meio de adjetivos desairosos. O processo tem, entre outras, uma finalidade pacificadora; não é bom que a sentença provoque tristeza ou revolta além da medida razoável. Devem ser evitadas expressões como "comportamento infame" ou mentira deslavada". Se, ao analisarmos a prova produzida por um litigante, chegarmos à conclusão de que ela não é convincente, bastará dizer

garantia de isonomia, já que haverá a garantia de que casos iguais serão tratados de maneira igual[47], bem como maior segurança às partes, inclusive na fase pré-processual, de saberem quais probabilidades de sucesso possuirão, de outro lado, a "precedentalização" do Direito pode, se mal utilizada, tornar-se uma espécie de "carimbo" dos julgadores que, ao invés de enfrentarem o caso que lhes é submetido, simplesmente lhes carimbam determinado precedente ou enunciado sumular, sem demonstrar de que maneira há compatibilidade entre ambos.

Essa norma, assim, veda ao juiz ou árbitro a utilização pura de precedentes ou excertos de precedentes para justificar a decisão. É preciso que, na sentença, o juiz, ao invocar o precedente ou enunciado de súmula, identifique os fundamentos determinantes do precedente ou os que deram origem ao enunciado. Além de identificar os fundamentos determinantes, deve o juiz demonstrar que o caso em julgamento se ajusta àqueles fundamentos.[48] Este inciso tem extrema importância na aplicação dos precedentes pelos juízes nesta nova ótica de valorização da jurisprudência.[49]

---

que a alegação não ficou comprovada, por este ou aquele motivo; será verdadeiro requinte de sadismo afirmar que a declaração da parte foi uma "deslavada mentira." (MOREIRA, José Carlos Barbosa, O que deve e o que não deve figurar na sentença. In: *Temas de Direito Processual.* 8ª Série. ob. cit., p. 122-123).

---

47 "Não se pode deixar de dizer, desde logo, que decidir a partir de precedentes judiciais não é o mesmo que fazer uma colagem de ementas de acórdãos ou de referências vagas a enunciados de súmula. É preciso que se faça um confronto entre o caso precedente (isto é, o caso concreto que deu origem à decisão judicial que em um novo processo se pretende invocar como procedente) e o caso seguinte (ou seja, o novo caso, só agora submetido à apreciação judicial, e no qual se pretende invocar o precedente como fundamento da decisão). Impende que se faça uma análise dos fundamentos determinantes do precedente (ou, para usar aqui uma expressão consagrada no estudo da teoria dos precedentes, é preciso examinar as *rationes decidendi*), justificando-se de forma precisa a aplicação desses fundamentos determinados no cao sob julgamento com a demonstração de que este se ajusta àqueles fundamentos. É que através do uso de precedentes como fontes do Direito o que se busca, ao menos no Direito brasileiro, é uma padronização decisória que permita que casos iguais (ou, pelo menos, análogos) recebam deisões iguais (ou, pelo menos, análogas). Como se costuma dizer na doutrina de língua inglesa, *to treat like cases alike*. É absolutamente essencial, então, que se promova este confronto analítico entre o caso precedente e o caso sob julgamento, indicando-se os pontos que os aproximam a ponto de aplicar-se o precedente ao novo caso." (CÂMARA, Alexandre Freitas. *O Novo Processo Civil Brasileiro*. ob. cit., p. 280-281).

48 CUNHA, Leonardo José Carneiro da. Art. 489. In: DANTAS, Bruno; DIDIER JUNIOR., Fredie; TALAMINI, Eduardo; WAMBIER, Teresa Arruda Alvim (org.). *Breves Comentários ao Novo Código de Processo Civil*. ob. cit., p. 1235.

49 "Ao método de contraposição entre o caso concreto e o caso que ensejou o precedente dá-se o nome de distinção, distinguishing (ou *distinguish*) que deve ser realizado expressamente na fundamentação (...) o *distinguishing* é um método de confronto, "pelo qual o juiz verifica-se o caso em julgamento pode ou não ser considerado análogo ao paradigma". Sendo assim, pode-se utilizar o termo *distinguish* em duas acepções: (i) para designar o método de comparação entre o caso concreto e o paradigma (distinguish-método); (ii) e para designar o resultado desse confronto nos casos em que se conclui haver entre eles alguma diferença (*distinguish*-resultado). Em suma, da

Esse inciso, por fim, vem tentar remediar o comportamento dos tribunais em aplicar os precedentes de forma abstrata, sem conexão com as circunstancias que lhe deram origem. Argumentos secundários, chamados *obiter dictum,*[50] são considerados motivos determinantes para a aplicação do paradigma ao caso em exame. Sob outro prisma que se examine a questão, a realização do *distinguishing* tornou-se obrigação do magistrado segundo esse novo roteiro traçado pelo CPC.[51]

Concluindo o exame do parágrafo 1º do artigo 489 do CPC, o inciso VI determina ao julgador que, ao deixar de seguir enunciado de súmula, jurisprudência ou precedente invocado pela parte, demonstre a existência de distinção no caso em julgamento.

Esta hipótese difere da anterior porque, aqui, o juiz ou o árbitro deixa de observar a jurisprudência apresentada pelas partes e, no inciso V, o julgador se utiliza de jurisprudência ou súmula sem fazer a conexão com o caso concreto. O inciso VI, de certo modo, está contido no inciso V, já que, em ambos os casos, o juiz terá que seguir esse novo roteiro e efetuar o *distinguishing* entre o precedente invocado pela parte ou por ele próprio.[52]

---

conjugação desses dois dispositovos (incisos V e VI do parágrafo 1º do artigo 489), o que se tem é seguinte: (i) ao invocar um procedente como argumentado ou como norma jurídica aplicável num caso concreto deve o juiz demonstrar, por meio de distinguishing (método de contraposição), que a ratiodecidendi se aplica a esse caso(art.4889, parágrafo 1º, V); (ii) se algum sujeito processual invocar um precedente como norma jurídica , a sua não –aplicação ao caso concreto dependerá da realização de distinguishing(resultado), isto é da demonstração de que não há semelhança contextual entre o paradigma e o caso posto, ou da demonstraçãode overruling (superação) (art. 489, parágrafo 1º, VI)." (CUNHA, Leonardo José Carneiro da. Art. 489 In: WAMBIER, Teresa Arruda Alvim; TALAMINI, Eduardo; DANTAS, Bruno; DIDIER JUNIOR, Fredie (coord.). *Breves comentários ao Novo Código de Processo Civil.* ob. cit., p. 1235).

---

50 Luiz Guilherme Marinoni distingue com precisão o *obter dictum* da *ratio decidendi*: "Inversamente, se o caso deve ter apenas uma *ratio* como o primeiro fundamento. O raciocínio seria o de que, como a primeira *ratio* é suficiente para a solução do caso, o segundo fundamento seriasupéfluo ou desnecessário, e, portanto, *obter dictum.*" (MARINONI, Luiz Guilherme. Uma Nova realidade diante do Projeto de CPC, A Ratio Decidendi ou os fundamentos determinantes da decisão. In: *Revista dos Tribunais*, v. 101, nº 918, p. 351-414, abr. 2012).

51 As observações do artigo do André Vasconcellos Roque são pertinentes: "Enunciados de súmula e precedentes são costumeiramente invocados de forma abstrata, desconectados com as questões e circunstâncias que lhe deram origem, algo muito diferente do que ocorre nos países de *commom law.* Argumentos e aplicados sem maior reflexão a outros casos que não lhe dizem respeito. E a ordem jurídica acaba engessada, porque a falta de consciência acerca da necessidade de investigação das circunstâncias jurídicas, sociais e econômicas que originaram o precedente elimina as condições para a evolução do direito mesmo em um ambiente de obrigatoriedade de precedentes, com a aplicação do *distinguishinge* do *overruling*. O litigante que mesmo com argumentos sérios, pretenda reverá jurisprudência estará provavelmente fadado ao insucesso, diante da sistemática resistência dos tribunais em rediscutir a tese." (ROQUE, André Vasconcellos. Dever de motivação das decisões judiciais e controle da jurisprudência no novo CPC. In: FREIRE, Alexandre [et. al]. *Novas tendências do processo civil.* Salvador: JusPODIVM, 2013, v. 1, p. 247-263).

52 "O inc. V. de certo modo, está contido no inc. IV: se a súmula, a jurisprudência ou o precedente invocado pela parte è desconsiderado, devem ser explicadas as razões pelas quais teriam sido afas-

Ambos os incisos impõem uma nova obrigação ao julgador de realizar o *distinguishing*. As hipóteses, contudo, como já afirmado, são distintas, não se configurando assim uma continuação entre elas. No inciso V, terá o julgador que se utilizar do precedente, enunciado ou súmula para fundamentar sua sentença. Já na hipótese do inciso VI, o juiz ou árbitro afastará um precedente, enunciado ou súmula, invocado pela parte, justamente através da realização do *distinguishing*. Outra "sutil diferença" entre os incisos é que a obrigatoriedade de que fala o inciso VI somente se aplica aos precedentes obrigatórios; não se aplicando aos precedentes persuasivos[5353-54].

5. Conclusão

A natureza jurisdicional do procedimento arbitral impõe a observância das garantias do chamado processo justo, o que leva, obrigatoriamente, a observância do contraditório participativo e do livre convencimento devidamente motivado no curso do procedimento. Nesta linha de ideias, conforme tentamos demonstrar no curso deste trabalho, o parágrafo 1º, do artigo 489, do CPC de 2015, é aplicável à arbitragem, já que o livre convencimento devidamente motivado passou a exigir a observância pelo árbitro de todas as hipóteses abarcadas pelo artigo.

---

tados. As podem ser as seguintes: ou não se trata de caso análogo ou a tese jurídica constante da súmula, da jurisprudência ou do precedente não deve ser acatada, porque superada." (WAMBIER, Teresa Arruda Alvim. Peculiaridades da fundamentação das decisões judiciais no Brasil – a nova regra nem é assim tão nova... In: JOBIM, Marco Félix; RIBEIRO, Darcy Guimarães (org.). *Desvendando o Novo CPC.* ob. cit., p. 164). No mesmo sentido, Fredie Didier Junior: "este preceito é uma espécie de continuação do anterior; se, para aplicar um precedente ou enunciado sumular, o juiz tem o dever de demonstrar que os fatos sobre os quais se construiu a sua *ratio decidendi* são equivalentes àqueles que animam o caso posto, para deixar de aplicá-los também lhe é exigível que faça a distinção, apontando as diferenças fáticas que no seu entendimento, justificam a não aplicação do precedente ou enunciado sumular no caso concreto, ou que informe a superação (*overruling* ou *overriding*) do precedente invocado." (DIDIER JUNIOR, Fredie; OLIVEIRA, Rafael Alexandria de; BRAGA, Paula Sarno. *Decisão Judicial.* ob. cit., p. 340).

---

53 [53] No mesmo sentido: "Há, no entanto, uma diferença sutil entre incisos V e VI do parágrafo 1º – do art. 489: a obrigatoriedade de que fala o inciso VI somente se aplica aos precedentes obrigatórios; não se aplica aos precedentes persuasivos. Assim, se a parte inova, como reforço argumentativo, numa causa que tramita perante a justiça baiana, um julgado proferido por outro tribunal estadual (não vinculativo: caráter meramente persuasivo), não há obrigação de o magistrado, para não seguir a orientação desse precedente, demonstrar que ele se refere a caso distinto posto sob sua análise ou que ele está superado." (DIDIER JUNIOR, Fredie; OLIVEIRA, Rafael Alexandria de; BRAGA, Paula Sarno. *Decisão Judicial.* ob. cit., p. 341).

54 Quanto aos precedentes persuasivos, apesar de o procedimento arbitral observar a regra da confidencialidade, já há notícias de movimentos pela publicidade dos precedentes sem a apresentação do nome das partes. Ademais, tratando-se de procedimento em que a administração pública figura, a publicidade é a regra. Já os precedentes obrigatórios, considerando a natureza jurisdicional da arbitragem, obrigatoriamente, os árbitros deverão observa-los. Todavia, o tema é rico e está sendo tratado pelo meu sócio, Humberto Santarosa, em sua tese de doutorado.

6. Referências bibliografias

DIDIER JUNIOR, Fredie Comentários ao art. 489. In: CABRAL, Antonio do Passo; CRAMER, Ronaldo (org.). In: *Comentários ao Novo Código de Processo Civil.* Rio de Janeiro: Forense, 2015.

__________. Comentários ao art. 508. In: CABRAL, Antonio do Passo; CRAMER, Ronaldo (org.). In: *Comentários ao Novo Código de Processo Civil.* Rio de Janeiro: Forense, 2015

DINAMARCO, Cândido Rangel, "Arbitragem na teoria geral do processo"- Editora Malheiros, 2013.

GRECO, Leonardo – A Influencia dos precedentes judiciais na arbitragem, trabalho ainda não publicado. A palestra foi realizada no ciclo de debates sobre o tema, promovido pela OAB/RJ e pela Associação brasileira dos Estudantes de Arbitragem – Abearb

FICHTNER, Jose Antonio, e outros, Novos Temas de Arbitragem, FGV Editora, 2014.

GRECO, Leonardo. Garantias fundamentais do processo: o processo justo. Estudos de Direito Processual, Campos dos Goytacazes: Ed. Faculdade de Direito de Campos, 2005.

CASTRO, Carlos Roberto Siqueira. *O devido processo legal e os princípios da razoabilidade e da proporcionalidade.* Rio de Janeiro: Forense, 2006, 4. ed.

GRECO, Leonardo. O princípio do contraditório. *Estudos de Direito Processual.* Campos dos Goytacazes: Editora Faculdade de Direito de Campos, 2005.

FREITAS, José Lebre de. *Introdução ao Processo Civil:* conceito e princípios gerais à luz do novo Código. Coimbra: Coimbra Editora, 2013, 3. ed.

RICCI, Edoardo F.. Princípio do contraditório e questões que o juiz pode propor de ofício. In: FUX, Luiz; NERY JUNIOR., Nelson; WAMBIER, Teresa Arruda Alvim (Coord.). *Processo e Constituição:* estudos em homenagem ao Professor José Carlos Barbosa Moreira. São Paulo: Revista dos Tribunais, 2006.

MOREIRA, José Carlos Barbosa. A motivação das decisões judiciais como garantia inerente ao Estado de direito. In: *Temas de Direito Processual.* 2ª Série. São Paulo: Saraiva, 1977, 2. ed.

SANTOS, Moacyr Amaral. Contra o processo autoritário. In: *Revista da Faculdade de Direito da Universidade de São Paulo,* vol. 54, nº 2, 1959.

DIDIER JUNIOR, Fredie; NALINI, José Renato; RAMOS, Glauco Gumerato (org.). *Ativismo Judicial e Garantismo Processual,* Salvador: JusPODIVM, 2013.

TUCCI, José Rogério Cruz e. Contra o processo autoritário. In: *Revista de Processo.* RePro, v. 40, nº 242, abr. 2015.

FERRAJOLI, Luigi; *Direito e Razão: Teoria do Garantismo Penal.* São Paulo: Revista dos Tribunais, 2006.

TARUFFO, Michele, ABREU, Rafael; MITIERO, Daniel; RAMOS, Vitor de Paula (trad.)). *A Motivação da sentença civil.* São Paulo: Marcial Pons, 2015.

CARMONA, Carlos Alberto (coord.). *Coleção Atlas de Processo Civil. Motivação das Decisões judiciais,* São Paulo, Atlas, 2015.

THEODORO JÚNIOR, Humberto. *Curso de Direito Processual Civil.* volume I, 56ªEd, Ed. Forense, 2015.

CÂMARA, Alexandre Freitas. *O Novo Processo Civil Brasileiro.* Rio de Janeiro: Atlas, 2016, 2. ed.

WAMBIER, Teresa Arruda Alvim. Peculiaridades da fundamentação das decisões judiciais no Brasil – a nova regra nem é assim tão nova... In: JOBIM, Marco Félix; RIBEIRO, Darcy Guimarães (org.). *Desvendando o Novo CPC,* 2ª Ed. 2016, Ed. Livraria do advogado.

TARUFFO, Michele. *A motivação da sentença civil*, 1ªEd. São Paulo: Ed. Marcial Pons., 2015.

MOREIRA, José Carlos Barbosa, O que deve e o que não deve figurar na sentença. In: *Temas de Direito Processual*. 8ª Série. Ed. Saraiva, Rio de Janeiro,1989.

CUNHA, Leonardo José Carneiro da. Art. 489. In: DANTAS, Bruno; DIDIER JUNIOR., Fredie; TALAMINI, Eduardo; WAMBIER, Teresa Arruda Alvim (org.). *Breves Comentários ao Novo Código de Processo Civil*, Ed. Revista dos Tribunais, 2015.

MARINONI, Luiz Guilherme. Uma Nova realidade diante do Projeto de CPC, A Ratio Decidendi ou os fundamentos determinantes da decisão. In: *Revista dos Tribunais*, v. 101, nº 918, abr. 2012.

ROQUE, André Vasconcellos. Dever de motivação das decisões judiciais e controle da jurisprudência no novo CPC. In: FREIRE, Alexandre [et. al]. *Novas tendências do processo civil*. Salvador: JusPODIVM, 2013, v. 1.

DIDIER JUNIOR, Fredie; OLIVEIRA, Rafael Alexandria de; BRAGA, Paula Sarno. *Decisão Judicial*. Salvador: JusPODIVM, 2015.

Análise crítica quanto à não sujeição da sentença arbitral a controle judicial em relação à apreciação de provas

Rafael Estrela Nóbrega

Sumário: **1.** Introdução. **2.** O devido processo legal e o controle judicial da sentença arbitral. **3.** A produção de prova na arbitragem. **4.** Análise do REsp nº 1.500.667/RJ. **5.** Conclusão. **6.** Referências bibliográficas.

1. Introdução

A sociedade brasileira compartilha o sentimento de que o funcionamento do Poder Judiciário, por diversas razões, não tem atendido plenamente aos seus anseios. Ainda que já se verifique uma melhora, a tramitação morosa dos processos judiciais frequentemente impede a tutela jurisdicional de produzir efeitos no plano prático e, muitas vezes, impossibilita a fruição do bem jurídico pelo jurisdicionado.

Esse verdadeiro desserviço decorre dos mais diversos fatores, entre os quais se destacam a enxurrada de processos individuais repetitivos, a diversidade de recursos e o formalismo exacerbado do sistema processual. Em razão disso, verifica-se uma demora desproporcional na solução do conflito e – é claro – a tímida utilização dos meios extrajudiciais de solução de conflitos, incentivado por uma cultura demandista.

A problemática do acesso à justiça, para sua exata compreensão, pressupõe a análise simultânea de três elementos, a saber, (i) a demanda dos serviços jurídicos; (ii) a oferta dos serviços jurídicos e (iii) os bens da vida que podem ser discutidos em juízo.[1]

Na busca do amadurecimento do acesso à justiça, surge um movimento para o seu aprimoramento, denominado, por Cappelletti[2], de "ondas renovatórias".A "primeira onda do acesso à justiça" tratou da necessidade de lutar pela assistência judiciária gratuita, de modo a permitir que todos, tendo ou não condições econômicas, pudessem demandar perante os órgãos do Poder Judiciário.

A proteção dos interesses transindividuais foi o escopo da "segunda onda de acesso à justiça", com a tentativa de descobrir mecanismos de proteção dos interesses difusos e coletivos.

Sob o enfoque do jurisdicionado, e não mais do Estado, surge a "terceira onda", também conhecida por "abordagem de acesso à justiça", descortinado não só na

---

1 ECONOMIDES, Kim. Lendo as ondas do "movimento de acesso à justiça": Epistemologia versus metodologia? Tradução de: Paulo Martins Garchet. In: PANDOLFI, Dulce...[et al] (Org.). *Cidadania, justiça e violência*. Rio de Janeiro: Ed. Fundação Getulio Vargas, 1999. p. 64.

2 CAPPELLETTI, Mauro; GARTH, Bryant. *Acesso à Justiça*. Tradução de: Ellen Gracie Northfleet. Porto Alegre: Fabris Editora, 1988. p. 14.

questão de solução dos mecanismos alternativos de solução de controvérsias, como também no florescer de uma tutela jurídica diferenciada.

Alguns autores, em sentido minoritário, entendem existir ainda uma quarta e, até mesmo, uma quinta onda renovatória.

A "quarta onda", proposta por Kim Economides[3] expõe as dimensões ética e política da administração da justiça, preocupando-se com o acesso dos operadores do direito à justiça e propondo a mudança de foco do "acesso" para a "justiça", com o comprometimento social de seus profissionais com os grupos socialmente excluídos. Ainda, segundo a professora Eliane Botelho Junqueira, haveria a "quinta onda renovatória" fundindo os institutos da justiça e da globalização.[4]

Seja qual for a concepção adotadas sobre as ondas renovatórias, é imperioso que o fenômeno do acesso seja visto por uma nova definição da justiça como um todo. Nas palavras de Economides[5]:

> O problema atual não é, simplesmente, medir o acesso dos cidadãos à justiça, lançando mão, por exemplo, do mapeamento de espaços na oferta dos serviços jurídicos, mas, antes, abrir novas perspectivas na definição da própria justiça. Dessa forma, proponho uma mudança importante, passando das questões metodológicas para as epistemológicas ou, colocando de outra maneira, redirecionando nossa atenção, desviando-nos do acesso para olharmos para a justiça com novos olhos. A que tipo de "justiça" os cidadãos devem aspirar? Em vez de nos concentrarmos no lado da demanda, devemos considerar mais cuidadosamente o acesso dos cidadãos à justiça do lado da oferta, analisando dois níveis distintos: primeiro, o acesso dos cidadãos ao ensino do direito e ao ingresso nas profissões jurídicas; segundo, uma vez qualificados, o acesso dos operadores do direito à justiça. Tendo vencido as barreiras para admissão aos tribunais e às carreiras jurídicas, como o cidadão pode se assegurar de que tanto juízes quanto advogados estejam equipados para fazer "justiça"?

Não há como negar que diversas inovações legislativas buscaram aproximar o jurisdicionado do Poder Judiciário.

Durante anos abriram-se as portas da Justiça no entendimento de que somente o acesso propiciava ao titular do direito a tutela jurisdicional postulada.

Talvez, exemplo mais substancial dessa afirmativa é o microssistema dos Juizados Especiais, que proporciona, principalmente aos economicamente necessitados, a persecução do bem da vida. No entanto, a demanda desenfreada congestionou o Poder Judiciário, já tão assoberbado por ações de outras naturezas.

---

3 ECONOMIDES, Kim. Lendo as ondas do "movimento de acesso à justiça": Epistemologia versus metodologia? Tradução de: Paulo Martins Garchet. In: PANDOLFI, Dulce...[et al] (Org.). *Cidadania, justiça e violência*. Rio de Janeiro: Ed. Fundação Getulio Vargas, 1999. p. 72-76.

4 JUNQUEIRA, Eliane Botelho. Acesso à justiça: um olhar retrospectivo. Estudos Históricos, Rio de Janeiro, 1997. Disponível em: http://www.academia.edu/1050556/Acesso_%C3%A0_justi%C3%A7a_um_olhar_retrospectivo. Acesso em 11 out. 2016.

5 ECONOMIDES, loc. cit.

Diante da notória dificuldade, o Estado, na qualidade de detentor do monopólio da jurisdição, permitiu que partes com capacidade civil para dispor de seus bens e direitos pudessem submeter à arbitragem litígios que tratassem apenas de direitos patrimoniais disponíveis (art. 1º da Lei nº 9.307/96). Este marco legal permitiu o amadurecimento do instituto em nosso país, uma vez que, até então, era de pouca utilização prática.

A razão disso se encontra na lei de arbitragem, que optou por conferir uma autonomia decisória ao árbitro na solução da controvérsia. Assim, como regra, passou-se a afastar a intervenção do Poder Judiciário em relação ao procedimento e ao mérito da decisão exarada, diferentemente do modelo que existia anteriormente, que exigia homologação judicial para que o laudo do árbitro produzisse seus efeitos (art. 1.072 a 1.097 do CPC/73).

Mesmo com a desnecessidade de homologação – valorizando-se a figura do árbitro como juiz de fato e de direito(art. 18 da Lei de Arbitragem) – a sentença arbitral não se afasta de forma plena da apreciação jurisdicional, seja como forma de controle de validade ou como via para sua efetivação.

Essa nova formatação trazida pela lei superou a corrente que reputava a arbitragem como atividade estritamente privada, mas acendeu a discussão sobre se a sua natureza seria jurisdicional ou parajurisdicional.Nada obstante respeitável corrente e o próprio STJ já ter defendido o seu caráter jurisdicional,[6]parece-nos mais adequada a natureza da arbitragem como parajurisdicional[7], dada a manutenção de um campo de medidas privativas do Poder Judiciário[8], como é exemplo a execução de julgados, inclusive dos arbitrais.[9]

Seja qual for a corrente adotada, e em que pese a dispensa de homologação da sentença arbitral,[10] é imperioso registrar, uma vez mais, que não se pode afastar a pos-

---

6 CC 111.230/DF, Rel. Ministra NANCY ANDRIGHI, SEGUNDA SEÇÃO, julgado em 08/05/2013, DJe 03/04/2014. Apud DIDIER JR., Freddie. *Curso de Direito Processual Civil – vol. 1: Introdução ao Direito Processual Civil e Processo de Conhecimento*. 17ª ed. Salvador: JusPodium, 2015. 171-175.

7 No mesmo sentido, DINAMARCO, Cândido Rangel. Limites da sentença arbitral e de seu controle jurisdicional. In: *Nova era do processo civil*. São Paulo: Malheiros, 2004, p. 28.

8 Luiz Guilherme Marinoni escreve que "(...) não há como deixar de destacar a diferença qualitativa entre a jurisdição e a arbitragem. ", já que esta se fundamenta na autonomia da vontade, enquanto aquela é legitimada pela soberania estatal. MARINONI, Luiz Guilherme; ARENHART, Sérgio Cruz; MITIDIERO, Daniel. *Novo Curso de Processo Civil* – v. 1. 1 ed. São Paulo: Revista dos Tribunais, 2015. p. 175.

9 Segundo Pinho, a arbitragem não se encontra nem abaixo nem acima da jurisdição, mas ao lado (fora), sustentando, com isso, a natureza paraestatal da arbitragem. PINHO, Humberto Dalla Bernardina de. *Direito Processual Civil Contemporâneo 1 – Teoria Geral do Processo*. 6ª ed. São Paulo: Saraiva. 2015. p. 555.

10 Deve-se observar que, excepcionalmente, na arbitragem derivada de um procedimento dos juizados especiais (art. 26 da lei 9099/1995), é necessária homologação do laudo arbitral pelo juiz togado. Nesse sentido, vide CÂMARA, Alexandre Freitas. *Juizado especiais cíveis estaduais e federais: uma abordagem crítica*. 4ª ed. Rio de Janeiro: Lumen Juris, 2008. p. 101.

sibilidade de seu controle perante o Estado-juiz. Esse controle, entretanto, em prestígio à atividade arbitral, limita-se apenas a questões formais[11], não formulando, como regra geral, novo juízo quanto ao mérito do laudo.A análise, assim, a princípio, relaciona-se somente com os chamados *error in procedendo*, não em relação aos *erros in iudicando*.

Essa produção de efeitos expansivos, para fora do processo arbitral em que foi prolatada, de modo a evitar rediscussão sobre o seu mérito, levou alguns autores a identificar a decisão do árbitro como coisa julgada material.[12] Entretanto, coerente com a ideia de que a arbitragem é uma atividade parajurisdicional, entendemos que não se trata propriamente de coisa julgada, exclusiva da jurisdição,mas de uma espécie de "preclusão máxima da decisão do árbitro".

Carneiro apresenta diversos princípios que regem a arbitragem. O principal é o princípio da confiança, que sugere que a confiança que as partes depositam no árbitro escolhido, nos seus auxiliares e na própria justiça arbitral é o núcleo essencial do procedimento arbitral. As partes se comprometem, ainda, em respeitar esse princípio, "não apenas no momento da constituição do Tribunal Arbitral, mas durante todo o desenrolar do seu procedimento"[13].

Do princípio da confiança, decorrem duas outras ideias importantes no campo arbitral, como a consensualidade e a autonomia privada. Por isso, facultam-se poderes tão amplos quanto a escolha de tribunal arbitral, da lei material aplicável ou julgamento por equidade, regras procedimentais, idioma utilizado.[14]

O jurista traz, ainda, os princípios da boa-fé, do devido processo legal e do contraditório. A boa-fé deve permear toda a arbitragem, inclusive a instrução probatória. Isso porque, a opção da consensualidade deve ser acompanhada de um comportamento ético, leal, colaborador e solidário, para que nenhuma das partes se aproveite de artifícios formais para fazer preponderar seus interesses no curso do procedimento arbitral.[15]

Para o presente trabalho, pretende-se registrar, principalmente, o princípio do devido processo legal, consagrado implicitamente pelo art. 21, §2°, da Lei de Arbitragem.[16]

---

11 DIDIER JR., Freddie. *Curso de Direito Processual Civil – vol. 1: Introdução ao Direito Processual Civil e Processo de Conhecimento*. 17ª ed. Salvador: JusPodium, 2015. p. 171.

12 Ibid. p. 173.

13 CARNEIRO, Paulo Cezar Pinheiro; SCHENK, Leonardo Faria. O justo processo arbitral e o dever de revelação (disclosure) dos peritos. In: *Revista Eletrônica de Direito Processual*. REDP Volume XII, 2013. p. 582.

14 Ibid.

15 CARNEIRO, Paulo Cezar Pinheiro; SCHENK, Leonardo Faria. O justo processo arbitral e o dever de revelação (disclosure) dos peritos. In: *Revista Eletrônica de Direito Processual*. Volume XII. REDP, 2013. p. 585.

16 Pedro Batista Martins leciona que "em hipótese alguma poderá ser violado o devido processo legal" tanto o processual quanto o substantivo. É um bem jurídico de titularidade de toda e qualquer pessoa. É uma garantia de direito natural." MARTINS, Pedro A. Batista. *Apontamentos sobre a lei de arbitragem*. Rio de Janeiro: Ed. Forense, 2008. p. 236. *Apud* op. cit. p. 586.

Nesse contexto, como a discussão se dá no campo principiológico, há, inegavelmente, um risco de se recair em um subjetivismo puro, quase arbitrário, para considerações acerca da nulidade da sentença arbitral.[17]

Sem embargo, não se pode fugir da necessidade de se tentar estabelecer parâmetro mínimos de aferição de cumprimento do princípio, já que não se cogita do afastamento do devido processo legal na arbitragem. Muito pelo contrário, a justiça da decisão arbitral depende essencialmente do respeito ao contraditório e à ampla defesa, com espaço para a produção de provas.

2. O devido processo legal

O devido processo legal é inafastável da arbitragem. A própria lei 9.307/96 prevê expressamente a aplicabilidade de um conteúdo mínimo do devido processo legal em seu art. 21, parágrafo único, englobando, notadamente, o contraditório, a paridade de armas, a imparcialidade e o livre convencimento.Assim é que, de acordo com o disposto no artigo 32, VIII, da lei 9.307/96, a violação desses princípios acarreta a nulidade da sentença arbitral por sentença judicial.[18]

Contudo, como mencionado, uma aplicação apressada dos princípios pode causar decisões lastreadas em subjetivismos excessivos. No caso da arbitragem, isso é ainda mais sério, pois gera uma excessiva abertura à ação de nulidade, o que acaba por comprometer a credibilidade do instituto.

Por impedir que a discussão do bem da vida seja encerrada na via convencionada, prolongando-se o conflito perante o Estado-juiz, conferir uma maior elasticidade à nulificação do procedimento arbitral gera desconfiança com relação à sua efetividade de resolver as lides que lhe são atribuídas. Diante disso, diversos autores propõe uma interpretação restritiva das causas de invalidade do laudo, como forma de garantir e estimular o desenvolvimento do instituto. [19]

Não se pode perder de vista que o procedimento arbitral não é imposto, mas sim nasce da vontade livre e convergente de ambas as partes, que desejam uma solução rápida para o litígio, mas sem se olvidar das mesmas garantias constitucionais do processo judicial.

Assim, não se pode adotar uma ideia exacerbada de restrição à atuação do Poder Judiciário para não se vulnerar a garantia do acesso à justiça, de estatura constitucional (CF, art. 5º, XXXV).

17 ALVES, Rafael Francisco. O devido processo legal na arbitragem. In: JOBIM. Eduardo; MACHADO, Rafael Bicca (Org.). *Arbitragem no Brasil* – Aspectos Jurídicos Relevantes. São Paulo: Quartier Latin, 2008. p. 382.

18 Ibid. p. 383.

19 ALVES, Rafael Francisco. O devido processo legal na arbitragem. In: JOBIM. Eduardo; MACHADO, Rafael Bicca (Org.). *Arbitragem no Brasil* – Aspectos Jurídicos Relevantes. São Paulo: Quartier Latin, 2008. p. 383-384.

Deve-se, então, buscar um ponto de equilíbrio para, por um lado, não se permitir que a via jurisdicional seja usada como instância revisional, sob um argumento principiológico vazio, nem, por outro, chancelar a arbitragem como um procedimento em que as garantias constitucionais fundamentais do processo são prescindíveis.[20]

Retornando ao art. 32, VIII, da lei de arbitragem, nota-se que o dispositivo menciona expressamente o contraditório, o livre convencimento, a igualdade e a imparcialidade. Inegável, portanto, que se tratam de princípios tidos como pedras de toque do procedimento arbitral, universalmente reconhecidos.[21]

A imparcialidade não é matéria de ordem pública, mas seu desrespeito inexoravelmente será reconduzido a uma violação do devido processo legal, pois importará necessariamente em violação ao contraditório ou à igualdade entre as partes.[22]

De todos esses componentes do devido processo legal, realça-se o contraditório. O rito arbitral objetiva reduzir ao máximo as possibilidades de erro, ao ser conduzido pelas partes para a prolação de uma decisão final de caráter irrecorrível. Nesse contexto, é essencial que as manifestações dos sujeitos sejam ainda mais intensas e participativas que no processo judicial, pois são elas que darão sustentação à decisão final, no que tange à sua confiança e aceitabilidade.[23]

Por esse prisma, não é possível estabelecer de forma taxativa um rol de situações em que a arbitragem incorre em nulidade por violação ao contraditório. La China (1986, p. 313-314, apud Carneiro; Schenk, 2013, p. 586), por exemplo, afirma que as nulidades "podem ocorrer em hipóteses várias, que normalmente se exteriorizam no desequilíbrio entre as prerrogativas das partes e no desrespeito à paridade de armas, que está nas entranhas do processo arbitral".[24]

No plano do contraditório participativo, o direito à prova ganha ainda maior relevância. Projeta-se como o direito à busca da verdade,[25] exigindo que se assegure às partes a participação efetiva no processo, para influir na decisão que afetará a sua esfera jurídica.

Pico I Junoy (2011, p. 104) afirma que a justiça depende da busca da verdade, que depende da certeza dos juízos sobre os fatos.[26]

---

20 Ibid, p. 385.

21 CARNEIRO, Paulo Cezar Pinheiro; SCHENK, Leonardo Faria. O justo processo arbitral e o dever de revelação (disclosure) dos peritos. In: *Revista Eletrônica de Direito Processual.* Volume XII. REDP, 2013. p. 586.

22 ALVES, op.cit. nota 19. p. 397-398.

23 Cf.: o art. 17 das Regras de Arbitragem da UNCITRAL e o art. 22.4 do Regulamento de Arbitragem da Câmara de Comércio Internacional CCI. Apud CARNEIRO, Paulo Cezar Pinheiro; SCHENK, Leonardo Faria. O justo processo arbitral e o dever de revelação (disclosure) dos peritos. In: *Revista Eletrônica de Direito Processual.* REDP Volume XII, 2013. p. 586.

24 La China, Sergio. *Le nullità nel procedimento arbitrale.* In Rivista di Diritto Processuale. Padova: CEDAM, 1986. p. 313-314. Apud CARNEIRO, loc. cit.

25 GRECO, Leonardo. Garantias fundamentais do processo: O processo justo in *Novos Estudos Jurídicos* – Ano VII – Nº 14 – p. 9-68, abril / 2002. p. 11.

26 PICO I JUNOY, Joan. *El juez y la prueba.* Bogotá: U. Javeriana, 2011. p. 104 e et seq.

Assim, se o Estado Democrático Contemporâneo é o guardião da eficácia concreta dos direitos dos cidadãos, somente a busca da verdade, assentada no devido processo legal, pode concretizar essa promessa.

Reitere-se que o contraditório deve incluir, para além da mera audiência bilateral, um verdadeiro "direito de influência"das partes, resultando que nenhuma decisão pode ser imposta antes de se oportunizar às partes envolvidas a possibilidade de influir eficazmente nela. A razão disso é justamente essa influência que legitima democraticamente o poder que as partes convencionam aos árbitros. Por isso, o contraditório deve ser encarado com toda sua amplitude incluindo

> direito de apresentar alegações, propor e produzir provas, participar da produção das provas requeridas pelo adversário ou determinadas de ofício pelo juiz e exigir a adoção de todas as providências que possam ter utilidade na defesa dos seus interesses, de acordo com as circunstâncias da causa e as imposições do direito material.[27]

A igualdade material também deve ser revisitada no âmbito do contraditório. As partes devem ter as mesmas oportunidades concretas de sucesso para suas pretensões, compatíveis com as circunstâncias da causa.[28]

Com esses valores, instaura-se um contraditório humanizado, cujo objetivo é trazer para o processo – judicial ou arbitral – a primazia da dignidade da pessoa humana.[29]

Por isso, é essencial que o princípio do contraditório seja observado em todas as fases do procedimento. Na atividade instrutória, o contraditório deve ser observado na especificação de provas, no deferimento delas e na participação nos atos probatórios.[30] Evidentemente, em cada um desses momentos, imperioso que também se proporcione a igualdade entre as partes, sob pena de nulidade.[31]

Ainda no que tange ao devido processo legal na arbitragem, deve se destacar a incidência do livre convencimento motivado e da motivação. Os dispositivos da lei da arbitragem (art. 21, art. 21, §2º, art. 32, VIII; art. 26, II; art. 32, III) não deixam dúvida de que, ainda que nas sentenças que julgam por equidade, é necessário que o magistrado exponha de forma racional as razões que o levaram a decidir em determinado

---

27 GRECO, op.cit., nota 25. p. 23.

28 Carmine Punzi leciona que a regra da *paridade de armas* se considera violada, de acordo com a jurisprudência da Corte de Cassação italiana, *"quando le parti non hanno potuto esercitare su un piano di uguaglianza le facoltà processuali concesse dagli arbitri".* Carmine Punzi. *Disegno sistemático dell'arbitrato.* v. II, 2ª ed. Padova: CEDAM, 2012, p. 560. apud CARNEIRO, Paulo Cezar Pinheiro; SCHENK, Leonardo Faria. O justo processo arbitral e o dever de revelação (disclosure) dos peritos. In: *Revista Eletrônica de Direito Processual.* REDP Volume XII, 2013. p. 587.

29 Ibid. p. 588.

30 Nesse sentido, J. C. Barbosa Moreira. A garantia do contraditório na atividade de instrução, in RePro, v. 35 (1984), p. 232-233. Apud ALVES, Rafael Francisco. O devido processo legal na arbitragem. In: JOBIM. Eduardo; MACHADO, Rafael Bicca (Org.). *Arbitragem no Brasil* – Aspectos Jurídicos Relevantes. São Paulo: Quartier Latin, 2008. p. 405.

31 ALVES, Rafael Francisco, loc. cit.

sentido. E não poderia ser diferente: sendo a motivação uma exigência constitucional (CF, art. 93, IX), era imperiosa sua incidência sobre o procedimento arbitral, se não o rito seria flagrantemente inválido dentro da nossa sistemática.[32]

Não se duvida que a arbitragem seja uma expressão de liberdade, porquanto o fato de ter uma origem contratual significa que está fundada no princípio da autonomia privada. Mesmo assim, o exercício desse direito não pode se dar de forma ilimitada, de forma que se podem impor limites legítimos à liberdade de contratar. O primeiro limite, imposto pelo art. 1º da lei 9307 é dito objetivo, referindo-se ao âmbito de aplicação da arbitragem, limitado a direitos patrimoniais disponíveis. O segundo limite aplica-se justamente ao caso em questão, pois se refere às normas processuais cogentes ou imperativas, voltadas à proteção de determinado interesse público.[33]

Para a verificação se a violação de uma regra processual na arbitragem acarreta a violação do próprio devido processo legal, é preciso que haja a análise em três fases, sendo a primeira em abstrato e as demais em concreto.[34] Como o passo inicial, deve-se verificar se a regra inobservada tem liame direto com algum princípio processual fundamental, abstratamente. Se existe tal ligação, o passo seguinte será aferir se, em concreto, restaram violados os ditames do devido processo legal. Por fim, havendo essa violação, deve-se investigar se houve efetivo prejuízo material à parte.

A visualização das fases da arbitragem também ajuda a se estabelecer o equilíbrio entre a autonomia privada e o devido processo legal. Usualmente, quanto aos momentos, divide-se a arbitragem entre a fase pré-arbitral, arbitral propriamente dita e pós-arbitral. A liberdade contratual se exerce, por excelente, na fase pré-arbitral, já que a convenção é que disciplina o rito. O devido processo legal, por sua vez, deve permear a fase arbitral propriamente dita, no curso do procedimento.[35]

Por esse motivo, a lei 9.307/96 possui diversos dispositivos voltados a aproximar os processos judiciais e arbitrais, tais como os artigos 17, 18, 31, 32 e 33, o que demonstra a necessária submissão do rito ao devido processo legal. Tal aproximação demonstra que a arbitragem deve ter suas regras e princípios a partir da principiologia processual constitucionalmente determinada, o que, consequentemente, leva à aplicação o mesmo regime de nulidades que afeta a sentença judicial se violado algum valor fundamental.[36]

Registre-se que tal afirmativa independe do posicionamento quanto à natureza jurisdicional ou parajurisdicional da arbitragem. Isso porque a própria lei determina que a sentença arbitral produz efeitos semelhantes à estatal, sendo irrelevante, nesse ponto, a natureza que doutrinariamente se pretenda atribuir à arbitragem.[37]

---

32 Ibid. p. 410-412.

33 ALVES, Rafael Francisco. O devido processo legal na arbitragem. In: JOBIM. Eduardo; MACHADO, Rafael Bicca (Org.). *Arbitragem no Brasil* – Aspectos Jurídicos Relevantes. São Paulo: Quartier Latin, 2008. p. 388.

34 Ibid. 385-386

35 Ibid. p. 389.

36 WLADECK, Felipe Scripes. Impugnação da sentença arbitral – Salvador: Editora Juspodivm, 2014. p. 148.

37 Ibid. p. 147.

Seja como for, é possível o controle, em casos excepcionais, da sentença arbitral perante o juízo do Estado. Há um rol de causas de pedir que podem ensejar a pretensão anulatória, listado no art. 32 da Lei de Arbitragem. Essas hipóteses, no entendimento de autores importantes, são taxativas.[38]

É preciso, entretanto, que essa dita taxatividade seja interpretada com algum temperamento. Não se pode perder de vista que os dispositivos são, na realidade, espécies de *errores in procedendo* que podem ensejar o controle da sentença arbitral. Nessas categorias, devem ser enquadráveis quaisquer questões processuais afetas a direitos fundamentais ligados ao devido processo legal e à autonomia da vontade, que eventualmente incidam sobre a sentença arbitral,[39] devendo ambos conviver harmonicamente.[40]

Essa visão mitigada da taxatividade deve incidir, por exemplo, sobre o inciso VIII do art. 32. Além da nulidade por descumprimento dos princípios expressos no art. 21, §2º[41], deve-se entender incluídos todos os princípios intrínsecos ao devido processo legal, ainda que não constem do dispositivo. [42]

Claro que a defesa de uma interpretação mais ampla não se identifica, necessariamente, com uma desvalorização da arbitragem. Meras irregularidades, insuficientes por si para vulnerar o devido processo legal, não podem servir de base para a procedência de ação anulatória. Por outro lado, violações grosseiras a direitos fundamentais, ainda que façam parte do mérito da causa julgada pela arbitragem, podem ser judicialmente sindicadas. Mais uma vez, entretanto, tal medida só pode se dar em casos absolutamente excepcionais, de modo a não representar depreciação da autonomia privada das partes em arbitragem.[43]

Para essa ingerência tão acentuada, seria, então, necessária uma violação a princípios fundamentais de forma tão cabal que sua tutela se justificasse em detrimento da segurança jurídica e outros valores protegidos no rito arbitral.

A conduta do Judiciário, diante de impugnações quanto ao mérito das sentenças arbitrais, a *prima facie*, deve ser de deferência, em respeito à autonomia privada. Pretensões que, por exemplo, sob alegação de nulidade, se revelem como mero inconformismo da parte devem ser de plano rechaçadas. Evitam-se, assim, ações que

---

38 WLADECK, Felipe Scripes. Impugnação da sentença arbitral – Salvador: Editora Juspodivm, 2014. p. 130-131.

39 Ibid. p. 134.

40 ALVES, Rafael Francisco. O devido processo legal na arbitragem. In: JOBIM. Eduardo; MACHADO, Rafael Bicca (Org.). *Arbitragem no Brasil* – Aspectos Jurídicos Relevantes. São Paulo: Quartier Latin, 2008. p. 391.

41 Art. 21. A arbitragem obedecerá ao procedimento estabelecido pelas partes na convenção de arbitragem, que poderá reportar-se às regras de um órgão arbitral institucional ou entidade especializada, facultando-se, ainda, às partes delegar ao próprio árbitro, ou ao tribunal arbitral, regular o procedimento. (...) § 2º Serão, sempre, respeitados no procedimento arbitral os princípios do contraditório, da igualdade das partes, da imparcialidade do árbitro e de seu livre convencimento.

42 WLADECK, Felipe Scripes. op. cit., nota 38, p. 138.

43 Idem, p.139.

busquem se valer dos preceitos com alguma generalidade para anular a sentença arbitral, sem a existência de um vício de gravidade que justifique essa interferência.[44] Ações anulatórias minam a credibilidade do instituto perante aqueles que se valeram do procedimento arbitral.

Na verdade, aquele insatisfeito com a decisão arbitral não pode se valer da demanda judicial como um instrumento de inconformismo, substituto daquilo que a lei de arbitragem não quis prever. Se não há previsão de Recurso Arbitral, não compete ao Estado Juiz o reexame da sentença arbitral.

Eventual interferência deve ser pontual, deixando claro a sentença judicial o motivo da procedência da ação anulatória, ou seja, a conduta violadora do princípio constitucional, cuja garantia se visa preservar.

A opção pelo procedimento arbitral é um indicativo de que as partes não desejam enfrentar as agruras do processo judicial.

Às nulidades do processo de arbitragem, aplicam-se os mesmos ditames do regime de nulidades do CPC. Isto é, ao perquirir eventual invalidade de sentença arbitral, o magistrado deve ter em vista o princípio da instrumentalidade das formas e o do prejuízo. Não comprovado gravame à parte supostamente prejudicada pelo *decisum* da arbitragem, incide a instrumentalidade das formas para manter a higidez do ato impugnado, com aplicação analógica dos arts. 277 e 282, §1º do CPC. [45]

Deve-se ter em vista, ainda, que a terminologia do art. 32 da Lei de Arbitragem, ao afirmar que será nula a sentença arbitral não é exata. Como aponta a doutrina majoritária, cada hipótese trazida no dispositivo pode gerar vício de diferentes ordens na decisão do árbitro.[46] Isto é, as previsões da lei de arbitragem levam não somente à nulidade da sentença arbitral, mas podem acarretar também sua inexistência ou ineficácia. Podem ocasionar, ainda, a verificação de meras irregularidades, sem o condão de afetar o ato impugnado.

Como se percebe, tais previsões se valem de paradigmas muito semelhantes aos utilizados nas sentenças judiciais, demonstrando-se a proximidade existente entre os procedimentos de arbitragem e de justiça estatal.[47]

Nesse sentido, traz-se, como premissas metodológicas para o sistema de nulidades da sentença arbitral, o regime do CPC.[48] Apenas dessa forma, será possível compreender os limites e o alcance da disciplina dos vícios existentes na arbitragem.[49]

---

44 WLADECK, Felipe Scripes. Impugnação da sentença arbitral – Salvador: Editora Juspodivm, 2014. p. 142.

45 ALVES, Rafael Francisco. O devido processo legal na arbitragem. In: JOBIM. Eduardo; MACHADO, Rafael Bicca (Org.). *Arbitragem no Brasil* – Aspectos Jurídicos Relevantes. São Paulo: Quartier Latin, 2008. p. 393.

46 WLADECK, op. cit., nota 44, p. 146.

47 WLADECK, Felipe Scripes. Impugnação da sentença arbitral – Salvador: Editora Juspodivm, 2014. p. 149-150.

48 DINAMARCO, Cândido Rangel. Limites da sentença arbitral e de seu controle jurisdicional. In: *Nova era do processo civil*. São Paulo: Malheiros, 2004. p. 149.

49 WLADECK, op. cit., nota 47, p. 149.

3. Produção de prova na arbitragem

Especificamente no ponto do devido processo legal, interessa-nos o direito à prova. Com a constitucionalização do processo civil, a prova é alçada à condição de garantia fundamental da parte.[50]

Couture já afirmava a inconstitucionalidade gerada pela privação do contraditório pelo cerceamento à prova[51]. Cappelletti, por sua vez, referindo-se à constitucionalização das garantias processuais e consequências de sua violação, mencionava o exame da prova como direito constitucional:

> [...] a jurisprudência vem reconhecendo às partes um verdadeiro e próprio direito constitucional à prova, direito que deveria assegurar a elas a possibilidade de valer-se dos meios de prova geralmente reconhecidos pelo ordenamento e, ao mesmo tempo, impedir que o legislador oponha obstáculos não razoáveis à prova dos direitos feitos valer em juízo.[52]

Resta claro que não teria qualquer valia a mera afirmação que as partes podem atuar sem oportunizar, de forma ampla, a produção de provas para sustentar as alegações das partes, de modo a efetivamente influir na convicção do julgador – no caso, do árbitro. Se assim não fosse, as garantias processuais seriam meramente formais e vazias.[53]

Nesse contexto, o direito à prova é integrante do contraditório, o que atrai o regime dos art. 32, VIII c/c art. 21, parágrafo único, da Lei de Arbitragem, podendo, em tese, sua inobservância lastrear o pedido de anulação do laudo arbitral.

Não se nega que o juiz deva atuar de forma cooperativa, levando em conta o compromisso anterior das partes em resolver seu conflito na esfera arbitral. Entretanto, o processo arbitral deve ser justo, de modo que, havendo evidente violação da garantia constitucional à prova, em qualquer dos seus caracteres, não se pode fechar ao prejudicado a via jurisdicional.

Como se mencionou, o direito à prova é parte integrante do direito ao contraditório, ampliado e humanizado com o advento da Constituição da República Federativa de 1988 e do Código de Processo Civil de 2015. A ideia do contraditório apenas como o binômio informação e reação restou superada, tornando o diálogo e a participação núcleos essenciais desse direito em todos os momentos do processo. Esse alcance do contraditório é ainda potencializado pelo princípio da cooperação, e pelos deveres corolários de diálogo, esclarecimento, prevenção e auxílio. O contraditório moderno compreende não só a informação e reação, como também o diálogo e a participação.

---

50 DIDIER, Fredie; JOBIM, Marco Felix; FERREIRA, William Santos (Coord.). Coleção Grandes Temas do Novo Cpc – V.5 – Direito Probatório. 1ª ed. Salvador: Editora Juspodivm, 2015. p. 50.

51 COUTURE, Eduardo. *Fundamento del derecho procesal civil*. 3ª ed. Buenos Aires: Depalma, 1972, p. 151 e ss. Apud Ibid. p. 50.

52 CAPPELLETTI, Mauro. *Procesos, ideologías, sociedade* (trad. Santiago Sentís Melendo). Buenos Aires: EJEA, 1974, p. 528. Apud Ibid p. 50-51.

53 TARUFFO, Michelle. *La prueba* – Madrid: Marcial Pons, 2008. p. 56.

Desse modo, possibilita-se uma real influência dos jurisdicionados nas decisões que impactam sua esfera jurídica, o que representa, em última análise, uma exigência do próprio Estado de Direito. [54]

Em uma perspectiva de constitucionalização do direito, não basta a mera declaração formal da sua existência; pelo contrário, exige-se sua efetividade no maior grau possível. O direito ao contraditório e à ampla defesa só ganham verdadeira eficácia no plano social quando permitem que o jurisdicionado tenha à sua disposição os meios que lhe permitam embasar suas teses.[55]

Cuida-se de um fenômeno que não se resume ao direito pátrio. Pico I Junoy[56] identifica, no art. 24.2 da Constituição Espanhola, uma íntima relação entre o direito à prova e o direito de defesa, pela imprescindibilidade de assegurar às partes a demonstração de suas alegações. A mesma ideia também está presente no direito de ação assegurado pelo art. 24.1 da Constituição Italiana (Andrioli, Andolina-Vignera e Denti).[57]

Em suma, em quase todas as Constituições contemporâneas será essencial a análise da prova como uma garantia fundamental para possibilitar uma implementação completa do direito ao devido processo legal. Nada obstante a ampla aceitação da importância da prova para o não esvaziamento da principiologia fundamental do processo, é imperioso se notar que há ainda grande dificuldade na sua aplicação.[58]

A doutrina italiana enfrenta o tema, abordando a temática probatória em uma perspectiva complexa, que inclui o direito de indicar os meios, o direito à produção efetiva, o direito à contraprova e, por fim, o de sua adequada valoração.[59]

Sendo a realidade fator determinante da veracidade ou da falsidade das narrativas que a apresentam, não há necessidade de adeptos a essa verdade, uma vez que ela existe mesmo quando não for constatada ou não receber a devida credibilidade. Da mesma forma ocorre no contexto jurídico, em que

> a verdade de um enunciado não depende do que resolver o juiz, o tribunal ou um jurado, depende exclusivamente de sua correspondência com o mundo. [...] E importa para o Direito uma (alguma) teoria correspondista, sob pena de que 'nossos sistemas probatórios atuais percam o significado', passando a ser mais eficiente e econômico o lançamento de dados, mas principalmente de que as decisões sejam tendencialmente injustas.[60]

---

54 DIDIER, Fredie; JOBIM, Marco Felix; FERREIRA, William Santos (Coord.). Coleção Grandes Temas do Novo CPC – V.5 – Direito Probatório. 1ª ed. Salvador: Editora Juspodivm, 2015. p. 99.

55 Ibid. p. 51.

56 PICO I JUNOY, Joan. *El juez y la prueba*. Bogotá: U. Javeriana, 2011. p. 123.

57 DIDIER, op. cit., nota 54, p. 51.

58 TARUFFO, Michelle. *La prueba* – Madrid: Marcial Pons, 2008. p. 56.

59 Comoglio, Ferri e Taruffo. Lezioni sul processo civile. Bolonha: Il Mulino, 1993, p. 512. Apud DIDIER, Fredie; JOBIM, Marco Felix; FERREIRA, William Santos (Coord.). Coleção Grandes Temas do Novo CPC – V.5 – Direito Probatório. 1ª ed. Salvador: Editora Juspodivm, 2015. p. 52.

60 RAMOS, Vitor de Paula. *Ônus da prova no processo civil: do ônus ao dever de provar* – São Paulo: Editora Revista dos Tribunais, 2015. p. 24-25.

Mesmo que a relação entre prova e verdade seja de finalidade, o processo judicial pode ser equipado de maneira mais ou menos *truth-conducive* ou *truth-oriented*. O que importa, aqui, é que o processo esteja equipado para a busca da verdade, de modo a fortalecer o grau de corroboração das hipóteses e conferir às decisões melhor justificação sobre os fatos.[61]

No sistema probatório, a verdade, como fim da prova, funciona como um *standard* externo de correção desse sistema, avaliando se este de fato oferece métodos racionais de determinação de questões de fato e cumpre seu papel. Nas palavras de Michele Taruffo, "não parece haver dúvidas de que no plano epistêmico deve valer a regra segundo a qual o grau de confirmação de uma hipótese aumenta com a obtenção de provas ulteriores, visto que a situação ótima é a de que todas as provas possíveis sejam obtidas".[62]

Nesse contexto, os meios probatórios não se sujeitam a um rol exaustivo previsto, em lei – como, aliás, expressa o CPC em seu art. 369.[63]O processo arbitral não pode se afastar desse preceito, de modo que toda a via idônea e capaz de comprovar as alegações controversas, ainda que atípica, deve ser apreciável pelo julgador – no caso, o árbitro – para buscar a melhor reconstituição possível sobre determinado fato.[64]

Assim sendo, a busca pela verdade material confere à arbitragem ampla liberdade probatória, até porque "a livre apreciação da prova, desde que a decisão seja fundamentada, considerada a lei e os elementos existentes nos autos, é um dos cânones do nosso sistema processual."[65]. Tal afirmativa é reforçada pela equiparação de poderes entre o árbitro e o juiz togado para o exercício das funções que lhe são próprias, já que para afirmar o direito de alguma das partes, é imprescindível a prévia confirmação da veracidade ou da falsidade do "fato a provar".[66]

Do mesmo modo, é aplicável à arbitragem a regra de que ninguém se exime do dever de colaborar para o descobrimento da verdade (CPC, art. 378). Em casos de perícias, também se admite que o árbitro atue de ofício na realização de vistorias de locais, para verificar, por exemplo, eventuais questões de fato sobre o armazenamento de produtos sensíveis.[67]

Claro que o poder instrutório do árbitro, tal qual o do juiz, encontra ao menos um limite bem claro: a motivação. É imprescindível que o dito livre convencimento seja racional, embasado nos elementos fáticos e jurídicos constante dos autos. Destarte,

---

61 Ibid. p. 40.

62 TARUFFO, op.cit., nota 58, p. 45-46.

63 MARTINS, Pedro Antônio Batista Martins. Panorâmica sobre as Provas na Arbitragem in JOBIM. Eduardo; MACHADO, Rafael Bicca (Org.). *Arbitragem no Brasil* – Aspectos Jurídicos Relevantes. São Paulo: Quartier Latin, 2008. p. 328.

64 Ibid.

65 STJ, 4ª Turma, REsp 7.870-SP, Rel. Min. Sálvio de Figueiredo, j. 03.12.1991, DJ 03.02.1992.

66 MARTINS, op. cit., nota 63, p. 329-330.

67 Idem, p. 331.

o alcance desse princípio não pode ignorar os argumentos aduzidos pelas partes no âmbito da arbitragem.

Esse dever de motivação foi fortemente ampliado pelo legislador de 2015. No que importa para o âmbito probatório, veja-se que foi suprimida a expressão "livremente", no que tange à apreciação da prova pelo magistrado, então constante do art. 131 do CPC/1973. Além disso, separam-se claramente os critérios de admissão e de valoração da prova,[68] pelos arts. 370 e 371 do CPC de 2015, respectivamente, potencializando o direito fundamental de produção da prova admissível, sem prejuízo do valor que lhe venha a ser conferido posteriormente pelo magistrado, em um momento posterior.[69][70]

Da mesma forma, a normatização do princípio cooperativo como norma fundamental do processo também impacta no plano probatório.

Nos casos de desrespeito à amplitude que deve ser conferida ao direito probatório, a sentença arbitral será nula, não havendo de se falar de inexistência ou de ineficácia.Nesses casos, o vício amolda-se ao art. 32, VII da lei de arbitragem, consubstanciando-se em violação do contraditório e da ampla defesa.

É claro que, aplicando-se a sistemática geral da teoria das nulidades, a invalidade não será declarada caso o resultado do processo seja favorável à parte cujo direito de defesa foi vulnerado, tendo em vista a ausência de prejuízo (CPC, art. 282, §1º).[71]

Via de regra, entretanto, o desrespeito do direito à prova implica grave vício, que impacta na aptidão da parte em atuar para o convencimento do árbitro. Restando comprovada a violação do contraditório e da ampla defesa, consequência inevitável será a invalidade da decisão prolatada no campo arbitral. Isso porque o campo de liberdade constitucionalmente conferido à autonomia privada, apesar de significativo, não pode abrir espaço para a privação de direitos e garantias fundamentais.

4. Análise do REsp nº 1.500.667/RJ

Diante da perspectiva apresentada, observamos que o STJ foi chamado a se pronunciar sobre o tema no REsp nº 1.500.667/RJ.[72] Na origem, havia uma contenda de uma sociedade de navegação em face de uma sociedade de guindastes, alegando-se má prestação de serviços, que seguiu para o juízo arbitral.

---

68 DIDIER, Fredie; JOBIM, Marco Felix; FERREIRA, William Santos (Coord.). Coleção Grandes Temas do Novo CPC – V.5 – Direito Probatório. 1ª ed. Salvador: Editora Juspodivm, 2015. p. 98.

69 DIDIER, Fredie; JOBIM, Marco Felix; FERREIRA, William Santos (Coord.). Coleção Grandes Temas do Novo CPC – V.5 – Direito Probatório. 1ª ed. Salvador: Editora Juspodivm, 2015. p. 98.

70 Ibid.

71 WLADECK, Felipe Scripes. *Impugnação da sentença arbitral* – Salvador: Editora Juspodivm, 2014. p. 188.

72 STJ, REsp 1500667/RJ, Rel. Ministro JOÃO OTÁVIO DE NORONHA, TERCEIRA TURMA, julgado em 09/08/2016, DJe 19/08/2016.

No curso da arbitragem, as partes foram chamadas a especificar provas, tendo requerido a produção de prova documental, oral e pericial de engenharia e de natureza contábil financeira. Apesar disso, foi produzida apenas a prova técnica de engenharia, tendo-se nomeado para a função três engenheiros navais, não se realizando a prova de contabilidade destinada a quantificar eventuais prejuízos econômicos.

A perícia de engenharia, nada obstante voltada a apurar erro de projeto ou de instalação dos equipamentos, teria concluído pela existência de danos materiais indenizáveis, em cálculos que não teriam levado em conta elementos contábeis.

Com base nessa prova, a sociedade de guindastes restou condenada na seara arbitral, sendo obrigada a pagar vultosa quantia à empresa de navegação, computados danos emergentes e lucros cessantes.

Irresignada, a parte vencida ingressou em juízo perante a 3ª Vara Empresarial da Comarca do Rio de Janeiro postulando a nulidade da sentença arbitral, aduzindo violação da ampla defesa, do contraditório e da igualdade entre as partes.

Em primeira instância, houve revelia da ré, tendo a magistrada entendido pela procedência do pedido anulatório.

Foi interposta apelação, desprovida por maioria no TJRJ, tendo a Desembargadora Relatora, no voto vencedor, expressamente afirmado que

> a sentença proferida pelo Juízo Arbitral não obedeceu ao Princípio Constitucional do Contraditório, pois condenou a apelada ao pagamento de quantia vultuosa, sem oportunizar a realização de prova pericial contábil indispensável para aferir eventual indenização, haja vista a evidente incapacidade técnica do perito nomeado, engenheiro naval, para tal mister, devendo, portanto, ser declarada a nulidade da sentença arbitral[73].

No âmbito do Tribunal estadual, houve, entretanto, voto vencido entendendo que a pretensão da sociedade de guindastes envolveria revaloração da prova pericial, o que seria vedado ao Poder Judiciário. Por isso, dava-se provimento à apelação para restabelecer os termos da decisão arbitral.

A sociedade de navegação interpôs, então, recurso especial para o STJ, onde logrou êxito em reverter, por unanimidade, as derrotas das instâncias anteriores. O entendimento majoritário, representado pelo voto do Min. João Otávio de Noronha, reputou que

> o aresto recorrido, ao manter a sentença de primeiro grau, relativizou os princípios da soberania da decisão judicial e do livre convencimento do árbitro e acabou por intervir no mérito da decisão arbitral ao concluir pela necessidade de realização de perícia contábil, pois não houve, na hipótese dos autos, ofensa ao princípio do contraditório visto que inexiste vício procedimental limitador do direito de defesa das partes.

---

73 TJRJ, Apelação Cível nº 0351390-45.2011.8.19.0001, Rel. Des. Regina Lucia Passos, 6ª Câmara Cível, j. em 24/10/2012.

Atualmente, o processo está pendente de julgamento de embargos de declaração. Mesmo assim, entendemos que podemos tirar algumas conclusões importantes do que já ocorreu e que restou brevemente relatado.

A discussão que se coloca, em estreita síntese, é se o Poder Judiciário pode determinar a anulação de procedimento arbitral por ausência de produção de prova essencial à condenação da parte ou, se, diversamente, tal atuação representaria uma interferência ilícita no mérito da atividade privada.

Com todas as vênias devidas ao acórdão do STJ, sem adentrar o mérito do caso concreto, não podemos concordar com as premissas da decisão, ante as razões que expusemos no presente trabalho.

Em primeiro lugar, a verificação do cerceamento de defesa não constitui, propriamente, matéria meritória. A arbitragem não é um ambiente infenso aos direitos e garantias processuais de natureza fundamental, de modo que não se encontra, no poder decisório do árbitro, a faculdade de decidir a causa em desprezo ao devido processo legal.

Note-se que a referida avaliação cuida de um *error in procedendo*, representado na violação do direito da parte à produção de prova. Todo o processo, dessa forma, deve se orientar à busca da reconstituição dos fatos relevantes à sua conclusão. Diante disso, além das partes alegarem, a elas deve ser dado comprovar suas afirmativas.[74] Em outras palavras, a regular observância do direito à prova não pode prescindir da tentativa de descoberta da verdade.[75]

Interpretação contrária acabaria por reduzir o contraditório a uma promessa vazia, o que não pode ser admitido, mesmo em ambientes onde se destaca a autonomia da vontade, como no juízo arbitral.

Mesmo que se considerasse matéria de mérito, entretanto, não poderia se descartar de forma absoluta a possibilidade de o Poder Judiciário intervir. Como defendemos acima, nos casos em que houvesse violação grosseira a direitos fundamentais no âmbito da sentença arbitral, em caráter absolutamente excepcional, pode-se admitir a atuação jurisdicional.[76]

Portanto, dissentimos, com todo o respeito, do posicionamento exarado pelo Tribunal Superior, dado que as circunstâncias narradas possibilitam, ao menos em tese, que haja uma interferência legítima do Judiciário na atividade arbitral.

5. Conclusão

A arbitragem é uma atividade que representa, por excelência, a autonomia da vontade, permitindo que, contratualmente, lide-se com as controvérsias que podem

---

74 DIDIER, Fredie; JOBIM, Marco Felix; FERREIRA, William Santos (Coord.). Coleção Grandes Temas do Novo CPC – V.5 – Direito Probatório. 1ª ed. Salvador: Editora Juspodivm, 2015. p. 100.

75 Ibid.

76 WLADECK, Felipe Scripes. *Impugnação da sentença arbitral* – Salvador: Editora Juspodivm, 2014. p. 138-139.

surgir em determinada relação jurídica contratual, baseada no princípio da confiança. Dentro das ideias das ondas renovatórias e de releitura da jurisdição prestada pelo Estado, o estímulo à arbitragem vem se consolidando como uma das políticas para o tratamento adequado de conflitos.

Nesse contexto, alguns juristas têm tratado o juízo arbitral como atividade propriamente jurisdicional. Como permanecem algumas medidas exclusivas dos juízes estatais, defendemos o caráter parajurisdicional deste.

De qualquer forma, a arbitragem não é um caminho que permita a evasão completa em relação ao juiz de direito. A própria lei 9.307/1996 traz hipóteses em que a parte prejudicada pode postular a anulação da sentença arbitral perante o Judiciário.

Tal possibilidade não traz qualquer desprestígio ao desenvolvimento da arbitragem, se bem aplicada. O magistrado, em prestígio à autonomia privada, deve restringir sua análise a questões formais da causa, erros de procedimento. Questões afetas ao mérito, em regra, não são sindicáveis, salvo patente e grave violação de direitos fundamentais, em casos excepcionalíssimos.

Além disso, o sistema de nulidades deve seguir os princípios insculpidos no Código de Processo Civil, em especial, o do prejuízo (CPC, art. 282, §1º). Desse modo, não é qualquer irregularidade que ensejará a nulidade da sentença arbitral.

Um dos principais parâmetros que pode lastrear o controle da sentença arbitral é o devido processo legal. O direito ao processo justo é uma garantia de estatura constitucional, aplicáveis a todas as espécies de procedimento, estatais ou não. Por isso, imperiosa sua observância na arbitragem.

A lei de arbitragem, em seu art. 21, §2º estabelece um conteúdo mínimo do devido processo legal para o rito arbitral, qual seja, contraditório, igualdade das partes, imparcialidade do árbitro e livre convencimento.

O contraditório ganha especial relevância no atual momento da Ciência Processual. É preciso que ele seja enxergado para além do binômio informação-reação para, em uma perspectiva mais humanizada, represente a oportunidade efetiva da parte influir na convicção do julgador – no caso, o árbitro.

Para que seja possível a concretização de forma efetiva do contraditório, imprescindível que se dê a maior amplitude possível ao direito probatório dos sujeitos envolvidos na arbitragem.

Com esses parâmetros, analisamos a decisão tomada pelo STJ no âmbito do REsp nº 1.500.667/RJ. Na ocasião, as instâncias ordinárias concluíram pela nulidade da sentença arbitral por recusa a produzir prova contábil necessária à eventual condenação da parte e à adequada liquidação do prejuízo. O Tribunal Superior, entretanto, reputou interferência indevida do Judiciário na atividade do árbitro e deu provimento ao recurso especial para julgar improcedente o pedido anulatório formulado.

Entendemos que os elementos narrados no caso justificam, ao menos em tese, a atuação da jurisdição estatal, de modo que, em uma perspectiva de potencialização das garantias processuais, nos parecia, com todo o respeito devido, mais adequado o posicionamento do Tribunal de origem.

6. Referências bibliográficas

ALVES, Rafael Francisco. O devido processo legal na arbitragem. In: JOBIM. Eduardo; MACHADO, Rafael Bicca (Org.). *Arbitragem no Brasil* – Aspectos Jurídicos Relevantes. São Paulo: Quartier Latin, 2008.

ALVIM, José Eduardo Carreira. *Teoria geral do Processo.* 10ª ed. Rio de Janeiro: Forense, 2005.

CÂMARA, Alexandre Freitas. *Juizado especiais cíveis estaduais e federais: uma abordagem crítica.* 4ª ed. Rio de Janeiro: Lumen Juris, 2008.

CAPPELLETTI, Mauro; GARTH, Bryant. *Acesso à Justiça*. Tradução de: Ellen Gracie Northfleet. Porto Alegre: Fabris Editora, 1988.

CARNEIRO, Paulo Cezar Pinheiro; SCHENK, Leonardo Faria. O justo processo arbitral e o dever de revelação (disclosure) dos peritos. In: *Revista Eletrônica de Direito Processual.* REDP Volume XII, 2013.

DIDIER JR., Freddie. *Curso de Direito Processual Civil – vol. 1: Introdução ao Direito Processual Civil e Processo de Conhecimento.* 17ª ed. Salvador: JusPodium, 2015.

_________; JOBIM, Marco Felix; FERREIRA, William Santos (Coord.). COLEÇÃO GRANDES TEMAS DO NOVO CPC – V.5 – DIREITO PROBATÓRIO – 1ª ed. – Salvador: Editora Juspodivm, 2015.

DINAMARCO, Cândido Rangel. Limites da sentença arbitral e de seu controle jurisdicional. In: *Nova era do processo civil.* São Paulo: Malheiros, 2004.

ECONOMIDES, Kim. Lendo as ondas do "movimento de acesso à justiça": Epistemologia versus metodologia? Tradução de: Paulo Martins Garchet. In: PANDOLFI, Dulce...[et al] (Org.). *Cidadania, justiça e violência.* Rio de Janeiro: Ed. Fundação Getulio Vargas, 1999.

GRECO, Leonardo. Garantias fundamentais do processo: O processo justo in *Novos Estudos Jurídicos* – Ano VII – Nº 14 – p. 9-68, abril / 2002.

JUNQUEIRA, Eliane Botelho. Acesso à justiça: um olhar retrospectivo. EstudosHistóricos, Rio de Janeiro, 1997. Disponível em: http://www.academia.edu/1050556/Acesso_%C3%A0_justi%C3%A7a_um_olhar_retro spectivo. Acesso em 11 out. 2016.

MARINONI, Luiz Guilherme; ARENHART, Sérgio Cruz; MITIDIERO, Daniel. *Novo Curso de Processo Civil* – v. 1. 1 ed. São Paulo: Revista dos Tribunais, 2015.

MARTINS, Pedro Antônio Batista Martins. Panorâmica sobre as Provas na Arbitragem in JOBIM. Eduardo; MACHADO, Rafael Bicca (Org.). *Arbitragem no Brasil* – Aspectos Jurídicos Relevantes. São Paulo: Quartier Latin, 2008

PICO I JUNOY, Joan. *El juez y la prueba*. Bogotá: U. Javeriana, 2011.

PINHO, Humberto Dalla Bernardina de. *Direito Processual Civil Contemporâneo 1 – Teoria Geral do Processo.* 6 ed. São Paulo: Saraiva. 2015.

RAMOS, Vitor de Paula. *Ônus da prova no processo civil: do ônus ao dever de provar* – São Paulo: Editora Revista dos Tribunais, 2015.

RICCI, Edoardo F. "Reflexões sobre o art. 33 da Lei de Arbitragem". *Revista de Processo*, São Paulo, ano 24, v. 93, p. 45-59, jan./mar., 1999.

TARUFFO, Michelle. *La prueba* – Madrid: Marcial Pons, 2008

WLADECK, Felipe Scripes. *Impugnação da sentença arbitral* – Salvador: Editora Juspodivm, 2014.

Aspectos polêmicos das cláusulas escalonadas

Rodrigo Cunha Mello Salomão

1. Introdução

O presente artigo buscará abordar as principais questões que envolvem as chamadas cláusulas escalonadas, tema este de crescente importância no atual momento de incentivo aos métodos alternativos de solução de conflitos.

Após objetiva apresentação de sua origem e conceito, o autor pretende enfrentar as problemáticas identificadas com a aplicação prática das cláusulas escalonadas. A análise dessa matéria será realizada, em grande parte, com base na doutrina e jurisprudência estrangeiras, sobretudo dos tribunais arbitrais internacionais responsáveis por dirimir conflitos envolvendo matéria de direito comercial.

Por óbvio, não há aqui a pretensão de esgotar a matéria, o que exigiria um trabalho muito mais aprofundado diante da complexidade que envolve os diferentes tipos e todas as nuances das cláusulas multi-etapas. Como dito, pontuaremos apenas os principais aspectos e questões mais controvertidas.

Citando alguns casos concretos, serão abordadas as controvérsias que envolvem a validade e obrigatoriedade da mediação como condição prévia ao início do procedimento arbitral, bem como os requisitos necessários para implementação dessa condição. Logo em seguida, serão discutidas as possíveis consequências decorrentes do descumprimento dessa etapa inicial, tendo em vista a controvérsia relacionada à natureza do inadimplemento.

Como se verá, grande parte desses debates decorrem da própria redação conferida pelas partes contratantes às cláusulas escalonadas, contendo muitas vezes expressões indeterminadas, o que acaba dificultando o trabalho de interpretação da disposição contratual.

Após a análise dos principais pontos, buscaremos importar essas discussões para o contexto brasileiro, apontando as principais mudanças legislativas sobre a matéria.

2. Conceito e origem das cláusulas escalonadas

Como já se adiantou, não pretendemos apresentar uma abordagem exauriente do tema. Nada obstante, é interessante perquirir o contexto histórico no qual estão inseridas as cláusulas escalonadas e, de maneira mais ampla, os próprios métodos alternativos de solução dos conflitos.

Os chamados meios adequados de solução de conflitos não são uma novidade no mundo jurídico. Pelo contrário, o forte incentivo à utilização dessas alternativas ao acionamento do Poder Judiciário pôde ser vista nos Estados Unidos da América, ao menos, desde a década de 70.

Nesse sentido, o Professor Humberto Dalla observa que:

> (...) em um congresso realizado no ano de 1976, Frank Sander, professor da Faculdade de Direito de Harvard, sugeriu a adoção daquilo que batizou de multi-door courthouse. A proposta indicava que, quando o jurisdicionado se dirigisse ao Estado para se servir do instrumento de solução de conflitos disponibilizado, não encontrasse somente a jurisdição, mas outras 'portas', com outros mecanismos disponíveis, como a mediação, a conciliação e a arbitragem[1].

Esse congresso ficou conhecido como a "Pound Conference" de 1976 e o conjunto de técnicas de solução extrajudicial de conflitos foi chamado, pelos norte-americanos, de *Alternative Dispute Resolutions* (ADR).

No Brasil, contudo, esse movimento é muito mais recente. A primeira lei que verdadeiramente regulamentou a arbitragem[2], por exemplo, foi promulgada em 1996 e seus primeiros anos de vigência foram marcados por inúmeros questionamentos, especialmente no que tange à suposta violação aos princípios do acesso à justiça e da inafastabilidade da jurisdição. Somente em 2001, no julgamento da SE 5206[3], o Supremo Tribunal Federal declarou a constitucionalidade do compromisso arbitral e, por conseguinte, da Lei 9.307/96.

De acordo com o Ministro Sepúlveda Pertence, relator do caso, *"o que a Constituição não permite à lei é vedar o acesso ao Judiciário da lide que uma das partes lhe quisesse submeter, forçando-a a trilhar a via alternativa da arbitragem. O compromisso arbitral, contudo, funda-se no consentimento dos interessados e só pode ter por objeto a solução de conflitos sobre direitos disponíveis, ou seja, de direitos a respeito dos quais podem as partes transigir"*.

Os métodos autocompositivos, por sua vez, passaram a receber maior atenção ainda mais recentemente. Além de mais adequadas para determinados tipos de lití-

---

1 PINHO, Humberto Dalla Bernardina de. HALE, Durval. CABRAL, Trícia. [organizadores]. O Marco Legal da Mediação no Brasil, São Paulo: Atlas, 2015, p. 42

2 A arbitragem tem previsão no Brasil desde a época do Império, já que a Constituição de 1824, em seu art. 160, estabelecia que as partes podiam nomear juízes–árbitros para solucionar litígios cíveis e que suas decisões seriam executadas sem recurso, caso fosse assim convencionado. No entanto, a arbitragem passou por idas e vindas, sendo certo que algumas constituições fizeram menção expressa ao instituto (1934 e 1988) e outras não trataram do tema (1895, 1937, 1946 e 1967). Apesar da existência de leis infraconstitucionais anteriores, como o Decreto nº 737 de 1850 e os Códigos de Processo Civil de 1939 e 1973, a arbitragem somente foi extensamente regulamentada com a Lei 9.307/96.

3 SE 5206 AgR, Relator(a): Min. SEPÚLVEDA PERTENCE, Tribunal Pleno, julgado em 12/12/2001, DJ 30-04-2004 PP-00029 EMENT VOL-02149-06 PP-00958

gios, a mediação e a conciliação são atualmente vistas como potencial solução para o alarmante número de demandas que aportam no judiciário brasileiro, funcionando como um verdadeiro "filtro de litigiosidade".

Um importante passo para o desenvolvimento dessas ferramentas em nosso país veio com a Resolução nº 125/2010, do Conselho Nacional de Justiça, que *"dispõe sobre a Política Judiciária Nacional de tratamento adequado dos conflitos de interesses no âmbito do Poder Judiciário e dá outras providências"*.

Alguns anos depois, foi promulgado o Novo Código de Processo Civil (Lei 13.105/2015), que representou notável estímulo aos métodos consensuais de resolução de litígios ao ponto de incluí-los no Capítulo dedicado às "Normas Fundamentais do Processo Civil" (art. 3º, §§2º e 3º, do CPC/15). Concomitantemente, foi finalmente aprovada a Lei 13.140/2015, conhecida como "Marco Legal" da mediação no Brasil.

Essa brevíssima retrospectiva mostra-se importante na medida em que as cláusulas escalonadas não se distanciam dos métodos alternativos de solução de conflitos. Na verdade, são ferramentas contratuais que utilizam esses próprios meios adequados de maneira conjugada e, por isso, possuem uma trajetória histórica muito assemelhada.

As cláusulas escalonadas, dentre outras variações, são também denominadas de cláusulas combinadas ou multi-etapas (em inglês: *multi-tiered step clauses*). Como os próprios nomes sugerem, tratam-se de disposições contratuais que estabelecem procedimentos a serem cumpridos pelas partes quando do surgimento de um litígio e antes de eventual instauração da arbitragem. Surgindo uma controvérsia, as partes contratantes devem primeiro se submeter às tratativas descritas na cláusula e, caso o consenso não seja obtido, recorrem então ao procedimento arbitral.

Nesse sentido, é bastante esclarecedora a definição apresentada por Alexander Jolles, advogado suíço especializado em *commercial litigation* e árbitro da Câmara de Comércio Internacional (CCI):

> Multi-tier arbitration clauses are clauses in contracts which provide for distinct stages, involving separate procedures, for dealing with and seeking to resolve disputes. Such clauses typically provide for certain steps and efforts to be taken by the parties prior to commencing arbitration. These initial steps are aimed at finding an amicable settlement of disputes in order to avoid arbitration or litigation. Typically, the initial tiers of such clauses provide for a duty to enter into negotiations, sometimes requiring the attendance of top management representatives, and/or a duty to participate in conciliation or mediation processes. The last tier of such clauses provides for the adjucatory process (arbitration), which is intended to be conducted only if the efforts taken in the initial iers have failed[4].

O conceito apresentado acima, vale dizer, é bastante abrangente, de onde podemos extrair que os procedimentos iniciais que podem ser estabelecidos entre as

---

4 JOLLES, Alexander. "Consequences of Multi-tier Arbitration Clauses: Issues of Enforcement", 72 ARBITRATION 4 (2006), p. 329.

partes não se resumem à conciliação ou mediação. Gary Born[5] cita, por exemplo, a previsão de submissão à decisão não vinculante de algum engenheiro, arquiteto ou profissional especializado na matéria controvertida ou o esgotamento dos meios locais, no caso de conflitos internacionais.

Esse amplo leque de procedimentos pré-arbitrais é um indicativo de que as cláusulas escalonadas estão contidas em uma classificação ramificada em gêneros e espécies. No vértice dessa classificação, encontramos as chamadas cláusulas híbridas, as quais estabelecem a utilização, pelas partes, de duas jurisdições distintas. Dentro desse conceito, estão inseridas as cláusulas escalonadas, que, por sua vez, se dividem de acordo o procedimento inicial que deve ser implementado antes da arbitragem. Se tal procedimento for a mediação, por exemplo, a cláusula contratual será denominada *"med-arb"*, a qual ainda se ramifica em duas possibilidades: uma em que o mesmo terceiro exerce o papel de mediador e árbitro; e outra em que as etapas são comandadas por terceiros distintos.

Nesse ponto, é importante mencionar, desde já, que o presente artigo tratará com maior atenção das cláusulas med-arb em que os procedimentos são conduzidos por terceiros distintos, uma vez que são muito mais comuns em nosso país. Sobre o tema, Selma Ferreira Lemes[6] observa que os países orientais, como a China, são mais propensos a aceitar que uma mesma pessoa desempenhe os papeis de mediador e árbitro.

Os países ocidentais, por outro lado, possuem mais cuidado e reticência, havendo normas que impedem expressamente esta situação, salvo manifestação em contrário das partes. Cite-se, a título exemplificativo, o art. 10, do Regulamento de Mediação da CCI, o art. 19, do Regulamento de Conciliação da UNCITRAL e, no Brasil, o art. 7º, da Lei de Mediação[7].

Esclarecida essa divisão, é válido destacar a origem e o motivo pelo qual foram pensadas as cláusulas escalonadas. Megan Elizabeth Telford,[8] grande estudiosa do tema, afirma que os primeiros relatos de utilização, ainda incipiente, das cláusulas mistas remontam aos anos de 1940, nos Estados Unidos. Imaginava-se, naquela época, a participação de um terceiro neutro que auxiliava as partes nas negociações iniciais e, caso frustradas, esse mesmo terceiro impunha sua decisão.

No entanto, considerável parcela dos operadores do direito da época criticavam essa ideia, ao argumento de que os métodos de mediação e arbitragem são comple-

---

5 BORN, Gary; Šekić, Marija. "Pre-Arbitration Procedural Requirements: 'A Dismal Swamp' in "Practising Virtue: International Arbitration", Published to Oxford Scholarship Online: January 2016, p. 229.

6 LEMES, Selma Ferreira. "Cláusula escalonada ou combinada: mediação, conciliação e arbitragem", *in* Arbitragem Internacional, UNIDROIT, CISG, e Direito Brasileiro FINKELSTEIN, Cláudio, VITA, Jonathan B., CASADO FILHO, Napoleão. São Paulo: Quartier Latin, 2010, p.6/7.

7 Art. 7º: "O mediador não poderá atuar como árbitro nem funcionar como testemunha em processos judiciais ou arbitrais pertinentes a conflito em que tenha atuado como mediador".

8 TELFORD, Megan Elizabeth. "Med-arb: a viable dispute resolution alternative. Current issues series", IRC Press, 2000

tamente distintos e incompatíveis. Afirmava-se, ainda, que seria anti-ética a condução de ambas as etapas pelo mesmo terceiro imparcial.

Sem prejuízo dessas primeiras aparições, as cláusulas escalonadas começaram a ser realmente colocadas em prática a partir da década de 70, também nos Estados Unidos, sendo o advogado e árbitro Sam Kangel usualmente apontado como o responsável pelo desenvolvimento desse instituto. Em 1978, Wisconsin se tornou o primeiro estado norte-americano a utilizar formalmente a cláusula med-arb como forma de solução alternativa aos conflitos. O sucesso obtido na solução de disputas, sobretudo comerciais, fez com que essa ferramenta ganhasse força nos EUA e se expandisse para o Canadá, onde também passou a ser frequentemente utilizada.

Interessante observar que o desenvolvimento desse novo tipo de resolução de litígios acompanhou o progresso das próprias relações sociais. Com a multiplicação dos conflitos e aparecimento de questões mais complexas na sociedade moderna, mostrou-se necessária a atualização dos métodos de solução até então disponíveis. A cláusula med-arb, portanto, não é um mecanismo completamente inédito, mas apenas uma versão mais moderna dos meios alternativos, de forma a adequá-los aos novos tipos de conflitos. Até porque, nas palavras de John Blankenship[9], o processo deve ser confeccionado para se adaptar aos litígios e não a disputa que deve se adaptar ao procedimento pré-existente.

Nessa mesma linha, é válido destacar as considerações apresentadas por Ervey Sergio Cuéllar Tijerina, em sua tese de doutorado na Universitat Pompeu Fabra de Barcelona:

> *Dicha actualización consiste, en fusionar procesos med-arb, como el objeto de estudio de esta investigación (mediación y arbitraje vinculados) y obtener mejores resultados, que la utilización aislada de cada mecanismo. Recordemos que no se trata de una innovación, sino de una adecuación e implementación a las necesidades actuales.*[10]

Justamente por ter origem na evolução das relações sociais e nos tipos de conflitos a ela inerentes, Selma Ferreira Lemes observa que, na prática, *"estas cláusulas estão presentes, com certa frequência, em contratos de longa duração e complexidade, tais como os contratos de infraestrutura, os contratos denominados `chave na mão`, contratos nas áreas de energia, gás e petróleo, em que o inadimplemento contratual repercute em cadeia nas demais contratações e subcontratações, sendo de todo oportuno prevê-las e estipulá-las"*[11].

Com o intuito de atualizar e adequar as formas de solução aos novos conflitos, as cláusulas "med-arb" reúnem, efetivamente, as qualidades da mediação e da arbi-

---

9 *in* PAPPAS, Brian. "Med-Arb and the legalization of alternative dispute resolution" (E.U.A.: Harvard Negotiation L. Rev, 2015), p. 190

10 TIJERINA, Ervey Sergio Cuellar. "La Cláusula med-arb en la actualidade: mediación y arbitraje vinculados", TESI DOCTORAL UPF/2015, p. 90/91.

11 LEMES, Selma Ferreira. Op. Cit., p. 2

tragem. Por meio de um único procedimento pré-estabelecido de forma gradativa, as partes conseguem dirimir o litígio sob confidencialidade, com custos reduzidos, maior celeridade e eficiência.

Isso sem contar a notória legitimidade que permeará a decisão obtida ao final do procedimento. Se a solução for encontrada na etapa inicial de mediação, as partes terão certa tranquilidade em aceitá-la, haja vista que a decisão terá sido construída pelos próprios envolvidos e buscando atender ao seus próprios interesses. Por outro lado, ainda que tenham de se submeter ao procedimento arbitral, as partes terão maior facilidade em se contentar com a solução final, uma vez que a decisão que lhes será adjudicada, além de possuir força vinculativa, terá sido emanada de um árbitro ou grupo de árbitros especializado no tema debatido.

Além dessa conjugação de características, Ervey Sergio Cuéllar Tijerina aponta como um importante elemento para o sucesso das cláusulas "med-arb" o fato de que as partes se sentem receosas em perder o controle sobre a decisão da disputa caso o procedimento de mediação não seja exitoso:

> *La estrategia más seductora de este mecanismo mixto, es la continua amenaza de la aparición de un arbitraje ante el fracaso de la mediación tradicional. Desde que las partes está conscientes que su inhabilidad para resolver la disputa, traerá como consecuencia inmediata una resolución impuesta por un tercero ajeno, y posiblemente un resultado desfavorable a sus interés, propiciando un incentivo mayor para alcanzar un acuerdo negociado*[12].

Nesse contexto, Megan Elizabeth Telford[13] afirma que tal constatação foi extraída de um estudo empírico realizado no ano de 1995, o qual identificou que, havendo previsão contratual de cláusula "med-arb", as partes se sentem substancialmente mais motivadas a resolver sua disputa, pois sabem que, se não for obtido o consenso, um terceiro neutro poderá adjudicar a decisão e, com isso, perderão o controle da solução final.

Essa moderna forma alternativa de resolução de conflitos vem sendo cada vez mais utilizada, sobretudo, como dito, nas relações comerciais internacionais. A crescente aplicação prática, de outro lado, vem deixando em evidência algumas dúvidas relacionadas, por exemplo, à validade e obrigatoriedade dos procedimentos pré-arbitrais, aos requisitos necessários para o esgotamento da etapa inicial, às consequências e efeitos do descumprimento da cláusula e também à própria competência para resolver essas questões.

3. As principais controvérsias envolvendo as cláusulas escalonadas

Para que os objetivos perseguidos pelas cláusulas multi-etapas sejam alcançados, é preciso que a redação contratual conferida pelas partes seja clara e concisa.

---

12 TIJERINA, Op. Cit., p. 118/119.

13 *"A 1995 study, one of the few examining med-arb, found that parties were substantially better motivated to settle their dispute under med-arb because they knew that the third party could eventually arbitrate and `wanted to avoid loss of control over their destinies`"*. TELFORD, Op. Cit., p. 3.

Afinal, os procedimentos pré-arbitrais podem ser diversos, sendo imprescindível que os contratantes especifiquem o método por eles escolhido.

Nessa perspectiva, Selma Ferreira Lemes observa que a *"simbiose entre formas autocompositivas e heterocompositivas"*, característica principal das cláusulas escalonadas, encontra previsão em algumas legislações que dispõem sobre matéria, como o art. 21, §4º, da Lei 9307/96, e nos regulamentos de diversas instituições arbitrais, como o art. 26, do Regulamento da Câmara de Comércio Internacional (CCI). No entanto, as legislações e regulamentos específicos sobre a matéria não impõem, de forma obrigatória, uma forma específica de redação das cláusulas contratuais.

Os diversos tipos de procedimentos pré-arbitrais, conjugado com a livre possibilidade das partes redigirem seus contratos, tem ocasionado diversos debates. Ao tratar sobre o tema, Gary Born ressalta que esses problemas procedimentais que acabam sendo resolvidos pelos tribunais contrariam os próprios fundamentos das cláusulas escalonadas, as quais visam conferir uma forma de solução rápida e objetiva para os conflitos:

> *The disputes and uncertainties resulting from pre-arbitration procedural requirements are inconsistent with the fundamental objectives and aspirations of the arbitral process, and of multi-tiered arbitration provisions themselves. They are also inconsistent with the parties desire, in virtually all cases, to ensure access to prompt, binding, and neutral means of resolving their disputes – which is the fundamental object of international arbitral agreements, whether in commercial contracts or investment treaties*[14].

De fato, um mecanismo que foi pensado para oferecer uma solução mais rápida e efetiva aos litígios não pode se tornar um obstáculo para as partes. Em muitos casos, a discussão acerca da validade e obrigatoriedade de determinada cláusula mista acaba demorando mais do que seria necessário para resolver a própria controvérsia, o que é totalmente inconcebível.

Diante disso, o presente artigo passa agora a abordar algumas das principais problemáticas que envolvem a aplicação prática das cláusulas combinadas.

3.1. Validade e obrigatoriedade da mediação

A primeira questão polêmica diz respeito à validade e obrigatoriedade do procedimento de mediação imposto como requisito prévio à instauração da arbitragem. Para analisar esse ponto, é necessário respondermos, primeiramente, a seguinte indagação: todo e qualquer requerimento pré-arbitral estabelecido contratualmente será considerado válido e vinculante entre as partes?

---

14 BORN, Gary, Op. cit., p. 228. No mesmo sentido, Selma Ferreira Lemes: *"seria de boa cautela que a redação da cláusula estipulasse como esse processo de mediação ou conciliação deve iniciar, transcorrer e finalizar, como prazos bem definidos, haja vistas as repercussões que possam advir, pois em vez de facilitar a solução da controvérsia, restando expedita a via arbitral, pode a ela representar um embaraço".*Op. Cit., p. 8.

O motivo desse questionamento mais genérico reside na ideia de que nem todos os procedimentos iniciais devem ser considerados aptos a configurar a existência de uma cláusula escalonada, ainda que constem expressamente do contrato. É nessa linha o entendimento de Selma Ferreira Lemes:

> algumas situações não se tratam de cláusulas escalonadas ou combinadas. Assim se verifica quando as partes estabelecem que surgida a controvérsia envidarão seus melhores esforços para solucionar a controvérsia amigavelmente e, não sendo possível, instituirão procedimento arbitral, regulando, em seguida, a arbitragem. A proposição de solução amigável, tal como acima mencionada, mesmo quando fixa prazo para que as partes tentem uma solução amigável, representa um procedimento informal de condução de uma simples negociação. Considerando-se verificada, sem maiores formalidades, com o início de trocas de correspondências, com atas de reuniões entabuladas para esse fim, inclusive envolvendo altos escalões da empresa, com o objetivo de alcançar solução para o dissenso. Neste exemplo, a forma aberta e genérica em que foi redigida, não se pode dizer que representa uma cláusula escalonada ou combinada, mas exterioriza procedimento normal e habitual de negociação, não demandando maiores formalidades, além de demonstração de tentativa de negociar e solucionar o conflito, conforme acima mencionado[15].

Em outras palavras, a existência de cláusula genérica determinando simplesmente que as partes procedam à tratativas negociais de boa-fé não terá cunho obrigatório entre as partes. Confira-se, dentre muitas outras, a decisão tomada no caso Biwater Gau (Tanzania) Ltd v United Republic of Tanzania, no âmbito do "International Centre for Settlement of Investment Disputes" (ICSID):

> *In the Tribunal's view (...), this six-month period is procedural and directory in nature, rather than jurisdictional and mandatory. Its underlying purpose is to facilitate opportunities for amicable settlement. Its purpose is not to impede or obstruct arbitration proceedings, where such settlement is not possible. Non-compliance with the six month period, therefore, does not prevent this Arbitral Tribunal from proceeding*[16]

Por outro lado, há diversas decisões de tribunais arbitrais e judiciais entendendo pela obrigatoriedade de procedimentos pré-arbitrais inseridos em cláusulas escalonadas, desde que estejam precisamente identificados e regulamentados[17].

Diante desse panorama, Gary Born afirma que a obrigatoriedade ou não da cláusula deve ser analisada caso a caso, de acordo com a redação proposta pelas partes. Para o autor, deve-se observar a existência de regras específicas e o tipo das expressões utilizadas pelos contratantes:

---

15 LEMES, Selma Ferreira. Op. Cit., p.9.

16 ICSID Case No ARB/05/22, Award (24 July 2008) para 343. https://icsid.worldbank.org/en/Pages/cases/casedetail.aspx?CaseNo=ARB/05/22

17 *"In ICC Case No 6276 (n 4) tribunal relied on 'precise rules' and 'detailed' nature of the procedure, 'within precise time limits', to conclude that the procedures was mandatory"*. BORN, Gary. Op. Cit., p. 239.

> *The question of whether the parties intended a pre-arbitration procedure to be mandatory, or, alternatively, non-mandatory, has often turned on a case-by-case assessment of the parties' contractual language and intentions. As in other contexts, the use of imperative terms, such as 'shall' or 'must', has sometimes been held to be consistent with a mandatory obligation; in contrast, terms such as 'can', 'may', or 'should' are typically non-mandatory. For example, a study of ICC arbitral awards concludes, 'when a word expressing obligation [, such as "shall",] is used in connection with amicable dispute resolution techniques, arbitrators have found that this makes the provision binding upon the par- ties' and 'compulsory, before taking jurisdiction'. In the words of one recent award, the requirement of a bilateral investment treaty for initial resort to domestic litigation is 'binding': 'at is apparent from the use of the term 'shall' which is unmistakably mandatory and from the obvious intention of [the parties] that these procedures be complied with, not ignored.'*[18]

Essa exigência de regras claras e precisas vai além da discussão acerca da obrigatoriedade das partes se submeterem aos procedimentos iniciais. Isso porque, ultrapassada a problemática da vinculação, a redação conferida pelos contratantes será imprescindível, ainda, para a análise do efetivo cumprimento ou não da cláusula. Dito de outro modo, a ausência de regras específicas impede que se verifique claramente se as partes cumpriram ou não os requisitos pré-arbitrais. Resumindo esse ponto de forma precisa, Alex Jolles afirma:

> *A tribunal should consider a request for arbitration inadmissible if the parties agreed in a binding and unequivocal manner to first engage in other steps to resolve their dispute (negotiation, mediation, etc.). It must be clear from the wording of the agreement that this is not merely a permissive or non-mandatory provision. Secondly, the commitment should be limited in time and the tier mechanism should be defined to precisely determine the stage at which the efforts will be considered exhausted and the pre-arbitral requirements satisfied. (...). In other words, the effectiveness or ineffectiveness of a multi-tier clause will depend on whether or not there is a doubt about the parties' intention to resolve the dispute by arbitration if the settlement process fails"*[19].

Do que se expôs acima, é possível constatar que os órgãos responsáveis por apreciar a questão não possuem uma resposta certa e universalizável acerca do grau de vinculação e obrigatoriedade dos procedimentos pré-arbitrais. Essa incerteza, variável de acordo com a redação conferida pelas partes, também é verificada, obviamente, nas cláusulas que estabelecem a mediação como procedimento inicial (med-arb).

É dizer, não basta que as partes apenas estabeleçam que irão se submeter à mediação antes de dar início à arbitragem. Mostra-se necessário, ainda, a previsão de regras básicas que regulem tal procedimento, como o período mínimo ou número

18 *Philip Morris v Uruguay* (n 8) paras 140–1 (requirement for domestic litigation is 'binding' regardless 'how Article 10(2)'s terms are characterized (ie, as jurisdictional, admissibility or procedural ... at is apparent from the use of the term "shall" which is unmistakably mandatory and from the obvious intention of [the parties] that these procedures be complied with, not ignored.'). BORN, Gary. Op. Cit., p. 239.

19 JOLLES, Alexander. Op. Cit., p. 336.

de sessões, a escolha da instituição, das normas aplicáveis, do mediador, entre outras. Nessa esteira, é bastante elucidativa a decisão proferida pela Alta Corte Inglesa em julgamento no qual se discutia justamente a obrigatoriedade da mediação pré-arbitral:

> *There are three major difficulties which stand in the way of the submission that Condition 11 is an enforceable obligation. First, there is no unequivocal commitment to engage in mediation let alone a particular procedure (...) the parties only agree in general terms to attempt to resolve differences in mediation. Second, there is no agreement to enter into any clear mediation process, whether based on a model put in place by an ADR organization or otherwise. Third, there is no provision for selection of the mediator'*[20]

Dessa forma, para que a mediação seja considerada obrigatória antes da instauração do procedimento arbitral, é preciso que esta vinculação esteja colocada de forma impositiva e com base em regramentos precisos.

Importante destacar, contudo, que ainda que seja considerada como obrigatória, a mediação pré-arbitral não pode exigir que as partes cheguem ao consenso. É o que aponta Gary Born:

> *Even assuming that an agreement to engage in a pre-arbitration dispute resolution process of negotiation or mediation is valid, and mandatory, the obligations under such an agreement are usually limited. In particular, an agreement to negotiate or mediate, even if a binding contract, is not an agreement to negotiate successfully or to agree on any particular terms, but only an agreement to discuss a particular issue. The same conclusion necessarily applies to an agreement to participate in a mediation or conciliation process: by their nature, these processes do not subject the parties to a binding third-party determination or require that they reach agreement to resolve their dispute. Mediation, conciliation, and similar processes are consensual, leaving to the parties the decision whether or not to agree on a settlement of their dispute.*

A autonomia da vontade das partes, vale dizer, é uma das principais regras aplicáveis tanto aos contratos de forma geral, como também aos métodos alternativos de solução de conflitos, especialmente a mediação. Ao tratar do referido princípio sob a ótica das cláusulas multi-etapas, Tijerina assevera que *"la voluntad de las partes en la validez de este tipo de clausulado contractual, deviene ser insubstituible, bajo la permisiva de que las partes tienen el control absoluto de todo aquello que decidan incluir en sus contrataciones"*[21].

Daí porque a pré-disposição ao procedimento de mediação realmente não pode exigir que as partes resolvam o litígio dessa forma, sob pena de violar sua própria norma fundante.

---

20 Sulamerica CIA Nacional de Seguros SA v Enesa Engenharia SA—Enesa [2012] EWHC 42, para 27 (Comm) (English High Ct)

21 TIJERINA, Op. Cit., p.142.

3.2. *Consequências do descumprimento*

Estabelecida a obrigatoriedade de determinada cláusula e verificado o não esgotamento dos procedimentos iniciais por uma das partes, é necessário identificar a natureza jurídica desse descumprimento e os efeitos dele decorrentes. Também sobre esse ponto recaem interessantes discussões, havendo diferentes entendimentos sobre o assunto.

A primeira possibilidade seria entender que a inobservância dos procedimentos iniciais traria efeitos processuais, impedindo que o tribunal dê início à arbitragem. Em outros termos, a jurisdição do tribunal arbitral somente seria inaugurada após observadas as etapas iniciais, de maneira que eventual requerimento de instauração da arbitragem por uma das partes antes do efetivo implemento das etapas iniciais deveria ser rejeitado. Em certa medida, estaríamos diante de uma espécie de pressuposto processual[22] aplicável à arbitragem.

Essa consequência processual ao descumprimento visa conferir maior efetividade aos princípios da boa-fé objetiva e *pacta sunt servanda*, fundamentos básicos que norteiam todo e qualquer contrato.

Por outro lado, em nosso sentir, não há que se falar aqui em violação ao princípio da autonomia da vontade sob o argumento de que não se pode condicionar o acesso à via arbitral ao procedimento de mediação prévio, tornando-o assim obrigatório. Primeiro porque, como dito antes, a cláusula med-arb exige a mera submissão à mediação e não impõe o dever de solucionar o litígio desta forma. Além disso, entendemos que a autonomia das partes já foi observada anteriormente, isto é, no momento de celebração do contrato, em que as partes estabeleceram, consensualmente, a cláusula escalonada.

Analisando a jurisprudência internacional sobre o tema, Gary Born aponta a existência de decisões de diversas cortes, tanto da *civil law* quanto da *common law*, afirmando que o atendimento aos procedimentos pré-arbitrais constituem uma condição para que as partes submetam o litígio à arbitragem. Nesse sentido, o descumprimento por uma das partes obstrui o acesso ao tribunal arbitral[23].

---

22 Nessa toada, confira-se a definição de pressuposto processual cunhada por Humberto Theodoro Júnior: *"A prestação jurisdicional para ser posta à disposição da parte subordina-se ao estabelecimento válido da relação processual, que só será efetivo quando se observarem certos requisitos formais e materiais, que recebem, doutrinariamente, a denominação pressupostos processuais. Os pressupostos são aquelas exigências legais sem cujo atendimento o processo, como relação jurídica, não se estabelece ou não se desenvolve validamente. E, em consequência, não atinge a sentença que deveria apreciar o mérito da causa. São, em suma, requisitos jurídicos para a validade da relação processual"*. "Curso de direito processual civil – vol. I", 57ª ed., Rio de Janeiro: Forense 2016, p. 143/144.

23 *"For example, New York courts have repeatedly held that 'conditions precedent' to arbitration are 'prerequisite[s] to the submission of any dispute to arbitration', and 'a precondition to access to the arbitral forum', and that a party's failure to comply with these preconditions 'foreclose[s]' access to arbitration".* BORN, Gary. Op. Cit., p. 247

Igualmente, há também decisões de tribunais arbitrais que atribuem efeitos processuais ao inadimplemento em questão. Alexander Jolles cita como exemplo a decisão tomada pela Câmara de Comércio Internacional no julgamento do caso nº 6276, no qual se entendeu que o requerimento de instauração de arbitragem mostrava-se prematuro naquele momento, pois a parte ainda não havia satisfeito os pré-requisitos das etapas inicias[24].

Um importante problema originado deste efeito processual diz respeito à forma com que o tribunal arbitral irá conduzir sua negativa ao requerimento de instauração da arbitragem. É dizer, os árbitros poderão rejeitar imediatamente o procedimento ou determinar apenas a sua suspensão até que sejam implementadas as condições previstas no contrato.

Ao que parece, a suspensão da arbitragem até o cumprimento das etapas iniciais se mostra mais condizente com os objetivos das cláusulas escalonadas, pois certamente confere maior celeridade e economia ao meio de solução do litígio como um todo. Rejeitar o requerimento por ausência de jurisdição e exigir que a parte apresente um novo pedido logo após atendidas as condições contratuais não nos parece a melhor forma de aplicação das consequências processuais incidentes nas hipóteses de descumprimento da cláusula multi-etapas.

Em sentido oposto, há quem entenda que a inobservância dos procedimentos pré-arbitrais traz consigo efeitos materiais, isto é, deve ser interpretada como um mero inadimplemento contratual por uma das partes, devendo esta arcar com uma multa ou ressarcir o outro contratante em perdas e danos. No caso nº 11490, os árbitros da CCI entenderam que a cláusula contratual dispondo que as partes devem resolver a disputa de forma consensual não constitui uma pré-condição ao início da arbitragem[25].

Pode-se dizer que tal interpretação encontra fundamento no princípio do acesso à justiça, aqui aplicado de maneira extensiva de forma a abranger o direito à resolução do litígio como um todo. Nesse contexto, a mediação ou qualquer outra etapa inicial não poderia configurar uma barreira que impeça a parte de acessar a via arbitral e a solução adjudicatória do conflito instaurado.

Considerando esses dois possíveis efeitos, tendo a concordar com o especialista Alexader Jolles[26], no sentido de que a consequência meramente material seria menos

24 *"This pre-arbitral process was strictly binding on the parties and governed their conduct before resorting to arbitration. For this reason, the tribunal concluded that the claim had not satisfied the prerequisite of the first and second tiers and therefore considered the request for arbitration premature: the request for arbitration "is certainly not impossible for the future, [but] is at present premature"*. JOLLES, Alexander. Op. Cit., p. 333.

25 *"The provision in the arbitration clause that disputes 'be settled in an amicable way' constituted no condition precedent to referral to arbitration but rather underlined the parties' intent not to litigate disputes in court"* (ICC Case No 11490, Final Award (2012) XXXVII YB Comm Arb 32)

26 *"If the issue were treated as a matter of substantive (material) contract law, the consequences of non-compliance would be either unsatisfactory or unreasonably harsh. If non-compliance with pre-arbitral steps were treated as a breach of contract, the classical legal remedy would be damages.*

satisfatória e teria um feito inibidor menos efetivo. De fato, além da potencial dificuldade em se auferir os prejuízos decorrentes do inadimplemento, uma sanção meramente pecuniária pode, em muitos casos, não se mostrar suficiente para impedir que os contratantes deixem de cumprir as etapas iniciais previamente acordadas.

Essa situação de ineficiência, obviamente, não é desejada. Pelo contrário, para que as cláusulas escalonadas tenham grande efetividade prática, são necessários fortes mecanismos de controle capazes de atrair um maior engajamento das partes com os procedimentos pré-arbitrais. Tal fato ganha ainda mais relevo no atual cenário de incentivo e crescimento dos métodos alternativos de solução de conflitos, cuja utilização depende, em certo grau, de meios coercitivos.

Pelo que se expôs acima, é possível perceber que não há uma definição correta acerca das consequências aplicáveis à inobservância, pelas partes, dos procedimentos iniciais previstos em uma cláusula escalonada. Há, de certo modo, um embate entre a primazia do acesso à tutela (natureza material) e os princípios da boa-fé objetiva, lealdade e *pacta sunt servanda*, estes últimos somados ao incentivo dos meios adequados de conflitos (natureza processual).

4. A cláusula med-arb no ordenamento jurídico brasileiro

Conforme exposto na parte inicial deste trabalho, o Poder Legislativo brasileiro, bastante influenciado pelos estudiosos do tema, vem se mostrado atento ao atual momento de incentivo aos meios adequados de solução de conflitos.

Prova maior disso é a Resolução nº 125/2010 do CNJ e, mais recentemente, o Código de Processo Civil de 2015, o qual dispõe, em seu art. 3º, que *"o Estado promoverá, sempre que possível, a solução consensual dos conflitos"* e *"a conciliação, a mediação e outros métodos de solução consensual de conflitos deverão ser estimulados por juízes, advogados, defensores públicos e membros do Ministério Público, inclusive no curso do processo judicial"*.

A própria Lei de Arbitragem, em seu art. 21, §4º, estabelece um estímulo à conciliação, ao dispor que *"competirá ao árbitro ou ao tribunal arbitral, no início do procedimento, tentar a conciliação das partes, aplicando-se, no que couber, o art. 28 desta Lei"*. No mesmo sentido, o art. 16, da Lei de Mediação, determina que *"ainda que haja processo arbitral ou judicial em curso, as partes poderão submeter-se à mediação, hipótese em que requererão ao juiz ou árbitro a suspensão do processo por prazo suficiente para a solução consensual do litígio"*.

Pode-se afirmar que essa atualização legislativa também pode ser estendida à solução de conflitos por meio do escalonamento de procedimentos. Alguns dispositivos legais que passam agora a ser destacados se inserem, de certa forma, nas discussões e problemáticas apresentadas acima.

This result would be unsatisfactory, because the party incurring the damage would be unable to establish the quantum of damage".

Em nosso sentir, um dos mais importantes dispositivos que regulam a matéria é o art. 22, da Lei 13.140/15, o qual estabelece uma diretriz de redação das cláusulas de mediação e que, por óbvio, devem ser aplicadas às cláusulas med-arb.

> Art. 22. A previsão contratual de mediação deverá conter, no mínimo:
> I – prazo mínimo e máximo para a realização da primeira reunião de mediação, contado a partir da data de recebimento do convite;
> II – local da primeira reunião de mediação;
> III – critérios de escolha do mediador ou equipe de mediação;
> IV – penalidade em caso de não comparecimento da parte convidada à primeira reunião de mediação.

Com esses claros requisitos, evita-se as alongadas discussões abordadas nos capítulos anteriores e que apenas desvirtuam a finalidade das cláusulas escalonadas. Até porque, como se pôde constatar da jurisprudência internacional, a obrigatoriedade da cláusula multi-etapas é analisada caso a caso e depende da clareza de sua redação. Em outras palavras, é inegável que essa prescrição confere maior segurança e certeza na aplicação prática do procedimento de mediação como etapa prévia à arbitragem.

Caso preenchidos esses critérios de redação, não há dúvidas de que o procedimento inicial de mediação vinculará as partes. Observe-se, contudo, que embora preveja a obrigatoriedade da mediação inserida em cláusula contratual no art. 2º, §1º[27], a Lei de Mediação ressalva, no §2º do mesmo dispositivo, que as partes não serão obrigadas a permanecer no procedimento de mediação. É dizer, a vinculação dirige-se somente à submissão inicial ao procedimento, não exigindo que as partes encontrem obrigatoriamente a solução consensual, refletindo justamente as observações de Gary Born trazidas linhas acima.

Em relação às consequências de descumprimento, a Lei 13.140/15, ao que parece, estabeleceu uma sanção processual. De acordo com o art. 23, "se, em previsão contratual de cláusula de mediação, as partes se comprometerem a não iniciar procedimento arbitral ou processo judicial durante certo prazo ou até o implemento de determinada condição, o árbitro ou o juiz suspenderá o curso da arbitragem ou da ação pelo prazo previamente acordado ou até o implemento dessa condição". O parágrafo único, contudo, ressalva o acesso ao Poder Judiciário para pleitear medidas de urgência.

É interessante notar que a Lei 13.140/15 estabelece outra sanção de descumprimento nos casos em que os contratantes estabelecem apenas a mediação como forma de resolução de futuro conflito, sem atrelar expressamente à uma etapa posterior como ocorre nas cláusulas escalonadas. O art. 22, §1º, IV, dispõe que, não havendo previsão de penalidade, a parte que deixar de comparecer à primeira reunião de mediação e instaurar o procedimento arbitral ou judicial, deverá ela arcar com 50% (cinquenta por cento) das custas e honorários de advogado, ainda que vitoriosa.

---

27 Na hipótese de existir previsão contratual de cláusula de mediação, as partes deverão comparecer à primeira reunião de mediação.

Trata-se, aqui, de mais um estímulo aos métodos autocompositivos. Embora sem previsão expressa de uma etapa adjudicatória posterior, a parte que não se submeter à mediação – essa sim estabelecida contratualmente –, deverá arcar com as despesas processuais mesmo se a demanda for julgada em seu favor. Portanto, o legislador brasileiro previu, nessa hipótese, um efeito material.

Esclareça-se bem: a nosso ver, essa sanção material não se aplica às cláusulas med-arb, uma vez que a inobservância da mediação, na qualidade de verdadeira condição prévia à instauração da arbitragem igualmente prevista na cláusula, acarretará na suspensão deste último procedimento até o implemento da condição, na forma do art. 23.

5. Conclusão

As cláusulas escalonadas, caracterizadas como uma atualização dos meios alternativos de solução de conflitos, tem se mostrado uma importante ferramenta para a prevenção e repressão dos litígios cada vez mais complexos existentes em nossa sociedade moderna.

No entanto, para que se alcance a máxima efetividade prática dessa forma de solução em etapas, é necessário que os procedimentos e regras inseridos no contrato estejam dispostos de forma clara e transparente, sem qualquer margem para divergências interpretativas.

Com efeito, a redação estabelecida pelas partes adquire especial importância na medida em que pode evitar desnecessárias discussões acerca da própria validade da cláusula. Debates estes que acabam tendo de ser resolvidos pelos tribunais e, como visto, andam em sentido diametralmente oposto às verdadeiras finalidades das cláusulas multi-etapas.

O ordenamento jurídico brasileiro, buscando acompanhar e estimular os meios adequados de solução de controvérsias, recebeu consideráveis atualizações legislativas, tais como a reforma na Lei de Arbitragem, a promulgação de inédita Lei de Mediação e o novo Código de Processo Civil. Dentre as novidades, destaca-se a previsão expressa de critérios para a redação de cláusula de mediação, certamente aplicável às cláusulas med-arb.

Portanto, estamos diante de importantíssimo mecanismo que possui todas as condições de ser cada vez mais utilizado no Brasil, principalmente nos contratos complexos e de longa duração. E a atenção do legislador brasileiro para os possíveis problemas, já constatados e debatidos no exterior, certamente contribuirá para o pleno desenvolvimento das cláusulas escalonadas.

6. Referências Bibliográficas

BORN, Gary; Šekić, Marija. "Pre-Arbitration Procedural Requirements: 'A Dismal Swamp' in "Practising Virtue: Inside International Arbitration", Published to Oxford Scholarship Online: January 2016

JOLLES, Alexander. "Consequences of Multi-tier Arbitration Clauses: Issues of Enforcement", 72 ARBITRATION 4 (2006)

LEMES, Selma Ferreira. "Cláusula escalonada ou combinada: mediação, conciliação e arbitragem", *in* Arbitragem Internacional, UNIDROIT, CISG, e Direito Brasileiro FINKELSTEIN, Cláudio, VITA, Jonathan B., CASADO FILHO, Napoleão. São Paulo: Quartier Latin, 2010

PAPPAS, Brian. "Med-Arb and the legalization of alternative dispute resolution" (E.U.A.: Harvard Negotiation L. Rev, 2015)

PINHO, Humberto Dalla Bernardina de. HALE, Durval. CABRAL, Trícia. [organizadores]. O Marco Legal da Mediação no Brasil, São Paulo: Atlas, 2015.

TELFORD, Megan Elizabeth. "Med-arb: a viable dispute resolution alternative. Current issues series", IRC Press, 2000

THEODORO JÚNIOR, Humberto. "Curso de direito processual civil – vol. I", 57ª ed., Rio de Janeiro: Forense 2016.

TIJERINA, Ervey Sergio Cuellar. "La Cláusula med-arb en la actualidade: mediación y arbitraje vinculados", TESI DOCTORAL UPF/2015.

Precedentes judiciais e arbitragem: reflexões sobre a vinculação do árbitro e o cabimento de ação anulatória

Sofia Temer

Sumário: 1. Breve introdução. **2.** Precedentes judiciais enquanto fonte de direito e a aplicação do ordenamento jurídico pelo árbitro. **3.** Ação anulatória de decisão arbitral: controle judicial sobre a aplicação de precedentes. **3.1.** Desrespeito a precedente que versa sobre garantias processuais: vinculação indireta? **3.2.** Não aplicação – ou sequer ponderação – sobre precedente: vício de fundamentação passível de controle judicial? **3.3.** Precedentes sobre o mérito: reflexões sobre convenção de arbitragem, escolha do direito aplicável e iura novit arbiter, e violação à ordem pública. **4.** Conclusões. **5.** Referências bibliográficas.

1. Breve introdução

Cresce, no cenário nacional, o debate sobre a obrigatoriedade de aplicação das decisões judiciais com eficácia vinculativa – também chamadas de "precedentes"[1] – à arbitragem.[2]

Mais do que isso, discute-se se a ação anulatória teria ganhado novos contornos, passando a albergar situações em que a decisão arbitral estaria em descompasso com os provimentos judiciais vinculantes.[3]

Neste breve estudo, apresentaremos algumas reflexões sobre o tema, em especial no que tange à anulatória com fundamento em (i) violação a (precedentes judi-

---

1 Não será objeto do presente estudo a discussão sobre a existência de um "sistema de precedentes" no direito brasileiro. Remetemos à análise constante de outro estudo: TEMER, Sofia. Incidente de resolução de demandas repetitivas. 2ª ed. Salvador: Juspodivm, 2017, p. 201-214. Quando mencionarmos precedentes estaremos nos referindo às decisões judiciais com eficácia vinculativa, notadamente as identificadas no art. 927 do Código de Processo Civil. Também não adentraremos na discussão sobre a constitucionalidade ou não da vinculação pelo fato de não ter decorrido de emenda constitucional, de modo que para os fins deste estudo, não adotaremos quaisquer distinções entre as súmulas vinculantes e as demais decisões identificadas no art. 927.

2 V., sobre o tema, o debate virtual entre CRUZ E TUCCI, José Rogério. O árbitro e a observância do precedente judicial. In: http://www.conjur.com.br/2016-nov-01/paradoxo-corte-arbitro-observancia-precedente-judicial, acesso em 14.11.2016; ROQUE, André Vasconcelos; GAJARDONI, Fernando da Fonseca. A sentença arbitral deve seguir o precedente judicial no novo CPC? In: http://jota.info/sentenca-arbitral-deve-seguir-o-precedente-judicial-novo-cpc, acesso em 14.11.2016; KOLBACH, Marcela. Vinculação do árbitro aos precedentes judiciais após a vigência do CPC/2015. In: https://processualistas.jusbrasil.com.br/artigos/412259718/vinculacao-do-arbitro-aos-precedentes-judiciais-apos-a-vigencia-do-cpc-2015, acesso em 7.2.2017.

3 V.: FARIA, Marcela Kolbach. Vinculação do árbitro aos precedentes judiciais após a vigência do CPC-2015. Nova hipótese de anulação da sentença arbitral? Texto inédito, cedido gentilmente pela autora.

ciais sobre) garantias processuais; (ii) ausência de adequada fundamentação, quando não cotejados ou aplicados precedentes judiciais que versem sobre a controvérsia; e (iii) violação à convenção de arbitragem, quanto ao direito aplicável, inclusive quanto a precedentes judiciais de mérito.

2. Precedentes judiciais enquanto fonte de direito e a aplicação do ordenamento jurídico pelo árbitro

Após muito debate, alcançou-se relativo consenso sobre a natureza jurisdicional da arbitragem,[4] consagrando a lei que o árbitro é juiz de fato e de direito (art. 18, Lei 9.307/96), e que a sentença arbitral é título executivo judicial (art. 31, Lei 9.307/96 e 515, VII, CPC), independentemente de homologação ou ratificação.[5]

Assim, ressalvadas as peculiaridades do julgamento por equidade,[6] o juízo arbitral deve observar, quando da resolução do conflito, o ordenamento jurídico aplicável (art. 2º, da Lei de Arbitragem),[7] tal como o juízo estatal.

O Código de Processo Civil de 2015, consagrando tendência observada em reformas legislativas anteriores, conferiu maior vinculação a determinadas decisões judiciais (os precedentes), reconhecendo-as como de fonte de direito,[8] como parte do "direito aplicável".

---

4 Sobre o tema, defendendo a natureza jurisdicional, dentre inúmeros outros: CARMONA, Carlos Alberto. Arbitragem e Jurisdição. *Revista de Processo*, vol. 58, abr/1990; CINTRA, Antonio Carlos de Araújo; GRINOVER, Ada Pellegrini; DINAMARCO, Cândido Rangel. *Teoria Geral do Processo*. 31 ed. São Paulo: Malheiros, 2015, p. 176-177; ABBOUD, Georges. Jurisdição constitucional vs. Arbitragem: os reflexos do efeito vinculante na atividade do árbitro. *Revista de Processo*, vol. 214, dez/2012, p. 271-298. Contudo, sustentando a natureza parajurisdicional ou de equivalente jurisdicional: WLADECK, Felipe Scripes. *Impugnação da sentença arbitral*. Salvador: Juspodivm, 2014, p. 138-144.

5 Até a reforma da Lei 9.307/96, o art. 1.097 do CPC/1973 previa a necessidade de submeter o *laudo arbitral* à homologação judicial para que produzisse os mesmos efeitos da decisão proferida pelo Judiciário.

6 Leciona Carlos Alberto Carmona que "quando autorizado a julgar por equidade, o julgador pode com largueza eleger as situações em que a norma não merece mais aplicação, ou porque a situação não foi prevista pelo legislador, ou porque a norma envelheceu e não acompanhou a realidade, ou porque a aplicação da norma causará injusto desequilíbrio entre as partes" (CARMONA, Carlos Alberto. Arbitragem e Processo: um comentário à Lei 9307/96. São Paulo: Atlas, 2009, p. 65). Nossa análise acerca da vinculação da decisão arbitral aos precedentes judiciais será realizada apenas para a arbitragem "de direito".

7 Não havendo escolha pelas partes acerca do regime legal aplicável, incidirá o direito do país onde se instaurar o juízo arbitral: CARNEIRO, Paulo Cezar Pinheiro. Aspectos processuais da nova lei de arbitragem. *Revista Forense*, vol. 339, p. 129.

8 Hermes Zaneti Jr. afirma que "o direito brasileiro adotou, com a edição do novo Código de Processo Civil, um modelo normativo de precedentes formalmente vinculantes que passarão a constituir fonte primária do nosso ordenamento jurídico" (ZANETI JR., Hermes. Comentários aos arts. 926 a 928. In: CABRAL, Antonio do Passo; CRAMER, Ronaldo. *Comentários ao novo Código de Processo Civil*. Rio de Janeiro: Forense, 2015, p. 1.305). V., para maior aprofundamento: ZANETI RJ. Hermes. *O valor vinculante dos precedentes*. Salvador: Juspodivm, 2015.

Desse modo, não se esgotando o ordenamento jurídico no texto legal, vem se afirmando que os precedentes devem ser considerados também na resolução das controvérsias submetidas à arbitragem.[9]

Afinal, embora a doutrina defendesse, até o advento do CPC/2015, e sobretudo antes das alterações legislativas que começaram a desenhar entre nós o sistema de decisões vinculantes (como a EC 45/2004), a não vinculação, no Brasil, dos árbitros aos precedentes, sempre se ressalvou que se o ordenamento jurídico aplicável tiver como fonte normativa principal o precedente, o árbitro deve aplicá-lo, por se tratar de pura aplicação do direito.[10]

Neste contexto, adotada a concepção de que os precedentes brasileiros também são fonte de direito, inexorável a conclusão pelo dever dos árbitros de ponderá-los e aplicá-los quando do exercício de sua função jurisdicional. Tal entendimento é justificado, também, por diversos outros fundamentos, como a exigência de isonomia e segurança jurídica na atividade jurisdicional (estatal ou arbitral),[11] a concepção dworkiana de direito como integridade,[12] e o "dever moral" de seguir precedentes.[13]

Não obstante, a aplicação do precedente pelo árbitro não decorre de autoridade hierárquica ou interdependência funcional, já que o árbitro sequer integra o Judiciário. Por isso, conquanto se afirme que as decisões arbitrais devem observar os

---

9 Nesse sentido: "A aplicação do direito brasileiro não se esgota no texto legal e deve o árbitro, sob pena de promover interpretação peculiar – ou seja, contrária à isonomia e à segurança jurídica –, observar os precedentes existentes sobre a questão submetida à sua apreciação" (ROQUE, André Vasconcelos; GAJARDONI, Fernando da Fonseca. A sentença arbitral deve seguir o precedente judicial no novo CPC? In: http://jota.info/sentenca-arbitral-deve-seguir-o-precedente-judicial-novo-cpc, acesso em 14.11.2016).

10 V., tratando do *common law*: "Se a lei aplicável ao mérito da disputa tiver como fonte normativa principal o precedente, não há dúvidas de que o árbitro deve (mas não está obrigado a) aplicá-lo, fundamentalmente porque é ele a fonte de direito primária, a base do drieito de tradição anglo-saxã que se faz necessário aplicar (...). Trata-se, aí, porém, de pura aplicação do direito material" (MARQUES, Ricardo Dalmaso. Inexistência de vinculação do árbitro às decisões e súmulas judiciais vinculantes do STF. *Revista Brasileira de Arbitragem*, v. 1, nº 1, jul-out. 2003, p. 121).

11 CRUZ E TUCCI, José Rogério. O árbitro e a observância do precedente judicial. In: http://www.conjur.com.br/2016-nov-01/paradoxo-corte-arbitro-observancia-precedente-judicial, acesso em 14.11.2016.

12 "A concepção do direito como integridade exige do árbitro e de todos juízes e tribunais que a decisão para a lide leve em conta toda a principiologia e a cadeia de precedentes do sistema jurídico, essa exigência é necessária para se assegurar o preenchimento da obrigatoriedade de fundamentar as decisões judiciais contida no art. 93, IX, da CF/1988 (LGL\1988\3)" (ABBOUD, Georges. Jurisdição constitucional vs. Arbitragem: os reflexos do efeito vinculante na atividade do árbitro. *Revista de Processo*, vol. 214, dez/2012, p. 271-298.).

13 KUYVEN, Luiz Fernando Martins. O necessário precedente arbitral. *Revista de Arbitragem e Mediação*, 36/295, jan/2013. Embora o autor trate de precedentes arbitrais, acreditamos que o raciocínio aplica-se aos judiciais.

precedentes enquanto elementos do ordenamento jurídico, não é possível desafiá-las mediante reclamação.[14]

Tampouco são adotadas para o processo arbitral as mesmas consequências procedimentais previstas no CPC para o julgamento (em sede judicial) de casos em que se discute a mesma controvérsia que o precedente.[15]

Não se confundem, portanto, o fato de o precedente ser norma e dever ser ponderado e aplicado pelo árbitro (o que diz respeito, a rigor, à teoria do direito), e as consequências procedimentais decorrentes da aplicação (judicial) do precedente (tema afeto ao direito processual civil).

Por outro lado, discute-se se a não observância dos precedentes inquinaria a decisão arbitral de nulidade, permitindo o controle judicial pela via da ação anulatória e impondo sua aplicação. É do que trataremos a seguir.

3. Ação anulatória de decisão arbitral: controle judicial sobre a aplicação de precedentes

A arbitragem tem como um dos principais pilares a independência e autonomia em relação ao Judiciário. Suas decisões não se submetem à revisão ou ratificação pelo juízo estatal. Pelo contrário, a regra é que os recursos, quando convencionados, são dirigidos a instâncias arbitrais[16] (art. 28, p. único, Lei 9.307/96), e que o controle judi-

---

14 V.: CRUZ E TUCCI, José Rogério. *O árbitro e a observância do precedente judicial.* In: http://www.conjur.com.br/2016-nov-01/paradoxo-corte-arbitro-observancia-precedente-judicial; ROQUE, André Vasconcelos; GAJARDONI, Fernando da Fonseca. *A sentença arbitral deve seguir o precedente judicial no novo CPC?* In: http://jota.info/sentenca-arbitral-deve-seguir-o-precedente-judicial-novo-cpc, acesso em 14.11.2016; e, tratando de súmulas vinculantes: ABBOUD, Georges. Jurisdição constitucional vs. Arbitragem: os reflexos do efeito vinculante na atividade do árbitro. *Revista de Processo*, vol. 214, dez/2012, p. 271-298.

15 "Todos os mecanismos e recursos previstos pelo Código de Processo Civil para a aplicação do precedente, como a tutela de evidência, a improcedência liminar, a reclamação, etc. não são aplicáveis ao procedimento arbitral, ou mesmo em face de decisões arbitrais. Ou seja, a sistemática procedimental trazida pelo diploma processual para o controle da aplicação dos precedentes vinculantes é de todo inaplicável à arbitragem" (FARIA, Marcela Kolbach. Vinculação do árbitro aos precedentes judiciais após a vigência do CPC-2015. Nova hipótese de anulação da sentença arbitral?. Texto inédito, cedido gentilmente pela autora).

16 Afirma-se, também, que não há sistema hierárquico na arbitragem, *internamente* (neste sentido, citando a doutrina de Gaillard e Savage: MARQUES, Ricardo Dalmaso. Inexistência de vinculação do árbitro às decisões e súmulas judiciais vinculantes do STF. *Revista Brasileira de Arbitragem*, v. 1, nº 1, jul-out. 2003, p. 119). Contudo, há doutrina no sentido de apontar a necessidade de observância aos precedentes arbitrais: KUYVEN, Luiz Fernando Martins. Revista de Arbitragem e Mediação, 36/295, jan/2013. Sobre o tema, v. também: CREMASCO, Suzana Santi; SILVA, Tiago Eler. O caráter jurisdicional da arbitragem e o precedente arbitral. *Rev. Fac. Direito UFMG*, Belo Horizonte, nº 59, p. 367-404, jul./dez. 2011.

cial é excepcional, limitado a poucas hipóteses de nulidade[17] da decisão (art. 32 da Lei 9.307/96).[18]

O controle judicial[19] é exercido mediante ação anulatória,[20] pelo procedimento comum, ou, ainda, em impugnação ao cumprimento de sentença (art. 33, §§1º e 3º, Lei de Arbitragem).[21]

A decisão judicial via de regra não substitui a arbitral, mas apenas a cassa, para que outra seja proferida pelo juízo arbitral (art. 33, §2º, da Lei de Arbitragem), salvo, claro, nas hipóteses em que seja constatada a impossibilidade de prosseguimento da arbitragem, como, por exemplo, quando haja vício insuperável quanto à própria convenção.

Para o objeto deste estudo, tornam-se relevantes as hipóteses de cabimento de ação anulatória descritas nos incisos III (sentença que não contenha os requisitos do art. 26, notadamente fundamentação), IV (sentença proferida fora dos limites da convenção de arbitragem), e VIII (ofensa aos princípios do contraditório, igualdade, imparcialidade e livre convencimento) do artigo 32 da Lei de Arbitragem.

Analisaremos nos próximos tópicos se tais hipóteses contemplam, ou podem contemplar, decisão proferida em violação a precedente judicial.

---

17 Não será objeto de aprofundamento a natureza dos vícios que possibilitam o controle judicial. Há divergência doutrinária sobre hipóteses de inexistência, nulidade e anulabilidade, e mesmo sobre a imprestabilidade de tais categorias. Sobre o ponto, v.: WLADECK, Felipe Scripes. *Impugnação da sentença arbitral.* Salvador: Juspodivm, 2014, p. 138-144. Neste trabalho, nos referiremos genericamente à nulidade, termo empregado pelo art. 32 da Lei de Arbitragem.

18 Art. 32. É nula a sentença arbitral se: I – for nula a convenção de arbitragem; II – emanou de quem não podia ser árbitro; III – não contiver os requisitos do art. 26 desta Lei; IV – for proferida fora dos limites da convenção de arbitragem; VI – comprovado que foi proferida por prevaricação, concussão ou corrupção passiva; VII – proferida fora do prazo, respeitado o disposto no art. 12, inciso III, desta Lei; e VIII – forem desrespeitados os princípios de que trata o art. 21, § 2º, desta Lei [do contraditório, da igualdade das partes, da imparcialidade do árbitro e de seu livre convencimento].

19 V., em contraponto, interessante artigo sobre a arbitrabilidade da pretensão anulatória da decisão arbitral: COSTA E SILVA, Paula. A arbitrabilidade da pretensão anulatória de decisão arbitral: a expansão da arbitragem a um domínio improvável? *Revista de Arbitragem e Mediação*, vol. 47/2015, p. 233-244.

20 Defendendo o cabimento de anulatória também contra decisões interlocutórias do juízo arbitral: CARNEIRO, Paulo Cezar Pinheiro. Aspectos processuais da nova lei de arbitragem. *Revista Forense,* vol. 339, p. 140.

21 Em relação à impugnação ao cumprimento, afirma-se que, se apresentada dentro do prazo de 90 dias previsto no art. 33, é lícito ao executado formular também o pedido de anulação da decisão, fundando-o nos mesmos motivos previstos no art. 32. Caso contrário, decorrido tal prazo, apenas poderá o executado impugnar o título com base nas matérias reservadas por lei para atacar os títulos judiciais. V: CARMONA, Carlos Alberto. *Arbitragem e Processo: um comentário à Lei 9307/96.* São Paulo: Atlas, 2009, p. 430-431.

3.1. Desrespeito a precedente que versa sobre garantias processuais: vinculação indireta?

O procedimento arbitral, embora passível de ampla disposição e adequação pelas partes e pelo órgão arbitral – o que é, a rigor, um dos traços mais marcantes da arbitragem – deve preservar garantias processuais mínimas, que não podem ser ultrapassadas: trata-se do respeito ao contraditório, à igualdade entre as partes, à imparcialidade do árbitro e seu livre convencimento.[22]

Desrespeitadas tais garantias, cabe ação anulatória, para que o Judiciário exerça o controle e determine, se for o caso, que outra decisão seja proferida no lugar daquela viciada (ou oriunda de um procedimento viciado).

Desse modo, como o Judiciário exerce controle sobre a arbitragem no que tange ao núcleo de garantias processuais, há vertente doutrinária que entende que, quando houver precedente judicial que verse sobre tais garantias, seria possível controlar a atuação do tribunal arbitral e submetê-lo ao preceito judicial vinculante.

Afinal, caso a parte submeta determinada decisão arbitral ao controle judicial sob a alegação, por exemplo, de que houve violação ao contraditório pela vedação de oportunidade de manifestação após a produção de determinada prova, e houver precedente judicial sobre o ponto, o juiz estatal deverá aplicar tal precedente ao julgar a anulatória. Por isso, o precedente vincularia *indiretamente* a arbitragem.

Inclusive, este entendimento antecede o CPC/2015, no que tange às súmulas vinculantes.[23]

Defender o respeito às garantias processuais na arbitragem não implica, contudo, em carregar para a arbitragem toda e qualquer interpretação estatal acerca de regras contidas no CPC ou em leis especiais. Afinal, as garantias processuais referidas

---

22 Art. 21. (...) § 2º Serão, sempre, respeitados no procedimento arbitral os princípios do contraditório, da igualdade das partes, da imparcialidade do árbitro e de seu livre convencimento.

23 Neste sentido, v. a lição de Eduardo Talamini: "relativamente às questões processuais relacionadas com os limites do cabimento da arbitragem e a incidência das garantias do devido processo legal, vigora um sitema de controle da atuação do árbitro (Lei 9.307/1996, arts. 32 e 33). Imagine-se, então, que há uma súmula vinculante acerca da legitimidade ou ilegitimidade de um dado meio de prova ou de um determinado procedimento probatório. (...) Se o árbitro desrespeitar uma dessas súmulas e, depois, a questão for levada ao Judiciário, esse terá de aplicar a súmula vinculante" (TALAMINI, Eduardo. *Novos aspectos da jurisdição constitucional brasileira: repercussão geral, força vinculante e modulação dos efeitos do controle de constitucionalidade e alargamento do objeto do controle direto.* Tese de Livre-Docência. Faculdade de Direito da Universidade de São Paulo – USP, 2008, 332p, p. 169). Tal ideia foi reforçada, já sob a égide do CPC/2015, em exposição do estimado autor no II Colóquio Luso-Brasileiro de Direito Processual Civil, realizado em Lisboa, em novembro de 2016. Na ocasião, sustentou que as questões relativas ao devido processo legal e à eficácia e validade da convenção arbitral vinculam indiretamente, porque terão repercussão no momento do controle judicial. No mesmo sentido: "súmulas vinculantes que digam respeito a aspectos da arbitragem passíveis de controle judicial deverão ser observadas pelo Poder Judiciário, no momento do julgamento de impugnações formuladas contra sentenças arbitrais" (WLADECK, Felipe Scripes. *Impugnação da sentença arbitral.* Salvador: Juspodivm, 2014, p. 138-144).

pela Lei de Arbitragem não se equiparam ao regime processual legislado, inclusive porque vige, na arbitragem, flexibilização por excelência.

Assim, embora possam, em tese, ser enquadradas as mais diversas situações na roupagem das garantias processuais do contraditório, igualdade, imparcialidade e livre convencimento,[24] parece-nos que não é qualquer precedente judicial que será imediatamente aplicável quando do controle da arbitragem pela via da anulatória.

Não fosse assim, seria chancelada a transposição indireta do CPC à arbitragem, inclusive eventualmente se sobrepondo ao procedimento convencional.[25] Parece-nos, assim, que proteger o núcleo das garantias processuais no procedimento arbitral não autoriza, de imediato, a aplicação de todos os precedentes vinculantes que versem, em alguma medida, sobre tais garantias.

É que, no mais das vezes, o que é regulado no precedente judicial é a interpretação do procedimento previsto na lei infraconstitucional – notadamente o CPC. Embora o procedimento possa ser – como em geral o é – uma forma de concretizar a garantia processual, acreditamos que há um feixe com inúmeras possibilidades de assegurar o respeito às garantias na arbitragem, não necessariamente pela aplicação das regras do CPC.

As garantias previstas no art. 21 da Lei de Arbitragem remetem à Constituição da República (arts. 5º, *caput*, LIV, LV, 93, IX), não necessariamente ao CPC ou demais leis processuais, em especial no que tange às minúcias de seu procedimento.

Assim, embora haja uma vinculação *indireta* dos precedentes judiciais à arbitragem quando tratem das garantias do contraditório, igualdade, imparcialidade e livre

---

24 Defendendo interpretação ampliada: "O inc. VIII do art. 32 da Lei 9.307/1996 é amplíssimo, ao permitir o enquadramento de todo vício que tenha representado redução do contraditório, da igualdade, ou mesmo que possa comprometer a imparcialidade do árbitro ou seu livre convencimento. Inúmeras situações podem se enquadrar nesse fundamento, como o impedimento do árbitro, o uso de prova falsa, a proibição à produção de determinada prova convencionada pelas partes etc" (LUCON, Paulo Henrique dos Santos; BARIONI, Rodrigo; MEDEIROS NETO, Elias Marques de. A causa de pedir das ações anulatórias de sentença arbitral. *Revista de Arbitragem e Mediação*, vol. 46/2015, p. 265-276). Os autores defendem, também, que "Os princípios invocados pela Lei de Arbitragem são regras claras na nova legislação processual, o que reforça a ideia de que desrespeitá-los é violar frontalmente regras postas na legislação infraconstitucional brasileira. Eleita a lei brasileira para dirimir o conflito, devem as partes a ela se submeter." (p. 265-276).

25 V: "Se os princípios do processo civil orientam e permeiam o processo arbitral (como também permeiam o processo constitucional, o processo administrativo, o processo tributário) o Código de Processo Civil tem utilização bem mais restrita e deve ser consultado no âmbito dos tribunais estatais" (CARMONA, Carlos Alberto. Em torno do árbitro. *Revista de Arbitragem e Mediação*, São Paulo, v. 8, nº 28, p. 47-63, jan-mar. 2011). V., no mesmo sentido: FARIA, Marcela Kolbach. Vinculação do árbitro aos precedentes judiciais após a vigência do CPC-2015. Nova hipótese de anulação da sentença arbitral? Texto inédito, cedido gentilmente pela autora; WEBER, Ana Carolina. *Relembrando: no Brasil, o Código de Processo Civil não é automaticamente aplicado a procedimentos arbitrais*. In: https://processualistas.jusbrasil.com.br/artigos/416798898/relembrando-no-brasil-o-codigo-de-processo-civil-nao-e-automaticamente-aplicado-a-procedimentos-arbitrais, acesso em 26.8.2017.

convencimento, a imposição de aplicação apenas ocorrerá – em eventual pretensão anulatória – quanto ao seu núcleo, não indistintamente em relação a todas as "teses judiciais" que versem sobre as regras do procedimento judicial que, de inúmeros modos, as concretizem.

Similar discussão se coloca quanto ao dever de fundamentação das decisões arbitrais, notadamente no que tange à sua extensão, diante do art. 489, §1º, do CPC, que prevê, dentre outras hipóteses, expressa manifestação do julgador sobre os precedentes judiciais. É o que abordaremos no próximo tópico.

3.2. Não aplicação – ou sequer ponderação – sobre precedente: vício de fundamentação passível de controle judicial?

O CPC/2015 prevê regra específica e detalhada sobre a fundamentação das decisões judiciais, considerando que não se considera fundamentado o provimento que incida em qualquer dos vícios do parágrafo primeiro do art. 489.[26] Para a presente análise, merece destaque o inciso VI, que trata da não apreciação e aplicação de precedente, sem adequada justificação.

A fundamentação é também requisito essencial da sentença arbitral (art. 26, II, da Lei de Arbitragem), e, assim como ocorre com as garantias supracitadas, sua ausência é motivo para ajuizamento de ação anulatória, nos termos do art. 32, III.

Desse modo, o fato de não constar, da decisão arbitral, a apreciação sobre precedente judicial acerca da questão debatida na arbitragem evidenciaria vício de fundamentação, passível de controle judicial?

A primeira questão que se coloca, nos parece, é sobre a aplicação do comando do art. 489 às decisões arbitrais. Caso se entenda que tal dispositivo não tem caráter inovativo, ou seja, apenas explicita o conteúdo do dever de fundamentar[27] que decorre do art. 93, IX, da Constituição e que consta do art. 26 da Lei de Arbitragem, inexorável é a conclusão pela sua aplicabilidade, de modo que os árbitros devem se manifestar sobre os precedentes invocados pelas partes, com o que concordamos.

---

26 Art. 489. (...) § 1º Não se considera fundamentada qualquer decisão judicial, seja ela interlocutória, sentença ou acórdão, que: I – se limitar à indicação, à reprodução ou à paráfrase de ato normativo, sem explicar sua relação com a causa ou a questão decidida; II – empregar conceitos jurídicos indeterminados, sem explicar o motivo concreto de sua incidência no caso; III – invocar motivos que se prestariam a justificar qualquer outra decisão; IV – não enfrentar todos os argumentos deduzidos no processo capazes de, em tese, infirmar a conclusão adotada pelo julgador; V – se limitar a invocar precedente ou enunciado de súmula, sem identificar seus fundamentos determinantes nem demonstrar que o caso sob julgamento se ajusta àqueles fundamentos; VI – deixar de seguir enunciado de súmula, jurisprudência ou precedente invocado pela parte, sem demonstrar a existência de distinção no caso em julgamento ou a superação do entendimento.

27 É a posição de Eduardo Talamini, exposta no II Colóquio Luso-Brasileiro de Direito Processual Civil, realizado em Lisboa, em novembro de 2016.

Ocorre que afirmar o dever de apreciar os precedentes judiciais não leva, automaticamente, à conclusão de cabimento da ação anulatória caso o árbitro não o faça. O ponto é controvertido.

Se, de um lado, parte da doutrina afirma que a decisão é passível de anulação, o que poderia ser aplicado inclusive para precedente não invocado pelas partes e que deveria ter sido ponderado pelo árbitro por força do princípio do *iura novit curia* (ou *arbiter*),[28] há vertente divergente, que entende que o art. 32, III, da Lei de Arbitragem, não deve ser lido com tal extensão.[29]

O dever de se manifestar sobre os precedentes judiciais que versem sobre a controvérsia não se distingue, a nosso ver, do dever de se manifestar sobre os outros argumentos apresentados pelas partes ou, ainda, sobre a matéria que o julgador possa conhecer de ofício. Trata-se justamente do dever de fundamentar.

E, por isso, acreditamos que não é adequado simplesmente importar para o processo arbitral a imediata consequência de nulidade da decisão em decorrência da aplicação do inciso VI do §1º do 489 do CPC, tão-só pelo fundamento de que a omissão foi sobre a incidência de precedente, como se se tratasse de vício mais grave.

É que, se a lei processual dá um colorido especial ao dever de motivação no que tange aos precedentes judiciais em tais incisos, o faz também em razão da inexorável vinculação do juiz ou tribunal ao precedente (inclusive mediante reclamação – art. 988, CPC), e de todas as mudanças procedimentais previstas em lei.

Não há, para a arbitragem, razão especial para prever um dever de fiscalização mais forte quanto à fundamentação em relação aos precedentes. A decisão arbitral será considerada não fundamentada – em igual medida – se silenciar sobre quaisquer fundamentos (fatos, precedentes ou leis) relevantes para a controvérsia.

Por isso, parece-nos que incide muito mais a *ratio* por trás do inciso IV do art. 489 do CPC (que impõe o dever de enfrentar todos os argumentos capazes de infirmar

---

28 É o que defende Cruz e Tucci: "(...) A regra do artigo 489, parágrafo 1º, inciso VI, do Código de Processo Civil, a qual, à evidência, também se aplica à arbitragem, é vocacionada à proteção da confiança, quando impede que o juiz (ou árbitro), ao proferir a sentença, despreze súmula ou precedente, colacionado como reforço argumentativo por uma das partes, não tomando o cuidado de explicar que o julgado paradigma não se aplica ao caso concreto, ou mesmo, que já se encontra superado pela obsolescência." (CRUZ E TUCCI, José Rogério. O árbitro e a observância do precedente judicial. In: http://www.conjur.com.br/2016-nov-01/paradoxo-corte-arbitro-observancia-precedente-judicial, acesso em 14.11.2016).

29 ROQUE, André Vasconcelos; GAJARDONI, Fernando da Fonseca. A sentença arbitral deve seguir o precedente judicial no novo CPC? In: http://jota.info/sentenca-arbitral-deve-seguir-o-precedente-judicial-novo-cpc, acesso em 14.11.2016. Tais autores, em diálogo com o texto de Cruz e Tucci, afirmam parecer "artificial a distinção que Cruz e Tucci tentou traçar entre sentenças arbitrais que não observam o precedente judicial *tout court* (que não poderiam ser questionadas no Poder Judiciário) e aquelas que deixam de aplicar o precedente, não tomando o cuidado de explicar que o julgado paradigma não se aplica ao caso concreto (as quais incorreriam em nulidade passível de controle pelo juiz)".

a conclusão) do que dos incisos V e VI (que tratam da aplicação ou não aplicação de precedente).[30]

Nos alinhamos, neste ponto, com o entendimento de que não se justifica maior controle e ingerência judicial sobre a decisão arbitral que não observa precedente, do que há em relação à decisão que não observa a lei.[31]

Por fim, ainda na temática da fundamentação, há que se destacar a possibilidade de oposição de embargos declaratórios arbitrais (ou pedido de esclarecimento – art. 30, Lei de Arbitragem) para obter pronunciamento do tribunal arbitral acerca da incidência de um determinado precedente, o que seria, para parte da doutrina, condição para levar a matéria para apreciação judicial.[32]

Situação distinta ocorre, contudo, na hipótese de o árbitro se manifestar e, contudo, afastar a aplicação do precedente invocado. Haveria espaço para o controle judicial nesta hipótese? Entende-se majoritariamente que não, justamente pela intangibilidade do mérito da decisão arbitral.[33]

Ocorre que, também em relação aos precedentes "de mérito", vem se cogitando a possibilidade de controle judicial, pela via da anulatória, como se verá a seguir.

---

30 Em sentido similar: FARIA, Marcela Kolbach. *Vinculação do árbitro aos precedentes judiciais após a vigência do CPC-2015. Nova hipótese de anulação da sentença arbitral?* Texto inédito, cedido gentilmente pela autora.

31 ROQUE, André Vasconcelos; GAJARDONI, Fernando da Fonseca. A sentença arbitral deve seguir o precedente judicial no novo CPC? In: http://jota.info/sentenca-arbitral-deve-seguir-o-precedente--judicial-novo-cpc, acesso em 14.11.2016.

32 Para Flávio Yarshell, o controle judicial seria apenas subsidiário: a parte poderia buscar a anulação por omissão em juízo apenas se instado o juízo arbitral previamente: "Afora ressalva que eventualmente se possa fazer nos casos em que as partes autorizarem o julgamento por equidade, parece lícito dizer que ao árbitro se aplicam inclusive as disposições constantes dos incs. V e VI do § 1.º do art. 489 acima lembrado. Isso tem potenciais desdobramentos relevantes: se a sentença arbitral se limitar a invocar precedente ou enunciado de súmula, sem identificar seus fundamentos determinantes e a relação deles com o caso sob julgamento; ou se a sentença deixar de aplicar "súmula, jurisprudência ou precedente invocado pela parte, sem demonstrar a existência de distinção no caso em julgamento ou superação do entendimento", a lei considera que o dever de motivar não foi adequadamente cumprido. Logo, nesses casos, está-se diante de típico *error in procedendo*, passível de controle pela jurisdição estatal. Mas, justamente na esteira do quanto aqui sustentado, deve haver uma contrapartida: diante da omissão, é indispensável que a parte maneje o pedido de esclarecimentos, para que o órgão arbitral tenha a oportunidade de suprir a omissão e, assim, afastar o *error in procedendo*. Do contrário, há que se entender que a jurisdição estatal não pode rever o ato" (YARSHELL, Flávio. Ainda sobre o caráter subsidiário do controle jurisdicional estatal da sentença arbitral. *Revista de Arbitragem e Mediação*, vol. 50/2016, p. 155-163, jul-set/2016).

33 Foi a posição apresentada por Eduardo Talamini no II Colóquio Luso-Brasileiro de Direito Processual Civil, realizado em Lisboa, em novembro de 2016.

3.3. Precedentes sobre o mérito: reflexões sobre convenção de arbitragem, escolha do direito aplicável e iura novit arbiter, e violação à ordem pública

Há considerável consenso sobre a impossibilidade de revisão judicial do mérito da decisão arbitral.[34] Por isso, conquanto se admita o emprego da anulatória para hipóteses de inobservância de precedente judicial sobre garantias processuais, como visto, tal remédio é afastado para impor vinculação quanto ao mérito,[35] em especial pela ausência de tal hipótese no rol (taxativo) do art. 32 da Lei de Arbitragem.

Não obstante, essa temática ganha contornos interessantes quando analisada a questão sobre a perspectiva da convenção de arbitragem – quanto ao direito escolhido – e do princípio do *iura novit arbiter*.[36]

É que, como visto no item 2, considerados os precedentes judiciais como fontes de direito, a sua não aplicação pode significar julgamento fora dos limites da convenção de arbitragem, no que tange à escolha do *direito* para dirimir a controvérsia.

Veja que, se as partes escolhem a aplicação do direito brasileiro, sua incidência compreende não apenas o texto de lei, puro e simples, como também a interpretação vinculante que lhes tenha sido conferida pelos tribunais competentes para tanto (STJ e STF, em controle de constitucionalidade, recursos repetitivos, repercussão geral, enunciados de súmulas; e, eventualmente, IRDR e IAC,[37] e tribunais estaduais e regio-

---

34 Contudo, aventando a possibilidade de excepcional controle de mérito da decisão arbitral, à semelhança da "relativização da coisa julgada", quando houver violação a direitos fundamentais: WLADECK, Felipe Scripes. *Impugnação da sentença arbitral.* Salvador: Juspodivm, 2014, p. 138-144.

35 "Súmulas vinculantes que digam respeito ao mérito do processo arbitral são absolutamente irrelevantes para o controle judicial da sentença (...) se os árbitros fossem obrigados a observar as súmulas vinculantes a respeito das questões de fundo que lhes são submetidas, a regra segundo a qual as partes podem escolher o direito aplicável ao seu caso (art. 2º, §1º, da Lei 9.307) seria limitada" (WLADECK, Felipe Scripes. *Impugnação da sentença arbitral.* Salvador: Juspodivm, 2014, p. 138-144)

36 V.: LUCCA, Rodrigo Ramina de. Iura novit curia nas arbitragens. *Revista Brasileira de Arbitragem*, vol. 50, pp. 54–78. Destacando as distinções entre o *iura novit curia* e o *iura novit arbiter,* o autor aponta que a legitimidade da atuação judicial – enquanto poder estatal não eleito democraticamente – decorre também da "juridicidade substancial" das decisões, de modo que a fundamentação exerce um objetivo essencial, que é a demonstração de que a decisão se funda no direito do determinado Estado. Segundo o autor, a legitimidade da decisão arbitral se extrai sobretudo da autonomia das partes, que escolhem submeter tal conflito, de modo que "os árbitros não têm a necessidade de realizar o direito objetivo estatal para legitimar o exercício do ser poder". Contudo, se as partes escolhem a aplicação de uma determinada ordem jurídica, o árbitro estará a ela vinculada. O *iura novit arbiter* depende essencialmente das partes e do que constar da convenção. V. tb: FICHTNER, Jose Antonio. A atualidade do princípio iura novit curia no CPC e na Arbitragem. *Revista de Arbitragem e Mediação*, vol. 53, p. 249-262, abr/jun-2017.

37 Sobre o cabimento de IRDR em tribunais superiores, v.: TEMER, Sofia. *Incidente de resolução de demandas repetitivas.* 2ª ed. Salvador: Juspodivm, 2017, p. 117.

nais, nestes últimos incidentes). A lógica seria similar à interpretação da "violação à norma jurídica", para fins de cabimento de rescisória (art. 966, V, CPC).[38]

E tal entendimento poderia ser aplicado inclusive quanto aos precedentes que não tenham sido expressamente invocados pelas partes, mas que, por comporem o direito eleito, devem ser de conhecimento dos árbitros, por força do *iura novit arbiter*.[39]

Segundo tal perspectiva, a não aplicação do direito eleito – que compreende precedentes sobre mérito – caracterizaria desrespeito à convenção de arbitragem, vício passível de controle judicial pela via da anulatória, nos termos do art. 32, IV, da Lei 9.307/96.[40]

Embora parte da doutrina entenda que ocorre, neste caso, *error in procedendo*,[41] viabilizando a anulatória, há quem afirme o contrário: seria em realidade *error in judi-*

---

38 Nesse sentido: "Quando as partes convencionam a aplicação da lei brasileira, por exemplo, têm em vista a interpretação corrente sobre os diversos dispositivos legais. As partes desejam, por meio da convenção arbitral, que o arcabouço normativo brasileiro seja utilizado como parâmetro para a decisão. (...) As pautas de conduta estabelecidas pelos órgãos da jurisdição estatal, assim como pela própria doutrina, evidentemente geram nas partes a legítima expectativa de que o julgamento conforme a lei adote essa orientação. (...) A existência de uma previsão infraconstitucional federal, por exemplo, cuja interpretação adequada tenha sido fixada pelo STJ em julgamento de recurso especial repetitivo – órgão constitucionalmente criado para uniformizar a interpretação da lei federal –, é forte o bastante para que o árbitro a leve em consideração em sua decisão, porque essa é a pauta de conduta que o STJ se baliza ao determinar o critério de aplicação da lei. Em relação às súmulas vinculantes do STF, inegável haver previsão constitucional de que os órgãos decisórios deverão observá-las. (...) A redação do inc. V do art. 966 do CPC/2015, ao prever o cabimento da ação rescisória quando a decisão "violar manifestamente norma jurídica", serve de parâmetro para o cabimento da ação anulatória da sentença arbitral: a não aplicação da lei no caso em que aplicável, a aplicação em caso inaplicável ou a aplicação com interpretação evidentemente equivocada pode representar julgamento fora dos limites da convenção arbitral, desde que seja manifesto. (LUCON, Paulo Henrique dos Santos; BARIONI, Rodrigo; MEDEIROS NETO, Elias Marques de. A causa de pedir das ações anulatórias de sentença arbitral. *Revista de Arbitragem e Mediação,* vol. 46/2015, p. 265-276).

39 José Fitchner aponta o cabimento da anulatória, embora tratando amplamente da não observância "ordenamento jurídico brasileiro" (no qual entendemos estarem compreendidos os precedentes), "O *iura novit arbiter* é observado pelo árbitro em razão de sua vinculação ao direito eleito pelas partes na convenção de arbitragem. (...) Com efeito, elegendo as partes que a arbitragem será julgada segundo "as leis brasileiras" ou o "ordenamento jurídico brasileiro", como geralmente ocorre, a conclusão inexorável é que há, sim, um *iura novit arbiter,* simplesmente porque o árbitro tem o dever de proferir sentença de acordo com a convenção de arbitragem" (FICHTNER, Jose Antonio. A atualidade do princípio iura novit cúria no CPC e na Arbitragem. *Revista de Arbitragem e Mediação*, vol. 53, p. 249-262, abr/jun-2017).
Ainda, entende que caso o fundamento não tenha sido debatido pelas partes, há a possibilidade de anulação, desde que o fundamento seja "pilar" da decisão arbitral: FICHTNER, Jose Antonio. A atualidade do princípio iura novit curia no CPC e na Arbitragem. *Revista de Arbitragem e Mediação,* vol. 53, p. 249-262, abr/jun-2017).

40 Art. 32. É nula a sentença arbitral se: (...) IV – for proferida fora dos limites da convenção de arbitragem;

41 LUCON, Paulo Henrique dos Santos; BARIONI, Rodrigo; MEDEIROS NETO, Elias Marques de. A causa de pedir das ações anulatórias de sentença arbitral. *Revista de Arbitragem e Mediação,* vol. 46/2015, p. 265-276.

cando, não passível de controle judicial, já que este controle ocorre apenas em relação a seus aspectos formais,[42] de modo que a previsão do inciso IV do art. 32 não permitiria a fiscalização sobre a observância de precedentes judiciais quanto ao mérito.

Ocorre que os limites da convenção de arbitragem quanto às regras de direito aplicáveis, assim como o próprio *iura novit arbiter*, dependem essencialmente da vontade das partes e do que se estipular em relação à resolução do conflito.

Desse modo, ainda que se pudesse adotar como regra que o entendimento que a aplicação do direito brasileiro compreende também os precedentes judiciais, permitindo-se o uso da anulatória por violação à convenção, seria possível conferir às partes a possibilidade de estabelecer consensualmente outro regime?

Ou seja, poderiam as partes estipular, na convenção de arbitragem, a liberdade do tribunal quanto à aplicação ou não dos precedentes judiciais, e, mais, expressamente negar-lhes aplicação, obstando-se, por consequência, a via da anulatória (exatamente porque não desrespeitada a convenção, senão o contrário)?

No ponto, há que se lembrar que não raras vezes a arbitragem se debruça sobre controvérsias relativas a negócios complexos, muito específicos, inclusive a partir de contratos com nível alto de detalhamento, a praticamente dispensar a aplicação da lei. Nos contratos *auto-regulatórios* ou "contracts sans droit",[43] não raro são afastadas as consequências *regulares* previstas em lei, o que implicaria em resultado similar ao previsto acima, quanto à negação dos precedentes.

Parece-nos viável, nesse contexto, que as partes utilizem-se do art. 2º, §1º, da Lei de Arbitragem,[44] para calibrar a aplicação do direito no que tange aos precedentes judiciais.

---

42 "A inobservância do *iura novit arbiter*, quando este for cabível, tem como consequência um jugamento injusto (antijurídico), proferido equivocadamente do ponto de vista jurídico-material (...). para que seja apurado o equívoco substancial da sentença, seria necessário realizar um novo juízo de mérito da causa" (LUCCA, Rodrigo Ramina de. Iura novit curia nas arbitragens. *Revista Brasileira de Arbitragem*, vol. 50, pp. 54–78). O autor explicita que a decisão seria inválida, contudo, se aplicado o *iura novit arbiter*, quando não previsto, porque isso seria facilmente constatado da decisão, em confronto com a convenção de arbitragem: "se a falta de aplicação do *iura novit arbiter* configura *error in iudicando*, pois proferida sentença juridicamente injusta, a aplicação indevida do *iura novit arbiter* é error in procedendo, pois violados os limites estabelecidos pelas partes ao árbitro na convenção de arbitragem". Excepciona, ainda, a hipótese em que conste expressamente da própria decisão arbitral que, em vez de levar em consideração as normas de determinado ordenamento, julgou-se apenas a partir das regras invocadas pelas partes, quando houver sido convencionado o contrário. Neste caso, segundo o autor, a hipótese é de invalidade por desrespeito à convenção, porque simples leitura da decisão permitiria concluir que não se observou o convencionado. Nos parece, contudo, que tal distinção é artificial, de difícil aferição.

43 Em tais casos, "mais importante que a lei aplicável, frequentemente, é o texto completo do contrato e as circunstâncias fáticas" (GARCEZ, José Maria Rossani. Escolha da lei substantiva da arbitragem. *Revista de Arbitragem e Mediação*, 4/48, jan./2005).

44 Art. 2º A arbitragem poderá ser de direito ou de eqüidade, a critério das partes. § 1º Poderão as partes escolher, livremente, as regras de direito que serão aplicadas na arbitragem, desde que não haja violação aos bons costumes e à ordem pública.

O art. 2º, §1º da Lei de Arbitragem prevê, contudo, que a escolha das regras de direito aplicáveis ao caso não pode violar os bons costumes e a ordem pública.[45] Daí se extrai a última das reflexões deste artigo: seriam os precedentes "ordem pública", a obstar a limitação convencional sobre sua aplicação, sob pena de cabimento de anulatória e impositiva incidência?[46]

Conquanto o "precedente" possa caber no difícil conceito de ordem pública,[47] acreditamos que os sistemas judicial e arbitral não têm a ganhar, ao menos no momento, com tamanha expansão do controle da decisão arbitral pela via da anulatória.

O ponto crucial, contudo, é que nos parece que se o sistema não prevê o cabimento de anulatória por inobservância à lei, não há coerência na sua admissão por desrespeito à precedente. Caracterizar o precedente como "ordem pública", neste contexto, o alçaria à condição de mais importância que a lei.

4. Conclusões

Os precedentes judiciais são fonte de direito, compõem o ordenamento jurídico e devem ser ponderados pelos árbitros no exercício de sua função jurisdicional. A afirmativa não implica, contudo, na imediata importação à arbitragem dos remédios processuais (como reclamação) ou das mudanças procedimentais (como julgamento de improcedência liminar, tutela de evidência) previstas para o processo judicial.

Do mesmo modo, sendo o precedente aplicável à arbitragem na mesma medida que a lei, mas não mais que isso, não há "novas" hipóteses de anulatória, tampouco deve haver o alargamento das já previstas para permitir o controle judicial tão só pelo argumento de ofensa ao precedente.

Assim, embora o tema dê ensejo a relevantes reflexões, no que tange à aplicação de precedentes, a anulatória será cabível nas hipóteses de ofensa às garantias proces-

---

45 V., sobre o tema: HUCK, Hermes Marcelo; AMADEO, Rodolfo da Costa Manso Real. Árbitro: juiz de fato e de direito. *Revista de Arbitragem e Mediação*, 40/181, jan/2014.

46 Afinal, esta é a consequência da escolha do direito que viole a ordem pública: "Sendo considerada inadmissível a escolha das partes relativamente às regras de direito a serem aplicadas pelo árbitro, por violação à ordem pública, considerará este ineficaz a escolha, procedendo ao julgamento com a aplicação das normas que entender adequadas (...). Por fim, se a sentença arbitral for proferida com violação à ordem pública, será caso de anulá-la nos termos e na forma da Lei de Arbitragem" (CARMONA, Carlos Alberto. Arbitragem e Processo: um comentário à Lei 9307/96. São Paulo: Atlas, 2009, p. 70-71).

47 "Sobre o verdadeiro conceito da ordem pública, ainda não se chegou a um acordo em doutrina. Nem se chegará, dada a diversidade de orientações dos muitos escritores que do assunto se têm ocupado. Sobre o que não pode haver dúvida é que o conceito da ordem pública está vinculado ao interesse geral da sociedade, em oposição ao interesse individual. Por isso mesmo, parece que no conceito da ordem pública deve ser abrangido tudo aquilo que, pelo seu fundamento, repousa em concepções consideradas pelo legislador como essenciais à manutenção da sociedade, à sua boa ordem, à sua defesa, à sua moral" (SANTOS, João Manoel Carvalho de. *Código Civil Interpretado*. v. I, 10ª ed., Rio de Janeiro: Freitas Bastos, 1963, p. 200).

suais, falta de fundamentação ou desrespeito à convenção de arbitragem, na exata medida em que seria se se cogitasse de violação à lei.

5. Referências bibliográficas

ABBOUD, Georges. Jurisdição constitucional vs. Arbitragem: os reflexos do efeito vinculante na atividade do árbitro. *Revista de Processo*, vol. 214, dez/2012, p. 271-298.

CARMONA, Carlos Alberto. Arbitragem e Jurisdição. *Revista de Processo*, vol. 58, abr/1990.

___________. *Arbitragem e Processo: um comentário à Lei 9307/96*. São Paulo: Atlas, 2009.

___________. Em torno do árbitro. *Revista de Arbitragem e Mediação*, São Paulo, v. 8, nº 28, p. 47-63, jan-mar. 2011.

CARNEIRO, Paulo Cezar Pinheiro. Aspectos processuais da nova lei de arbitragem. *Revista Forense*, vol. 339.

CINTRA, Antonio Carlos de Araújo; GRINOVER, Ada Pellegrini; DINAMARCO, Cândido Rangel. *Teoria Geral do Processo*. 31 ed. São Paulo: Malheiros, 2015.

COSTA E SILVA, Paula. A arbitrabilidade da pretensão anulatória de decisão arbitral: a expansão da arbitragem a um domínio improvável? *Revista de Arbitragem e Mediação*, vol. 47/2015, p. 233-244.

CREMASCO, Suzana Santi; SILVA, Tiago Eler. O caráter jurisdicional da arbitragem e o precedente arbitral. *Rev. Fac. Direito UFMG*, Belo Horizonte, nº 59, p. 367-404, jul./dez. 2011.

CRUZ E TUCCI, José Rogério. *O árbitro e a observância do precedente judicial*. In: http://www.conjur.com.br/2016-nov-01/paradoxo-corte-arbitro-observancia-precedente-judicial, acesso em 14.11.2016.

FICHTNER, Jose Antonio. A atualidade do princípio iura novit curia no CPC e na Arbitragem. *Revista de Arbitragem e Mediação*, vol. 53, p. 249-262, abr/jun-2017.

GARCEZ, José Maria Rossani. Escolha da lei substantiva da arbitragem. *Revista de Arbitragem e Mediação*, 4/48, jan./2005.

HUCK, Hermes Marcelo; AMADEO, Rodolfo da Costa Manso Real. Árbitro: juiz de fato e de direito. *Revista de Arbitragem e Mediação*, 40/181, jan/2014.

KOLBACH, Marcela. *Vinculação do árbitro aos precedentes judiciais após a vigência do CPC/2015*. In: https://processualistas.jusbrasil.com.br/artigos/412259718/vinculacao-do-arbitro-aos-precedentes-judiciais-apos-a-vigencia-do-cpc-2015, acesso em 7.2.2017.

___________. Vinculação do árbitro aos precedentes judiciais após a vigência do CPC-2015. Nova hipótese de anulação da sentença arbitral? Texto inédito, cedido gentilmente pela autora.

KUYVEN, Luiz Fernando Martins. O necessário precedente arbitral. *Revista de Arbitragem e Mediação*, 36/295, jan/2013.

LUCCA, Rodrigo Ramina de. Iura novit curia nas arbitragens. *Revista Brasileira de Arbitragem*, vol. 50, pp. 54–78.

LUCON, Paulo Henrique dos Santos; BARIONI, Rodrigo; MEDEIROS NETO, Elias Marques de. A causa de pedir das ações anulatórias de sentença arbitral. *Revista de Arbitragem e Mediação*, vol. 46/2015, p. 265-276.

MARQUES, Ricardo Dalmaso. Inexistência de vinculação do árbitro às decisões e súmulas judiciais vinculantes do STF. *Revista Brasileira de Arbitragem*, v. 1, nº 1, jul-out. 2003.

ROQUE, André Vasconcelos; GAJARDONI, Fernando da Fonseca. *A sentença arbitral deve seguir o precedente judicial no novo CPC?* In: http://jota.info/sentenca-arbitral-deve-seguir-o-precedente-judicial--novo-cpc, acesso em 14.11.2016.

SANTOS, João Manoel Carvalho de. *Código Civil Interpretado*. v. I, 10ª ed., Rio de Janeiro: Freitas Bastos, 1963.

TALAMINI, Eduardo. *Novos aspectos da jurisdição constitucional brasileira: repercussão geral, força vinculante e modulação dos efeitos do controle de constitucionalidade e alargamento do objeto do controle direto*. Tese de Livre-Docência. Faculdade de Direito da Universidade de São Paulo – USP, 2008, 332p.

TEMER, Sofia. *Incidente de resolução de demandas repetitivas*. 2ª ed. Salvador: Juspodivm, 2017.

WEBER, Ana Carolina. *Relembrando: no Brasil, o Código de Processo Civil não é automaticamente aplicado a procedimentos arbitrais*. In: https://processualistas.jusbrasil.com.br/artigos/416798898/relembrando-no-brasil-o-codigo-de-processo-civil-nao-e-automaticamente-aplicado-a-procedimentos-arbitrais, acesso em 26.8.2017.

WLADECK, Felipe Scripes. *Impugnação da sentença arbitral*. Salvador: Juspodivm, 2014.

YARSHELL, Flávio. Ainda sobre o caráter subsidiário do controle jurisdicional estatal da sentença arbitral. *Revista de Arbitragem e Mediação*, vol. 50/2016, p. 155-163, jul-set/2016.

ZANETI JR., Hermes. Comentários aos arts. 926 a 928. In: CABRAL, Antonio do Passo; CRAMER, Ronaldo. *Comentários ao novo Código de Processo Civil*. Rio de Janeiro: Forense, 2015.

___________. *O valor vinculante dos precedentes*. Salvador: Juspodivm, 2015.

A preclusão no processo arbitral

Yuri Maciel Araujo

Sumário: 1. Introdução. **2.** Notas sobre a preclusão no processo estatal. **3.** Flexibilidade e preclusão no processo arbitral. **4.** Parâmetros para a aferição da preclusão na arbitragem. **5.** Conclusão. **6.** Referências bibliográficas.

1. Introdução

Com origens históricas remotas,[1] a arbitragem apresenta-se no Direito contemporâneo como uma forma de solução de conflitos potencialmente mais técnica, célere e adequada a determinadas[2] espécies de litígios do que a tradicional jurisdição estatal.

Um dos objetivos mais marcantes do processo[3] arbitral consiste em viabilizar a construção participativa de uma solução justa pelas partes e pelos árbitros, desprovida de formalismos exagerados e atenta às peculiaridades do caso concreto.[4] Além de os interessados optarem livremente por essa via, ainda têm a prerrogativa de escolher o local em que a arbitragem será conduzida, os árbitros que decidirão a controvérsia, o procedimento a ser adotado e, até mesmo, o direito material aplicável à espécie.

---

1 "Aliás, para estudiosos do tema, a arbitragem em diversas civilizações teria precedido até mesmo a justiça estatal, e mesmo estruturada esta jurisdição, muitas vezes por opção das partes buscava-se a solução por pessoa de confiança e respeito dos envolvidos, como, por exemplo, uma autoridade religiosa, um reconhecidamente sábio entre a comunidade, ou mesmo um membro da família experiente e idôneo" (CAHALI, Francisco José. *Curso de arbitragem*: mediação, conciliação, resolução CNJ 125/2010, 5.ed. São Paulo: Revista dos Tribunais, 2015, p. 33).

2 Com efeito, a arbitragem não constitui necessariamente a melhor via para a solução de todos e quaisquer tipos de conflitos. "Atualmente, mesmo aqueles defensores mais ferrenhos da arbitragem sabem que nem todos os conflitos patrimoniais, nem todos os direitos e obrigações disponíveis, nem todas as disputas econômicas devem, a melhor interesse das partes contratantes, ser resolvidas por arbitragem" (GIUSTI, Gilberto. Os vinte anos da Lei 9.307/1996. In: MELO, Leonardo de Campos; BENEDUZI, Renato Rezende (Coord.). *A reforma da arbitragem*. Rio de Janeiro: Forense, 2016, p. 9). Nas palavras de Barbosa Moreira, é certo que "não há, nem pode haver, receita que se mostre igualmente adequada ao tratamento eficaz de toda e qualquer situação litigiosa" (BARBOSA MOREIRA, José Carlos. Miradas sobre o processo civil contemporâneo. In: *Temas de Direito Processual (sexta série)*. Rio de Janeiro: Saraiva, 1997, p. 55).

3 "A arbitragem manifesta-se, extrinsecamente, como um procedimento realizado em contraditório, motivo pelo qual podemos falar aqui em processo arbitral, posto que presente o já mencionado 'módulo processual', referido por *Fazzalari,* e que consiste exatamente neste procedimento em contraditório, revelador da existência de um processo" (CÂMARA, Alexandre Freitas. *Arbitragem – Lei nº 9.307/96*. Rio de Janeiro: Lumen Juris, 1997, p. 59).

4 WALD, Arnoldo. O espírito da arbitragem. *Revista do Instituto dos Advogados de São Paulo*, v. 23, jan.-jun./2009, p. 32.

Esses fatores apontam para um cenário propenso à intensa simplificação da resolução da disputa, orientado precipuamente a garantir que os litigantes tenham reais condições de participação, podendo arguir e comprovar suas razões com todos os meios ao seu dispor e exercer, assim, efetiva influência sobre a formação das decisões que os irão vincular.[5]

Todavia, se é manifesta a flexibilidade do procedimento arbitral, é igualmente certo que essa circunstância não pode ensejar carência de segurança às partes e violação a direitos processuais básicos.[6] A observância ao devido processo legal é mandatória, na linha do que preceituam o art. 5º, LIV, da Constituição Federal e, muito embora incompleto,[7] o art. 21, §2º, da Lei de Arbitragem (Lei nº 9.307/96). Apenas é preciso ter em mente que os princípios informativos do devido processo demandam uma releitura à luz das características que marcam o *sistema* próprio da arbitragem,[8] em especial, (i) o intenso prestígio conferido à autonomia da vontade das partes, um de seus pilares principais,[9] (ii) o fato de se tratar de uma jurisdição exercida no âmbito privado e (iii) os específicos objetivos perseguidos pelas partes com a adoção da via arbitral, em larga medida distintos daqueles historicamente atribuídos ao processo judicial.

---

5 Explorando a repercussão da democracia deliberativa no direito processual, v. CABRAL, Antonio do Passo. *Nulidades no processo moderno*: contraditório, proteção da confiança e validade *prima facie* dos atos processuais, 2.ed. Rio de Janeiro: Forense, 2010, p. 106-111.

6 DINAMARCO, Cândido Rangel. Possibilidade de emendas e alterações a pedidos e o princípio da estabilização no procedimento arbitral. *Revista de Arbitragem e Mediação*, v. 35, out.-dez./2012, p. 238.

7 "Chega a ser dispensável, além de incompleta, a disposição contida no art. 21, §2º, da Lei de Arbitragem, segundo a qual 'serão sempre respeitados no procedimento arbitral os princípios do contraditório, da igualdade das partes, da imparcialidade do árbitro e de seu livre convencimento'. Com ou sem essa disposição, todos os princípios e garantias do processo, contidos na Constituição Federal, aplicam-se inexoravelmente ao juízo arbitral por força própria, sendo inócua uma disposição infraconstitucional como essa. [...] A garantia constitucional do devido processo legal constitui um polo de convergência de todos os demais princípios e garantias enunciados pela Constituição Federal" (DINAMARCO, Cândido Rangel. *A arbitragem na teoria geral do processo*. São Paulo: Malheiros, 2013, p. 25-26).

8 "O processo arbitral, embora inserido na teoria geral do processo, tem instrumentos próprios, produzidos em sua realidade. Possui fechamento operacional. Isso o torna autorreferencial e autônomo relativamente aos demais sistemas de direito, inclusive quanto ao processo estatal. Entre os elementos peculiares do processo arbitral destacamos a presença de regras e, fundamentalmente, de princípios. Isso leva a uma leitura absolutamente típica de institutos do processo estatal, que, quando ingressam no seu ambiente, alteram-se por completo. É o caso, por exemplo, da integração do conceito de devido processo legal arbitral, formado primordialmente pela autonomia da vontade e pelo poder diretivo do árbitro quanto ao procedimento" (PARENTE, Eduardo de Albuquerque. *Processo arbitral e sistema*. São Paulo: Atlas, 2012, p. 309). Com entendimento análogo, SILVA, Eduardo Silva da. Regras arbitrais brasileiras: a fase dos regulamentos. In: *Arbitragem:* estudos sobre a Lei nº 13.129, de 26-5-2015. CAHALI, Francisco José; RODOVALHO, Thiago; FREIRE, Alexandre (Org.). São Paulo: Saraiva, 2016, p. 182.

9 LEMES, Selma Maria Ferreira. Princípios e origens da lei de arbitragem. *Revista do Advogado*, v. 51, out./1997, p. 32.

Nesse contexto, dentre outros pontos controvertidos, avulta discussão de extrema relevância: mesmo diante dessas qualidades inerentes ao processo arbitral, das quais se sobressai a acentuada flexibilidade procedimental, seria possível falar na aplicação do instituto da *preclusão*, tão caro ao processo estatal e a princípios como o contraditório, a duração razoável, a boa-fé objetiva e a segurança jurídica? Quais seriam os limites para o seu aproveitamento no âmbito da arbitragem?

Apesar de reconhecer o papel da preclusão na jurisdição estatal, a doutrina especializada tende a refutar a sua importância na arbitragem. Há autores que afirmam que, tal como concebido para o processo estatal, o instituto praticamente *inexistiria* no processo arbitral, e ponderam que, de um modo geral, os árbitros unicamente se valeriam de seu poder de coibir condutas dolosas, aplicando sanções processuais que seriam somente *semelhantes* à preclusão.[10]

É a esse tema, que suscita ampla e reiterada discussão na doutrina e na prática arbitral, que o presente trabalho será dedicado. Em primeiro lugar, serão traçadas as principais características da preclusão, tal qual desenvolvida no processo estatal. Depois, serão investigados os fundamentos para a sua aplicabilidade no bojo da arbitragem. Por fim, ainda que a tarefa dependa da ponderação com os elementos do caso concreto, serão analisados princípios processuais que despontam como essenciais ao devido processo legal e desenvolvidos parâmetros para o correto emprego da preclusão no sistema arbitral.

Em razão do escopo e dos estreitos lindes deste estudo, a investigação estará limitada à preclusão relacionada a atos e omissões das *partes*, excluindo-se da apreciação a preclusão incidente sobre as atividades dos árbitros.

2. Notas sobre a preclusão no processo estatal

Para alcançar o seu objetivo de pacificação social, substituindo-se com êxito à indesejável autotutela, apenas autorizada em casos excepcionais, o processo deve caminhar para a frente.[11] Da forma mais breve possível – considerando, evidentemente, as particularidades do caso e as garantias dos envolvidos –, o processo tem de assegurar a tempestiva entrega da tutela jurisdicional.

Se, de um lado, é assente a necessidade de um amplo espaço para o diálogo democrático, em que as partes possam promover verdadeira "competição pública em torno dos melhores motivos",[12] de outro, é igualmente incontroverso que o procedimento não pode se alongar em excesso ou levar a resultados meramente formais,

---

10 PARENTE, Eduardo de Albuquerque. *Processo arbitral e sistema*. Op. cit., p. 120-121.

11 "Nisso consiste qualquer processo: atos ordenados, que se praticam sucessivamente, de modo que ao ocaso do anterior se siga a alvorada do posterior, até que se atinja um objetivo" (BERMUDES, Sergio. *Introdução ao Processo Civil*. Rio de Janeiro: Forense, 2002, p. 79).

12 CABRAL, Antonio do Passo. *Nulidades do processo moderno*: contraditório, proteção da confiança e validade *prima facie* dos atos processuais. Op. cit., p. 124.

inócuos na realidade social. A norma jurídica enunciada pelo julgador deve ser apta a solucionar a controvérsia de maneira eficaz, de modo que os embates processuais precisam necessariamente se encerrar em tempo razoável.[13]

Não por outra razão, são diversas as figuras processuais que exibem alguma relação com a manutenção da contínua marcha processual, como é o caso, em especial, da preclusão e de outros institutos a ela relacionados (*v.g.* a revelia e a regra da eventualidade).

Sistematizada por Chiovenda, a preclusão correspondia, na sua acepção original, à perda de uma faculdade processual em consequência de terem sido atingidos os limites ao seu exercício.[14] À primeira vista, o instituto restringiria seu campo de atuação apenas a atos das partes.[15] Com o seu posterior desenvolvimento, porém, ficou claro que também deveria abarcar limitações aos poderes do magistrado.

No estágio atual da doutrina, há algum consenso de que se trata de fenômeno que impede, a partir de um determinado ponto, que certas matérias sejam suscitadas no processo, seja pelas partes, seja pelo próprio juiz,[16] com a função principal de permitir o desenvolvimento do feito de forma segura, ordenada e coerente.[17]

Como já pontuou Humberto Theodoro Júnior, o compromisso com a rápida e justa composição dos litígios é da essência do devido processo legal, de modo que seria mesmo "impensável uma relação processual arbitrariamente movimentada, sem limites temporais e lógicos para a prática dos atos que a compõem e que condicionam o provimento jurisdicional esperado pelos litigantes".[18]

Assim, embora sua aplicação possa se dar em maior ou menor grau, dependendo do gênero da controvérsia e dos valores preconizados pelo respectivo ordenamento processual,[19] a existência de alguma espécie de preclusão revela-se fundamental para oportunizar a adequada tutela jurisdicional.

---

13 Cf. art. 5º, LXXVIII, da Constituição Federal.

14 CHIOVENDA, Giuseppe. *Instituições de direito processual civil.* Tradução de Paolo Capitanio. Campinas: Bookseller, 1998, p. 450.

15 Celso Agrícola Barbi aponta, entretanto, que nos próprios trabalhos de Chiovenda já se encontravam referências à perda de poderes processuais pelo juiz, com a vedação ao julgamento de questões já decididas (BARBI, Celso Agrícola. Da preclusão no processo civil. *Revista Forense*, v. 158, mar.-abr./1955, p. 60).

16 RUBIN, Fernando. *A preclusão na dinâmica do processo civil.* São Paulo: Atlas, 2014, p. 35.

17 DIDIER JR., Fredie. *Curso de direito processual civil:* introdução ao direito processual civil, parte geral e processo de conhecimento, 19.ed. Salvador: JusPodivm, 2017, p. 474-476.

18 THEODORO JÚNIOR, Humberto. A preclusão no processo civil. *Revista Jurídica: órgão nacional de doutrina, jurisprudência, legislação e crítica judiciária*, v. 273, jul./2000, p. 6.

19 "A sua definição como técnica emerge, pois, justamente do fato de o instituto poder ser aplicado, com maior ou menor intensidade, tornando o processo mais ou menos rápido, impondo ao procedimento uma maior ou menor rigidez na ordem entre as sucessivas atividades que o compõem, tudo dependendo dos valores a serem perseguidos prioritariamente pelo ordenamento processual de regência de uma determinada sociedade, em um dado estágio cultural" (RUBIN, Fernando. *A preclusão na dinâmica do processo civil.* Op. cit., p. 35-36).

No âmbito do processo estatal brasileiro, é há muito conhecida a valia do instituto. Consolidaram-se na doutrina e na jurisprudência as três vertentes da tradicional classificação *chiovendiana* de preclusão: (a) temporal, referente à inobservância de prazos peremptórios ou da ordem legal de atividades; (b) lógica, consistente na vedação à realização de atos incompatíveis com as atividades anteriormente efetuadas; e (c) consumativa, que obsta a prática de atos já antes realizados.[20]

Em rigor, a discussão mais substancial que remanesce diz respeito às espécies aplicáveis aos poderes do juiz: parte da doutrina indica que apenas seria cabível a preclusão consumativa, com a vedação do rejulgamento de matérias já decididas,[21] enquanto outra parte adverte, com acerto, que as preclusões temporal e lógica também dão azo à limitação da atividade do magistrado.[22]

Seguindo a tradição do Código de 1973, o CPC/15 foi pródigo ao tratar do instituto. Além de mencioná-lo em dispositivos esparsos, o novo diploma ainda reiterou previsões genéricas no sentido de que é vedado à parte discutir questões já decididas no processo, sobre as quais se operou a preclusão (art. 507, *caput*), e de que, decorrido o prazo, é extinto o direito de praticar ou de emendar o ato processual, sendo somente assegurado à parte provar que não o realizou por justa causa (art. 223, *caput*).

Outra disposição intimamente ligada à preclusão é a do art. 342 do CPC/15, que manteve a regra da concentração da defesa e da eventualidade, estabelecendo que, depois da contestação, só é lícito ao réu deduzir novas alegações em determinadas hipóteses.

São previsões que, em prestígio aos princípios informativos do devido processo legal, delineiam o instituto da preclusão e corroboram a sua inegável importância no ordenamento processual brasileiro.

Não obstante, se a doutrina já se ocupou de traçar as principais linhas para a utilização da preclusão no processo estatal – que, é bem verdade, ainda carecem de uma melhor ressignificação à luz de princípios como o contraditório, a boa-fé objetiva e a instrumentalidade do processo –, há de se inquirir a sua incidência ao processo arbitral, sobretudo considerando a ampla margem existente para a formação do procedimento pelas partes e a sua maior flexibilidade.

3. Flexibilidade e preclusão no processo arbitral

Ainda que hoje se observe um claro movimento de maior abertura à adequação e adaptabilidade processual,[23] o processo civil estatal é configurado historicamen-

20 PINHO, Humberto Dalla. *Direito processual civil contemporâneo:* introdução ao processo civil, vol. II. São Paulo: Saraiva, 2012, p. 330-331.

21 RUBIN, Fernando. *A preclusão na dinâmica do processo civil.* Op. cit., p. 142-143.

22 CABRAL, Antonio do Passo. *Coisa julgada e preclusões dinâmicas:* entre continuidade, mudança e transição de posições processuais estáveis. 2ª ed. Salvador: JusPodivm, 2014, p. 130.

23 Deve-se recordar, assim, que o CPC/15 prevê a possibilidade de realização de ajustes procedimentais tanto pelo juiz (art. 139, VI), como diretamente pelas partes, por meio da celebração de negócios jurídicos processuais (art. 190).

te como um rito segmentado e descrito minuciosamente em lei.[24] A arbitragem, ao contrário, obedece ao procedimento estabelecido pelas partes, que podem criá-lo livremente, incumbir o árbitro dessa função ou se reportar aos regulamentos de instituições arbitrais.[25]

A flexibilidade é, por certo, um traço importante do processo arbitral.[26] Com o intuito de alcançar uma tutela jurisdicional satisfatória e apta a gerar paz social, as partes e os árbitros não devem estar jungidos a um rito burocrático e formal; antes, devem sempre poder buscar, de modo criativo e cooperativo, a melhor compreensão possível dos fatos e dos direitos controvertidos.

No âmbito da verdadeira comunidade de trabalho[27] instaurada na instância arbitral, é essencial que as partes se valham de ampla liberdade para expor seus argumentos, contraditar as teses contrárias e produzir todo o arcabouço probatório necessário à instrução do feito, sendo por isso recomendável que o procedimento esteja livre de algumas das restrições típicas do processo estatal.

Com efeito, a menor preclusividade constitui uma característica básica dos procedimentos flexíveis e abre maior margem, no âmbito da arbitragem, para que as partes introduzam alterações na demanda inicial e se utilizem de um vasto campo de atuação no exercício do contraditório.[28]

No entanto, a despeito de sua enorme significância, é preciso ter em mente que *flexibilidade não significa anarquia*.[29] Se, por um lado, é valiosa a possibilidade de

---

24 Isso se deve, especialmente, ao fato de o processo judicial precisar acomodar a enorme variedade de conflitos que podem surgir na sociedade. Daí por que, em alguma medida, permanece válido o entendimento de Niklas Luhmann, segundo o qual "os procedimentos judiciais não são descobertos e ajustados caso a caso. É que isso constituiria uma espera ociosa no acaso e seria tão demorado que, entretanto, se desfaria a organização da sociedade ou se recairia numa situação extremamente primitiva. Em todas as sociedades com uma certa complexidade, os procedimentos têm de ser 'instruídos' de forma a poupar tempo, por meio da escolha dum modelo pré-constituído" (LUHMANN, Niklas. *Legitimação pelo procedimento.* Tradução de Maria da Conceição Côrte-Real. Brasília: Editora Universidade de Brasília, 1980, p. 53).

25 Cf. art. 21 da Lei 9.307/96.

26 É importante ressalvar que, apesar de a flexibilidade estar diretamente ligada aos objetivos do processo arbitral e constituir realmente um dos seus atributos mais destacados, nada impede que as partes optem por prever, no âmbito da sua autonomia da vontade, que o procedimento será rígido, dispondo consensualmente sobre um forte regime de preclusões. Essa hipótese, entretanto, não corresponde minimamente à prática arbitral e retiraria parcela significativa das vantagens usualmente atribuídas à arbitragem.

27 O conceito de *comunidade de trabalho* é referido por OLIVEIRA, Carlos Alberto Alvaro de. *Do formalismo no processo civil:* proposta de um formalismo-valorativo, 3.ed. São Paulo: Saraiva, 2009, p. 90, e também por MARINONI, Luiz Guilherme; ARENHART, Sergio Cruz; MITIDIERO, Daniel. *Novo curso de processo civil*: teoria do processo civil, 2.ed. São Paulo: Revista dos Tribunais, 2016, p. 496.

28 DINAMARCO, Cândido Rangel. *A Arbitragem na Teoria Geral do Processo*. Op. cit., p. 58.

29 É o que expõe MORALES, Nicolás Gamboa. "Notes on collection of evidence in international arbitration. Witnesses and experts". *Revista de Arbitragem e Mediação*, v. 7, out.-dez./2005, p. 148:

uma interação menos estanque entre os sujeitos processuais, por outro, é certo que a obediência a fases ou etapas minimamente delineadas também tem sua razão de ser. Funcionalizadas à luz da Constituição, as formas processuais servem justamente para permitir que o processo desfrute da máxima eficiência possível e o diálogo entre partes e julgadores flua de maneira proveitosa.[30]

Em virtude disso, a Lei de Arbitragem entrega a escolha do procedimento aos interessados, mas determina que sempre deverão ser respeitados os princípios do contraditório, da igualdade das partes, da imparcialidade do árbitro e de seu livre convencimento (art. 21, §2º).

A essa previsão ainda se soma, naturalmente, a observância aos demais princípios constitucionais que integram o conteúdo mínimo do devido processo legal, na medida em que aplicáveis a qualquer procedimento que envolva os valores vida-liberdade-patrimônio.[31]

Nesse quadro, considerando que a existência do fenômeno da preclusão é essencial para o bom desenvolvimento do processo e para a concretização de princípios como o contraditório, a duração razoável, a segurança jurídica e a boa-fé – Fredie Didier Jr. chega mesmo a afirmar que "não há processo sem preclusão"[32] –, a sua incidência ao processo arbitral é irrefutável, ainda que as partes não a tenham expressamente previsto ao eleger o procedimento aplicável. A preclusão unicamente terá um âmbito de incidência reduzido, de modo que as hipóteses que autorizam o seu afastamento serão maiores, em razão da maior flexibilidade inerente à arbitragem.

Afinal, (i) se a preclusão recai sobre o processo arbitral em decorrência dos princípios constitucionais que visa a proteger, e (ii) se tais princípios devem ser interpretados especificamente para o sistema da arbitragem, tem-se que a preclusão deverá ser sempre superada quando a sua incidência se dissociar dos valores e objetivos que regem o processo arbitral,[33] não podendo jamais constituir um fim em si mesma.

"[p]rocedural flexibility does not mean, at all, anarchy thereof, with parties and arbitrators organizing the proceeding according to esoteric rules alien to reality. To the contrary, arbitral proceedings are fully and permanently subject to 'procedural fairness' in order to guarantee the strict observance of the 'due process' principle, which some authors regard as the sole 'procedural public order principle'". Tradução livre: "flexibilidade procedimental não significa, de forma alguma, anarquia, com partes e árbitros organizando o procedimento de acordo com regras esotéricas, alheias à realidade. Ao contrário, procedimentos arbitrais são total e permanentemente sujeitos ao 'processo justo', de modo a garantir estrita observância ao princípio do 'devido processo', que alguns autores consideram como o único 'princípio processual de ordem pública'".

---

30 OLIVEIRA, Carlos Alberto Alvaro de. *Do formalismo no processo civil:* proposta de um formalismo--valorativo.Op. cit., p. 86-90.

31 GAJARDONI, Fernando da Fonseca. *Flexibilização procedimental*: um novo enfoque para o estudo do procedimento em matéria processual. São Paulo: Atlas, 2008, p. 100.

32 DIDIER JR., Fredie. *Curso de direito processual civil:* introdução ao direito processual civil. Op. cit., p. 475.

33 "[A] consequência estabelecida *prima facie* pela norma pode deixar de ser aplicada em face de razões substanciais consideradas pelo aplicador, mediante condizente fundamentação, como supe-

Em outras palavras, a existência de preclusão na arbitragem é inequívoca, mas será necessário, a cada caso concreto, promover o cotejo das condutas comissivas e omissivas das partes com os princípios informativos do que se pode denominar de *devido processo legal arbitral*,[34] para aferir se a preclusão deverá ter mesmo aplicação ou se, ao revés, terá de ser desconsiderada.[35]

4. Parâmetros para a aferição da preclusão na arbitragem

A Lei nº 9.307/96, que sistematizou a arbitragem no Brasil e trouxe enormes avanços para a sua consolidação e prestígio, não apresenta qualquer regra geral sobre o fenômeno preclusivo.

O único dispositivo legal que prevê uma hipótese de preclusão é o art. 20, segundo o qual a parte deverá arguir questões atinentes à competência, suspeição ou impedimento do árbitro, bem como sobre a nulidade, invalidade ou ineficácia da convenção arbitral, na primeira oportunidade em que tiver de se manifestar após a instituição da arbitragem.

Com uma orientação diversa, é possível fazer referência à Lei de Arbitragem Voluntária de Portugal, que estipulou, no art. 35 da Lei nº 63/2011, um regime próprio para *omissões e faltas de qualquer das partes*.[36] Atenta às peculiaridades do processo arbitral, a legislação portuguesa orientou-se para um equilíbrio entre o regular prosseguimento do feito e a garantia de ampla participação dos interessados, evitando, sempre que possível, a aplicação de sanções desnecessárias à parte que deixar de praticar determinado ato processual.[37]

riores àquelas que justificam a própria regra" (ÁVILA, Humberto. *Teoria dos princípios*, 15.ed. São Paulo: Malheiros, 2014, p. 68).

34 A expressão foi utilizada por PARENTE, Eduardo de Albuquerque. *Processo arbitral e sistema*. Op. cit., p. 103-107.

35 Na mesma linha, TAMAKI, Luiz Henrique. *A preclusão no processo de arbitragem*. Dissertação de mestrado – Pontifícia Universidade Católica, São Paulo, 2016, p. 118.

36 Artigo 35 da Lei nº 63/2011: "Omissões e faltas de qualquer das partes. 1. Se o demandante não apresentar a sua petição em conformidade com o nº 2 do artigo 33.º, o tribunal arbitral põe termo ao processo arbitral. 2. Se o demandado não apresentar a sua contestação, em conformidade com o nº 2 do artigo 33.º, o tribunal arbitral prossegue o processo arbitral, sem considerar esta omissão, em si mesma, como uma aceitação das alegações do demandante. 3. Se uma das partes deixar de comparecer a uma audiência ou de produzir prova documental no prazo fixado, o tribunal arbitral pode prosseguir o processo e proferir sentença com base na prova apresentada. 4. O tribunal arbitral pode, porém, caso considere a omissão justificada, permitir a uma parte a prática do acto omitido.5. O disposto nos números anteriores deste artigo entende-se sem prejuízo do que as partes possam ter acordado sobre as consequências das suas omissões".

37 A propósito, o autor português António Menezes Cordeiro esclarece que "o escopo da lei de arbitragem, perante a revelia do demandado ou, mais latamente, em face das omissões ou faltas de qualquer das partes (*default proceedings)* é triplo: (a) dignificar a arbitragem; (b) prevenir

Em linhas gerais, essa parece ser realmente a melhor diretriz para o tema da preclusão no processo arbitral: o fenômeno preclusivo existe, mas apenas deve ter lugar para otimizar a realização dos objetivos principais da arbitragem e os princípios que compõem o devido processo legal arbitral. Afinal, ao contrário do que ocorre no processo estatal, a arbitragem se caracteriza justamente por garantir o acesso das partes a um espaço apropriado para um vasto e completo diálogo sobre o direito controvertido, sendo incompatível com uma valorização da forma pela forma.

Por essa razão, a fixação de parâmetros para a ocorrência da preclusão deve passar necessariamente pela análise da sua relação, em cada caso concreto, com a defesa de princípios processuais de índole constitucional, como o contraditório, a isonomia, a imparcialidade do julgador e a boa-fé processual, não podendo deles jamais se desvincular.

Sucintamente, cumpre investigar as principais repercussões de cada um desses princípios para a ocorrência do fenômeno preclusivo.

De início, observa-se que o conceito contemporâneo de contraditório não mais se atém ao binômio ciência-reação, que marcou a origem do instituto. Atualmente, envolve também o direito das partes de efetivamente influenciarem o julgamento da demanda e condicionarem a atuação dos demais sujeitos no processo.[38]

No âmbito de um procedimento flexível, a ideia é que as trocas e influências recíprocas sejam ainda mais intensificadas, em virtude da ausência de um rito formal pré-estabelecido em lei e da ampla autonomia da vontade conferida às partes. Em comum acordo ou sob a direção dos árbitros, importa que essa "arena de debates" seja organizada da forma mais propensa a permitir que todas as alegações tenham lugar e possam interferir no provimento final, inclusive com a produção de todas as provas correlatas.

Nesse cenário, Cândido Rangel Dinamarco afirma que o contraditório atuaria como verdadeira norma de superdireito e o seu atendimento constituiria uma legítima *sanatória geral* para eventuais nulidades no processo arbitral, revelando-se apta a

obstruções ao processo; (c) evitar, no possível, prejudicar o faltoso" (CORDEIRO, António Menezes. *Tratado da* arbitragem: Comentário à Lei 63/2011, de 14 de dezembro. Coimbra: Almedina, 2015, p. 330).

38 CABRAL, Antonio do Passo. *Nulidades no processo moderno*: contraditório, proteção da confiança e validade *prima facie* dos atos processuais. Op. cit., p. 112. Segundo Leonardo Schenk, "o direito de participação e influência, conteúdo mínimo atual do contraditório renovado, deve assegurar às partes, para além da audiência bilateral, a possibilidade real de propor e produzir todas as provas relevantes para a defesa do direito material em juízo, podendo ainda participar daquelas requeridas pelo adversário ou de ofício determinadas, impondo ao julgador, em contrapartida, a obrigação de analisar adequada e detidamente todos os pedidos, argumentos e provas levados aos autos em amplo contraditório, devendo tomá-los em consideração no momento de formação do juízo e de elaboração da decisão, como verdadeira condição para a sua legitimidade, justiça e imutabilidade" (SCHENK, Leonardo Faria. *Cognição sumária*: limites impostos pelo contraditório no processo civil. São Paulo: Saraiva, 2013, p. 67).

excluir "o prejuízo que os aditamentos ou alterações pudessem causar, e também por essa razão infraconstitucional nada haverá a anular, o que é uma imposição do princípio da instrumentalidade das formas".[39]

Não obstante essa embasada opinião, e a despeito de ser inegável a importância do contraditório, a simples concessão à parte contrária de oportunidade para se manifestar sobre matérias preclusas não é suficiente para sanar todos os vícios na arbitragem.

Como anota o próprio Dinamarco em outra passagem de sua obra, o equilíbrio do sistema arbitral inclui a "necessidade de não permitir que os desideratos de simplicidade e adaptabilidade cheguem ao ponto de transgredir os parâmetros livremente estabelecidos pelas partes com observância de normas da instituição arbitral escolhida e da lei aplicável, bem como das garantias, princípios e normas estabelecidos na Constituição".[40]

Nessa linha, o princípio do contraditório terá duas principais repercussões quanto ao tema das preclusões no processo arbitral.

Em primeiro lugar, a observância do contraditório representará um requisito mínimo para a análise da preclusão. Antes de se decidir sobre a ocorrência do fenômeno preclusivo, deverá ser garantido às partes que se manifestem sobre a matéria suscitada, defendendo ou impugnando a ocorrência da preclusão. Os árbitros não poderão apreciar a questão sem oportunizar a prévia manifestação dos interessados.

Em segundo lugar, o princípio do contraditório impedirá que a preclusão seja aplicada quando puder tornar *incompleto* o diálogo travado no processo arbitral, inviabilizando que as partes tenham efetivas condições de participar na formação da convicção dos árbitros.[41] Como dito, a arbitragem prima por oportunizar um ambiente flexível e aderente ao debate promovido pelas partes, devendo, por esse motivo, prestigiar o contraditório na maior extensão possível.

Por certo, a incompletude de que ora se trata não se confunde com toda e qualquer ausência de manifestação de algum dos envolvidos. Afinal, também das condutas omissivas pode-se extrair um ato de vontade, apto a cumprir o seu papel no diálogo processual.[42] Para o fim de afastar a preclusão, o diálogo apenas será considerado incompleto quando algum dos sujeitos processuais houver deixado de tratar de algum

---

39 DINAMARCO, Cândido Rangel. *A arbitragem na teoria geral do processo*. Op. cit., p. 146.

40 Ibid., p. 57.

41 "É claro que, em última análise, a preclusão sempre significa uma limitação ao direito de defesa e de participação das partes. A perda de uma faculdade ou poder é a perda da possibilidade de reação, comprometendo-se um dos termos do binômio da audiência bilateral. Novamente, caberá ao árbitro, no caso concreto, ponderar a extensão do prejuízo causado à participação dos envolvidos, sendo este o metro a ser seguido para se avaliar a eventual desconsideração de determinada regra procedimental. Mais importante do que a ordem e a rigidez do procedimento é a igualdade de participação das partes" (ALVES, Rafael Francisco. O devido processo legal na arbitragem. In: JOBIM, Eduardo; MACHADO, Rafael Bicca (Coord.). *Arbitragem no Brasil*: aspectos jurídicos relevantes. São Paulo: Quartier Latin, 2008, p. 404).

42 CABRAL, Antonio do Passo. *Nulidades no processo moderno*: contraditório, proteção da confiança e validade *prima facie* dos atos processuais. Op. cit., p. 152.

ponto que, naquele momento específico, ainda não era tido, de forma inequívoca, como pertinente para o deslinde da controvérsia.

Ilustra-se essa consideração com a hipótese em que uma das partes não tenha apresentado todas as teses sucessivas de defesa que, a princípio, possuiria ao seu dispor, por guardar razoável expectativa de que algumas delas não seriam relevantes para a definição da lide. A regra da eventualidade, que, no processo estatal, poderia conduzir à preclusão de tais matérias (cf. art. 342 do CPC/15), não terá efeito caso as novas questões possam ser oportunamente introduzidas no debate e não representem uma quebra das expectativas legítimas da parte contrária (os desdobramentos da boa-fé ainda serão delineados adiante).[43]

Em sentido contrário, entretanto, se o silêncio de uma das partes não se inserir nesse quadro, a preclusão não será superada. É o caso, por exemplo, de uma determinada alegação fática, já posta no processo e com objetiva aptidão para alterar o resultado do julgamento, não ter sido refutada pelo interessado na primeira oportunidade em que se manifestou. A questão estará, em princípio, preclusa e não poderá ser retomada pela parte mais à frente.

Veja-se que não se está aqui a defender a utilização do princípio da revelia, que reconhecidamente não tem o mesmo alcance na arbitragem do que na jurisdição estatal.[44] A hipótese é outra: caso a parte se pronuncie tempestivamente, mas deixe de impugnar uma determinada matéria, incidirá a preclusão.

Em complemento a essas observações, é importante ressaltar ainda – e aqui há uma nítida interação com o princípio da igualdade, parcialmente inserido no âmbito do contraditório[45] – que, uma vez fixados prazos para a apresentação de alegações,

---

43 Nesse caso, para além da repercussão sob o viés do contraditório, é igualmente válido consignar que, "se o sistema preclusivo é rígido demais, corre-se o risco de observarmos 'superesforços' dos litigantes na condução dos litígios: se aumentamos as preclusões por omissão, p.ex., como as preclusões temporais, podemos estar diante do risco de que os sujeitos do processo sintam-se pressionados a formular alegações que talvez não desejassem, ou ainda que se debrucem sobre cada especial aspecto de cada mínimo ponto do debate com uma precisão e dedicação desnecessárias, o que tornará mais complexa a lide e mais demorada a solução do processo. Se o processo civil contemporâneo tem o escopo de evitar procedimentos excessivamente complexos e demorados, deveríamos buscar desenhar um modelo com menos preclusões" (CABRAL, Antonio do Passo. *Coisa julgada e preclusões dinâmicas:* entre continuidade, mudança e transição de posições processuais estáveis. Op. cit., p. 333).

44 Segundo Carlos Alberto Carmona, "o legislador, ao referir-se – atecnicamente – à revelia no processo arbitral, quis deixar claro que tanto a situação de total alheamento de uma das partes (a começar pela falta de colaboração na constituição do tribunal arbitral) como a falta de participação ativa em qualquer um dos atos do processo, não terá a menor influência quanto aos poderes dos árbitros, e a atitude negativa da parte não será um fator impeditivo da prolação da sentença" (CARMONA, Carlos Alberto. Arbitragem e processo: um comentário à Lei nº 9.307/96. São Paulo: Atlas, 2009, p. 331).

45 "Outra projeção do princípio do contraditório é a garantia denominada de igualdade concreta, que nada mais é do que a aplicação ao processo judicial e também ao arbitral do direito fundamental à igualdade, inscrito no caput do artigo 5° da nossa Carta Magna. As partes devem ser tratadas com igualdade, de tal modo que desfrutem concretamente das mesmas oportunidades de sucesso final,

esses deverão, salvo hipóteses estritamente justificadas, ser cumpridos por todos os sujeitos do processo. O descumprimento não poderá trazer vantagens apenas para um dos jurisdicionados.[46] Assim, a ausência de manifestação tempestiva acarretará preclusão temporal, sendo, contudo, facultado à parte participar das fases subsequentes do feito.

Como se expôs, o processo precisa andar para a frente e essa caminhada não pode se dar a passadas desiguais, impondo-se a apenas um dos interessados o pesado ônus de preparar suas manifestações no prazo estipulado, em nítida desvantagem em relação à parte contrária.

No limite, o tratamento enviesado das partes pelos árbitros é capaz de implicar, até mesmo, violação objetiva ao requisito da imparcialidade, que apresenta extraordinária relevância na arbitragem, por consistir em atividade jurisdicional[47] exercida por particulares. Afinal, a conduta do árbitro de conferir, sistematicamente e sem fundamentos sólidos, tratamento mais benevolente a um dos litigantes pode suscitar questionamentos sobre a sua conduta, valendo sempre lembrar que basta a existência de dúvidas ou de perigo concreto de favorecimento para que se levante o óbice da imparcialidade.[48]

Seguindo adiante, outro princípio pertinente para que se avalie corretamente a cominação dos efeitos da preclusão é o da boa-fé objetiva. Isso porque, apesar de não

---

em face das circunstâncias da causa" (CARNEIRO, Paulo Cezar Pinheiro; SCHENK, Leonardo Faria. O justo processo arbitral e o dever de revelação (disclosure) dos peritos. *Revista Eletrônica de Direito Processual – REDP*, Rio de Janeiro, v. 12, jul.-dez./2013, p. 588).

---

46 TAMAKI, Luiz Henrique. *A preclusão no processo de arbitragem*. Op. cit., p. 119.

47 Manifestando-se desfavoravelmente ao reconhecimento do caráter jurisdicional da arbitragem no Brasil, Leonardo Greco aduz que "temos de reconhecer que, para que a jurisdição se desprenda do seu vínculo quase umbilical com o Estado, será preciso que esses órgãos ou esses mecanismos privados de solução de conflitos e de tutela de interesses particulares recebam poderes que, hoje, ainda em muitos países, são exclusivos da autoridade pública e, portanto, de órgãos estatais, especialmente o poder de coerção. Este é o poder de impor, pela sua própria atuação, o respeito às suas decisões. Na maioria dos países, contudo, ainda que tenham sido implementados mecanismos não estatais de solução de conflitos, como, entre nós, a arbitragem, através da Lei nº 9.307/96, eles não receberam a totalidade dos poderes que caracterizam a jurisdição. Portanto, nesses países, neles incluído o Brasil, ainda a jurisdição é uma função tipicamente estatal" (GRECO, Leonardo. *Instituições de processo civil, volume I. 5ª ed.* Rio de Janeiro: Forense, 2015, p. 70).

48 "Ressalte-se que também a conduta do árbitro no curso da arbitragem pode comprometer a sua imparcialidade. Assim, a justiça inglesa removeu árbitro que acusou uma das partes de conduta deliberadamente procrastinatória, não deu ouvidos às suas alegações e insistiu em agendar a audiência para data em que as partes não estavam em condições de defender-se adequadamente, porque a finalidade da arbitragem, de acordo com o artigo 1(a) da Lei de Arbitragem do Reino Unido, é obter uma resolução justa da controvérsia por um tribunal imparcial. Não é necessária a prova da parcialidade. Basta a dúvida ou o perigo concreto de que a conduta dos árbitros tenha tratado uma das partes de modo menos favorável do que a outra" (CARNEIRO, Paulo Cezar Pinheiro; SCHENK, Leonardo Faria. O justo processo arbitral e o dever de revelação (disclosure) dos peritos.Op. cit., p. 591-592).

constar do rol do art. 21, §2º, da Lei de Arbitragem, mencionado princípio decorre diretamente da Constituição Federal.[49]

Marco Antônio dos Santos Rodrigues pondera, quanto ao ponto, que "a boa-fé processual é verdadeiro critério informativo da aplicação de outros princípios e regras inerentes ao processo justo" e, assim, "assume um papel de verdadeiro sobreprincípio, na medida em que possui eficácia rearticuladora e de equilíbrio de outras previsões normativas".[50]

Desse modo, independentemente do preceito constitucional de que se a extraia, é hoje assente que a boa-fé corresponde a postulado ético que se irradia por todos os ramos do direito[51] e desponta como uma das principais justificativas contemporâneas para a própria existência da preclusão,[52] sobretudo sob as modalidades lógica e consumativa.

Por mais que os princípios que orientam o processo arbitral apontem para uma maior possibilidade de suplantação do fenômeno preclusivo, impõe-se que a boa-fé esteja sempre presente. As manifestações das partes não podem alterar-se ao sabor dos ventos. Aos sujeitos do processo não é lícito posicionar-se em um sentido e, depois, no momento que lhes parecer conveniente, alterar o seu entendimento sobre fatos ou teses jurídicas, modificando por vezes a própria causa de pedir ou os fundamentos de defesa.

Mudanças podem ser válidas, mas desde que sejam objetivamente justificadas ou aceitas pela parte contrária. Condutas desleais não podem, em qualquer hipótese, ser toleradas. O processo não é um "jogo"[53] e, por isso, todos os sujeitos "devem cooperar entre si para que se obtenha, em tempo razoável, decisão de mérito justa e efetiva", como prevê, aliás, o art. 6º do CPC/15, em concretização ao mandamento constitucional de boa-fé.

---

49 O assento constitucional da boa-fé objetiva é tão evidente que a doutrina até mesmo diverge quanto ao dispositivo da Constituição que lhe conferiria melhor suporte: Brunela Vincenzi entende que a boa-fé decorreria do princípio da solidariedade (*A boa-fé no processo civil*. São Paulo: Atlas, 2003, p.162-163); António Menezes Cordeiro considera que o seu fundamento seria a igualdade (*Da boa-fé no direito civil*. Coimbra: Almedina, 2007, p. 1276-1281); Joan Picó i Junoy aduz que corresponderia a um instrumento para a efetivação do devido processo legal ("El debido proceso leal. Reflexiones em torno al fundamento constitucional del principio de la buena fe procesal". *Revista Peruana de Derecho Procesal*, v. 9, 2006, p. 346); e Antonio do Passo Cabral reconhece a boa-fé como um desdobramento do princípio do contraditório (O contraditório como dever e a boa-fé processual objetiva. *Revista de Processo*, v. 126, 2005, p. 76).

50 RODRIGUES, Marco Antônio dos Santos. *A modificação do pedido e da causa de pedir no processo civil*. Rio de Janeiro: Mundo Jurídico, 2014, p. 180-181.

51 MEDINA, José Miguel Garcia. *Direito processual civil moderno*. São Paulo: Revista dos Tribunais, 2015, p. 122.

52 DIDIER JR., Fredie. *Curso de direito processual civil:* introdução ao direito processual civil, parte geral e processo de conhecimento. Op. cit., p. 476.

53 Expressão consagrada por CALAMANDREI, Piero. "Il processo come giuoco". *Rivista di Diritto Processuale*, v. V, parte I. Padova: Cedam, 1950, p. 29.

Sob essa perspectiva, além de averiguar a incidência de todos os demais princípios normativos já referidos, o árbitro deverá sempre analisar a ocorrência da preclusão sob as lentes da boa-fé objetiva, sobretudo na acepção de tutela à legítima expectativa. Ainda que a livre atuação da parte possa incrementar a discussão promovida no processo, não poderá representar a injustificada quebra da confiança depositada pelos demais sujeitos do processo.

De fato, para que qualquer discussão tenha resultados produtivos – e no processo arbitral não é diferente –, é preciso que as manifestações de cada um dos interlocutores sejam consistentes e minimamente encadeadas, até mesmo porque a postura de cada um deles constituirá em larga medida um reflexo do contexto atual do diálogo em que esteja inserida.[54] Portanto, mesmo diante de um procedimento flexível, ofende o princípio da boa-fé (e, por esse ângulo, também o do contraditório) a renovação de atos já consumados e a prática de outros que sejam incompatíveis com aqueles outrora realizados. Essa sorte de desvio no debate somente poderá ser aceita no rito arbitral, e, portanto, desconsiderada para fins de preclusão, caso a parte indique causas objetivas para a alteração do discurso. Como se pode antever, tais escusas estarão normalmente ligadas à ocorrência de fatos novos ou ao desconhecimento de circunstâncias que teriam impactado a manifestação original.

Para melhor visualização do entendimento ora exposto, é possível conceber dois exemplos de aplicação da boa-fé no processo arbitral.

Em primeiro lugar, aventa-se a hipótese em que um dos litigantes tenha fundado os seus pedidos em um determinado contrato, que reputara válido, porém, após a formulação de pedidos reconvencionais ou contrapostos pela parte contrária com base em outra cláusula dessa mesma avença, passe a sustentar que o instrumento está eivado por vícios na manifestação de vontade, aptos a conduzir à sua absoluta nulidade. Haverá, nesse caso, ofensa à boa-fé e nítida preclusão lógica, porquanto a segunda manifestação de vontade terá sido absolutamente incompatível com a primeira.

Da mesma forma, cogita-se da situação em que a parte guarde um argumento como "elemento surpresa" para somente o revelar em sede de exposição oral em audiência. Se a parte não for capaz de demonstrar objetivamente que (i) esse fundamento não se mostrava, ao início do processo, relevante, ou (ii) apenas lhe foi possível

54 "Os participantes têm de partir dos princípios do seu comportamento para esclarecer as expectativas recíprocas como condição prévia duma posterior convivência e isto significa moralizarem-se a si próprios e deixarem entrever consistência também como personalidades morais, como seres racionais. Na vida diária este dever de consistência de interpretação nos processos judiciais é ainda consideravelmente agravado em comparação com as exigências normais. O processo tem de chegar a uma decisão e tem, portanto, de poder referir-se com segurança a informações voluntárias ou involuntárias, fornecidas pelos participantes. Todos eles são exortados por meio do sentido e protocolo do processo judicial, a encarar com seriedade o seu comportamento e a considerar como obrigatório ter em conta estas expectativas como uma cadeia de promessas por meio da prova eliminatória da sua conduta" (LUHMANN, Niklas. *Legitimação pelo procedimento.* Tradução de Maria da Conceição Côrte-Real. Op. cit., p. 80). Sobre o tema, v. CABRAL, Antonio do Passo. *Nulidades no processo moderno.* Op. cit., p. 122.

formular a alegação naquele momento, também deverá ser coibido o ato desleal, por meio da regular incidência da preclusão.

Assim, traçadas todas essas considerações, vê-se que, a despeito de o ordenamento jurídico brasileiro ter franqueado grande liberdade às partes e aos árbitros para a fixação do procedimento – não impedindo, por exemplo, que se inove na discussão ou se retorne eventualmente a uma fase já encerrada (*v.g.* para a produção de uma prova que se mostrou posteriormente relevante) –, os objetivos e princípios informativos do devido processo legal arbitral sempre precisam ser considerados e ponderados com os elementos do caso concreto para a definição acerca da aplicabilidade, ou não, da preclusão.

5. Conclusão

A partir da análise realizada ao longo do presente estudo, é possível chegar às seguintes conclusões:

I. Uma das principais características geralmente atribuídas ao processo arbitral consiste na sua flexibilidade, que permite a fixação do procedimento de acordo com as peculiaridades do processo, fomentando a ampla participação das partes no diálogo processual e a construção, de forma criativa e cooperativa, de uma decisão mais propensa à pacificação social.

II. A flexibilidade do procedimento arbitral, contudo, não significa a inaplicabilidade, em absoluto, do fenômeno preclusivo. A preclusão é fundamental para que qualquer processo tenha regular desenvolvimento e para que possam ser concretizados princípios de cunho constitucional, como o contraditório, a duração razoável, a boa-fé objetiva e a segurança jurídica.

III. É essencial avaliar, em cada caso concreto, se a aplicação da preclusão servirá à implementação dos objetivos e dos princípios informativos do devido processo legal arbitral ou, ao contrário, se atentará contra a sua concretização, caso em que deverá ser afastada.

IV. Na aferição da incidência da preclusão, os atos comissivos e omissivos das partes deverão ser cotejados, em especial, com os princípios do contraditório, da isonomia, da imparcialidade do julgador e da boa-fé objetiva.

V. O princípio do contraditório determina que as partes sejam sempre ouvidas previamente a respeito da ocorrência da preclusão.

VI. Do mesmo modo, o contraditório impede que a preclusão seja aplicada quando puder tornar incompleto o diálogo travado no processo arbitral, inviabilizando a efetiva participação e influência das partes na formação da decisão. Nessa linha, se algum dos sujeitos processuais houver deixado de tratar de algum tema que, naquele momento específico, ainda não era tido, de forma inequívoca, como pertinente para o deslinde da controvérsia, a matéria não deverá ser declarada preclusa.

VII. De acordo com o princípio da isonomia, a preclusão não poderá ser desconsiderada quando uma das partes deixar de obedecer, injustificadamente, aos prazos estipulados. A ausência de manifestação tempestiva acarretará preclusão temporal, sendo, contudo, facultado à parte participar das fases subsequentes do feito.

VIII. Caso o árbitro conceda benesses processuais a uma das partes, ignorando, de forma sistemática e sem razões legítimas, a ocorrência da preclusão temporal após o descumprimento de prazos processuais, essa conduta poderá suscitar questionamentos sobre a sua imparcialidade.

IX. Para além da análise de todos os demais princípios informativos do processo, é necessário que a boa-fé sempre esteja sempre presente na conduta da parte que será beneficiada com o afastamento da preclusão. Condutas desleais nunca poderão ser aceitas, de modo que não será lícito, por exemplo, que se furtem fundamentos do debate inicial, para se obter um ganho com a posterior apresentação de "elementos surpresa" ao longo do processo arbitral.

X. Como regra, a preclusão será empregada sempre que o seu afastamento puder gerar a quebra da legítima expectativa legitimamente gerada para a contraparte. Entretanto, o ato contraditório poderá ser aceito se a alteração do discurso for justificada de modo objetivo, notadamente diante da ocorrência de fatos novos ou do desconhecimento de circunstâncias que teriam afetado a conduta originalmente adotada.

6. Referências Bibliográficas

ALVES, Rafael Francisco. O devido processo legal na arbitragem. In: JOBIM, Eduardo; MACHADO, Rafael Bicca (Coord.). *Arbitragem no Brasil*: aspectos jurídicos relevantes. São Paulo: Quartier Latin, 2008.

ÁVILA, Humberto. *Teoria dos princípios*, 15.ed. São Paulo: Malheiros, 2014.

BARBI, Celso Agrícola. Da preclusão no processo civil. *Revista Forense*, v. 158, mar.-abr./1955.

BARBOSA MOREIRA, José Carlos. Miradas sobre o processo civil contemporâneo. In: *Temas de Direito Processual (sexta série)*. Rio de Janeiro: Saraiva, 1997.

BERMUDES, Sergio. *Introdução ao Processo Civil*. Rio de Janeiro: Forense, 2002.

CABRAL, Antonio do Passo. *Coisa julgada e preclusões dinâmicas:* entre continuidade, mudança e transição de posições processuais estáveis, 2.ed. Salvador: JusPodivm, 2014.

______. O contraditório como dever e a boa-fé processual objetiva. *Revista de Processo*, v. 126, 2005.

______. *Nulidades no processo moderno*: contraditório, proteção da confiança e validade *prima facie* dos atos processuais, 2. ed. Rio de Janeiro: Forense, 2010.

CAHALI, Francisco José. *Curso de arbitragem*: mediação, conciliação, resolução CNJ 125/2010, 5.ed. São Paulo: Revista dos Tribunais, 2015.

CALAMANDREI, Piero. "Il processo come giuoco". *Rivista di Diritto Processuale*,v. V, parte I. Padova: Cedam, 1950.

CÂMARA, Alexandre Freitas. *Arbitragem – Lei nº 9.307/96*. Rio de Janeiro: Lumen Juris, 1997.

CARMONA, Carlos Alberto. *Arbitragem e processo:* um comentário à Lei nº 9.307/96, 3.ed. São Paulo: Atlas, 2009.

CARNEIRO, Paulo Cezar Pinheiro; SCHENK, Leonardo Faria. O justo processo arbitral e o dever de revelação (disclosure) dos peritos. *Revista Eletrônica de Direito Processual – REDP*, v. 12, jul.-dez./2013.

CHIOVENDA, Giuseppe. *Instituições de direito processual civil*. Tradução de Paolo Capitanio. Campinas: Bookseller, 1998.

CORDEIRO, António Menezes. *Da boa-fé no direito civil*. Coimbra: Almedina, 2007.

______. *Tratado da arbitragem*: Comentário à Lei 63/2011, de 14 de dezembro. Coimbra: Almedina, 2015.

DIDIER JR., Fredie. *Curso de direito processual civil:* introdução ao direito processual civil, parte geral e processo de conhecimento, 19.ed. Salvador: JusPodivm, 2017.

DINAMARCO, Cândido Rangel. *A Arbitragem na Teoria Geral do Processo*. São Paulo: Malheiros, 2013.

______. Possibilidade de emendas e alterações a pedidos e o princípio da estabilização no procedimento arbitral. *Revista de Arbitragem e Mediação*, v. 35, out.-dez./2012.

GAJARDONI, Fernando da Fonseca. *Flexibilização procedimental*: um novo enfoque para o estudo do procedimento em matéria processual. São Paulo: Atlas, 2008.

GIUSTI, Gilberto. Os vinte anos da Lei 9.307/1996. In: MELO, Leonardo de Campos; BENEDUZI, Renato Rezende (Coord.). *A reforma da arbitragem*. Rio de Janeiro: Forense, 2016.

GRECO, Leonardo. *Instituições de processo civil, volume I*, 5.ed. Rio de Janeiro: Forense, 2015.

LEMES, Selma Maria Ferreira. Princípios e origens da lei de arbitragem. *Revista do Advogado*, v. 51, out./1997.

LUHMANN, Niklas. *Legitimação pelo procedimento*. Tradução de Maria da Conceição Côrte-Real. Brasília: Editora Universidade de Brasília, 1980.

MARINONI, Luiz Guilherme; ARENHART, Sergio Cruz; MITIDIERO, Daniel. *Novo curso de processo civil: teoria do processo civil*, 2.ed. São Paulo: Revista dos Tribunais, 2016.

MEDINA, José Miguel Garcia. *Direito processual civil moderno*. São Paulo: Revista dos Tribunais, 2015.

MORALES, Nicolás Gamboa. "Notes on collection of evidence in international arbitration. Witnesses and experts". *Revista de Arbitragem e Mediação*, v. 7, out.-dez./2005.

OLIVEIRA, Carlos Alberto Alvaro de. *Do formalismo no processo civil:* proposta de um formalismo-valorativo, 3ª ed. São Paulo: Saraiva, 2009.

PARENTE, Eduardo de Albuquerque. *Processo arbitral e sistema*. São Paulo: Atlas, 2012.

PICÓ I JUNOY, Joan. "El debido proceso leal. Reflexiones em torno al fundamento constitucional del principio de la buena fe procesal". *Revista Peruana de Derecho Procesal*, v. 9, 2006.

PINHO, Humberto Dalla. *Direito processual civil contemporâneo:* introdução ao processo civil, vol. II. São Paulo: Saraiva, 2012.

RODRIGUES, Marco Antônio dos Santos. *A modificação do pedido e da causa de pedir no processo civil*. Rio de Janeiro: Mundo Jurídico, 2014.

RUBIN, Fernando. *A preclusão na dinâmica do processo civil*. São Paulo: Atlas, 2014.

SCHENK, Leonardo Faria. *Cognição sumária*: limites impostos pelo contraditório no processo civil. São Paulo: Saraiva, 2013.

SILVA, Eduardo Silva da. Regras arbitrais brasileiras: a fase dos regulamentos. In: *Arbitragem:* estudos sobre a Lei nº 13.129, de 26-5-2015. CAHALI, Francisco José; RODOVALHO, Thiago; FREIRE, Alexandre (Org.). São Paulo: Saraiva, 2016.

TAMAKI, Luiz Henrique. *A preclusão no processo de arbitragem*. Dissertação de mestrado – Pontifícia Universidade Católica, São Paulo, 2016.

THEODORO JÚNIOR, Humberto. A preclusão no processo civil. *Revista Jurídica*: órgão nacional de doutrina, jurisprudência, legislação e crítica judiciária, v. 273, jul./2000.

VINCENZI, Brunela Vieira de. *A boa-fé no processo civil*. São Paulo: Atlas, 2003.

WALD, Arnoldo. O espírito da arbitragem. *Revista do Instituto dos Advogados de São Paulo*, v. 23, jan.-jun./2009.

Este livro foi impresso nas oficinas gráficas da Editora Vozes Ltda.,
Rua Frei Luís, 100 – Petrópolis, RJ.